经济管理类核心课程系列规划教材

浙江省普通高校"十三五"新形态教材

U0672858

MARKETING

市场营销学

钱大可 ◎主编

ZHEJIANG UNIVERSITY PRESS

浙江大学出版社

图书在版编目(CIP)数据

市场营销学 / 钱大可主编. —杭州：浙江大学出版社,2018.9(2022.11重印)

ISBN 978-7-308-18154-9

Ⅰ.①市… Ⅱ.①钱… Ⅲ.①市场营销学 Ⅳ.①F713.50

中国版本图书馆 CIP 数据核字(2018)第 075637 号

市场营销学

钱大可　主编

责任编辑	朱　辉
封面设计	春天书装
责任校对	周　彬
出版发行	浙江大学出版社
	（杭州天目山路 148 号　邮政编码 310007）
	（网址:http://www.zjupress.com）
排　版	杭州隆盛图文制作有限公司
印　刷	浙江新华数码印务有限公司
开　本	787mm×1092mm　1/16
印　张	21.25
字　数	530 千
版 印 次	2018 年 9 月第 1 版　2022 年 11 月第 4 次印刷
书　号	ISBN 978-7-308-18154-9
定　价	55.00 元

序

　　市场营销学是研究市场营销活动规律性的一门科学,也是一门实践性很强的课程。它既强调准确阐明市场营销基本理论体系和学科新发展,又要求理论和实践相结合,注重针对性、可操作性。按照这一标准,嘉兴学院市场营销系集体编写的《市场营销学》教材在紧扣营销原理的基础上,以大量的营销案例为引子,梳理市场营销学的基本知识体系,为高校学生学习市场营销学提供支持。

　　《市场营销学》共分14章,在内容上以营销核心理念即价值创造、传递与实现为脉络对基本原理进行了梳理,同时按战略、策略分章来对应营销管理层次,大大增强了本书的可读性。教材中添加了近些年国内外知名的案例来强化学生对营销知识的学习,同时利用各章的习题、小组讨论、应用实训等学业任务来训练学生应用知识的能力。这些使得本书独具鲜明的应用性。此外,作为浙江省首批新形态教材,《市场营销学》采用"立方书"形式,将教学微课视频、习题、讨论、任务等内容以二维码的形式穿插在各部分内容中,使得教材使用与学习更为便利。

　　总体来说,本书内容丰富,原理阐述准确且案例新颖,有较好的应用特性和突出的"新形态"特色,能满足高校尤其是应用型高校学生学习营销学的需要。

前　言

　　市场营销学是一门建立在经济学、行为学和现代管理理论基础上的应用科学。在市场经济条件下,熟悉市场营销基本原理与技术应用是管理类人才不可或缺的基本条件,也是胜任管理类岗位所必须具备的基本素质。本书由嘉兴学院长期从事市场营销理论研究与教学的老师编写,根据编者多年的教学实践及大量的有关书籍、资料编写而成,既有对前人研究成果的继承,又融进了创新的内容。总结起来,具有以下几个特点:

　　1.整体设计全面

　　每章首先明确学习目标,以导入案例开篇,根据需要适当编排扩展阅读、经典人物、应用实例等栏目,然后是本章小结,最后是复习思考题。丰富规整的体例设计,便于学生理解与自学。

　　2.与地方本科院校市场营销专业培养目标相适应

　　本书以营销基本理论和基本方法为基础,突出营销策略的运用。体现在各章节内容中,就是强调理论与实际的结合,既注重理论方面的深入分析,又注重可操作性。

　　3.注重能力培养

　　本书力求做到不断强化学生的自我学习能力、创造性解决实际问题的能力以及不断自我更新知识的能力,促进学生向着富有鲜明个性的方向发展。

　　4.具有一定的前瞻性

　　本书吸纳了一些最新的研究成果,注重反映国内外市场营销学发展的新领域、新概念、新动态、新趋势。

　　5.新形态助力教学

　　本书作为浙江省首批新形态教材,通过立体化教学构建模式,嵌入了大量教学视频、习题、互动讨论等内容,更有利于多种教学形式的开展。

　　本书第1、2章由俞杰龙编写;第3、4章由栾斌编写;第5、7章由章璇编写;第6章由方芳编写;第8、12章由苏海林编写;第9章由曹垣编写;第10章由钱大可编写;第11章由翁胜斌编写;第13章由周国胜编写;第14章由李勇编写。第1、2、3、4章由苏海林编审;第5、6、7、8、14章由曹垣编审;第9、10、11、12、13章由章璇编审。钱大可、安娜对全书进行统稿、校对、定稿。

　　由于时间仓促,编者水平有限,书中难免有错漏之处,敬请广大读者批评指正。

编　者

2018 年 8 月

CONTENTS

目 录 ≫≫≫ ≫

第二篇　价值识别篇

第三篇　价值创造篇

第五篇　价值监控篇

第一篇

导　论

第**1**章

市场营销的基本概念及理论基础

学习目标

知识目标	技能目标
◆ 了解市场的含义	◆ 熟悉市场营销学中市场的定义
◆ 理解市场营销的不同定义	◆ 熟悉市场的分类
◆ 理解市场营销活动的基本过程	◆ 熟悉市场营销的营销学定义和基本特征
◆ 了解市场营销学的发展简史	◆ 熟悉营销管理的基本过程
◆ 理解中国目前在市场营销理论的普及应用方面存在的主要障碍	◆ 学会克服中国目前在市场营销理论的普及应用方面存在的主要障碍
◆ 了解市场营销学的研究范围和方法	◆ 学会运用市场营销理论拓展的维度

导入案例

把梳子推销给和尚

有一家效益相当好的大公司,决定进一步扩大经营规模,于是高薪招聘营销主管。广告一打出来,报名者云集。

面对众多应聘者,招聘工作的负责人说:"相马不如赛马。为了能选拔出高素质的营销人员,我们出一道实践性的试题:想办法把木梳尽量多地卖给和尚。"

绝大多数应聘者感到困惑不解,甚至愤怒:出家人剃度为僧,要木梳有何用?这不是拿人开涮?过了一会儿,应聘者接连拂袖而去,几乎散尽。最后只剩下三个应聘者:小伊、小石和小钱。

负责人对剩下的这三个应聘者交代:"以 10 日为限,届时请各位向我汇报销售成果。"

10 日期限到。

负责人问小伊:"卖出多少?"答:"一把。""怎么卖的?"小伊讲述了历经的辛苦,以及受到众和尚指责和追打的委屈。好在他下山途中遇到一个小和尚,在一边晒太阳,一边使劲挠着又脏又厚的头皮。小伊灵机一动,赶忙递上了木梳,小和尚用后满心欢喜,于是买下一把。

负责人又问小石:"卖出多少?"答:"10 把。""怎么卖的?"小石说他去了一座名山古寺。由于山高风大,进香者的头发都被吹乱了。小石找到了寺院的住持说:"蓬头垢面是对佛的不敬。应在每间殿的香案前放一把木梳,供善男信女梳理鬓发。"住持采纳了小石的建议。那座古寺共有 10 间殿,于是主持买下了 10 把木梳。

负责人最后问小钱:"卖出多少?"答:"1000 把。"负责人惊问:"怎么卖的?"小钱说他到一个颇具盛名、香火极旺的深山宝刹,那里香客如流,络绎不绝。小钱对住持说:"凡来进香者,多有一颗虔诚之心,宝刹应有所回赠,以作纪念,保佑其平安吉祥,鼓励其多做善事。我有一批木梳,可刻上'积善梳'三个字,然后便可作赠品。"住持大喜,立即买下 1000 把木梳,并请小钱小住几天,共同出席了首次赠送"积善梳"的仪式。得到"积善梳"的香客很是高兴,一传十,十传百,来者更多,香火也更旺。这还不算完。住持希望小钱再多卖一些不同档次的木梳,以便分层次地赠给不同的香客。

资料来源:根据百度文库市场营销同名案例整理改编。

案例分析题

市场营销学是研究如何满足顾客需求的学问,顾客需求是营销的出发点。梳子卖给和尚,听起来荒诞不经。但梳子除了梳头这一实用功能,有无别的附加功能呢?在别人认为不可能的地方开发出新的市场来,才是真正的营销高手。

本章分为基本概念和理论基础两个部分。首先从市场营销的相关概念入手,分析市场、市场营销和营销管理的含义,然后在概述市场营销学的发展简史后,阐明了市场营销学的研究范围和理论内核,最后总结了市场营销学的理论体系及其拓展空间。

1.1　市场营销的相关概念

理解市场营销需要先对市场的含义和组成要素等进行分析。

1.1.1　市　场

市场是交易实现的场所和环境。从广义的角度看,市场就是一系列交换关系的总和,主要是由"卖方"和"买方"两大群体构成的。但在市场营销学中,对"市场"的概念有一种比较特殊的认识,往往将其用来特指企业的顾客群体。如后面我们会讨论的"市场细分""目标市场"等概念,其中的"市场"就是单指某种顾客群体。这种对"市场"概念的认识是基于一种特定的视角,即站在企业(卖方)角度来看,市场主要由顾客群体(买方)所构成。

1. 市场的概念

以下是对市场的几种典型定义：①市场是指商品交换的场所；②市场是指商品购买者或购买者集团的总和；③市场是指商品交换所反映的经济关系和经济活动现象的总和；④市场是一个与商品经济相联系，由各种市场要素组成的，有结构、有功能的有机统一整体。

微课 市场
营销学
基本概念

从营销学角度分析，市场是对某种商品或劳务具有需求、支付能力和希望进行某种交易的人或组织。故市场是由现实和潜在的购买者组成的，而购买者必须具备购买力和购买动机才可能形成真正的市场。市场＝购买者＋购买力＋购买动机。

2. 市场的类型

市场可以按照不同的标准进行分类。按照商品性质可分为物质产品市场、服务市场、金融市场、劳动力市场、技术市场和其他市场；按照其在国民经济中的地位可分为生活消费市场和生产要素市场；按照竞争程度可分为完全竞争市场、完全垄断市场、寡头垄断市场和垄断竞争市场；按照地域范围可分为城市市场、郊区市场、农村市场和边远市场；按照交换关系时限可分为现货市场和期货市场；按照空间范围可分为国内市场和国际市场。

市场营销学按照购买动机，将市场划分为消费者市场和组织市场。其中组织市场包括产业市场、中间商市场、政府及非营利组织市场。

1.1.2　市场营销

随着市场营销实践的不断演进，理论也随之发展，人们对市场营销内涵的认识也不断深化。即使在同一个时代，视角不同，认识也会不同。

1. 市场营销的定义

美国市场营销协会（AMA）2007 年 10 月给市场营销下的定义为："市场营销是一种旨在充分地为顾客、委托方、合作者以及社会创造、沟通、传递和交换有价值物品的活动、系列制度和过程。"

扩展阅读 1-1

市场营销不同取向的代表性定义

市场营销早期的定义是 AMA 分别于 1935 年、1948 年、1960 年给出的。1935 年、1948 年的定义可以理解为：市场营销是商业活动的表现，伴随着商品和服务从生产者流向消费者的过程。1960 年的修订定义可以理解为：市场营销是商业活动的表现，指导商品和服务从生产者流向消费者或使用者。从以上定义可以看出，市场营销最早的理解是，对引导商品和服务从生产者流向消费者或用户的各种商务活动的运作。

下面是市场营销不同取向的代表性定义。

1. 管理取向的定义

1985 年，AMA 将市场营销定义为："市场营销是一个规划、执行过程。该过程将一些想法、商品和服务进行构思、定价、促销和分销,以促成交换,满足个人和组织所追求的目标。"

2.以满足市场需求为核心的定义

杰罗姆·麦卡锡认为:"市场营销就是指将商品和服务从生产者引向消费者或用户所执行的满足顾客需要和实现企业目标的企业活动。"他强调:"不是生产什么,而是市场营销决定了该生产什么产品,制定什么价格,该在什么地方及如何出售产品或做广告。"

3.社会学取向的定义

菲利普·科特勒的定义强调,市场营销是一个社会管理的过程。

4.关系取向的定义

克里斯廷·格罗鲁斯的定义强调,营销是识别、建立、保持和增进关系的一个过程。

5.价值资产取向的定义

莱斯利·德·彻纳东尼等人将市场营销定义为:"从本质上看,我们认为应将市场营销看作为达到最有效地拓展企业资产以实现企业目标的过程。"

6.职能—过程取向的定义

2004年8月,AMA在波士顿"AMA夏季营销教学者研讨会"上提出市场营销的新定义:"市场营销是一种旨在为顾客创造、沟通、传递价值以及管理客户关系,并由此使组织及其利益相关者受益的组织职能和系列过程。"

资料来源:根据《现代营销·营销学苑》2005年第6期相关资料整理。

+·

2.市场营销的有关概念

要理解市场营销是一个价值过程,需要准确把握一些基本概念及其之间的联系:

首先,营销价值创造、传递与实现的出发点是对人的需要和欲望的满足。需要是指人们没有得到某些基本满足的感受状态,欲望则是指人们为满足需要而产生的对具体满足物的愿望。例如人在饥饿时会产生进食的生理需要,进而产生要得到某个具体食物(如馒头)的欲望。当人们有能力购买并且愿意购买某个具体商品时,就产生了需求。所以企业实现营销价值不仅要看有多少人想购买企业产品或服务,还需要看购买能力与购买意愿。

其次,只有交换才能真正实现营销价值。交换是指人们相互交换活动和劳动产品的过程,也表示通过某种东西或货币,从外部取得想要的东西的行为。交换能否发生取决于交换双方能否通过交换得到满足。企业生产产品、实施服务的目的是通过交换取得利润,人们购买产品、服务的目的是满足某种需要或欲望,两方通过交换各自取得了满足。从企业视角看,如何实现交换就是其市场营销活动的目的。

最后,价值实现还要注意效用与效益。效用是人们对满足其需要的产品效能的主观评价,是人们选择企业产品服务的重要依据。企业产品服务要满足人们的需要,就需要提升产品服务所实现的效用。效益是企业营销活动所实现的效果与利益,也指对国民经济的贡献,一般可分为经济效益和社会效益。为提升营销效益,企业需要进行产品服务的质量提升、制定科学合理的价格、为顾客提供便捷的购买渠道、说服顾客购买及承担相应的社会责任等营销活动,在营销经济效益和营销社会效益的有机统一前提下,获得自身持久发展的强大动力。

3.市场营销活动的过程

市场营销活动构成了营销价值创造、传递与实现的整个过程。市场营销活动的出发点是市场,以市场环境、企业条件和顾客需要为先决条件,经过市场机会选择、目标市场定位和营销策略组合来创造和实现价值,再以信息反馈回到出发点,从而形成一个闭环。市场营销活动的过程如图 1-1 所示。

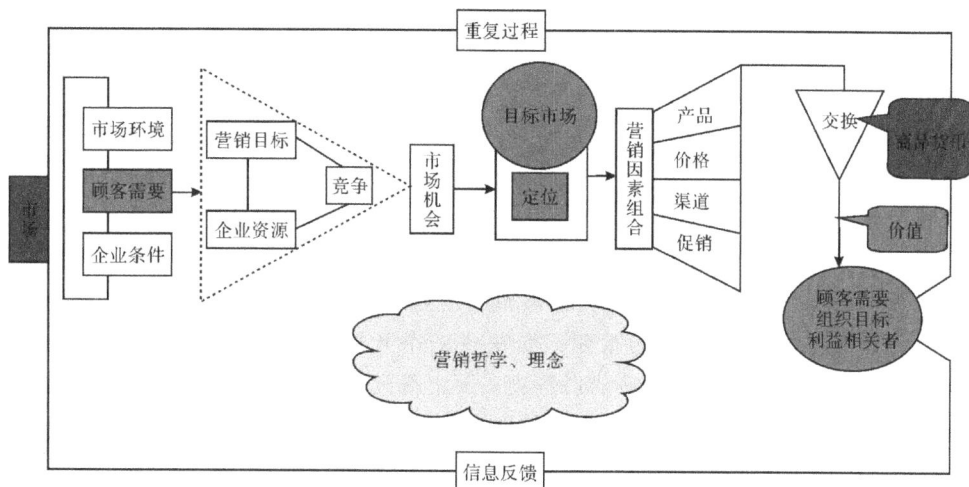

图 1-1　市场营销过程

4.市场营销在企业中的地位与作用

(1)市场营销和企业经营决策的关系

企业战略计划决定企业的营销管理和决策,企业的营销战略是企业战略的核心,如图 1-2所示。

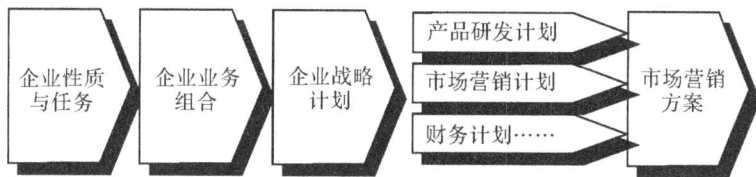

图 1-2　营销管理和企业经营决策

(2)市场营销在企业中的地位和作用

市场营销在企业中的地位和作用是随着企业经营和营销实践的变化逐步转变的,如图 1-3所示。

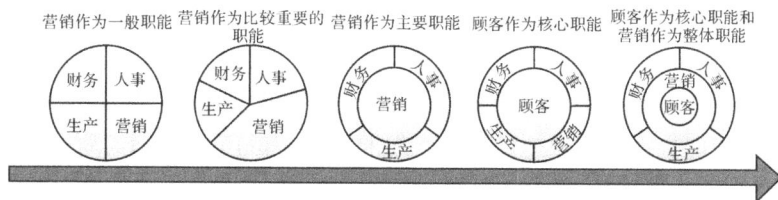

以顾客为中心的管理思想

图 1 3　营销管理的地位

扩展阅读 1-2

美国市场营销协会

1915 年美国全国广告协会成立,1926 年改组为市场营销学和广告学教师协会;1931 年成立了由经济学家和企业家组成的专门讲授和研究市场营销学的组织——美国市场营销社。1937 年,上述两个组织合并为美国市场营销协会(American Marketing Association, AMA)。

美国市场营销协会,是由致力于营销实践和教学的人士组成的非营利专业组织,为参与市场营销实践、研究和教学的人士提供了一个信息发布、知识共享的平台。AMA 在世界范围内拥有 38000 名会员,捕捉最新市场营销动态、发布最新市场营销研究成果是其宗旨。协会陆续出版了《营销学杂志》《营销研究杂志》以及一份每月两期的新闻快报,帮助营销人员掌握最新的营销学知识。AMA 为营销人员提供一个开放、自由的平台,为他们提供最新、最全的市场营销信息、知识等,帮助他们解决实际中遇到的问题;不定期举办营销人员培训,教授营销人员关于市场营销的专业知识、基本技能等;为营销职业树立道德规范标准,得到美国企业界的普遍认可。

AMA 在美国营销界占有举足轻重的地位,无论是营销思想的革新,还是营销人员的培训,都走在业界的前列。而 AMA 为营销行业所树立的道德规范,更是成为美国营销从业人员约定俗成的行业行为准则。

资料来源:根据维基百科相关资料整理。

1.2　市场营销学的发展简史

1.2.1　西方市场营销思想的演进

关于西方市场营销思想的演进,代表性的观点有巴特尔斯的"八阶段论"和郭国庆教授的"六阶段论"。郭国庆教授在其 1995 年出版的《市场营销管理》一书中提出,美国市场营销学理论研究大致经历了萌芽、职能研究、形成和巩固、营销管理导向、协同和发展、分化和扩展六个阶段。

1. 萌芽时期(1900—1920 年)

为了适应 19 世纪初美国经济发展的需要,美国几所大学开设了名为"分销学"的课程,但学者们同时意识到这门学科所涉及的内容与"分销"有很大的差异,需要有一个新名称来称呼他们所讲授的课程。拉尔夫·巴特勒率先采用"marketing"一词。后来,这一名称被广泛接受,不仅成了课程的名称,也成了许多书的书名。此间出现了几位营销研究的先驱,最著名的有阿切·肖、拉尔夫·巴特勒、约翰·斯维尼和韦尔德。此时的营销学研究以传统经济学为依据,是经济学在流通领域的应用。而"marketing"这一新词汇的诞生,使营销学进入了一个全新的研究领域。

2.职能研究时期(1921—1945 年)

经过 20 世纪 20 年代的快速发展和 30 年代的大萧条,美国经济发生了结构性变化,促使学术界和企业界研究营销理论。这一时期以营销职能研究为突出特点。1932 年,弗雷德·克拉克和韦尔德在他们合著中指出,营销的主要目标是使产品从种植者那里顺利地转移到使用者手中。这一过程包含七种营销职能:集中、储存、融资、承担风险、标准化、销售和运输。亚历山大、瑟菲斯、埃尔德和奥尔德逊在《营销营销》一书中继续强调职能研究,指出:"营销包括在商品离开农田或机器以后转移到用户手中这一过程中所发生的每项活动。"他们列举了美国营销教师协会定义委员会在 1934 年提出的各种职能:商品化、购买、销售、标准化和分级、风险管理、集中、融资、运输以及管理、储存。弗雷德·克拉克和彼得·克拉克将营销职能归纳为三类:交换职能——销售(创造需求)和收集(购买);物流职能——运输和储存;辅助职能——融资、风险承担、市场信息沟通和标准化。

3.形成和巩固时期(1946—1955 年)

第二次世界大战后,资本主义国家的市场竞争日趋激烈,为适应新的变化,营销学学者除了继续从经济学中吸取养料外,还开始转向社会科学的其他领域寻找灵感。范利、格雷瑟和考克斯合著的《美国经济中的市场营销》反映了经济学对营销思想的影响,详细论述了营销如何进行资源配置,如何影响个人收入的分配,以及哪些因素影响人们的需求和购买,等等。梅纳德和贝克曼合著的《营销学原理》将营销学定义为"影响商品交换或商品所有权转移,以及为商品物流服务的一切必要的企业活动",提出了研究营销的五种方法:产品研究法、机构研究法、历史研究法、成本研究法、职能研究法。他们还指出,营销学已从描述性方法过渡到分析性方法。可见,营销理论在这一时期开始形成,营销已被明确为是满足人类需要的行为。

4.营销管理导向时期(1956—1965 年)

随着美国社会经济发生巨大变化,营销理论研究也开始迈上了一个新的台阶,即营销管理导向阶段。其间对营销思想做出卓越贡献的代表人物有奥尔德逊、约翰·霍华德、杰罗姆·麦卡锡、乔治·唐宁和菲利普·科特勒等学者。奥尔德逊在《营销行为和经理行动》中认为,营销的效能就在于促进双方的买卖。霍华德的《营销管理:分析和决策》一书主张从营销管理的角度论述营销理论和应用。麦卡锡在《基础营销学》一书中将营销定义为:"营销就是指将商品和服务从生产者引向消费者或用户所进行的满足顾客需要和实现企业目标的企业活动。"并据此提出了著名的 4Ps 组合理论。

5.协同和发展时期(1966—1980 年)

这一时期,市场营销学在逐渐从经济学中独立出来的同时,又吸收了行为科学、管理科学、心理学、社会学等学科理论,逐渐成熟。乔治·唐宁首次提出了系统研究法,认为营销是企业活动的总体系统,有外部大系统和内部子系统。菲利普·科特勒认为,营销管理就是通过创造、建立和保持与目标市场之间的有益交换和联系,以实现组织的各种目标而进行的分析、计划、执行和控制过程,这一观点扩大了市场营销学的研究和应用领域。

6.分化和扩展时期(1981 年至今)

20 世纪 80 年代后,市场营销领域出现了大量新概念,营销学科呈现分化的趋势。莱维·辛格和菲利普·科特勒对"营销战"这一概念以及军事理论在营销活动中的应用进行了研究;克里斯廷·格罗鲁斯发表了论述"内部营销"的论文;西奥多·莱维特研究了"全球营销"问题,主张国际营销产品标准化;巴巴拉·本德·杰克逊提出了"关系营销""协商推销"等新观点;科特勒首倡"大营销"概念,提出了企业如何打进被保护市场的问题。以数据库为基础的"直接营销"也是引人注目的一个新问题。20 世纪 90 年代,定制营销、网络营销、整合营销传播、绿色营销、政治营销、营销决策支持系统、营销专家系统、顾客关系管理等新的理论与实践开始引起学术界和企业界的关注。

经典人物

最早对营销思想发展做出贡献的四个人

美国市场营销学界最早对市场营销思想发展做出贡献的四个人是爱德华·琼斯、西蒙·利特曼、乔治·菲斯克和詹姆斯·哈格蒂。他们于 1902—1905 年间分别在密歇根大学、加利福尼亚大学、伊利诺伊大学和俄亥俄大学开设了市场营销课程。

爱德华·琼斯 1895—1901 年在威斯康星大学执教经济学,1902 年到密歇根大学任教,当时的经济学系系主任亨利·亚当斯正在开展一项"向更实用的人类活动扩展学科"的运动,鼓励琼斯开设一门叫"美国分销管理产业"的课程。这门课的内容,包括对商品进行分类、分级、品牌化、批发和零售以及其他各种市场营销方法。这是最早的市场营销课程。

西蒙·利特曼为美国加利福尼亚大学伯克利分校经济学教授,从 1903 年 1 月起由加利福尼亚大学新成立的经济系的系主任阿道夫·米勒推荐,为该系开设了市场营销课程。这门课程主要讲授商业和贸易的技巧——对商业组织、机构、商业形式及实践的研究。利特曼后来到伊利诺伊大学接替乔治·菲斯克,并进一步发展了这门课程。

乔治·菲斯克为伊利诺伊大学经济学教授,主要研究国际贸易,代表作是《国际商业政策》。他从 1905 年开始从事市场营销学的教学和研究,持续了 5 年。

詹姆斯·哈格蒂 1900 年为宾夕法尼亚大学经济学研究生,对市场营销问题产生兴趣,其毕业论文是关于商业机构的。1905 年他在俄亥俄大学开设市场营销学的课程。哈格蒂一直对市场营销抱有很大兴趣,并致力于发展这门学科,直至 1940 年退休。

资料来源:MBA 智库百科。

1.2.2　中国市场营销理论与实践

从 20 世纪 70 年代开始,西方许多对于发展经济有益的思想观点、理论方法和实践经验开始逐步被介绍到我国,并随着市场环境的变化和企业市场意识的增强而被企业所接受。市场营销学的理论就是在这一时期开始进入中国的。

1. 市场营销的导入

菲利普·科特勒的《营销管理》第 2 版在 20 世纪 70 年代中期就已被我国台湾的学者翻

译为中文版(当时译为《行销管理》)。在大陆,直至 1978 年,市场营销学才被正式引入,最早开设市场营销学课程的是暨南大学。之后,北京和上海的一些大学也开设了类似的课程,并对市场营销学进行了较为系统的研究。

1980 年,国家经济委员会、国家科学技术委员会和教育部同美国政府合作在大连建立了高级管理干部培训中心(全名为"中国工业科技管理大连培训中心"),主要由美国的大学教师前来授课,市场营销学作为一门主要课程在该中心讲授。1981 年 8 月,企业管理出版社将美国教授的市场营销学讲课内容正式出版,取名为《市场学》,这是中国大陆公开出版的第一本市场营销学的教材,为市场营销学在大陆的传播和推广发挥了重要作用。

截至 1982 年,我国正式公开出版和发行的市场营销学著作已达近 10 种,一部分大专院校开始将"市场营销学"列为正式课程,市场营销理论的研究先于其实践逐渐得到了普及。

在市场营销的实践方面,起步较早的是广东等南方地区。那里毗邻香港,在贸易等方面同港澳地区的联系很密切,企业的经营思想很大程度上受境外企业的影响,在经营活动中较早地融入了一些市场营销的观念和做法。

2. 市场营销的普及与发展

中国对市场营销理论普遍接受和应用始于 20 世纪 90 年代。这主要是因为中国大多数企业一直到 90 年代才真正面临大面积的供大于求和"买方市场"的局面,它们也才真正认识到了研究市场、研究需求的重要性。市场营销在此时才真正作为一种经营思想,而不是一种时髦的标签,被企业所接受。到 90 年代末,在中国已有了一批在市场营销活动中取得显著成绩的大型企业,它们富有创新意识的营销实践引起了海内外企业界和学术界的重视。例如,海尔集团的营销实践就被美国的哈佛商学院编成教学案例。

企业界对市场营销的重视和普及,必然会促进学术界和教育界对市场营销学研究的进一步深入。1984 年 1 月,中国高等院校市场学研究会在长沙正式成立,标志着市场营销学的学术地位在中国正式得以确立,这对于市场营销学在中国的发展具有里程碑的意义。1991 年 3 月,中国市场学会在北京正式成立,标志着中国市场营销学的研究已开始走向理论与实践相结合的道路。

3. 中国市场营销有待走向成熟

迄今为止,虽然企业界已对市场营销理论的学习和应用表现出浓厚的兴趣和高度的重视,但是在市场营销理论的推广和应用上仍表现出明显的不成熟。

首先,大多数企业仍然停留在推销观念阶段,以推销的意识和心态来接受和学习市场营销理论。在实践活动中,仍以企业和自我为中心,以促进企业已有产品的销售为目的,在玩弄促销技巧上做文章。

其次,市场营销在不少企业眼中没有被看作是最高层即经营者的经营理念和指导思想,也没有被看作是一种管理职能,而只是被当作一种部门职能在发挥作用。企业的营销部(或市场部)往往难以对整个企业的经营活动产生较大的影响,营销部的功能不明确,从而使营销部的作用受到很大限制,有的甚至形同虚设,或成为杂务部。

最后,很少企业具有营销策划的意识和行为,经营的战略性很差。大多数企业仅注重短期利益而忽视长期的发展;很看重销售和利润,而忽视市场份额的占有;主要依靠自身经验进行决策,而忽视市场调研和市场分析。

进入 21 世纪,中国成功地加入了世界贸易组织(WTO),中国市场进一步同国际市场接轨,这也迫使中国的企业和企业家更快地掌握并应用市场营销的理论和方法,否则就会在无情的竞争面前被挤垮、淘汰。可以说,学习、掌握并运用市场营销理论将成为当代中国企业界、学术界和教育部门的重要任务和共同职责。

1.2.3 东西方市场营销思想的融合

理性主义的市场营销科学管理和非理性主义的市场营销文化管理的融合统一,是市场营销学成为一门成熟学科内在发展的必然要求,是 21 世纪市场营销学发展的主题。

这种融合统一也代表着东西方文化、营销管理模式的发展融合。高扬理性、崇尚科学是西方文化的特征,也是西方理性营销管理模式演变发展的主旋律。与西方理性文化形成鲜明对比的东方非理性文化认为人与大自然是"天人合一",不主张向外寻求扩张,而重视自我修养和内心世界的平衡,强调人与人之间关系融合和社会稳定。与西方理性文化追求"真"相对应,东方文化追求"善",强调情感、潜意识和感觉,追求以人为目的的价值关系、行为准则。这一切构成了东方非理性文化管理模式的文化基础。20 世纪 80 年代掀起的企业文化研究热潮就是东西方两种管理模式的代表——日美管理比较的结果。21 世纪无疑是一个更加开放的世纪,东西方两种模式必将进一步深化和融合,而作为 21 世纪管理学发展主题的科学主义理性管理与非理性主义文化管理的深化融合则涵盖了这一发展趋势。

1.3 市场营销学的研究范围、方法

1.3.1 市场营销学的研究范围

按照宏观/微观二分法,市场营销学可分为宏观市场营销学和微观市场营销学。其中,宏观市场营销学是指在社会层面对营销过程、营销活动、营销组织和营销结果的研究,微观市场营销学是指在组织、产品或品牌层面对营销过程和营销活动的研究。

据亨特和伯内特的分类,凡研究营销系统、交换关系网络、社会观运用、营销对社会的影响和社会对营销的影响,属于宏观市场营销学;凡研究个人及营利组织的营销活动、个人及非营利组织的营销活动、具体企业的营销实践和消费者行为,属于微观市场营销学。

1. 宏观市场营销学

宏观市场营销学站在整个社会经济系统的角度来看市场营销,认为市场营销是"引导商品或服务从生产者向消费者流动,以有效地衔接商品的供应和需求,实现社会发展目标的一种社会经济活动"。宏观市场营销学强调通过宏观营销活动来调节市场供求,协调企业和社会的利益,提高市场交换活动的效率,促进社会发展和提高消费者的福利。宏观市场营销学要求通过合理发挥宏观营销机构(商业机构、物流机构、金融机构、其他市场中介组织)的作用,形成社会经济系统中的买卖功能、储运功能、规范功能、金融功能、风险承担功能以及市场信息功能,创造出产品的形态效用(服务效用)、时间效用、空间效用和持有效用,以满足社会和个人在各种时间和地点所产生的各种需要,并促使整个社会经济系统得以高效率地运行。

2.微观市场营销学

微观市场营销学是以个别企业为出发点和基础,讨论企业如何以市场为导向,利用有限的资源创造出能满足消费者需要的产品和服务,并通过有效的市场活动(分销和促销),实现同消费者的交换,同时实现企业的经济利益等一系列问题。一些营销学者将微观市场营销归纳为企业如何在适当的时间(right time)、适当的地点(right place),以适当的价格(right price)和适当的方式(right pattern),将适当的产品(right product)销售给适当的顾客(right customer)的"6 R 模式"。具体表现为企业在战略层面的市场研究、市场细分和目标市场定位,以及在策略层面的产品、定价、分销和促销策略的组合。

宏观市场营销学和微观市场营销学有着不可分离的关系。宏观市场营销是以企业的微观市场营销为基础的,而微观市场营销的正常开展又必须以宏观市场营销为前提和背景;宏观市场营销所努力营造的良好的市场环境和健康的市场运行机制能促使微观市场营销活动有效开展,而微观市场营销活动规范与高效的运行又是促使宏观市场营销效率提升的基本条件。由于人们最初是站在企业的角度来认识市场营销的,因此市场营销学的理论基础最早形成于微观市场营销。所以,本书也将以微观市场营销的讨论为主体,宏观市场营销只作为一种市场环境因素来讨论。

1.3.2　市场营销学的研究方法

市场营销学研究的角度是在不断发生变化的,大体上有产品研究法、职能研究法、机构研究法、管理研究法、系统研究法与社会研究法等几种方法。

1.产品研究法

即通过对各类不同产品在市场交易活动中的特征分析来研究企业的营销行为。该方法形成了各大类产品的市场营销研究成果。如韦尔德最早的市场营销学的著作就是《农产品的市场营销》;梅尔文·科普兰在 1923 年提出了著名的产品分类理论,将所有的消费品分为便利品、选购品和特殊品。

2.职能研究法

即从企业营销职能的角度对市场营销学进行研究,侧重分析流通过程中各环节或层次的市场营销问题。阿切·肖 1912 年在《经济学季刊》中第一次提出了职能研究的思想。当时他将中间商在产品分销活动中的职能归结为五个方面:风险分担;商品运输;资金筹措;沟通与销售;装配、分类与转载。

3.机构研究法

同职能研究法不同,机构研究法主要分析执行营销职能的组织及其相互之间的关系。早期的机构研究主要集中于中间商和分销渠道的组织与效率。

4.管理研究法

这是二战后采用较多的一种方法,主要从管理决策角度研究市场营销问题,研究企业如何结合外部环境与自身条件进行合理的目标市场与营销组合决策。这一方法认为企业要获得营销的成功,决不能仅依赖于在某一具体部门或个别行为上的努力,而更取决于企业各种营销资源的有效组合和相互支撑,于是市场营销的研究也就自然而然地进入了以管理为导向的阶段。

5. 系统研究法

指将现代系统理论与方法应用于市场营销研究。企业营销管理系统往往是多个子系统构成的复杂系统,如企业、合作伙伴、顾客、竞争者等。该方法研究在这些子系统相互作用、相互影响下,如何进行系统协调整合、优化,以提升企业经济效益。

6. 社会研究法

即以企业营销活动对社会利益的影响为对象,探讨营销活动与营销机构对社会的贡献与相应付出的成本,为社会带来的福利提升或负面效应。这一方法可研究的主题十分广泛,包括如何提升市场效率、产品或服务迭代、营销伦理、营销对生态的影响等。

1.4 市场营销学的学科基础和理论体系

1.4.1 市场营销学的学科基础

"市场营销学这门学科源于何处呢?显然,营销学的父亲是经济学,母亲是行为科学;数学乃营销学的祖父,哲学乃营销学的祖母。如此源远流长,我们完全可以期待未来会衍生出更为强健的新一代的营销学。"(菲利普·科特勒在纪念 AMA 成立 50 周年大会上的发言)

1. 经济学基础

萨缪尔森认为:"经济学研究人和社会如何做出最终抉择,在使用或不使用货币的情况下,来使用可以有其他用途的稀缺的生产性资源来在现在或将来生产各种商品,并把商品分配给社会的各个成员或集团以供消费之用。它分析改善资源配置形式所需的代价和可能得到的利益。"

市场营销理论起源于经济学,但其更注重市场交换的过程研究,详情参看 1.4.3 市场营销学的"交换"理论。

2. 行为科学基础

行为科学的导入使市场营销学得以独立。"经济理论提供了对购买者认识的传统规范式框架……然而,营销学者对这种僵化的经济学上的理解从未感到满意。卡特纳领导了一场将经济学与行为学相融合的运动……大量综合性的理论结构被提出来以便于对购买者行为进行研究和理解。"(本·M. 恩尼斯等所著的《营销学经典》第二部分的序言)

3. 心理学与社会学基础

心理学是研究包括认识、情感、意志等心理过程和能力、性格等心理特征在内的心理规律的科学。社会学是以人类的社会生活及其发展为研究对象的学科。心理学和社会学均以人及其组织、行为为研究对象。

市场营销活动作为人类有目的的社会活动,其主体包括营销者、顾客、消费者、中间商、竞争者、市场管理者以及其他利益相关者。无论是有效开展市场营销活动,还是展开市场营销理论和学术研究,都离不开心理学和社会学理论的指导。

4. 其他学科基础

在市场营销学术研究中,数学和统计学的应用也越来越广泛和深入。数学是研究现实世界的空间形式和数量关系的科学。数学的理论往往具有非常抽象的形式,但它同时也是现实世界空间形式和数量关系的深刻反映,因此可以广泛地应用到自然科学和技术的各个领域。

随着市场营销的发展,在整个市场营销活动过程中,从市场调研与预测、决策与规划,到价格制定、成交结算以及盈亏分析,从资源配置到竞争博弈、购并扩张等,均需要定量研究与分析。

此外,营销学科基础还包括哲学、管理学、商品学 、伦理学、语言学、历史学、地理学、系统科学、信息科学、传播学、法学、政治学、文学和人类学等。

1.4.2　市场营销学的学科性质

1. 市场营销学是一门交叉综合的新兴学科

我们常说,管理学是一门新兴的交叉学科,事实上,市场营销学比管理学更为年轻。它于 19 世纪末萌芽,20 世纪初产生,真正成型是在第二次世界大战结束以后,而成熟则是在 20 世纪七八十年代以后。

交叉学科是由两门或两门以上不同学科交叉渗透形成的,按其相互作用的数量和程度不同,由低到高,可大致分为六大类型:比较学科、边缘学科、软学科、综合学科、横断学科(横向学科)和超学科(元学科)。

市场营销学是一门交叉综合形成的新兴学科。其基底学科是经济学,而植入学科则包括了心理学、社会学、数学、统计学……

2. 市场营销学是科学也是艺术

科学至今还没有一个为世人公认的定义。1888 年,达尔文曾给科学下过一个定义:"科学就是整理事实,从中发现规律,得出结论。"达尔文的定义指出了科学的内涵,即事实与规律。科学要发现人类所未知的事实,并以此为依据,实事求是,而不是脱离现实的纯思维的空想。至于规律,则是指客观事物之间内在本质的必然联系。一般认为,科学有四大特征:①有一个清晰的主题;②有对主题的描述和分类;③有与主题相关的共性、规律和因果关系结构;④科学方法的采用。所以,以上述对科学内涵的界定以及作为一门科学的标准衡量,根据市场营销学现有的理论体系,作为具有清晰的主题和层次结构、具有独特的规律、采用科学的方法的市场营销学是一门科学。

根据《辞海》的定义,艺术是通过塑造形象具体地反映社会生活,表现作者思想感情的一种社会意识形态。艺术是人类以情感和想象为特征,把握和反映世界的一种方式,是艺术家知识、情感、理想和意念等综合心理活动的有机产物。艺术一般通过塑造形象来反映生活。艺术形象、艺术载体、艺术手段等构成艺术的基本要素,而风格特点、个体差异、创意形式等则构成艺术的特征。所以,我们完全可以说市场营销学是一门艺术。

自然科学　　　经济学　　　管理学　　　市场营销学　　　人文学科

科学　　　　　　　　　　　　　　　　　　　　　　艺术

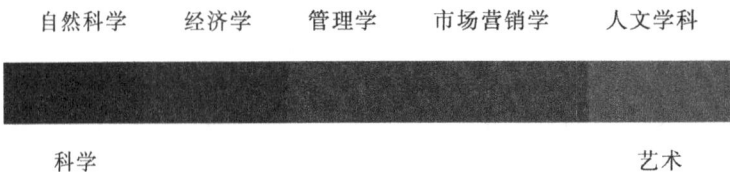

图 1-4　市场营销学科定位频谱

从图 1-4 中可知,最接近科学的是自然科学,最接近艺术的是人文学科,市场营销学更接近艺术一端。

1.4.3　市场营销学的"交换"理论

一般认为,市场营销学的理论内核是"交换"。"当人们开始通过交换来满足欲望和需求的时候,就出现了营销……交换是营销学的核心概念。"(菲利普·科特勒《市场营销原理》。)经济学也研究"交换",并且比营销学研究"交换"的时间更早,但二者研究的角度和侧重点不同。

1. 经济学对"交换"理论的研究

古典经济学认为,交换是分工的前提;新古典经济学则在以"交换"为经济活动基本特征的前提下讨论交换形成与发展的规律;新制度经济学认为,交易成本直接影响着交换的形成与发展,而交易成本不可避免地受到制度的影响。由此可看出,经济学研究"交换"具有以下特点:①关注一般的"交换"而忽略特殊的"交换";②注重"交换"的结果而并非"交换"的过程;③以各种前提假设来排除"交换"中可能存在的各种复杂因素。经济学家对于个人生活中的特殊偶然事件是不加过问的,研究的是"在某些条件下会有的一个产业集团的成员的活动过程……"而在这些广泛的结果之中,个人活动的多样性和易变性就在多数人活动的比较有规则的总体之中被消灭了。

2. 市场营销学的"交换"理论是在经济学研究基础上的深化

它表现在:①关注各种环境条件下的"特殊交换";②关注有效实现"交换"的过程与策略;③关注对在经济学中被排除掉的各种复杂因素的研究。

3. 市场营销学的"交换"理论与经济学的主要差异

两者的差异主要表现在:①经济学提供实现市场交换的最优理论模型,营销学提供实现市场交换的战略与策略;②经济学是一种"目标理论",营销学是一种"过程理论";③经济学强调资源配置如何决定生产和分配,而营销学关注的是在特定的资源分配条件下交换的过程。具体如图 1-5 所示。

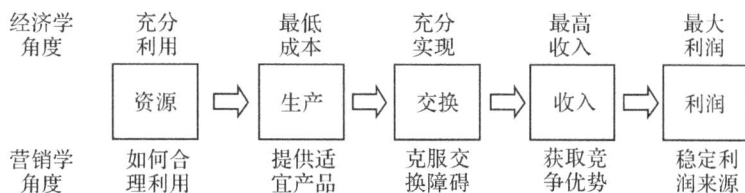

图 1-5　经济学与营销学研究角度的差异

4. 市场营销学的理论内核

按照晁钢令教授 2002 年的说法，市场营销学有其明确的理论内核，但不是"交换"，而是"交换障碍的克服"。

交换中存在的主要障碍包括客观障碍和主观障碍两类。客观障碍包括顾客需求障碍、时间空间障碍、交换心理障碍、竞争干扰障碍；主观障碍主要有分销渠道障碍、信息沟通障碍、内部行为障碍、政策法规障碍等。

因此，"交换"是市场营销概念中的核心要素。如何通过克服市场交换障碍，顺利实现市场交换，进而达到实现企业和社会经济效益之目的，是市场营销学研究的核心内容。交换不仅是一种现象，更是一种过程，只有当交换双方克服了各种交换障碍，达成了交换协议，我们才能称其为形成了"交易"。交易是达成意向的交换，交易的最终实现需要双方对意向和承诺的完全履行。所以，如果仅从某一次交换活动而言，市场营销就是为了实现交换对象之间的交易，这是营销的直接目的。

扩展阅读 1-3

商品交换和过程要素分析图

从图 1-6 可以看出，市场营销学的理论内核不是"交换"，而是"交换障碍的克服"。图中交换障碍主要有空间、时间和信息的障碍等。

图 1-6　商品交换和过程要素分析

1.4.4 市场营销学的理论体系

1. 哲学角度分析市场营销学的理论体系

从哲学角度分析,市场营销理论分为市场营销基础理论、市场营销应用理论和市场营销技术理论三类。它们各自具有相对独立的研究领域,各具特色的研究方法,不同表现形式的研究成果,不同的功能,在市场营销学学科发展和营销实务中扮演着不同的角色。

(1)基础理论

它是研究市场营销活动的本质、动因、功能、运行机理等方面的规律性的理论。其客观性和稳定性最强,一般不受时间限制或受限制很小,研究结果表现为一套概念、原则和原理,在整个市场营销学理论体系中处于基础性的地位,对市场营销实务起着根本性的指导作用。

(2)应用理论

它是研究市场营销基础理论在不同领域、不同时间、不同地点的具体应用,以及探寻有效组织实施市场营销活动对策的理论。其针对性、客观性、稳定性较强,容易受时间、地点和范围的限制,研究结果往往表现为营销分支理论和各种战略、策略、程序、途径和方法等,直接规范和指导市场营销实务。

(3)技术理论

它是研究确保和提高市场营销有效性的操作层面的理论。其针对性、客观性最强,研究结果表现为各种操作技能、手段和技术,可以直接应用于市场营销实务。

基础理论、应用理论和技术理论存在着密切的联系,三者之间存在递推的关系。基础理论为应用理论和技术理论提供理论依据,指明发展方向;应用理论和技术理论受基础理论指导,又为基础理论提供应用空间。三者相辅相成,共同构成市场营销学的理论体系。

2. 从其他角度分析市场营销学的理论体系

(1)从管理程序角度看市场营销学的理论框架

由图1-7可知,从管理程序角度看,市场营销理论框架包括基础理论、策略理论、战略理论和管理理论。

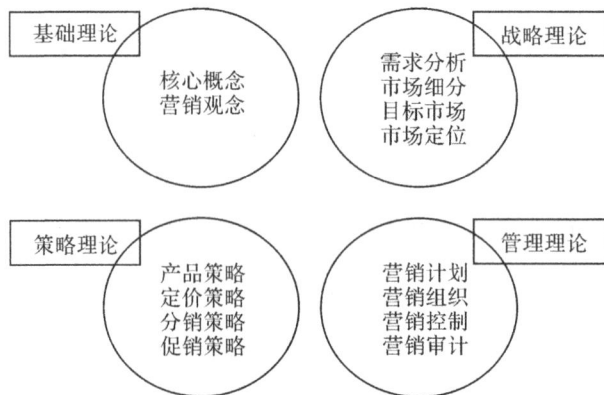

图1-7 管理程序角度下的市场营销学理论框架

（2）从价值链角度看市场营销学的理论框架

由图 1-8 可知，从价值链角度看，市场营销理论框架包括价值探索、价值创造和价值传递三个部分。

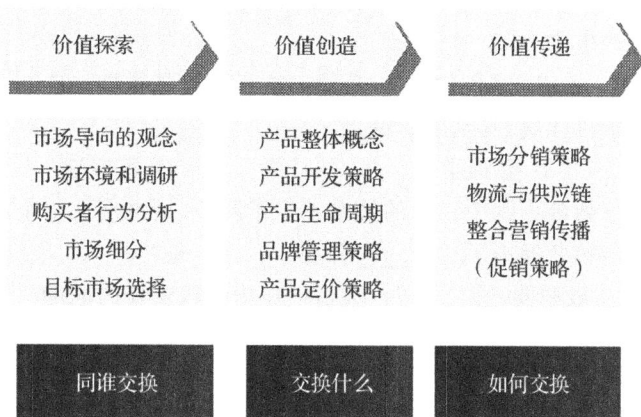

图 1-8　价值链角度下的市场营销学理论框架

本章小结

　　市场营销是企业以市场为导向，以满足顾客需求、实现潜在交换为目的，从而分析市场、进入市场和占领市场的一系列战略与策略活动。克服交换障碍、实现潜在交换是市场营销概念的核心内涵。市场营销学理论起源于经济学，但其更注重市场交换的过程研究，为此融入了心理学、社会学等其他学科的理论，从而使其得以从经济学中分离出来，成为一门独立的学科。

　　市场营销的核心是交换，是一种"过程"理论，关注的是在特定的资源分配条件下交换的过程。其研究的范围既包括在社会层面对营销过程、营销活动、营销组织和营销结果的研究；又包括在组织、产品或品牌层面对营销过程和活动的研究。由此，市场营销学的理论体系衍生出哲学、管理程序、价值链等多个角度。

复习思考题

一、知识题

1.名词解释

（1）市场　　　　（2）市场营销　　　　（3）营销管理　　　　（4）宏观营销

（5）微观营销

习题测试
参考答案

2.单项选择题

（1）市场是指对某项商品或劳务具有需求的所有　　　　　　　　　　　　（　　　）

　　A.个人消费者　　　B.生产者　　　C.社会集团　　　D.现实与潜在买者

(2)市场营销学的理论内核是 （ ）

    A.交换活动   B.销售活动   C.生产活动   D.交换障碍的克服

(3)市场营销学在中国大陆的正式引入是在 （ ）

    A.1975   B.1977   C.1978   D.1979

(4)市场营销学产生于 （ ）

    A.20世纪末   B.20世纪初   C.第二次世界大战末期   D.20世纪50年代

(5)市场营销的学科性质,其基底学科是 （ ）

    A.管理学   B.心理学   C.统计学   D.经济学

3.多项选择题(下列各小题中正确的答案不少于两个,请准确选出全部正确答案)

(1)市场营销职能转变经历了_____阶段 （ ）

    A.营销作为一般职能   B.营销作为比较重要的职能

    C.营销作为主要职能   D.顾客作为核心职能

    E.顾客作为核心职能和营销作为整体职能

(2)在现代市场营销学中,组成市场的最基本要素是 （ ）

    A.供应者   B.购买者   C.商品   D.购买力   E.购买意愿

(3)市场营销的研究方法包括 （ ）

    A.产品研究法   B.职能研究法   C.服务研究法   D.管理研究法   E.社会研究法

(4)营销学与经济学对交换的理解可以从_____方面来比较 （ ）

    A.资源   B.生产   C.交换   D.收入   E.成本

(5)从管理程序角度看,市场营销理论包括 （ ）

    A.基础理论   B.业务理论   C.策略理论   D.战略理论   E.管理理论

4.简答题

(1)简述市场营销学的学科基础。

(2)简述市场营销学的研究范围。

(3)简述市场营销学的理论内核。

二、能力题

1.讨论题

(1)联系实际分析和阐明市场营销学的理论内核及其同经济学的联系和区别。

(2)中国目前在市场营销理论的普及应用方面存在哪些主要障碍?应当怎样予以克服?

讨论组

2.综合题

即使你不从事营销工作,你所上的营销课对你的就业也会有所帮助。请你给一位朋友或家人写一封信对此予以说明。

3.案例分析题

冰雪产业万亿市场蕴含巨大商机

滑雪运动正在成为更多大众选择的休闲娱乐形式。2016年中国滑雪人次达1510万,较上一年滑雪人次增长超过20%,较2010年滑雪人次增长超过200%。2018年1月,2018

冰雪产业高峰论坛在北京召开。在论坛上,腾讯体育联合奥林匹克及残奥会全球合作伙伴丰田汽车、易观智库发布了《2018 中国冰雪产业白皮书》。报告中的数据显示,目前中国冰雪产业正呈现出快速启动的状态,未来将保持高速增长,2020 年冰雪市场规模将达到 6000亿元。按照国家体育总局的相关规划,到 2025 年我国冰雪产业的总体规模将达到 1 万亿元,相当于中国体育总体规模的 1/5。对比我国现有冰雪产业的体量,未来冰雪产业各环节蕴含的商机潜力巨大。

资料来源:根据和讯网 2018-01-23 新闻整理。

问题:

什么构成了冰雪产业的市场? 未来为何存在高速增长的预测?

第2章

市场营销哲学演变及营销理论新进展

学习目标

知识目标	技能目标
◆ 了解市场营销哲学三个层面的含义	◆ 能够站在市场营销哲学的高度理解企业营销问题
◆ 理解营销行为和营销观念产生和发展的背景条件及其发展与变化的过程	◆ 能够区别不同企业的经营观念
◆ 理解市场营销观念的基本特征	◆ 能够运用企业经营观念分析企业营销行为
◆ 理解营销观念与推销观念的主要区别	◆ 能够运用关系营销观念指导企业营销实践
◆ 了解社会经济环境的变化和市场营销理论的发展过程	◆ 能够运用全方位营销观念指导企业营销实践
◆ 掌握全方位营销观念	

导入案例

大数据、智能互联网催生"营销4.0"新时代

自 20 世纪前的蒸汽时代到电气时代,也就是从第一次工业革命到第二次工业革命开始,营销就不断伴随着社会主流时代特征的变化而发展。当时的营销以平面媒体作为主要传播途径,代表性的传播内容就是文字和图片,这就是所谓的"营销1.0"时代。在后来的20世纪初到 20 世纪 80 年代,也就是人类社会从电气时代到科技时代,从第二次工业革命到第三次工业革命时期,多媒体广告的崛起标志着"营销2.0"时代的来临。这一时期音视频成为营销的代表性传播内容。"营销3.0"时代主要是指互联网飞速发展的 20 年,这一时期被称作科技时代、信息时代以及互联网时代,生物技术、新能源和空间技术都开始得到了广泛

应用。这一时期营销的代表性传播途径开始由传统媒体向互联网媒体进行转型,传播的内容呈现互动化、碎片化的特点。

目前营销已经经历了 3 个不同的发展时代,而随着数据时代和智能互联网时代的到来,第四次工业革命、人工智能、物联网和火星移民等全新的东西开始充斥并改变着人们的生活方式,营销也将在这场社会变革中迎来全新的"营销 4.0"时代。

2016 年 8 月 11 日,Netconcepts 在第六届中国 SEO 排行榜大会上提出了"营销 4.0 计划"的概念,这是对新时代的营销发展状况的高度概括,也是对营销价值链的全新定义。未来的"营销 4.0"将以侵入式作为主要传播途径,传播的内容兼具指令化、无形化和融合化的特点。

资料来源:根据新浪科技 2016-08-31 新闻整理。

案例分析题

市场营销是一种经营哲学。对于善于思考的营销者来说,营销的成功法则就是选择合适的营销对象,销售他们最需要的产品。如果将经营活动比作链条,那么合适的营销对象即是链条的第一节,是其延伸的开始。卖秘方给吴王,或者把草皮卖给球迷,无疑都成功地打开了链条的第一节。

市场营销哲学是企业对其营销活动的基本指导思想。本章先对市场营销哲学进行解析,然后介绍营销理论的新进展。

2.1　市场营销哲学和营销理念

菲利普·科特勒在《营销管理》第 8 版的序言中曾经说过:"毫不奇怪,今天能取得胜利的公司,必定是那些最能使它的目标顾客得到满足并感到愉悦的公司。这些公司把市场营销看成是公司的整体哲学,而不仅仅是某一部门的个别职责。"

2.1.1　市场营销哲学

1.市场营销哲学的含义与内容

(1)哲学是一切学问的万学之学

哲学,是系统化、理论化的世界观,是自然知识、社会知识、思维知识的概括和总结,既是一门科学又是一种社会意识形态,是世界观和方法论的统一。世界观是人们对世界的根本看法,哲学是理论化、系统化的世界观,哲学世界观包含人生观和价值观。哲学方法论包含认识世界的方法意识和改造世界的方法意识两部分内容,是关于认识世界、改造社会的意向、意念、意识、原则和方法,是人们根据自身生存发展的必然要求,对获得的全部知识进行哲学思维和哲学分析处理形成和产生的意识成果。从哲学方法论是指引人们改造社会的方法和意识的观点来说,哲学方法论就是社会意识的表现形态和存在形式。

世界观和方法论是一体两面,是一枚硬币具有的两个不同表面。世界观或事物观是以知识形式存在的方法论或意识论,方法论或意识论是以意识形式存在的关于世界或事物的知识。有什么样的世界观或事物观作为知识基础,就必然有与之相联系的方法论或意识论,反之亦然。

(2)哲学的价值

哲学应当学习,并不在于它能对所提出的问题提供任何确定的答案,而在于这些问题本身。这些问题可以扩充我们对于一切可能事物的概念,丰富我们心灵方面的想象力,并且减少教条式的自信。哲学是对世界关于终极意义的解释,它在解释中使我们了解世界,使世界在我们的意识中合理化,为我们提供心灵的慰藉。

哲学还是对人进行自我定位的工具。同时,哲学使人们能够更清楚地认识客观世界、认识事物,使人们聪明起来,更加科学合理地认识事物的本质,更有效地开展各项活动。

(3)市场营销哲学的含义与内容

市场营销哲学是企业在开展市场营销管理过程中,在处理企业、顾客和社会三者利益方面所持的态度、思想和观念。营销既是一种经营哲学,又是一种经营职能。作为一种职能,需要研究营销过程要干些什么;作为一种哲学,则需要研究营销全过程中体现什么样的价值观念,以什么为导向来指导营销活动,以及在此观念指导下如何开展营销活动。

对市场营销哲学有较为全面研究的是上海财经大学的陈启杰教授。他认为,市场营销哲学是人们对市场营销实践、营销知识、营销思维和营销意识的理论化、系统化的概括和总结,是人们关于市场营销的世界观和方法论的统一。它既包含对市场营销的根本看法,也包含认识和指导市场营销的意向、意念、意识、原则和方法。简言之,它是人们对市场营销知识体系在哲学层面的概括和总结。

市场营销哲学是哲学的一个组成部分。市场营销哲学受一般哲学的影响和制约,有什么样的一般哲学(世界观和方法论),就会有什么样的市场营销哲学。但是,市场营销哲学又是一类特殊的哲学,是人们对市场营销的世界观和方法论。

大多数专家在讲到市场营销哲学时,把它等同于营销理念,认为是营销者处理"组织、顾客和社会三者的利益关系"中形成的态度、思想、价值观。

然而,陈启杰教授对此有不同的看法。他认为,市场营销哲学的内涵十分丰富,它至少应该包括三个层面:第一层面是世界观和认识论层面的市场营销哲学,我们称为营销认识论,是营销者看待和处理局部与全局、内部与外部、眼前与长远、企业与自然、企业与社会之间的关系的认知、观念和指导思想;第二层面是态度和价值观层面的市场营销哲学,我们称为营销理念,是营销者在看待和处理企业与利益相关者、企业与内部公众之间的利益关系的认知、态度等价值观和指导思想;第三层面是方法论层面的市场营销哲学,我们称为营销方法体系,是营销者在市场营销哲学和营销理念指引下,所形成的营销主体开展营销实践活动的方法和准则。这些内容的演进正好说明人们对市场营销理论与实践认识的深化和提高。

2.营销认识论及应用

营销认识论——第一层面的市场营销哲学。

(1)市场营销的系统观

市场营销的系统观念主要有以下几层含义:世界是普遍联系的整体,联系具有客观性、普遍性和多样性,应从普遍联系的总体上把握事物的本质和功能;市场营销是一个系统,是一个由不同要素、不同子系统组成的有目标、有结构、有功能的有机统一整体;市场营销系统必然处在环境之中,系统与环境之间具有输入和输出的关系,环境适应性决定市场营销的优劣成败。

由系统观角度出发,营销者面临的基本问题是:如何看待和处理局部与全局的关系? 如何看待和处理不同部门、不同事情之间的关系? 如何看待和处理企业与外部环境之间的关系?

（2）市场营销的动态观

世界是永恒发展的过程,过去、现在和未来之间存在着必然的联系。从动态观角度出发,营销者面临的基本问题是:如何看待和处理过去、现在和未来之间的关系? 如何看待和处理眼前和长远的关系?

（3）市场营销的能动观

市场营销的能动观念包含以下几层含义:企业和营销者必须适应环境;企业和营销者在环境面前不是完全被动的,而是具有主观能动性的;企业和营销者必须按照客观规律行事。

从能动观角度出发,营销者面临的基本问题是:企业和营销者在客观环境面前处于什么地位? 企业和营销者是处于完全被动的地位吗? 企业和营销者可以为所欲为吗?

（4）市场营销的辩证观

企业和营销者必须具有的辩证观主要包括:正确认识和处理好本质和现象之间的关系;正确认识和处理好原因和结果之间的关系;正确认识和处理好必然性和偶然性之间的关系;正确认识和处理好可能性和现实性之间的关系;正确认识和处理好内因和外因之间的关系;正确认识和处理好普遍性和特殊性之间的关系;正确认识和处理好主要矛盾和次要矛盾之间的关系。

3. 市场营销哲学具有和谐导向的特征

正确认识了市场营销哲学的系统观、动态观、能动观和辩证观,可以发现市场营销哲学具有和谐导向的特征。

（1）和谐导向市场营销哲学的含义

和谐导向市场营销哲学是以追求企业营销系统的和谐发展为根本价值观,以及在此价值观指引下形成的营销方法系统。可以从以下四个方面来理解这一概念:

① 提出企业营销系统的概念。企业营销系统内部的各种要素都是相关的,且存在一种系统目的意义下的和谐机制。和谐营销的目的就是使系统由不和谐逐步趋近和谐的状态。

②营销系统的和谐度成为评测营销有效性的根本标准。

③营销系统的和谐分为四种:内部技术和谐是指营销系统内部资源配置最优化;内部精神和谐是指营销系统内部人员的目的和企业的目的相容,形成统一的合力;外部技术和谐是指外部营销资源利用最大化;外部精神和谐是指与营销系统外部的相关因素共生,形成和谐的企业发展环境。

④这里所说的营销方法系统,是指为实现企业营销和谐状态所采用的各种方法策略的整合,带有整体性、系统性、实用性和权变性。

（2）和谐导向市场营销哲学的内容。

和谐导向市场营销哲学体系包含和谐营销价值观体系和和谐营销方法体系两大板块。

①和谐营销价值观体系。第一,和谐营销的根本价值观就是追求企业营销系统和谐发展。和谐市场营销哲学是以往市场营销哲学的延续与发展,以往市场营销哲学中的各种观念在和谐营销根本价值观的指引下被重新整合。系统性、整合性、可持续性、服务性、关系性、文化性和关联性是其主要特点。第二,和谐营销文化是指以和谐价值观为核心辐射而形

成的影响营销主体行为的各种观念、规章、约定等的总和。和谐营销文化是和谐价值观实施的载体,和谐价值观是和谐营销文化的灵魂。和谐营销文化是构建企业文化的基础核心,企业文化应围绕营销文化构建。

②和谐营销方法体系。和谐营销方法体系建立在追求营销系统和谐的目标上,整合各种营销策略、营销方法,形成符合实际情况的系统营销方法。传统的营销方法虽然也有整合,但只是局部的,没有扩展到整个营销系统。和谐营销方法体系的特点是系统化、权变化、创新化、真实化、开放化和关系化。以往的各种营销手段,依然是和谐营销方法体系数据库中的因子,而且这个数据库是一个开放创新的系统。

2.1.2 市场营销理念及其演进

营销理念——第二层面的市场营销哲学。

营销理念的形成是企业经营哲学的重大变化,它科学地阐明了企业经营成功的要旨。其之所以科学,是由于其基于经济活动的客观规律:商品生产活动的意义在于实现交换,而交换实现的前提是存在对于商品的需要。但随着企业经营实践进一步的发展和市场环境条件进一步的变化,企业的营销理念也在不断地发展和变化,其在适应新的市场环境和经营实践的过程中不断得到充实和完善。

1.企业导向的营销观念

它是以企业自己为中心,以产品的生产或销售为出发点,实行"以产定销"的一种营销观念。主要包括生产观念、产品观念和推销观念。如图2-1所示。

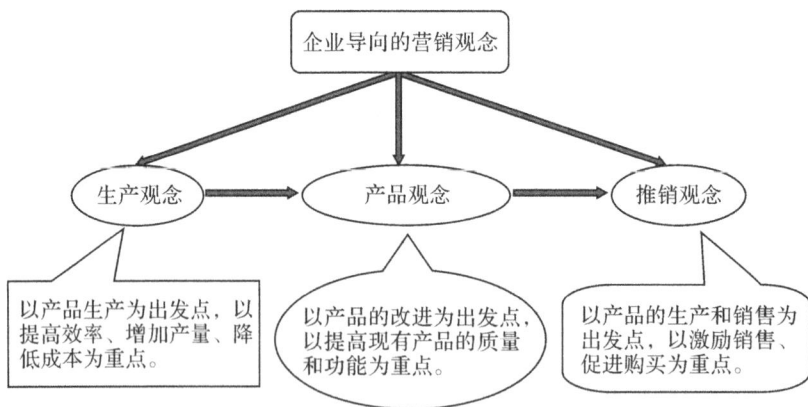

图2-1 企业导向的营销观念

(1)生产观念

生产观念产生于工业革命初期。当时生产力水平较低,产品大多是生活和生产必需品,产品供不应求,选择性少,销售不成问题。该观念是以生产为中心的指导思想,企业的重心在于大量生产,力求产品标准化,通过降低成本而获利。

应用实例 2-1

福特公司的 T 型车和 HNH 公司的耐克斯标签

20 世纪初,美国福特汽车公司制造的汽车供不应求,亨利·福特曾傲慢地宣称:"不管顾客需要什么颜色的汽车,我只有一种黑色的。"福特公司 1914 年开始生产的 T 型车,就是在"生产导向"经营哲学的指导下创造出奇迹的。它使 T 型车生产效率趋于完善,降低成本,使更多人买得起。到 1921 年,福特 T 型车在美国汽车市场上的占有率达到 56%。

中国香港 HNH 国际公司营销它的耐克斯(Naxos)标签,为我们提供了另一个奉行生产观念的例子。耐克斯标签是在当地市场用低成本销售经典音乐磁带的供应品,但它迅速走向了世界。耐克斯的价格比它的竞争者(宝丽金和 EMI)便宜 1/3,因为它的管理费只有 3%(大音乐制作公司为 20%)。耐克斯相信,它比其他公司的价格低 40% 依然有利润。它希望用低价与削价政策来扩大市场。

资料来源:MBA 智库百科。

(2)产品观念

产品观念出现在生产观念后期。这一时期同类产品不止一家生产,消费者开始比较产品质量的差异,愿意出高价购买更优质的产品。该观念以品质为中心,企业管理重心在于产品创新和产品质量提高。

应用实例 2-2

Next 计算机公司和杜邦公司的新型纤维

Next 计算机公司在 1993 年投资 2 亿美元生产计算机,生产 1 万台后便停产了。它的产品特征是带有高保真音响和 CD-ROM,甚至包含桌面操作系统。然而,谁是感兴趣的顾客?产品定位却是不清楚的。因此,产品观念把市场看作是生产过程的终点,而不是生产过程的起点;忽视了市场需求的多样性和动态性,过分重视产品而忽视顾客需求。当某些产品出现供过于求或不适销对路而产生积压时,却不知为什么销不出去,最终导致"市场营销近视症"。

杜邦公司在 1972 年发明了一种具有钢的硬度,而重量只是钢的 1/5 的新型纤维。杜邦公司的经理们设想了大量的用途和一个 10 亿美元的大市场。然而这一刻的到来比杜邦公司所预料的时间要长得多。因此,只致力于大量生产或精工制造而忽视市场需求的最终结果是产品被市场冷落,使经营者陷入困境。

资料来源:MBA 智库百科。

（3）推销观念

推销观念产生于20世纪30年代后期。此时由于科技进步和科学管理，生产大规模发展，产量迅速增加，卖方市场向买方市场过渡，逐渐出现某些产品供过于求的情况。该观念以销售为中心，企业的重心在于推销工作，用尽各种推销手段和工具，通过提高销售量而获利，不管产品是否符合消费者的需要。

应用实例 2-3

皮尔斯堡面粉公司推销面粉

美国皮尔斯堡面粉公司，于1869年成立。从成立到20世纪20年代，这家公司提出了"本公司旨在制造面粉"的口号。因为在那个时代，人们的消费水平较低，面粉公司认为不需做大量宣传，只需保持面粉的质量，大批量生产，降低成本和售价，销量就自然大增，利润也继而增加，不必研究市场需求特点和推销方法。

1930年左右，皮尔斯堡公司发现，在推销公司产品的中间商中，有的已经开始从其他厂家进货，销量也随之不断减少。公司将口号改为"本公司旨在推销面粉"，更加重视推销技巧，不惜采用各种手段，进行大量的广告宣传，甚至使用硬性兜售的手法，推销面粉。

资料来源：百度文库营销观念案例。

2. 市场导向的营销观念

（1）市场营销观念

这是企业以市场为中心，即以市场需求为中心，实行"以销定产"的一种营销观念。表现为"市场需要什么，我就生产什么"。

营销观念产生于20世纪50—70年代，是在买方市场形成后产生的。企业注重消费者需求导向和竞争导向，消费者需求是市场营销活动的起点及中心，企业的任务在于认清消费者的需求，比竞争对手更快地开发产品以满足市场需要。

市场营销观念与推销观念的区别：营销出发点不同；营销中心不同；营销手段不同；营销目的不同。如图2-2所示。

总的来讲，营销观念的基本特征表现在三个方面：

①企业的经营以满足顾客需求为中心。以满足顾客需求为中心是营销观念的本质特征，这一思想应当说是企业在经营实践中自然形成的。在市场竞争日趋激烈的情况下，以企业为中心的推销活动必然会受阻。经营者最终会发现，真正成功的销售并不取决于推销的力度，而是取决于企业满足顾客需求的程度。当顾客有可能在大量商品面前从容选择的时候，他们一定会对那些最符合其需求的商品产生兴趣。于是企业就会逐渐重视对顾客需求的研究。

②注重市场的占有和长远战略目标的实现。不同于推销观念只注重当前产品的销售和短期利润的获取，持有营销观念的经营者认为，不顾及企业的长远发展目标而进行的盲目生产或倾力推销，对企业可能不仅无利反而有害。因此，一些营销学者认为，对于企业来说，稳

出发点	中心	手段	目的
企业	产品	推销和促销	通过扩大销售获取利润

（a）推销观念

出发点	中心	手段	目的
目标市场	顾客需求	整合营销	通过顾客满意获取利润

（b）营销观念

图 2-2　推销观念(a)与营销观念(b)的主要区别

定的市场份额可能比高额的短期利润更为重要。

③通过各种营销策略及各部门的整合营销来实现目标。整合营销体现了企业经营思想的整体化和系统化，它强调企业经营活动是一个完整的系统，由具备各种不同功能的经营部门所构成，各个部门的经营活动必须以实现企业的总体经营目标为核心，取得相互间的协作和协调。各种营销策略之所以都能在企业的经营活动中发挥作用，就是因为它们之间具有很强的互补性，若能很好地加以组合，共同发挥作用，就能产生强大的效应。因此，整合营销比单纯的推销更具优势。这一经营思想还强调，要防止因为对于个别经营职能短期效应的追求而影响企业总体目标的实现。整合营销不仅强调企业各职能部门的相互协调，更强调每一个部门和员工都必须在"以顾客需求为导向"的思想指导下去开展工作。整合营销体现了营销观念是一种系统的哲学观念。

扩展阅读

美国消费者研究协会

消费者研究协会（Association for Consumer Research，ACR）于 1969 年成立。它是在美国市场营销协会的资助下，由俄亥俄州立大学的詹姆斯·恩格尔主持的消费者行为工作室发展而来。ACR 是为对消费者行为感兴趣的学者、实践人员、政策制定者而建立的一个独立的研究平台。从 20 世纪 70 年代以来，ACR 每年都通过它的年度会议发表消费者行为方面的研究论文。

资料来源：根据维基百科相关资料整理。

(2)大市场营销观念

大市场营销观念是以市场需求为中心，以引导需求、创造需求为宗旨的市场营销哲学。所谓大市场营销，是指企业为了成功地进入特定市场，并在那里从事业务经营，在策略上协调地使用经济的、心理的、政治的和公共关系等手段,以博得各有关方面的支持与合作的活动过程。

奉行大市场营销观念的企业,首先运用政治权力和公共关系,以打开市场;然后运用传统的 4Ps(产品、价格、渠道、促销)组合去满足该市场的需求,进一步巩固市场地位。如图 2-3 所示。

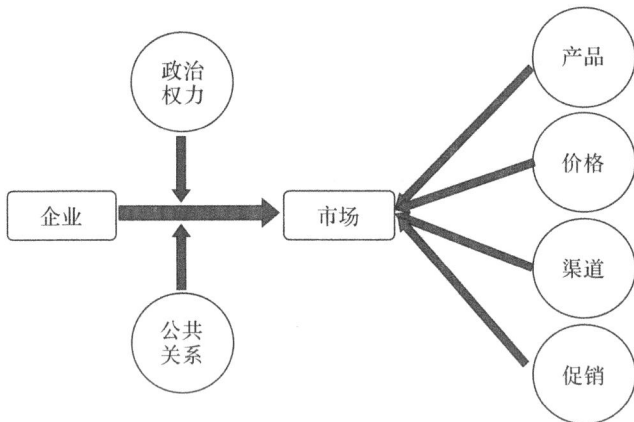

图 2-3　大市场营销观念

3.企业导向与市场导向相结合的营销观念——生态营销观念

生态营销观念是以市场为导向,以市场需求和市场竞争为中心,寻找和满足最能发挥企业优势的市场需求,进而提高企业经营效益的营销观念。

生态营销观念认为,市场上的需求多种多样,任何一个企业都不可能满足市场上的所有需求,而只能将那些最能发挥企业优势的市场需求作为企业的营销方向,并设法去满足它。企业一方面坚持以消费者需求为中心,另一方面强调发挥自身的优势和特长。

在生态营销观念的指导下,企业的营销过程包括:寻找、识别未被竞争者满足或是还未被充分提及的市场需要和欲望;估量其总体需求潜力及企业销售潜力的大小;分析各种竞争力量及自身的比较优势;选择和确定具有比较优势且能获得优秀财务业绩的目标市场;对市场营销环境及主要竞争对手进行战略分析;制定、实施与控制自身发展战略和营销战略。

4.社会导向的营销观念

社会营销观念认为,企业的营销活动不仅要满足消费者的欲望和需求,而且要符合消费者和全社会的最大长远利益,要变"以消费者为中心"为"以社会为中心"。

该观念产生于 20 世纪 70 年代西方资本主义出现能源危机、通货膨胀、失业增加、环境污染严重、消费者保护运动盛行的新形势下,企业以兼顾企业眼前利益和长远利益、顾客个人利益和社会整体利益为中心而开展营销活动。总之,要统筹兼顾三方利益,即企业利润、消费者需要的满足和社会利益。

应用实例 2-4

澳柯玛的可持续发展和汉堡包快餐被批评

青岛澳柯玛集团是我国最早被认定为"中国驰名商标"的四家家用电器企业之一、被誉为"中国电冰柜大王",目前综合实力列行业第七位,是国家大型一级企业,山东省重点工业企业集团。

可持续发展是澳柯玛集团企业发展的根本方向。澳柯玛集团在同行业内率先开始致力于无氟利昂替代项目改造工作,并已成为全球最大的无氟利昂电冰柜生产基地,同时在电冰柜、洗碗机生产行业内最先通过 ISO 14001 环境管理体系认证。目前,澳柯玛正向节能环保的高科技家电产品领域开辟新的发展空间,进行充分的产品结构、组织结构调整工作,实施产品的"纵向拉长,横向拓宽",规划在未来三年及更长的时期内,在国内占领节能环保家电行业的领先地位,带领中国向世界家电王国进军。

汉堡包快餐行业提供了美味可口的食品,但却受到了批评。原因是它的食品虽然可口,却没有营养。餐馆出售的汉堡包含有过多的淀粉和脂肪,出售时采用方便包装因而导致了过多的包装废弃物。在满足消费者需求方面,这些餐馆可能损害了消费者的健康,同时污染了环境,忽略了消费者和社会的长远利益。

资料来源:百度文库社会营销观念案例。

5.关系导向的营销观念

(1)关系营销观念的含义

所谓关系营销,就是把营销活动看成是一个企业与消费者、供应商、分销商、竞争者、政府机构及其他公众发生互动作用的过程,其核心是建立和发展与这些公众的良好关系。关系营销的实质是在市场营销中与各关系方建立长期稳定的相互依存的营销关系,以求彼此协调发展。

20 世纪 80 年代,巴巴拉·本德·杰克逊提出关系营销概念以后,一般学者都将关系营销界定为买卖之间依赖关系的营销,将关系营销的研究局限于关注和处理买方与卖方之间的相互关系,即在传统的顾客导向营销观的基础上,重点探讨客户关系管理(CRM)等问题。这种观点被称为单一客户关系论。多元关系论则认为,公司利益攸关者包括顾客、员工、供应商、分销商、零售商、广告代理人、大科学家及其他人。交易与关系结合论认为,营销应是从交易到关系的一个连续且系统的过程,在相互交换和履行承诺中,识别、建立、维持、巩固与消费者及其他参与者的关系,实现各方目的,才是以关系为导向的营销观的本质特征。

总之,关系营销观念强调交易与关系的结合,强调"关系"的多元性,强调实现"多赢"目的。

(2)关系营销的实施

①关系营销的实施原则。一是主动沟通原则。在关系营销中,企业应主动与其他关系方接触和联系,进行信息沟通,向信息透明与民主化努力。同时,企业要主动为关系方服务

或为关系方解决困难和问题,增强伙伴合作关系。二是承诺信任原则。在关系营销中,企业要履行各项诺言,赢得关系方的信任,这是强化合作关系的基础与关键。三是互惠原则。企业在与关系方交往过程中,必须做到相互满足经济利益,并在公平、公正、公开的条件下进行成熟、高质量的产品或价值交换。

②关系营销的实施过程。该过程包括:建立和维持与顾客的良好关系;协调与供应商的关系;协调与竞争者的关系;协调与利益相关者的关系;协调企业内部利益相关者的关系;协调与政府之间的关系。在现代商品世界,竞争对手可以在非常短的时间内不断模仿企业的产品,分割企业的市场占有率。但是有一点它们永远也无法模仿,就是企业和客户的良好合作关系。

从指导企业经营实践的思想观念的发展与变化来看,市场营销是一种新的经营思想和经营观念,是企业在其经营实践的发展中对自身经营哲学的调整。实践也证明了,企业在市场上的表现和业绩方面的差异,并不主要是由于策略和技巧上的差异,而更重要的是经营观念上的差异。

经典人物 2-1

菲利普·科特勒

菲利普·科特勒博士生于 1931 年,现任美国西北大学凯洛格管理学院终身教授,具有麻省理工学院博士及其他八所大学的荣誉博士学位。他被称为"对全球经济发展最具影响力的十位管理大师之一""现代营销之父"。他多次获得美国国家级勋章和褒奖,包括"保尔·康弗斯奖""营销卓越贡献奖""查尔斯·库利奇奖"。他是美国 AMA 第一届"营销教育者奖"的获得者,也是至今唯一三次获得过《营销杂志》年度最佳论文奖——"阿尔法·卡帕·普西奖"的人。他曾担任许多跨国公司的企业顾问,此外他还曾担任美国管理科学联合市场营销学会主席、美国市场营销协会董事长和项目主席以及彼得·德鲁克基金会顾问。

科特勒一直致力于营销战略与规划、营销组织、国际市场营销及社会营销的研究,他的最新研究领域包括:高科技市场营销,城市、地区及国家的竞争优势等。他创造的一些概念,如"反向营销"和"社会营销"等,被人们广泛应用和实践。

科特勒著有 20 本著作,其中《营销管理》被翻译成 18 国文字在 58 个国家发行。在书中,他阐述了公司、业务单位与营销战略的关系,营销计划的产生等问题,指明这些都受到营销环境中经济、政治、法律和法规、技术及社会文化力量的影响。书中还阐述了社会责任和道德在营销决策中所扮演的角色,并讨论了全球经济一体化中营销的特性及其所面临的机遇和挑战。

资料来源:根据维基百科相关资料整理。

2.2　市场营销理论新进展

2.2.1　市场营销理论发展的过程

市场营销理论发展的过程如图 2-4 所示。

| 20世纪50年代 | 营销组合 12 要素
产品生命周期
品牌形象
市场细分
市场营销概念
营销审计 | 20世纪60年代 | 营销组合 4Ps
营销近视
消费生活方式
买方行为理论
扩大营销 | 20世纪70年代 | 反营销概念
市场定位
战略营销
社会营销
服务营销 |
| 20世纪80、90年代 | 营销战
内部营销
全球营销
直复营销
关系营销
定制营销
绿色营销 | 20世纪末21世纪初 | 品牌营销　　体育营销
精确营销　　文化营销
体验营销　　供应链管理
电子商务　　蓝海战略
网络营销　　营销生产力 | | |

图 2-4　营销理论发展过程

2.4　新世纪市场营销理论的发展

1.新经济时代的基本特征

菲利普·科特勒在《营销管理》第 11 版中指出了新经济时代在市场中所表现出来的四种基本特征：

（1）数字化和连通性

即信息技术的发展可以将所有信息的传统表现方式（如文本、图像、影像、声音等）都转化为一组以 0 和 1 所表示的数据流，通过互联网在最广泛的范围内进行高速传输，从而使市场的空间范围得以无限扩大。

（2）非居间化和再居间化

即互联网和网络销售的发展，使传统中间商的作用开始弱化，非居间化的趋势开始出现。然而，一批网络中间商的兴起和发展，又成为新型的市场中介，从而导致再居间化现象的形成。

（3）定制化和顾客化

即在信息技术和网络技术的支持下，企业可针对各种顾客个性化的要求，对他们提供差异化的产品和服务。这种完全针对个性化需要所进行的定制化服务则形成了颇具人性化的顾客化营销。

（4）行业趋同化

即在信息技术的发展和推动之下，企业更容易向产业的广度和深度拓展，从而导致企业的行业界限开始变得模糊，各种行业相互交叉和相互渗透的现象日益普遍，行业趋同化的趋势开始出现。

2．新经济时代企业经营观念的变化和实践变革

（1）新经济时代企业经营观念的变化

新经济时代企业经营观念的变化主要体现在以下方面：

①需求方面，以个性化的价值认知为导向。其表现为：第一，需求的全面化，即顾客不再局限于一般功能性需求的满足，开始追求全方位的价值实现，并在购买前进行期望价值的自我设计；第二，需求的个性化，即顾客所追求的期望价值越来越趋向于个性化，对个性化价值需求的满足程度成为赢得市场的关键。

②资源方面，以全方位的资源整合为手段。企业的资源不仅存在于企业内部，也存在于企业外部，应对企业利用内外资源的经济性进行客观评估，合理利用；以信息管理的方式使内外资源得到有机衔接，高效利用；通过全方位的关系网络管理，扩展企业外部资源，提高资源利用效率。

③竞争方面，以竞争力的不断创新为动力。信息共享度提高，使企业核心竞争力难以长久保持，竞争优势的相对不可替代成为形成核心竞争力的主要方面。只有在核心优势上不断创新，企业才能始终保持领先，只有敢于"打倒自己"，企业才能永远领先对手。

④利润方面，以多元化的价值增值为源泉。企业经营活动的价值增值途径呈多元化趋势，品牌、网络、忠诚顾客等都可成为企业资本增值的源泉。企业应根据价值增值多元化原则整合各种价值增值要素，统筹战略规划，尝试以价值增值多元化原则来调整对企业资本价值的评估标准。

⑤管理方面，以跨部门的流程管理为特征。以功能管理为特征的分部门管理是与以制造业为基础的经营活动相适应的，而以信息管理和个性化需求满足为导向的经营活动需要实行跨部门的流程管理。跨部门流程管理主要表现为围绕一定的经营目标组成跨部门的工作团队，完善的信息系统是对跨部门流程管理进行统一协调的基础。

（2）适应经营思想变化的实践变革

为适应经营思想变化，企业进行的实践变革主要有：建立、完善信息系统，构成管理平台；加强适应个性需求的开发与创新能力；评价价值增值源泉，合理配置营销资源；建立同顾客和合作者的便捷沟通方式，提高协调能力和反应能力；进行组织系统的重构，建立以信息管理为基础的管理体系。

经典人物 2-2

杰罗姆·麦卡锡

杰罗姆·麦卡锡是美国密歇根州立大学教授，20世纪著名的营销学大师。从教以来，他发表论文多篇，并著有多本关于数据处理和市场营销方面的教材。麦卡锡曾与全美多位

教授共同合作从事研究工作,多次在南美、非洲及印度等地出席国际会议。他还担任许多知名企业的市场营销顾问,如陶氏化学公司、3M 公司等。麦卡锡一直走在市场营销研究领域的前沿,对其编著的营销教科书多次进行修订,以紧跟时代发展的步伐。

麦卡锡于 1960 年在其著作《基础营销学》中,第一次提出了著名的"4Ps"营销组合经典模型,即产品(product)、价格(price)、渠道(place)、促销(promotion)。4Ps 理论的提出,是现代市场营销理论最具划时代意义的变革,从此,营销管理成了公司管理的一个部分,涉及远远比销售更广的领域。今天,无论有多少新的营销名词,无论有多少关于 4Ps 理论过时的说法,4Ps 理论依然是营销管理理论的基石。

资料来源:根据维基百科相关资料整理。

+-

3. 新经济时代下的全方位营销观念

(1)以菲利普·科特勒为代表的全方位营销观念

以科特勒为代表的营销学者认为,在新经济条件下,买方(消费者)与卖方(企业)的能力都有了新的扩张。从消费者的角度看,其获取商品和服务信息的能力大大增强,可供选择的范围也随之扩大,于是对需求满足的要求也越来越高,企业能否有针对性地提供个性化的商品和服务便成为其选择的重要依据。而从企业的角度看,其获取市场及顾客信息的渠道也越来越广泛,同顾客进行沟通的手段也越来越丰富,市场范围因互联网的广泛覆盖而突破了狭隘的地域界限,同时也因为能与顾客进行即时的双向沟通,而使按照顾客的个性化需要来实行定制化营销成为可能。基于以上的变化,他们提出了新经济条件下的全方位营销观念。

此观念认为,在新经济条件下,企业必须把重心由"产品投资组合"转向"客户投资组合";将"客户价值""核心能力""合作网络"作为塑造市场的三大基本要素;通过由"需求管理""资源管理""网络管理"所构成的全方位营销管理来实施由"价值探索""价值创造""价值传递"所构成的"以价值为基础"的营销活动过程。其相互之间的联结与互动构成了"全方位营销"的架构。如图 2-5 所示。

(2)以迈克尔·兰宁为代表的全方位营销观念

全方位营销架构的市场营销活动能创造最为有利的市场环境,所以说,全方位营销观念针对了现代市场活动的宽广度与复杂性,从更高、更深的层面上拓展了营销者的视野。在这一架构中,"价值探索""价值创造""价值传递"的营销活动过程并不是一种新的表述,早在1988 年迈克尔·兰宁等人就已经提出。全方位营销观念的主要特点表现为,将认识、开发和保持企业在满足市场需求方面的核心能力,以及积极开发、利用和维护企业的外部资源等两个方面纳入了营销管理的范畴。这是由于新经济条件下,因信息不对称而形成的相对竞争优势日益减弱,企业只有通过在核心能力方面的不断创新,才可能形成在某一领域的绝对竞争优势,从而始终保持其在该领域的领先地位。同时,还要求企业能充分利用信息网络技术所带来的与合作者沟通协调的便利性,积极开发和利用企业的外部资源,形成稳定的合作网络,以扩展企业在满足目标市场需求方面的综合能力。

在这一思想的指导下,全方位营销强调企业的营销活动应当包含"内部营销""整合营销""关系营销"和"社会责任营销"四个方面。通过"内部营销"能够充分激发企业员工的工作热情和创新能力,从而不断提高服务顾客的水平;通过"整合营销"则能使企业的内部资源

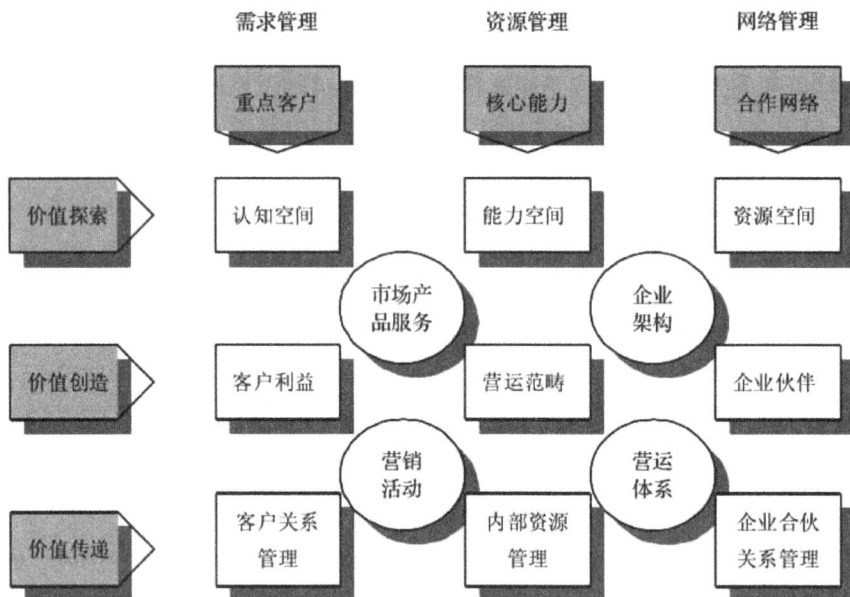

图 2-5　全方位营销架构

实现最优组合,取得更大的合作效益,促使企业形成更强的核心竞争能力;通过"关系营销"可以不断地推进企业外部合作网络的发展和稳固,从而能够最大限度地利用企业的外部资源;通过"社会责任营销"则可以有效地协调企业同社会各方面的关系,为企业的市场营销活动创造最为有利的市场环境。

本章小结

　　市场营销哲学是企业对其营销活动的基本指导思想,是营销的核心。任何营销活动都是在一定的市场营销哲学的指引下开展的。市场营销哲学的内涵十分丰富,它至少应该包括三个层面。市场营销观念是在生产力高度发展、产品供过于求、竞争日益激烈的社会经济背景条件下形成的,它具有以顾客需求的满足为中心,注重企业的长期发展战略,以整合营销为手段等基本特征。从本质上讲,市场营销学是一种经营哲学。

　　20世纪末21世纪初是营销理论快速发展的时期,以菲利普·科特勒为代表的一些营销学者提出的全方位营销观念针对现代市场活动的宽广度与复杂性,从更高、更深的层面上拓展了营销者的视野。

复习思考题

一、知识题

1. 名词解释

(1)市场营销哲学   (2)市场营销观念   (3)生态营销观念

(4)大市场营销观念   (5)全方位营销观念

习题测试
参考答案

2. 单项选择题

(1)社会市场营销观念中所强调的利益应是   (　　)

    A. 企业利益   B. 消费者利益   C. 社会利益   D. 企业、消费者与社会的整体利益

(2)市场营销观念的突出特征是   (　　)

    A. 以产品质量为中心   B. 以产品价格为中心

    C. 以产品产量为中心   D. 以消费者需求为中心

(3)生态营销观念是以_____为中心的营销观念   (　　)

    A. 市场需求与市场竞争   B. 市场需求与环境保护

    C. 市场竞争与环境保护   D. 市场生态与企业条件

(4)"我卖什么,顾客就买什么"属于   (　　)

    A. 生产观念   B. 推销观念   C. 市场营销观念   D. 产品观念

(5)从古至今许多经营者奉行"酒香不怕巷子深",这种营销观念属于   (　　)

    A. 推销观念   B. 产品观念   C. 生产观念   D. 市场营销观念

3. 多项选择题(下列各小题中正确的答案不少于两个,请准确选出全部正确答案)

(1)社会营销观念是营销过程中如何处理_____利益关系   (　　)

    A. 企业   B. 股东   C. 员工   D. 顾客   E. 社会

(2)营销认识论包括了_____等角度   (　　)

    A. 系统观   B. 动态观   C. 能动观   D. 辩证观   E. 价值观

(3)企业导向的观念包括的类型有   (　　)

    A. 生产观念   B. 产品观念   C. 推销观念   D. 市场营销观念   E. 社会营销观念

(4)关系营销的原则包括   (　　)

    A. 主动沟通   B. 承诺信任   C. 和平共处   D. 协同   E. 互惠

(5)菲利普·科特勒在《营销管理》第 11 版中指出了新经济时代在市场中所表现出来的
基本特征,包括   (　　)

    A. 数字化与连通性   B. 居间化   C. 定制化与顾客化   D. 行业趋同化

    E. 碎片化

4. 简答题

(1)简述市场营销观念与推销观念的主要区别。

(2)简述新经济时代企业经营观念的变化。

二、能力题

1.讨论题

以小组为单位讨论数字化时代的全方位营销的内涵及主要特点。

2.综合题

讨论组

(1)你所在公司的总裁决定调整公司结构,使其更加以市场为导向。他准备在稍后的会议上宣布这些变化,让你为他准备一个简短的演说,概括一下公司选择新导向的基本理由。

(2)有一家超市的宣传口号是"商店就是你的家"。可是当你要求一名理货员帮你寻找一袋薯片时,他却说不关他的事,让你自己找。在商店的出口处,你发现了一个投诉地址。请你起草一封投诉信,说明超市员工把口号落到实处的必要性。

3.案例分析题

新型捕鼠器缘何没市场

美国一家生产捕鼠器的公司,为了试制一种符合老鼠生活习性的捕鼠器,组织力量花了若干年时间研究了老鼠的吃喝、活动和休息等各方面的特征,终于生产出了受老鼠"欢迎"的一种新型捕鼠器。新产品完成后,屡经试验,捕鼠效果确实不错,捕鼠率百分之百。同时与老式捕鼠器相比,新型捕鼠器还有以下优点:①外观大方,造型优美;②捕鼠器顶端有按钮,捕到老鼠后只要一按按钮,死鼠就会掉落;③可终日置于室内,不必夜间投器、白天收拾,绝对安全,也不会伤害儿童;④可重复使用,一个新型捕鼠器可抵好几个老式捕鼠器。

新型捕鼠器上市伊始深受消费者的青睐,但好景不长,市场迅速萎缩。为什么这么好的东西没有达到预计的销售业绩呢? 后来查明,其原因是:

第一,购买该新型捕鼠器的买主一般是家庭中的男性。他们每天就寝前安装好捕鼠器,次日起床后因急于上班,便把清理捕鼠器的任务留给了家庭主妇。主妇们见死鼠就害怕、恶心,同时又担心捕鼠器不安全,会伤害到人,于是只好将死鼠连同捕鼠器一块丢弃。由此主妇们感到代价太大,不希望自己的丈夫再买这种捕鼠器。

第二,由于该捕鼠器造型美观,价格自然较高,所以中低收入家庭购买一个便重复多次使用。再加上家中老鼠在捕捉了几只后就会"消停"一段时间,重复购买因而减少,销量自然下降。而高收入家庭,虽然可以多买几个,但是用后的处理很伤脑筋。老式捕鼠器捉到一只老鼠后,可以与老鼠一起扔进垃圾箱,而新型捕鼠器就有些舍不得,留下来又不知该放在哪儿。另外,留着捕鼠器也容易引起有关老鼠的可怕念头。

资料来源:根据百度文库市场营销案例整理。

问题:

结合本案例,说明美国这家生产新型捕鼠器公司失败的根本原因是什么。

第二篇

价值识别篇

第3章

市场营销环境

学习目标

知识目标	技能目标
◆ 掌握市场营销环境的概念和特点	◆ 能够分析影响企业市场营销活动的宏观环境因素
◆ 理解影响企业营销活动的微观市场营销环境因素	◆ 学会分析影响企业市场营销活动的微观环境因素
◆ 理解影响企业营销活动的微观市场营销环境因素	◆ 能够通过环境分析评估环境威胁与环境机会
◆ 了解市场机会与环境威胁的基本分析方法	◆ 学会企业应对市场营销环境的对策
◆ 认识企业面对市场营销环境变化所采取的对策	◆ 具有运用市场营销知识与技能对环境进行营销决策的能力

导入案例

电信和微信：传统电信的业务之危

在第三代移动通信成功商用之前，"最后一公里"问题是困扰电信业竞争深化的老大难。尽管竞争在电信业其他领域都畅行无阻，不存在技术及商业上的障碍，但最后还是要面对只能有一根电话线接入消费者居所的尴尬局面。

然而，互联网应用服务的发展改变了整个电信市场格局，第三代移动通信的成功商用彻底改变了这一局面。电信运营商发现，消费者所接受服务的形态及质量并非由其所控制，而是由消费者借助应用商店的应用软件组合自主决定的。传统IT行业突然从消费者层面侵入电信业领域，将消费者从运营商的控制下彻底解放出来。这样，传统电信运营商就失去了对电信服务的掌控,消费者的权力大幅扩张;如腾讯公司推出的微信的成功推广威胁了传统电信运营商的语音及数据业务,对其生存和发展都构成了巨大挑战。曾几何时,手机短信作为一种通信联系工具,深受广大消费者欢迎。特别是年轻人,更是把短信作为了交流、恋爱、问候等的主要通信工具。然而,微信出现后,短信数量出现了断崖式的下降,相当一部分消费者将通信的方式转向了微信。因为,微信不仅不需要付费,而且发送的方式、手段、形式、内容、动作语言等远多于短信。

未来消费者将越来越多地从第三方应用中获得令自己满意的服务,而不是相反。移动互联网的发展使得未来可能有越来越多的应用有替代传统电信业务的功能。对此,传统电信运营商得与之共存,并在其中找到自己的生存和发展之道。这是全球电信运营商的任务,而不单单是中国电信运营商的。

事实上,对于消费者来说,重要的是如何才能以最小的付出获得最大的回报、得到最好的服务,而不是目前的任凭垄断企业宰割、任凭垄断企业侵犯自己的权利。因此,无论从感情上还是理性思考上,他们都会毫不犹豫地站在马云、马化腾一边,希望阿里、腾讯等能够通过业务的创新,对垄断企业发起更加猛烈的冲击,使其真正将高昂的头低下来,将过高的利益降下来,将与民争利的行为规范起来,真正能够多站在消费者一边考虑问题,多为消费者提供良好的服务。

也许,马化腾的两次变革,对处于高度垄断地位的通信企业来说,还无法让其产生痛感。但是,却传递出一种信号,那就是传统垄断企业,已经无法再像过去那样高枕无忧了。

案例分析题

资料来源:根据新浪新闻中心2014-11-19、中国新闻网2014-11-14、中国网2013-09-01新闻整理。

世界上唯一不变的就是变化。任何一个企业都是在不断变化的环境中运行,其市场营销活动亦是在与其他组织、目标顾客和社会公众的相互协作、竞争、服务和监督中开展。企业的各种内外部环境力量构成了影响营销活动的市场营销环境。环境力量的变化,既可以给企业市场营销活动带来机会,也可以形成某种环境威胁。与其他部门不同,营销部门必须全面正确地认识市场营销环境,监测、把握各种环境力量的变化,这对于企业审时度势、趋利避害地开展市场营销活动具有重要意义。

3.1 市场营销环境概述

3.1.1 市场营销环境内涵

微课 市场
营销环境
内涵

根据菲利普·科特勒的定义,市场营销环境泛指在企业营销活动之外,能够影响营销部门建立并保持与目标客户良好关系的能力的各种力量和因素。企业的生存与发展,始终受到环境的影响和制约,既包括自身内部环境的发展,

也包括外部环境的变迁。企业市场营销环境的变化,对企业的市场营销活动具有强力的冲击,冲击过程在给企业创造新的市场机会的同时,也给企业带来了各种不确定的威胁。只有通过科学系统的环境研究,营销人员才能够调整营销战略,以适应市场中新出现的机会和挑战。

市场营销环境由微观环境和宏观环境组成。微观环境是那些与企业紧密相连、直接影响企业营销能力和效率的各种力量和因素——企业自身、供应商、营销中介、消费者、竞争者和公众。宏观环境包括人口、经济、自然、科技、政治和文化等因素,它们与企业不存在直接关联,而是通过影响微观环境来影响企业营销能力和效率。微观环境与宏观环境是包容和从属关系,微观环境中的各种力量和因素均受到宏观环境中各种力量和因素的影响。如图 3-1 所示。

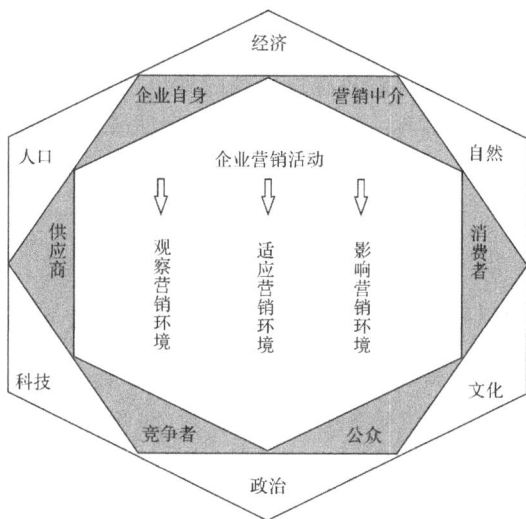

图 3-1　企业营销活动及其市场营销环境

3.1.2　市场营销环境的特征

1.客观性

由于营销环境是客观存在的,并不以企业营销人员的意志为转移,因此,任何臆断环境因素及其发展趋势,或违背环境变化客观规律的盲目决策,均会导致企业在市场竞争中失利,甚至是致命的打击。营销人员需要正确地认识营销环境中的各种因素,把握其变化规律,适应并利用营销环境迎接挑战并发现机会。

2.差异性

不同的国家或地域,社会、文化、人口、政治等因素存在很大差异,企业面对不同国家或地域的市场,就得面对这种环境的差异性。即使在相同的环境因素下,不同企业内部的差异也会导致其对营销环境的认知产生差异;对某个企业是威胁,对另一个企业可能是机会。

3.相关性

各个单一的环境之间是相互关联的,政治环境的变化会引起经济环境的变化;同样,经济环境的改变也会促使政治环境的改变。因此,营销环境的相关性是指各种环境因素之间是相互影响和相互制约的,某一环境因素的变化,会引起其他因素的互动变化。企业的营销活动既存在单一环境因素的影响,也存在多个环境因素的共同制约。

4. 动态性

任何环境因素始终处于变化中,甚至是急剧的变化之中。如顾客的购买行为既可能取决于往期的消费习惯,也可能受到某些外部激励而产生突变。营销人员的一个重要工作就是时刻关注市场营销环境的变化趋势,并针对环境变化适时地调整营销策略。

5. 复杂性

由于市场营销环境包括影响企业市场营销活动的一系列宏观和微观因素,而这些因素之间的相互影响充满了各种不确定性,使得对环境变化结果的预期充满了不确定性。这种复杂、多样并且不可控的特征对企业的营销决策既蕴含着机会,也充满着威胁。同时,企业营销人员主观认知的差异也会导致其对外界激励做出的响应存在差异,这就进一步扩大了市场营销环境带来的机会和挑战。因此,复杂性同样是市场营销环境的一个重要特征。

应用实例 3-1

电动车新常态　呼唤产品主义

下滑,下滑,还是下滑!电动车行业经历 20 年的发展之后,到 2013 年达到顶峰,产量达到 3695 万辆,2014 年,电动车行业开始进入新的拐点,2015 年,相关调研显示,全行业同比下滑 10％～15％。对于行业整体下滑的问题,从积极的角度来看,这种下滑有利于行业的结构优化和长远发展。

客观来看,下滑对电动车行业未必是一件坏事。一方面,从产业集中度来看,行业内的企业仍然太多,从成熟的行业来看,赚钱的企业不会超过 5 家(很多行业是双寡头局面)。另一方面,在高速增长阶段,企业拼的是存量,这在营销运作上,我们看到的就是企业拼渠道、拼传播。在行业整体下滑的态势之下,企业不得不拼存量,这迫使企业进行营销创新,尤其是在产品上。实际上从 2015 年的天津展和南京展,我们也能够很清楚地看到这个趋势。一些领军企业的产品,无论是设计、工艺还是创意,已经深深打上了自己的烙印,这正是电动车行业开始走向成熟的标志。

很多人认为,电动车行业主要面临产品同质化的问题。其实,产品只是表象,其背后的问题实质是:供求分离现象仍然比较突出,产业链的效能和产业组织形式仍然比较落后,供应链不能做到快速响应消费者的需求。未来,特别是在移动互联网时代,电动车行业面临的一个重大课题就是:如何实现大规模生产和个性化定制之间的平衡。

资料来源:《销售与市场(管理版)》2015 年第 12 期。

3.2 微观市场营销环境研究

企业市场营销管理部门的工作任务在于创造和传递顾客价值并让顾客满意。但企业市场营销管理部门仅靠自己的力量是不能完成这项任务的,其成功依赖于企业微观市场营销环境中各种力量和因素的影响程度。这些因素与企业有着双向影响的作用关系,在一定程度上,企业可以对其进行控制或施加影响。如图 3-2 所示。

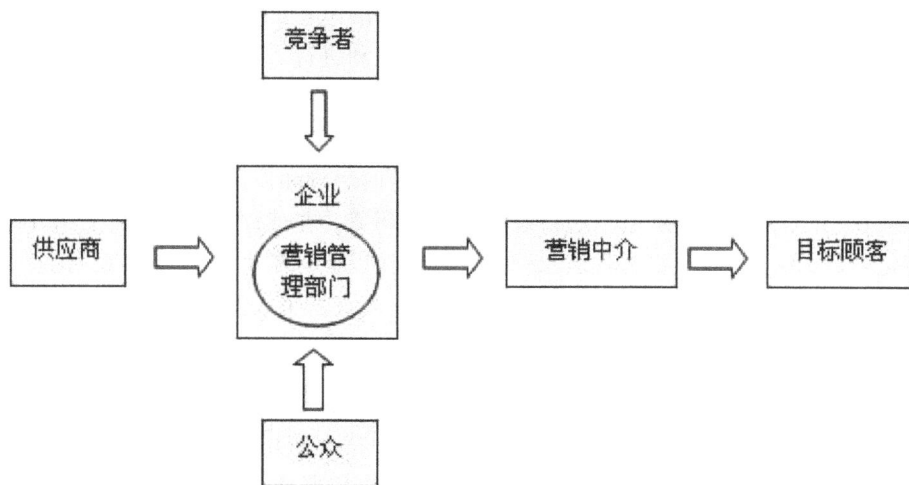

图 3-2 企业的微观市场营销环境

3.2.1 企业自身

企业市场营销部门在制订营销计划和开展市场营销活动时,会受到企业内部其他部门,如企业最高管理层、财务部门、研发部门、生产部门和会计部门等的影响,这些部门构成了企业内部的微观环境。企业管理一般是由最高管理部门制定总体战略或政策,然后制定与实施营销计划。为开展市场营销活动,企业市场营销部门必须依赖于各部门的配合与支持,但有时也会与生产、技术、财务等部门发生矛盾。由于各部门的工作重点不同,有些矛盾往往难以协调,所以企业在制订营销计划、开展营销活动时,必须以顾客为导向,协调和处理好各部门之间的矛盾和关系,营造良好的企业内部环境,从而更好地实现营销目标。

3.2.2 供应商

今天在大多数营销者看来,将供应商视为利益瓜分者的传统观点已不合时宜,取而代之的是将供应商视为创造和传递客户价值的合作伙伴。供应商通过向企业供应原材料、部件、能源、劳动力等资源直接影响企业经营成本及其服务目标市场的能力。供给成本会影响企业商品的销量和企业的盈利,供应资源的质量会影响企业产品和服务的品质,供应周期的稳定性会影响企业生产经营的确定性。因此,企业更愿意和那些成本低、能保证质量、交货期准确的供应商建立长期的合作关系。如丰田公司就将"赢得供应商满意"纳入公司使命说明书中。

3.2.3 营销中介

营销中介是指协助企业促销、销售和配销其产品给最终购买者的企业或个人,包括中间商、物流服务机构、营销服务机构和金融中介机构。营销中介是市场营销不可缺少的环节,大多数企业的营销活动,都必须通过它们的协助才能顺利进行。例如,生产集中与消费分散的矛盾,就必须通过经销商的分销来解决;资金周转不灵,则须求助于银行或信托机构;等等。正因为有了营销中介所提供的服务,企业的产品才能够顺利地到达目标顾客手中。随着市场经济的发展,社会分工愈来愈细,这些中介机构的影响和作用也就会越来越大。如同供应商,营销中介同样是企业价值传递系统中的重要环节。在建立客户满意的过程中,企业不仅要优化自身的表现,同时要有效地与营销中介合作以优化整个系统的表现。因此,与营销中介通力合作而不仅仅是视其为销售渠道已成为大多数营销人员的共识。

1.中间商

中间商是指把产品从生产商流向消费者的中间环节或渠道,它能帮助企业寻找目标顾客,为产品打开销路,为顾客创造地点效用、时间效用和持有效用。传统的中间商主要包括批发商和零售商两大类。今天大多数制造商已不再像往常那样在大量的小型、独立中间商中选择,而是面对大型的且不断发展的零售组织,如沃尔玛、家乐福等,或者在资源允许的情况下直接面对最终用户。而互联网的发展和电子商务的大规模运用也为企业与中间商的合作模式带来了重大的变革。

2.物流服务机构

物流服务机构包括仓储公司和运输公司等。物流服务机构的主要任务是协助企业将产品实体运往销售目的地,完成产品空间位置的移动;到达目的地之后,还有一段待售时间,要协助保管和储存。这些物流机构是否安全、便利、经济,直接影响企业的营销效果。因此,企业在营销活动中,必须了解和研究物流服务机构及其业务变化动态。

3.营销服务机构

营销服务机构是指在企业营销活动中提供专业服务的机构,包括广告公司、广告媒介经营公司、市场调研公司、营销咨询公司、财务公司等。营销服务机构对企业的营销活动会产生直接的影响,它们的主要任务是协助企业确立市场定位,进行市场推广,提供活动方便。一些大企业或公司往往有自己的广告和市场调研部门,但大多数企业则以合同方式委托专业公司来处理有关事务。为此,企业需要关注、分析这些服务机构,选择最能为本企业提供有效服务的机构。

4.金融服务机构

金融服务机构是指在企业营销活动中进行资金融通的机构,包括银行、信托公司和保险公司等。金融服务机构的主要功能是为企业营销活动提供融资及保险服务。在现代化社会中,任何企业都要通过金融机构开展经营业务往来。金融机构业务活动的变化还会影响企业的营销活动,比如银行贷款利率上升,会使企业成本增加;信贷资金来源受到限制,会使企业经营陷入困境。

除了资金融通的功能之外,金融服务机构还是客户与企业之间的重要桥梁。如今,客户购买的支付行为往往需要通过金融中介传递给企业。如在消费领域,支付宝、微信支付等第三方支付工具已广泛应用,而在一些大宗商品的购买中,银行及其他金融机构为客户提供优质的金融服务,如贷款、保险、融资租赁等,能够更有效地提升企业市场营销活动的品质。为此,企业应与这些金融服务机构保持良好的关系,以保证融资及信贷业务的稳定和渠道的畅通。

3.2.4 竞争者

在市场经济环境中,任何企业都无法长期单独服务于某一顾客市场,即使在一定时期内实现了对市场的高度垄断,也一定会出现潜在的竞争对手通过替代品打破垄断的壁垒。这些与企业争夺同一目标市场、存在利益争夺关系的其他经济主体就是企业的竞争者。企业要在激烈的市场竞争中获得营销的成功,就必须比竞争对手更有效地满足目标市场的需求。因此,除了发现并迎合消费者的需求外,识别自己的竞争对手,时刻关注它们,并随时对其行为做出及时的反应,或者不断提高市场准入壁垒,降低潜在进入者的威胁,均是成败的关键。

3.2.5 公 众

公众是指对企业完成营销目标的能力有着实际或潜在利益关系和影响力的群体或个人,主要包括融资公众、媒介公众、政府公众、社团公众、社区公众、一般公众和内部公众。公众对企业的态度会对企业的营销活动产生巨大的影响。

1.融资公众

融资公众能够影响企业融资的能力,如银行、证券公司、保险公司、投资公司和投资者等。

2.媒介公众

媒介公众是指报纸、杂志、广播电台、电视台和网络媒体等大众传播媒介。它们对企业的形象及声誉的建立和传播具有举足轻重的作用。

3.政府公众

企业在制订营销计划时,必须考虑政府的规定,向公司的法律部门咨询政府颁布的有关法规和条例。

4.社团公众

社团公众是那些容易对企业营销决策产生怀疑的消费者组织、环境组织、弱势群体或其他群体。企业营销活动关系到社会各方面的切身利益,很多企业都通过组建公共关系部门保持企业与社团公众的接触。

5.社区公众

社区公众是指企业所在地附近的居民和社区组织。大公司常常创建专门处理地方社区事务并提供社区支持的部门和项目。如 2013 年四川雅安地震,吉利控股集团向灾区提供价值 2000 万元的救灾和灾后重建援助计划,包括向灾区捐赠 26 辆汽车用于抢险救灾工作;为雅安地震中受损的吉利车车主提供"特别关爱政策";同时,吉利汽车位于地震灾区的所有 4S 店,为灾区民众无偿提供避难场所,并 24 小时为避难群众提供免费餐饮等服务。

6.一般公众

一般公众是指上述各种公众之外的社会公众。一般公众虽然不会有组织地对企业采取行动,但企业形象会影响他们的消费。

7.内部公众

内部公众是指企业内部的公众,包括董事会、经理和企业员工。绝大部分企业都会开展一系列的内部营销活动,向内部公众传递企业的价值观并给予激励。内部公众对所在企业的良好印象和积极态度会传递给外部公众。

3.2.6 顾 客

顾客是企业的服务对象,是产品或服务的直接购买者或使用者,也是市场营销活动的出发点和归宿。企业的一切营销活动的根本就在于创造需求、发现需求、满足需求。因此,顾客是企业最重要的环境因素。按照顾客的购买动机,顾客市场可分为消费者市场、生产者市场、中间商市场和政府市场等类型。企业必须分别研究不同类型顾客市场的需求特点和购买行为。

应用实例 3-2

加多宝的"对不起"体

加多宝花费了 10 多年时间将租借来的"王老吉"商标打造成国内驰名的凉茶品牌,但由于商标使用权到期,所以要将其交还广州医药集团(下文简称广药)。将商标交还广药之后,为了延续此前在消费者心中的形象,加多宝通过文案技巧向消费者暗示,现今的加多宝凉茶就是从前的王老吉凉茶。但是,这种打"擦边球"的模糊说辞遭到了广药的起诉。2013 年 1 月,法院判决加多宝停止使用"王老吉改名为加多宝""全国销量领先的红罐凉茶改名为加多宝"等宣传用语。

2013 年 2 月 4 日 14 点,加多宝官方微博开始"泪流满面",连发 4 条哭诉微博,以"对不起"体表明自己的立场。每张"对不起"图片上都有一句话,每幅图片中都有一个哭泣的小宝宝。

对不起!是我们太笨,用了 17 年的时间才把中国的凉茶做成唯一可以比肩可口可乐的品牌。

对不起!是我们无能,卖凉茶可以,打官司不行。

对不起!是我们出身草根,彻彻底底是民企的基因。

对不起!是我们太自私,连续 6 年全国销量领先,没有帮助竞争队友修建工厂、完善渠道、快速成长……

加多宝的这 4 幅"对不起"图片,调侃对手,正话反说,表面上是道歉、自嘲,实际上是喊冤、抗议。这种向公众示弱,向对手示强,笑着自揭伤疤示人的风度,立刻博得了大众的同情。

资料来源:《销售与市场》2016 年第 9 期。

3.3 宏观市场营销环境研究

企业及其所处的微观市场营销环境均受到宏观市场营销环境的影响,因此,企业要适应环境、生存发展必须了解和研究宏观市场营销环境。宏观市场营销环境作用于微观市场营销环境,并进而对企业市场营销活动造成市场机会与环境威胁,主要通过人口、经济、政治法律、自然生态、社会文化、科学技术等宏观因素。

微课 宏观市场营销环境研究

扩展阅读 3-1

PEST 分析方法

PEST 分析法是指宏观环境的分析,P 是政治因素(Political Factors),E 是经济因素(Economic Factors),S 是社会文化因素(Sociocultural Factors),T 是技术因素(Technological Factors)。在分析一个企业集团所处的背景时,通常是通过这四个因素来分析企业集团所面临的状况。如图 3-3 所示。

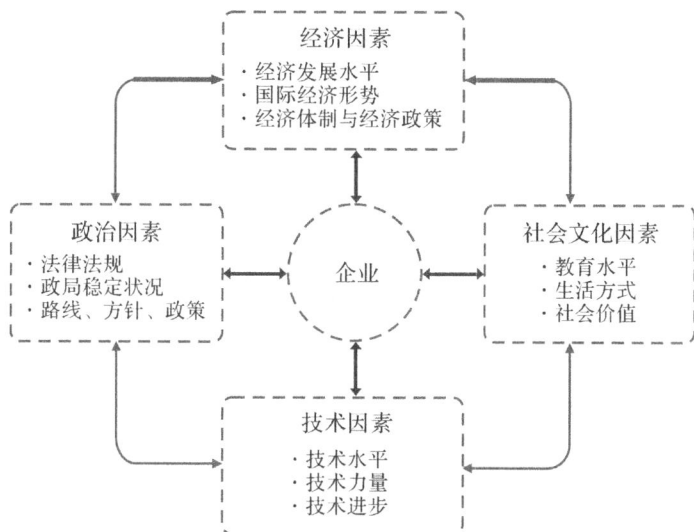

图 3-3　PEST 分析法

资料来源:MBA 智库百科。

3.3.1 人口环境分析

市场是由有购买愿望并且具备购买能力的人构成的,人的需求是企业营销活动的基础。不同人口特征环境中的消费者对商品和服务的需求是不同的,对企业的市场营销活动也会产生不同的影响。从量的角度看,人口的数量是市场规模的重要标志,在人均消费水平一定的情况下,人口数量越多,市场需求规模就越大。而从人口的分布、结构及变动趋势等方面进行质的分析,则能够刻画出市场需求的特点和发展趋势。企业可以从以下方面研究人口环境及其变化对营销活动产生的影响。

1.人口规模及增长速度

随着科学技术进步、生产力发展和人民生活条件改善,世界人口平均寿命延长,死亡率下降,全球人口尤其是发展中国家的人口持续增长。世界人口的迅速增长意味着人类需求的增长和世界市场的扩大。

同时,世界人口的增长呈现出极端不平衡。发达国家的人口出生率下降,人口自然增长率只有0.1%,有些国家甚至出现负增长,导致这些国家市场需求呈缓慢增长,有的甚至开始萎缩。

中国是世界上人口最多的国家,人口多、增长速度快的特点决定了在一定时期内消费者对食品、服装、日用品等基本生活消费品的需求仍会增长,粮食、能源和住宅等方面的供需矛盾将进一步扩大。不仅是吃、穿、住等物质方面的基本需求,教育、医疗等多方面的需求为企业营销带来新的市场机会,为食品加工业、建筑业和新型能源产业等一些相关产业提供了发展的机遇。

然而,由于长期的计划生育和人口控制政策,中国人口的增长速度逐年放缓,有人口学家预测最早在2021年、最晚在2030年,中国将出现人口负增长的拐点。而近年来两孩政策的全面实施,同样对人口的出生率和人口规模有着重要的影响。计划生育政策造就了独生子女一代,同时也形成了过度消费的阶段。据统计,独生子女的父母会将其收入的40%花费在子女身上,形成了特定的消费习惯。而新的人口政策对人口规模和既有消费习惯带来的变化趋势和发展特点,都将是营销人员需要密切关注的。

2.人口结构

人口结构可从自然结构(年龄和性别)和社会结构(文化素质、职业、民族和家庭)两方面进行分析。

(1)人口的自然结构

不同年龄层次的消费者因为生理和心理特征、人生经历、收入水平和负担状况的不同,有着不同的消费需要、兴趣爱好和消费模式。我们经常以十年为单位,根据出生年份将人口划分为80后、90后和00后等。每一个时期的人口在相同的历史环境中成长,因此有着很多相同的价值观念引导其消费。由于中国的飞速发展,不同年龄段的人口,在经历相同的年龄阶段时,其价值观的差异决定了消费行为存在很大的差异。如同处青年时期,80后认为在肯德基消费是很有面子的事,90后更多地认为那是一个餐厅,00后则认为那只是一家快餐店。同样,人口老龄化对很多市场也产生了影响。如住宅、汽车等老年人不感兴趣的商品的需求会减少，医疗和保健用品、生活服务、旅游和娱乐等产品的市场需求会迅速增加。尽管少年的人口比重在下降，但他们的消费质量却在不断提高。由于经济发展、收入水平提高，消费者普遍重视孩子身体素质的提高和教育品质，与此相关的消费需求将快速增长。这一切又为相关企业的发展提供了良好的市场机会。

男性和女性在生理、心理和社会角色上的差异决定了不同的消费内容和特点。即使是同一产品，由于性别的差异，男性和女性的关注点也会有所不同。一般来说，女性对价格的敏感程度要强于男性，而男性相对更偏向产品的使用价值和衍生价值。随着女性在社会经济发展中的地位的不断提高，她们对改善自身的消费的要求也越来越多，因此服装、化妆品、首饰、美容塑身等行业往往都将营销的重点放在女性消费者的身上。

（2）人口的社会结构

人口的文化素质影响着人们对商品价值、功能及款式的评价与选择，从而影响着企业的营销活动。一般来说，随着教育普及水平的提高，市场将增加对优质高档产品、旅游、书籍杂志等文化消费品的需求，而且人们的需求会更加追求个性化和多样化。此外，企业采用的营销手段及其效果也因目标顾客的受教育程度而异。

职业是消费者的社会角色。不同的职业往往和相应的收入水平联系在一起，直接制约消费者的购买能力。特定的职业常常和一定的生活方式联系，进而影响消费方式和消费习惯。即使收入水平相同，不同职业的消费兴趣也不会相同。另外，职业也影响着消费者的社交范围，不同的社交圈子有着一些特定的消费习惯。比如办公室的白领在健身房或一些户外运动项目上进行消费，并在消费过程中拓展社交活动。

不同民族的消费者在各自传统民族文化的影响下，消费行为和消费内容有鲜明的民族性。我国是一个多民族的国家，每个民族都有特殊的需求和消费习惯。很多时候，一些民族文化中的传统、禁忌都是营销活动中需要认真研究的内容。以不同民族消费者为目标顾客的营销者必须尊重民族文化，理解民族文化间的差异。

很多商品的购买和消费是以家庭为基本单位的。家庭单位和家庭成员的多少直接影响到某些消费品的需求数量。家庭购买的产品，在家庭中由谁决定购买、由谁进行支付、由谁消费或者消费过程如何在家庭成员中进行分配，都会对产品的营销活动产生重要影响。家庭成员的收入与工作强度，同样影响着一个家庭的消费活动。比如职业妇女数量的增加，促进了家庭对孩子看护服务、家政服务、女性服装、化妆品以及方便食品的消费。这些变化趋势，都要求企业在开展营销活动时加以考虑。

3．人口分布

人口的地理分布是指人口在不同的地理区域的密集程度。由于各区域的自然条件、经济发展水平、市场开放程度以及社会文化传统和社会经济与人口政策等因素的不同，不同区域的人口具有不同的需求特点和消费习惯。人口地理分布的动态变化对企业营销活动也会产生一定的影响。

中国的改革开放使大量的人口由西部欠发达地区向东部发达地区迁移，寻求更高的收入和更好的工作机会；而西部大开发，又为广大的年轻人提供了广阔的天空；城镇化的进程缩小了城乡差距，大量的农村劳动力离开了土地进城务工；大城市的生存压力迫使很多年轻人向二、三线城市转移……在中国，这一系列的人口流动现象都是在短短 40 年间发生的，由此引起的市场需求的相应变化是企业营销人员必须充分考虑的。

人口密度则是反映人口分布状况的重要指标。人口的地理分布往往不均匀,各区域的人口密度大小不一。人口密度越大,意味着该地区人口越稠密、市场需求越集中。不同的人口分布密度决定了市场开拓的成本和收益,营销人员需要比较、研究是否值得开拓、投入多少进行开拓、需要取得何等效益等。

3.3.2　经济环境分析

合格的市场营销人员首先必须正确地区分需要、欲望和需求。需要是人类希望得到某种效用满足的抽象概念,比如需要食物充饥。欲望是满足需要的具体事物的表现,比如满汉全席能够带来填饱肚子的效用,是需要的具体化。而需求是在一定的时期,在既定的价格水平下,消费者愿意并且能够购买的商品的数量。如果没有支付能力,那么满汉全席并不能构成需求,馒头才是需求。人的需求只有在具备经济能力时才是现实的市场需求。在人口因素既定的情况下,市场需求规模与社会购买力水平成正比关系。因此,经济环境对企业市场营销活动具有更为直接的影响力。

1.消费者的收入与支出水平

消费者收入实质上反映了实际购买力的大小,主要包括消费者个人工资、奖金、津贴、股息、租金和红利等一切货币收入。消费者收入水平的高低制约了消费者支出的多少和支出模式的不同,从而影响市场规模的大小和不同产品或服务市场的需求状况。

随着经济的发展,我国居民消费结构的变化出现了以下特点:第一,我国目前经济发展水平与发达国家相比还有很大的差距,特别在广大农村现行消费中,衣食等必需品消费所占比例还是相当大;第二,随着住房制度的改革,购买商品房的家庭越来越多,用于住房购买和装修上的开支大幅度增长;第三,医疗制度改革,增加了卫生保健方面的开支;第四,用于子女上学和培训方面的开支上升较快;第五,非物质性消费(如旅游、交通、娱乐性活动)的开支增加。

2.经济发展水平

经济发展的最终目的,就是为了满足人们不断增长的物质文化生活的需要,提高其对物质和精神文化生活的满足程度。消费水平体现出居民生活质量的高低和其对生活的满足度:消费会直接触发、影响甚至决定生产与交换,映射分配,进而促进国民经济和社会的发展。经济发展水平是影响消费水平的最根本的因素。消费水平的提高取决于两个基本条件:一是居民收入水平的提高,二是消费品生产的发展。而这两个条件的实现都有赖于经济发展水平的提高。显然,经济发展水平越高,国民收入总量越大,个人收入水平就越高,其消费的量与质也就越高。

扩展阅读 3-2

格调:社会等级与生活品味

等级是什么?为什么约翰·肯尼迪在电视上看到理查德·尼克松时一脸吃惊地冲他的朋友说:"这家伙一点没档次?"等级是一系列细微事物的组合,很难说清楚,但正是这些细微的品质确立了你在这个世界上的位置。评判等级的标准绝非只有财富一项,风范、品味和认知水平同样重要。在今天这个时代,由于人们生活质量的普遍改善,社会观念的进步,这一问题已经不那么容易回答了。常常不是你的职业,不是你的住宅,不是你在餐桌上的举止,也不是你能挣多少钱或者拥有多少财产,而是一系列细微的、你在自觉不自觉中呈现出来的行为特征的混合,正是这一切构成了你在这个世界上的等级定位。

保罗·福塞尔通过独特的视角将美国社会中的等级现象描绘得淋漓尽致,对三六九等的品味做了细致入微的对比。人的社会等级或地位谁高谁低?怎样识别?识别的标准是什么?他并没有用学术的社会研究方式回答这些问题,而是绕开理论上的争论,从人的衣、食、住、行以及日常话语里呈现出的特征来分析判断人的社会阶层。按他的话说,他只从"可以看见的事物和可以听到的话语所传递的信息来分析人的社会阶层,而不考虑他们的种族、宗教信仰和政治观点"。他认为,宗教信仰和政治观点不可见,而种族虽然可见(肤色),却并非个人选择的结果,因而不在他的考察范围内。他真正感兴趣的东西显然是人们在日常生活中自然流露出的那些品质。

通过大量的观察之后,他认为,正是人的生活品味和格调决定了人们所属的社会阶层,而这些品味格调只能从人的日常生活中表现出来。比如一个人的穿着,家里的摆设,房子的样式和格局,开什么车,车里的装饰,平时爱喝什么,用什么杯子喝,喜欢什么休闲和运动方式,看什么电视和书,怎么说话,说什么话,等等。他根据人们的生活方式取向,给美国社会分了九个等级,用辛辣嘲讽的语言归纳了这九个等级在生活品味方面的差异。

资料来源:《格调:社会等级与生活品味》(保罗·福塞尔),广西人民出版社(2002)。

3.3.3 自然生态环境分析

若有心去翻阅 20 世纪 60 年代以前的报纸或书刊,就会发现几乎找不到"环境保护"这个词。长期流行于全世界的口号——"向大自然宣战""征服大自然",大概起源于洪荒的原始年月,一直持续到 20 世纪。没有人怀疑它的正确性,因为人类文明的许多进展是基于此意识而获得的,人类当前的许多经济与社会发展计划也是基于此意识而制定的。当蕾切尔·卡逊在《寂静的春天》中描述人类可能将面临一个没有鸟、蜜蜂和蝴蝶的世界时,人类首次开始关注环境问题。

随着工业化和城市化的发展,环境污染程度日益加重。人类面临资源枯竭、海洋污染、土壤沙化、温室效应、物种灭绝、臭氧层破坏等一系列资源生态环境危机。人们对这些问题越来越关心,纷纷指责环境污染的制造者,力求与自然环境和谐发展。1992 年 6 月,联合国环境与发展大会在巴西的里约热内卢通过了包括《21 世纪议程》在内的一系列重要文件,指出人类社会应走可持续发展的道路。可持续发展是指经济发展应建立在资源可持续利用的基础上,符合生态环境所允许的程度,既能满足当代的发展需求,又不对后代生存和发展构成危害。它不仅强调自然资源在同代人中的公平分配,同样重视代际间的公平分配。

可持续发展理论逐渐被世界各国所接受,并促进绿色产业、绿色消费、绿色市场营销的蓬勃发展。环境保护意识和市场营销观念相结合所形成的绿色市场营销观念正成为 21 世纪市场营销的新主流。自然环境变化及人们环境观的改变,对那些造成污染和以传统的方式利用资源、对自然资源进行超负荷利用和开发的行业和企业无疑是一种威胁,在社会舆论的压力和政府的干预下,它们不得不采取一定的措施控制污染或转移投资。相反,那些不破坏环境的新产品、新包装材料等行业和企业迎来了营销的春天。例如,汽车产业中新能源、低排放的理念不断冲击着传统产品,曾经风靡的野生动物制品(服装、首饰等)也受到从法律到社会公众舆论的各方面抵制。

扩展阅读 3-3

增长的极限

1967 年,意大利的著名实业家、学者 A·佩切伊和英国科学家 A·金会晤,交流了对全球性问题的看法,并商议召开一次会议,以研究如何着手从世界体系的角度探讨人类社会面临的一些重大问题。1968 年 4 月,在阿涅尔利基金会的资助下,他们从欧洲 10 个国家中挑选了大约 30 名科学家、社会学家、经济学家和计划专家,在罗马林奇科学院召开了会议,探讨什么是全球性问题和如何开展全球性问题研究。会后组建了一个"持续委员会",以便与观点相同的人保持联系,并以"罗马俱乐部"作为委员会及其联络网的名称。

1968 年,来自世界各国的几十位科学家、教育家和经济学家聚会罗马,成立了一个非正式的国际协会——罗马俱乐部。其工作目标是关注、探讨与研究人类面临的共同问题,使国际社会对人类困境包括社会的、经济的、环境的诸多问题有更深入的理解,并提出应该采取的能扭转不利局面的新态度、新政策和新制度。

受俱乐部的委托,以麻省理工学院丹尼斯·米都斯为首的研究小组,针对长期流行于西方的高增长理论进行了深刻反思,并于 1972 年提交了俱乐部成立后的第一份研究报告《增长的极限》,深刻阐明了环境的重要性以及资源与人口之间的基本联系。

报告认为,由于世界人口增长、粮食生产、工业发展、资源消耗和环境污染这 5 项基本因素的运行方式是指数增长而非线性增长,全球的增长将会因为粮食短缺和环境破坏于下世纪某个时段内达到极限,继而得出了要避免因超越地球资源极限而导致世界崩溃的最好方法是限制增长,即"零增长"的结论。由于种种因素的局限,其结论和观点存在十分明显的缺陷。但是,报告所表现出的对人类前途的"严肃的忧虑"以及对发展与环境的关系的论述,具有十分重大的积极意义。它所阐述的"合理的持久的均衡发展",为孕育可持续发展的思想萌芽提供了土壤。

《增长的极限》从公开发表以来,已经半个世纪过去了,其中提出的全球性问题,如人口问题、粮食问题、资源问题和环境污染问题(生态平衡问题)等,早已成为世界各国学者专家们热烈讨论和深入研究的重大问题。这些问题也早已成为世界各国政府和人民不容忽视、亟待解决的重大问题。对此,在思想上必须高度重视,在实际行动上必须高度负责,切实解决,否则,人类社会就难以避免在严重困境中越陷越深,为摆脱困境所必须付出的代价也将越来越大。

报告中的观念和论点,现在听来,很普通,但在当时,西方发达国家正陶醉于高增长、高消费的"黄金时代",对这种惊世骇俗的警告,并不以为然,甚至根本听不进去。现在,经过全球有识之士广泛而又热烈的讨论、系统而又深入的研究,越来越多的人取得了共识。人们日益深刻地认识到：产业革命以来的经济增长模式所倡导的"人类征服自然"，其后果是使人与自然处于尖锐的矛盾之中，并不断地受到自然的报复，这条传统工业化的道路，已经导致全球性的人口激增、资源短缺、环境污染和生态破坏，使人类社会面临严重困境，实际上引导人类走上了一条不能持续发展的道路。

资料来源：《增长的极限》（丹尼斯·米都斯），吉林人民出版社（1997）。

3.3.4　科学技术环境分析

科学技术是人类社会发展的第一生产力。科学技术的发展变化对企业的市场营销活动产生的影响是巨大的，它直接影响着企业的生存与发展，影响着企业的经营效率，乃至企业的营销内容、营销方式等。

1.科学技术发展带来的生产方式变革

科技是第一生产力。第一次工业革命机械力的运用解放了人力和畜力，实现大规模的生产。第二次工业革命用电力替代了机械力，不仅再一次提高了生产的效率，还提升了生产的精细程度，历史上长期存在的产能不足逐渐转变为产能过剩。时至今日，大规模生产同质产品的时代逐渐远去，很多企业已经在定制生产的道路上前进。企业的营销活动已不单纯是如何把产品卖出去，更是如何实现顾客的最大满意。如何为客户创造更多的价值，彰显客户的个性成为很多企业营销人员关注的重点。

与此同时，科学技术的进步使劳动者的素质提高，人们的思维、生活、工作方式也将发生根本性变革，这就需要改变传统的管理模式，以调动企业员工的积极性。科学技术的进步，使计算机、互联网、电子扫描装置、光纤通信等日益普及，从根本上改变了企业营销管理的方式和手段，极大地提高了管理工作效率。这一切变化都要求企业营销管理者能认清形势、把握时机，及时调整营销管理方式，以提供企业营销管理水平。

2.科学技术发展的创造性破坏

科学技术发展对企业的生存和发展来说，既是一种"创造性力量"，又是一种"毁灭性力量"。由于大量启用自动化设备和采用新技术，许多新行业，包括新技术培训、新工具维修、电脑教育、信息处理、光导通信、遗传工程、海洋技术和空间技术等相继出现。新技术革命的蓬勃发展促进了产业革命，而产业革命所包含的主导技术群和技术体系则催化了社会经济的变革，甚至整个社会结构、时代文化和价值观的更新。与此同时，新技术也使某些行业遭到环境威胁或毁灭性打击。一些旧行业受到冲击甚至被无情地淘汰。例如，胶卷相机被数码相机所取代。科学技术革命向营销管理提出了新的课题、新的要求，又为企业改善经营管理、提高营销效率提供了物质基础。新技术的发展，要求企业职工具有更高的知识及技术方面的素质及能力，要求企业的设备不断更新以适应技术环境的变化。

3.网络技术的发展与网络营销

随着网络技术的发展，消费者轻轻松松在家购物已经不是梦想。网上营销是现代电子技术高度发展带来的营销方式的重大变革，即借助网络、电脑通信和数字交互式媒体的共同作用来实现营销目标。现代电子技术为营销活动创造了一个由电脑和通信交汇的无形空间,消费者可以在这个空间获取信息、自由购物;企业可以在这个空间进行广告宣传、市场营销研究和推销商品等。随着使用互联网的人群越来越多样化,网民的身份已经超越了年龄、教育水平和地理位置的限制。一组数字就能说明这种变化:天猫 2014 年"双 11"成交额为 571 亿元,2015 年"双 11"成交额为 912 亿元,2016 年"双 11"成交额为 1207 亿元,而到了 2017 年,这一数字已经达到 1682 亿元。

3.3.5　政治法律环境分析

政治法律环境是指在特定社会中影响和制约各个组织与个人的政府机构、法律法规和公众团体等。政治因素像一只无形之手,调节着企业营销活动的方向;法律则为企业规定商贸活动的行为准则。在政治法律环境领域,营销者必须遵守法律对业务活动的规定并与各种特殊利益集团和平共处。

1.方针政策与法律法规

尽管市场这只看不见的手能够通过竞争机制对资源进行有效的调配,然而即使自由市场最积极的支持者,亦不得不承认缺少制度的保障是不可能实现市场效率的。经济系统只有在一定的规则下才能够有效的运行。政府通过缜密的构思设计一系列的规则鼓励竞争,同时最大限度保证竞争的公平。因此,各个国家或地区都要在国家宏观政策的指导下,根据不同的需要制定各项方针政策,来指导企业的营销活动。例如,在不同发展阶段,国家都会有所侧重地扶持某些行业的发展,同时又会限制另外一些行业的发展;征收个人所得税,通过调节消费者的收入来影响消费者的需求;通过增加某些产品(如烟、酒等)的税收,来抑制消费者的需求;等等。这些国家政策法规都将会直接或间接地影响到企业的营销活动。国家强化法制建设,一方面会进一步约束企业行为,减少企业的"自由度";另一方面,也为企业营销活动树立了"路标",向企业提出了更高要求。

2.社会准则与社会责任

政策和法律法规并不能完全涵盖一切经济活动,在它们不能覆盖的地方,社会准则和职业伦理成为经济活动的制约因素,企业的营销活动需要充分考虑这两个因素。很多暴露商业丑闻的企业尽管并没有违背了政策和法律法规,然而却违背了社会准则,不能得到社会的认可,进而受到了毁灭性的打击。现今很多企业都认识到了社会准则的力量,知道自己不仅要遵守法规,还要遵循社会准则积极承担起自身的社会责任,积极地寻找保护客户长期利益和保护环境的方法。

为了实践社会责任感,许多企业积极地参与到公益事业活动中,以此建立更积极的形象,即公益事业营销。如果运用得当,公益事业营销可以给企业在建立一个积极的社会形象的同时,得到一个有效的营销工具。然而也有不同意见认为,如果销售的目的高于社会奉献的目的,那么公益事业营销就变成了利用公益事业去营销,往往适得其反。

3.3.6　社会文化环境分析

社会文化深远地影响着人们的生活方式和行为模式。一方面,消费者的任何欲望和购买行为都深深地印有文化的烙印。例如,华人的春节和西方人的圣诞节是有着两种不同文化背景的消费高峰期,不同的节日风俗使他们的节日消费各具特色。另一方面,营销者本身也深受文化的影响,表现出不同的经商习惯和风格。要理解社会文化环境对市场营销活动的影响,首先应认识到,社会文化是一个涵盖面非常广泛的概念,是"一种复杂的总体,包括知识、信仰、艺术、道德、法律、风俗和任何人作为一名社会成员获得的所有能力和习惯"。这既有物质外壳,又有精神内核。概念很复杂,简单来说,社会文化的最基本的本质就是社会的基本价值观,包括由父母传递给孩子。通过学校、企业、政府和社会强化的核心价值观,以及依附于核心价值观上,每个个体独立的从属价值观。例如对美好音乐的向往是核心价值观,而喜欢流行音乐还是古典音乐则是从属价值观。核心价值观具有高度的稳定性,但从属价值观会随着时间推移发生变化,营销人员的工作就是研究顾客的从属价值观,并开展相应的营销活动。

企业市场营销人员在进行社会文化环境分析时,还要着重研究亚文化群的动向。每一种文化内部都包含若干亚文化群,即那些有着共同生活经验或生活环境的人类群体。社会文化群体可分为民族亚文化群、宗教亚文化群、种族亚文化群、地理亚文化群、职业亚文化群、年龄亚文化群等。这些亚文化群的信念、价值观和风俗习惯既与整体社会文化相符合,又因为他们各有不同的生活经历和所处环境而表现出不同的特点。这些不同的人群也是消费者群,根据各亚文化群所表现出来的不同需求和不同消费行为,企业市场营销人员可以选择这些亚文化群作为目标市场。

3.4 市场营销环境分析方法

常用的市场营销环境分析法主要是 SWOT 分析法、五力模式分析法和前述的 PEST 分析法,这里主要介绍 SWOT 分析法的简单运用。SWOT 分析即态势分析,就是将与研究对象密切相关的各种主要内部优势、劣势和外部的机会、威胁等,通过调查列举出来,然后构建分析矩阵并应用系统分析的思想,把各种因素相互匹配分析后得出一系列相应的结论。

3.4.1 环境分析

1.外部环境分析(机会与威胁)

环境机会的实质是指市场上存在着"未满足的需求"。随着消费者需求不断变化和产品寿命周期的缩短,旧产品不断被淘汰,市场要求开发新产品来满足消费者的需求,从而出现了许多新的机会。

环境威胁是指对企业营销活动不利或限制企业营销活动发展的因素。这种环境威胁,主要来自两方面:一方面,是环境因素直接威胁着企业的营销活动;另一方面,企业的目标、任务及资源同环境机会相矛盾。

环境机会对不同企业是不相等的,同一个环境机会对这一些企业可能成为有利的机会,而对另一些企业可能就造成威胁。环境机会能否成为企业的机会,要看此环境机会是否与企业目标、资源及任务相一致,企业利用此环境机会能否比其竞争者获得更大的利益。

2. 内部环境分析(优势与劣势)

每个企业都要定期检查自己的优势与劣势,例如通过"营销备忘录优势/劣势绩效分析检查表"的方式进行。管理当局或企业外的咨询机构都可利用这一格式检查企业的营销、财务、制造和组织能力。每一要素都要按照特强、稍强、中等、稍弱或特弱划分等级。

3.4.2 市场机会分析

市场机会是指某种特定的营销环境条件,在该营销环境条件下企业可以通过一定的营销活动创造利益。在市场机会的分析和把握过程中,必须结合企业自身的内部、外部环境的具体条件,发挥竞争优势,适时、迅速地做出反应,以争取使市场机会为企业带来的利益达到最大。

1. 市场机会价值的分析

市场机会价值的大小由市场机会的吸引力和可行性两方面因素决定。

(1)市场机会的吸引力

市场机会对企业的吸引力是指企业利用该市场机会可能创造的最大利益。它表明了企业在理想条件下充分利用该市场机会的最大极限。反映市场机会吸引力的指标主要有市场需求规模、利润率、发展潜力。

(2)市场机会的可行性

市场机会的可行性是指企业把握住市场机会并将其化为具体利益的可能性,由企业内部环境条件、外部环境条件两方面决定。

①内部环境条件。首先,只有适合企业的经营目标、经营规模与资源状况,市场机会才会具有较大的可行性。其次,市场机会必须有利于企业内部差别优势的发挥才会具有较大的可行性,如酒店拥有比市场内同类酒店更好的服务质量更有助于吸引优质顾客。最后,企业内部的协调程度也影响着市场机会可行性的大小。

②外部环境条件。企业的外部环境从客观上决定着市场机会对企业可行性的大小。外部环境中每一个宏观、微观环境要素的变化都可能使市场机会的可行性发生很大的变化。

2. 市场机会价值的评估

确定了市场机会的吸引力与可行性,就可以综合这两个方面对市场机会进行评估。按吸引力大小和可行性强弱组合可构成市场机会的价值评估矩阵,如图 3-4 所示。

区域Ⅰ为吸引力、可行性俱佳的市场机会,该类市场机会的价值最大。通常,此类市场机会既稀缺又不稳定。企业营销人员的一个重要任务就是要及时、准确地发现有哪些市场机会进入或退出了该区域。

区域Ⅱ为吸引力大、可行性弱的市场机会。一般来说,该类市场机会的价值不会很大。除了少数好冒风险的企业,一般企业不会将主要精力放在此类市场机会上。

区域Ⅲ为吸引力、可行性皆差的市场机会。通常企业不会去注意该类价值最低的市场机会。

区域Ⅳ为吸引力小、可行性大的市场机会。该类市场机会的风险低,获利能力也小,通常稳定型企业、实力薄弱的企业以该类市场机会作为其常规营销活动的主要目标。

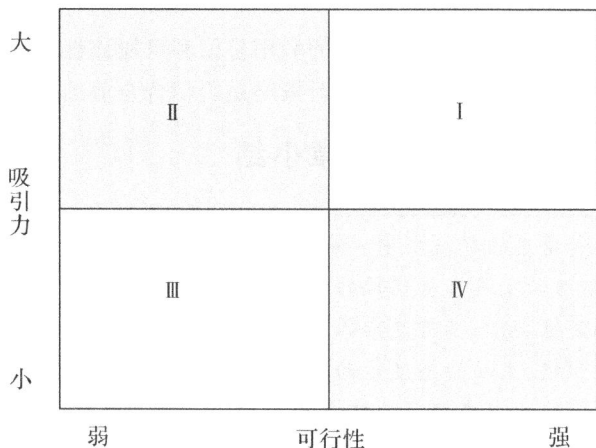

图 3-4　市场机会价值评估矩阵

在上述矩阵中,市场机会的吸引力与可行性大小的具体确定方法一般采用加权平均估算法。该方法将决定市场机会的吸引力(或可行性)的各项因素设定权值,再对当前企业这些因素的具体情况确定一个分数值,最后加权平均之和即从数量上反映了该市场机会对企业的吸引力(或可行性)的大小。

3.4.3　企业市场营销对策

1.企业应对环境影响的一般对策

在一定时期内,成功的企业往往是那些能够很好适应外部营销环境的优秀企业。环境分析的目的是避免环境威胁和寻找、利用市场机会。通过环境分析,明确了环境威胁和市场机会之后,企业应善于抓住市场机会,同时对所面临的环境威胁采取果断的对策。可供企业选择的对策主要有三类:

(1)积极对抗策略

即采取强硬的应对措施,努力限制或扭转环境中对企业营销活动不利的各种发展趋势、事件的发展。

(2)缓和化解策略

即通过调整企业的市场营销组合等来改善环境,以缓解环境威胁的严重性。

(3)调整转移策略

即设法避开环境威胁,迅速转移到其他有利于企业生存和发展的崭新领域。

2.对企业环境把握及企业对策现状的分析

做企业市场营销环境与企业对策的分析时,要注意以下七个问题:

①要分析企业是否树立了不但能适应环境,还能主动、积极影响环境的观念。

②要了解和分析企业对环境的分析是否全面。

③采用的分析方法是否科学。

④对竞争者的分析是否同时发现现实竞争者和潜在竞争者。

⑤对攻击对手的选择是否合适。

⑥捕捉、创造的市场机会是否具有较高的利用价值和可操作性。

⑦面对营销环境的变化,企业制定的应对策略是否切合企业的实际。

本章小结

　　企业处于复杂和动态的环境之中。市场营销环境是企业营销职能外部的因素和力量,是影响企业营销活动及其目标实现的外部条件。企业市场营销环境的基本特征有:客观性、差异性、相关性、动态性与复杂性。市场营销环境是企业营销活动的制约因素,营销管理者应采取积极、主动的态度能动地去适应营销环境。企业的市场营销环境包括微观市场营销环境和宏观市场营销环境两大类。微观市场营销环境包括企业自身、供应商、营销中介、顾客、竞争者和公众。宏观市场营销环境包括人口、经济、政治法律、自然生态、科学技术和社会文化。市场营销环境对企业营销活动的影响,可分为威胁环境和机会环境,前者指对企业营销活动不利的各项因素的总和,后者指对企业营销活动有利的各项因素的总和。企业需要通过环境分析评估环境威胁与环境机会,趋利避害,争取比竞争者多利用同一市场机会获得较大的效益。

复习思考题

一、知识题

1.名词解释

(1)市场营销环境　　(2)微观环境　　(3)宏观环境　　(4)消费结构

(5)营销中介　　(6)社会公众

习题测试
参考答案

2.单项选择题

(1)顾客属于企业的　　　　　　　　　　　　　　　　　　　　　　　　(　　)

　　A.微观环境因素　　B.宏观环境因素　　C.中观环境因素　　D.内部环境因素

(2)分析市场营销环境的目的是　　　　　　　　　　　　　　　　　　　(　　)

　　A.防患于未然　　　　　　　　　　B.寻求企业发展空间

　　C.增强企业适应能力　　　　　　　D.发现机会和识别威胁

(3)_____是企业的服务对象　　　　　　　　　　　　　　　　　　(　　)

　　A.产品　　　　　B.顾客　　　　　C.利润　　　　　D.市场细分

(4)市场营销环境中的一种被称为创造性的毁灭力量的是　　　　　　　(　　)

　　A.科学技术　　　B.自然资源　　　C.社会义化　　　D.政治法律

(5)市场营销对_____的研究一般从以下几方面入手:教育状况、语言文字、宗教信仰、价值观念、风俗习惯和审美观念等　　　　　　　　　　　　　　　(　　)

　　A.政治法律　　　B.社会文化　　　C.科学技术　　　D.自然资源

3.多项选择题(下列各小题中正确的答案不少于两个,请准确选出全部正确答案)

(1)下列哪些选项属于企业的微观环境因素　　　　　　　　　　　　　(　　)

　　A.竞争者　　B.社会公众　　C.供应商　　　D.营销中介　　E.顾客

(2)下列选项中属于社会文化环境因素的有 （ ）

    A.教育水平　B.收入水平　　C.价值观念　　D.宗教信仰　　E.语言文字

(3)营销中介包括 （ ）

    A.中间商　　B.物流机构　　C.营销服务机构　D.慈善机构　　E.金融机构

(4)分析人口结构对企业营销的影响,人口结构应包括 （ ）

    A.年龄结构　B.性别结构　　C.家庭结构　　D.收入结构　　E.民族结构

(5)企业应对环境影响的一般对策包括 （ ）

    A.积极对抗　B.缓和化解　　C.调整转移　　D.合作共赢　　E.定点超越

4.简答题

(1)简述市场营销环境与市场营销活动的关系。

(2)市场营销宏观、微观环境的构成因素有哪些?

(3)简述因特网对企业营销活动的影响。

二、能力题

1.讨论题

论述因特网对企业营销活动的影响。

2.案例分析题

讨论组

在美国遭遇政治困难:华为和中兴大幅减少游说开支

据路透社报道,中国通信设备制造商华为与中兴在美国因为政治原因遇到了困难。两家公司第四季度开支显示,他们在去年大幅减少了游说开支。

尽管减少了游说开支,但是华为还是继续赞助多个通信大会,并且将资金花在了其他一些他们无需披露的地方。

2017 年,华为的游说开支为 5 万美元,低于 2018 年的 34.85 万美元以及 2012 年的 120 万美元。中兴游说开支的下降幅度并没有华为那么大,该公司第四季度的游说开支为 9 万美元,与第二、三季度持平,但是相比第一季度的 24 万美元有较大幅度的下降。从 2014 年到 2015 年年底,该公司每个季度的游说开支在 13 万美元到 25 万美元之间。

华为目前在用其他方式来吸引海外市场的潜在消费者,例如赞助两支来自挪威的运动队,并且将为 2018 年韩国冬奥会提供设备。在美国,华为是今年 9 月在科罗拉多举行的 NFV & Carrier SDN 大会的最大赞助商,这是一个聚集了无线、互联网和数据企业的大会。除此之外,华为还是 Open Source Convention 大会和 RSA Conference 大会的最大赞助商。

资料来源:新浪科技 2018-01-23 新闻。

问题:

(1)华为和中兴大幅减少游说开支的环境影响因素是什么?

(2)在不利的市场环境条件下,华为采用了什么样的策略?为什么?

第4章

市场竞争战略

学习目标

知识目标	技能目标
◆ 掌握识别竞争对手的主要方法	◆ 学会从行业结构与市场视角对竞争对手进行识别
◆ 分析竞争者战略目标、优势和劣势及其反应模式	◆ 学会分析竞争者战略目标、优势和劣势及其反应模式
◆ 掌握竞争战略的三种基本形式	◆ 能够为企业制定竞争性营销战略
◆ 掌握不同市场地位企业应采取的市场竞争策略	◆ 根据不同市场地位企业制定不同市场竞争策略
◆ 了解战略联盟的主要形式	◆ 能够运用竞争战略实施与管理的方法
◆ 了解战略联盟有效建立与管理的方法	

导入案例

可口可乐与百事可乐55亿美元之战

建更多的工厂,招更多的人,抢销售员、抢小店、抢冷饮机、抢冰柜……3年投入55亿美元,可口可乐与百事可乐都渴望成为中国这个新兴市场的王者。

从2009年开始,这两个在全球市场上针锋相对已经超过110年的食品饮料公司把赌注压到了中国,可口可乐与百事可乐希望在3年的时间里分别投入20亿美元和35亿美元来拓展这个新兴市场。55亿美元!平均下来每个中国人都能喝上5大瓶可乐。

可口可乐开始对百事可乐在中国的一些根据地发起正面攻击。2009年,它在百事已经进入22年的江西市场建立了新工厂,与老对手的工厂只有一街之隔。两家公司的业务员开始相逢在周边区县狭小的便利店里,双方都想把自己的冰柜留在那里,并用各种优惠维持传统渠道的忠诚度。

面对可口可乐的正面冲击,除了投资建厂继续巩固已经占据优势的市场,百事也在试图收复失地。四川曾经是百事的领地,2001 年因四川百事中资代表带头反对浓缩液涨价,双方对簿公堂,并最终导致四川百事停产。可口可乐把握时机夺取成都等城市的渠道,并将触角深入到了三四线的农村市场。据尼尔森 2009 年 8 月市场份额数据,在成都,可口可乐已占据了碳酸饮料 55.4％的份额。在四川,百事可乐遇到了可口可乐在江西面临的情况。

2009 年 10 月 13 日,百事宣布与海南航空公司签订为期三年的全国性销售合同。作为中国第四大航空公司,海南航空公司将会把百事的产品带入其覆盖亚洲、欧洲、美洲和非洲等 500 条国内外航线上。不过,目前可口可乐仍然在这一领域保有绝对优势,它与国航、东航、南航、上航和厦航均签有供应协议。

产品的高度同质化,让两家公司更注重在品牌建设和市场宣传上区分彼此。

可口可乐是南非世界杯的官方赞助商。对于体育营销,可口可乐有一句名言:"会动的东西,我们就赞助它;静止不动的,我们会刷上可口可乐。"南非世界杯上,可口可乐打的是亲民牌,非洲家喻户晓的明星啵乐哥喝下一瓶可口可乐汽水后,伴随着音乐发出了独特的"啵乐乐乐乐"声响的画面倒也有趣。

在百事公司大中华区(饮料)市场副总裁董本洪上海办公室的一张桌子上,摆放着他从世界各地搜集的可乐产品,而它们全部来自老对手可口可乐。百事公司一直希望通过比对手更为年轻化的定位,跟对手形成区隔。董本洪和他的团队常常要研究"80 后"和"90 后"在想什么。2009 年,百事公司动用上亿元人民币推出了"百事群音"乐队大赛。

对于两家公司而言,有着庞大人口基数的中国市场空间足够巨大。当然,谁要想最终赢得这个市场中挑剔的消费者,它都得比另外一家付出更多。

资料来源:《第一财经周刊》2010 年第 31 期。

案例分析题

市场竞争是市场经济的基本特征之一。随着市场经济及经济全球化的发展,市场竞争日益激烈,制定正确的市场竞争战略是企业成功实现其市场营销目标的关键。因此,企业必须识别竞争者的特点,认真研究竞争者的优势与劣势、竞争者的战略与策略,明确自己的竞争地位,有的放矢地制定竞争战略,才能在激烈的竞争中获得主动权。

4.1 竞争者识别与分析

4.1.1 识别竞争者

企业的竞争者是指那些生产经营与本企业提供的产品相似的或可以互相替代的产品、以同一类顾客为目标市场的其他企业。通常可从行业和市场两个方面来识别企业的竞争者。

1.行业竞争观念

从行业方面来看,提供同类产品或可互相替代产品的企业构成一种行业,如汽车行业、医药行业等。如果一种产品价格上涨,就会引起另一种替代产品的需求增加。例如,咖啡涨价会使消费者转而购买茶叶或其他软饮料,因为这些是可相互替代的产品。从行业方面来看,企业的竞争者大致有三类。

(1)行业内现有竞争者

大部分行业中的企业,相互之间的利益都是紧密联系在一起的,作为企业整体战略一部分的各企业竞争战略,其目标都在于使自己的企业获得相对于竞争对手的优势。所以,在实施中就必然会产生冲突与对抗现象,这些冲突与对抗就构成了现有企业之间的竞争。现有企业之间的竞争常常表现在价格、广告、产品介绍和售后服务等方面,其竞争强度与许多因素有关。

(2)潜在的新进入者

新进入者在给行业带来新生产能力、新资源的同时,也希望在已被现有企业瓜分完毕的市场中赢得一席之地,这就有可能会与现有企业发生原材料与市场份额的竞争,最终导致行业中现有企业赢利水平降低,严重的话还有可能危及这些企业的生存。竞争性进入威胁的严重程度取决于两方面的因素,即进入新领域的障碍大小与预期现有企业对于进入者的反应情况。

(3)替代品生产企业

两个处于不同行业中的企业,可能会由于所生产的产品互为替代品,从而在它们之间产生相互竞争行为,这种源自于替代品的竞争会以各种形式影响行业中现有企业的竞争战略。第一,现有企业产品售价以及获利潜力的提高,将由于存在着能被用户方便接受的替代品而受到限制;第二,由于替代品生产者的侵入,现有企业必须提高产品质量,或者通过降低成本来降低售价,或者使其产品具有特色,否则其销量与利润增长的目标就有可能受挫;第三,源自替代品生产者的竞争强度,受产品买主转换成本高低的影响。总之,替代品价格越低、质量越好、用户转换成本越低,其所能产生的竞争压力就越强。而这种来自替代品生产者的竞争压力的强度,可以具体通过考察替代品销售增长率、替代品厂家生产能力与赢利扩张情况来加以描述。

2.市场竞争观念

从市场方面来看,竞争者是那些满足相同市场需要或服务于同一目标市场的企业。例如,从行业观点来看,钢笔的制造商以其他同行业的企业为竞争者;但从市场观点来看,顾客真正需要的是书写能力,这种需要铅笔、圆珠笔、电脑都可以满足,因而生产这些产品的企业均可成为钢笔制造商的竞争者。通常,一个企业的竞争对手主要包括四个层次。

(1)品牌竞争者

当其他企业以相似的价格,为相同的顾客群提供类似的产品或服务时,企业可将其视为品牌竞争者。例如,通用汽车公司旗下的别克汽车公司会把福特、本田及其他中档车的生产商视作竞争对手,而并不把生产高档车的奔驰汽车公司和生产低档车的现代汽车公司当作竞争对手。

（2）行业竞争者

企业可把制造同样或同类产品的企业都广义地视为行业竞争者。在这个层面上，别克汽车公司将把所有的汽车制造商看作竞争对手。

（3）形式竞争者

企业可把提供满足顾客同种需要的不同种类产品或服务的企业作为形式竞争者。例如，能够帮助顾客解决"代步"需求的产品或服务形式，有汽车、摩托车和自行车等。因此，在这个层面上，对别克汽车公司来说，其竞争对手不仅是汽车制造商，还应包括摩托车和自行车等制造商。

（4）愿望竞争者。企业还可以进一步把所有争取同一顾客的其他企业看作竞争对手。对别克汽车公司来说，将与所有销售和提供耐用消费品、海外旅游、房产和房屋装修等公司竞争，力图从目标顾客群的有效需求中分得一杯羹。

4.1.2　确定竞争者战略与目标

1.确定竞争者战略

（1）确定企业所属的战略性群体

在多数行业中，根据所采取的主要战略的不同，可将竞争者划分为不同的战略群体。同一个战略群体中的企业竞争关系最直接、竞争强度也最高。根据战略群体的划分，可以归纳出两点：

第一，进入各个战略群体的难易程度不同。一般小型企业适于进入投资和声誉都较低的群体，因为这类群体较易打入；而实力雄厚的大企业则可考虑进入竞争性强的群体。

第二，企业决定进入某一战略群体时，首先要明确谁是主要的竞争对手，然后决定自己的竞争战略。假如某公司要进入某一电气公司的战略群体，就必须有战略上的优势，否则很难吸引相同的目标顾客。

（2）识别竞争者的战略

一般情况下，企业可以从以下几个方面情况去分析、识别竞争者的战略。①专业性程度。即竞争者将资源集中于何种产品生产，为何种细分市场提供服务。②广告、促销计划。即竞争者通过何种促销方式来突出其产品品牌及特点。③分销渠道的选择。④产品质量、特色、性能、外观、耐用性等方面的差异。⑤技术领先性。⑥纵向一体化程度，包括前向一体化和后向一体化。⑦是否采用低成本战略。⑧为顾客服务的情况。⑨价格策略。即是采用低成本、低质量、低价格策略，还是采用高成本、高质量、高价格的策略，或单独制定价格策略。

此外，还必须了解每个竞争者的研究开发、制造、采购、财务和其他策略的详细资料。只有这样，企业才能更准确地识别竞争者的战略。

2.确定竞争者目标

企业不仅要识别主要竞争者的战略，还必须了解它们的目标。竞争者的最终目标是获取利润，但不同企业对于长期与短期利润的重视程度不同。有些企业追求的是满意的利润而不是最大的利润，只要达到既定的利润目标就满意了，即使其他策略能赢得更多的利润，它们也不予考虑。因此,企业必须考虑竞争对手在利润目标以外的目标。

每一个竞争者均有目标组合,其中每一个目标的重要性不同,企业应该了解竞争对手目前的获利能力、市场占有率的成长、现金流量、技术领先和服务领先以及其他目标的相对重视程度。了解竞争者的重点目标是什么,才能正确估计它们对不同竞争者行动的反应。

4.1.3 评价竞争者优势与劣势

每一个竞争者能否有效地实施其战略并达到目标,取决于它们的资源与能力。为此,必须正确评估每一个竞争者的优势和劣势。评估竞争者的优势与劣势可以通过以下几个方面进行:

1.收集竞争者过去几年的重要业务资料

这些资料主要包括:销售额、市场占有率、利润率、投资收益、现金流量、新的投资、生产能力的利用情况、成本情况、综合管理能力等。当然,要收集这方面的资料极其困难,但如能得到当中的任何资料,都有助于企业对竞争者的优势和劣势做出比较准确的估计。

2.通过第二手资料、个人经历或传闻来了解

企业可通过向顾客、供应商和中间商进行初步市场营销调研来增加对竞争者的了解。

3.了解竞争者在财务上的优劣势

竞争者的财务状况可用清偿力比率、债务与资产的资本结构比率、利润率、周转率、普通股安全率五个比率来揭示,如表 4-1 所示。

表 4-1 竞争者财务能力衡量表

财务指标名称	指标功用
清偿力比率	竞争者清偿短期债务的能力
债务与资产的资本结构比率	竞争者清偿长期债务的能力
利润率	竞争者的赢利能力
周转率	竞争者有效利用资产的能力
普通股安全率	股市对竞争者信任程度

4.识别竞争者的错误观念

在寻找竞争者的劣势时,企业应设法识别它们为其业务和市场所做的假想有哪些已经不能成立。有些错误观念,如"顾客偏爱产品线齐全的企业""人员促销是主要的促销方式""顾客认为服务比价格更重要"等,都会导致竞争者采用错误的战略。如果发现竞争者的主要经营思想中有某种不符合实际的错误观念,企业就可利用对手这一劣势,出其不意,攻其不备。

4.1.4 判断竞争者市场反应

竞争者的反应模式有以下四种:

1. 从容不迫型竞争者

从容不迫型竞争者对某些特定的攻击行为没有迅速反应或反应不强烈,可能是认为顾客忠实于自己的产品,也可能是因缺乏资金无法做出相当的反应,还可能认为未到"出击"的时机。企业一定要先弄清楚竞争对手"镇静"的真实原因,以防止它们的突然袭击。

2. 选择型竞争者

选择型竞争者只对某些类型的攻击做出反应,而对其他类型的攻击无动于衷。例如,对降价竞销总是强烈反击,而对增加广告费用则不予以理会。了解这种类型竞争者的敏感部位,判断其会在哪些方面做出反应,有利于企业选择最为可行的攻击类型。

3. 虎威型竞争者

虎威型竞争者对其占据的所有领域受到的任何攻击行为都会做出迅速而强烈的反应。例如,宝洁公司决不允许一种新洗涤剂轻易投放市场。这种类型的公司一般都是实力较强大的公司,占有的市场份额具有绝对优势,否则没有实力对任何外在威胁都采取行动。

4. 随机型竞争者

随机型竞争者在任何特定情境下可能做出也可能不做出反击,而且根本无法预测其是否会采取行动。许多小公司都是随机型竞争者,它们的竞争反应模式是捉摸不定的。

4.1.5　选择竞争对策应考虑的因素

明确了谁是主要竞争者并分析了竞争者的优势、劣势和反应模式之后,企业就要采取相应的对策,即进攻谁、回避谁。这可根据以下因素做出决策:

1. 竞争者的强弱

攻击弱竞争者在提高市场占有率方面所耗费的资金和时间较少,但是能力提高和利润增加也较少。攻击强竞争者可以增强自己的生产、管理和促销能力,更大幅度地扩大市场占有率,并提高利润水平,但是成功的可能性会下降,并可能带来危机。

2. 竞争者与本企业的相似程度

多数企业主张与相似的竞争者展开竞争,但同时又认为应避免摧毁相似的竞争者,因为其结果很可能对自己反而不利。例如,美国博士伦眼镜公司在 20 世纪 70 年代末与其他同样生产隐形眼镜的公司竞争中大获全胜,导致竞争者完全失败而将企业卖给了竞争力更强的大公司,结果使博士伦公司面对更强大的竞争者,处境更困难。

3. 竞争者表现的好坏

每个行业中的竞争者通常都有表现良好和具有破坏性两种类型。表现良好的竞争者遵循行业规则,按照成本合理定价,有利于行业的稳定和健康发展,激励其他企业降低成本或增加产品差异性,接受合理的市场占有率与利润水平。那些表现良好的竞争者试图组成一个只有好的竞争者的行业。它们通过仔细颁发许可证,选择互相保有关系(攻击或结盟)及其他手段,试图使本行业竞争者的营销活动限于协调合理的范围之内,凭自己的努力扩大市场占有率,彼此在营销因素组合上保持一定的差异性,从而减少直接的冲突。而具有破坏性的竞争者则不遵守行业规则,常常不顾一切地冒险,或用不正当手段扩大市场占有率等,从而扰乱行业的均衡。企业应支持"好"竞争者,而攻击"坏"竞争者。

经典人物 4-1

迈克尔·波特

迈克尔·波特是哈佛大学商学院著名教授,当今世界最有影响力的管理学家之一。他曾在1983年被美国总统里根任命为产业竞争委员会主席,开创了企业竞争战略理论并引发了美国乃至世界关于竞争力的讨论。他先后获得过"大卫·威尔兹经济学奖""亚当·斯密奖",五次获得"麦肯锡奖",拥有很多大学的名誉博士学位。到目前为止,迈克尔·波特已有14本著作,其中代表作有《品牌间选择、战略及双边市场力量》(1976)、《竞争战略》(1980)、《竞争优势》(1985)、《国家竞争力》(1990)等。

资料来源:根据维基百科相关资料整理。

4.2 基本竞争战略

微课 基本
竞争战略

迈克尔·波特于20世纪80年代初提出了对企业战略制定产生深远影响的五种力量模型,认为行业内部的竞争状态取决于五种基本的竞争力:供应商的议价能力、购买者的议价能力、潜在进入者的威胁、替代品的威胁、竞争者间的竞争。迈克尔·波特进一步提出,有三种基本的竞争性战略可以使企业成为行业中的佼佼者,即成本领先战略、差异化战略和目标聚集战略,如图4-1所示。

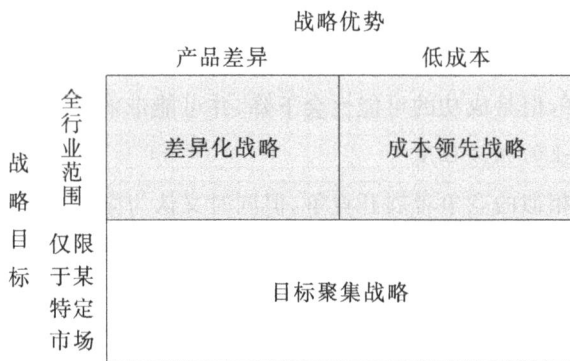

图 4-1　三种基本竞争战略

4.2.1 成本领先战略

微课 成本
领先战略的
实施途径

成本领先战略主要依靠追求规模经济、专有技术和优惠的原材料等因素,以低于竞争对手或低于行业平均水平的成本提供产品和服务,来获得较高的利

润和较大的市场份额。成本领先战略要求企业建立达到有效规模的生产设施,在经验基础上全力以赴降低成本,加强成本与管理费用的控制,最大限度地减少研发、服务、推销、广告等方面的成本费用。尽管质量服务以及其他方面也不容忽视,但贯穿这一战略的主题是使企业的成本低于竞争对手。

1.成本领先战略的优势

即便处于竞争激烈的市场环境中,低成本的企业仍可获得高于行业平均水平的收益。成本优势可以使企业在与竞争对手的较量中受到保护,低成本意味着当别的企业在竞争过程中失去利润时,这个企业仍然可以获取利润。低成本使企业在面对强有力的购买者要求降低产品或服务价格的压力时,仍可以有较好的收益。低成本也有利于企业抵御来自供应商的威胁,使企业应对供应商产品涨价具有较高的灵活性。低成本可以通过规模经济或成本优势的形式产生进入障碍,提高进入壁垒,削弱新进入者的竞争力。最后,低成本企业可以采取降低价格的办法保持、维护现有消费者,提高消费者转向使用替代品的转化成本,降低替代品对企业的冲击,为企业赢得反应时间。因此,成本领先战略可以使企业在面临竞争者的威胁时处于相对主动的地位,有效地保护企业。

2.成本领先战略的潜在风险

实施成本领先战略时,为了占据较高的市场份额,通常会产生高昂的购买先进设备的前期投资和初始亏损。而一旦出现具有破坏性的变革技术并在生产中得以应用,则会使企业成本方面的高效率优势不复存在,前期高额投资的收益率急剧下降,同时给竞争对手以更低成本进入市场的机会。因此,采用成本领先战略的企业必须对这种潜在风险加以注意,加强对企业外部环境,尤其是技术环境方面的认识与了解,降低因技术发展而可能产生的投资风险。此外,有些低成本企业过多地将注意力放在成本上,忽视了客户需求的变化,在产品技术开发方面投入不足,难以生产出符合消费者需求的产品,无法让顾客满意,为了增加销售量只有被迫降价,以至于采用远低于竞争者的价格,这将抵消掉其理想的成本地位所带来的收益,甚至被淘汰出局。

成本领先战略有一定的适用范围,当产品的市场需求有较高的价格弹性,产生差异化的途径很少,价格构成市场竞争的主要因素,而且购买转化成本较低时,企业可以考虑这一战略。

3.成本领先战略的实现途径

(1)实施规模经济

根据经济学原理,在超过一定规模之前,产量越大,单位平均成本越低。因而,实现成本领先,通常应选择那些同质化程度高、技术成熟、标准化的产品规模化生产。

(2)做好供应商营销

所谓供应商营销,就是与上游供应商(如原材料、能源、零配件等厂家)建立起良好的长期协作关系,一般能获得廉价、稳定的上游资源,并在一定程度上影响和控制供应商,对竞争者建立起资源性壁垒。

(3)塑造企业成本文化

一般来说,追求成本领先的企业应着力塑造一种注重细节、精打细算、讲究节俭、严格管理、以成本为中心的企业文化。企业在关注外部成本的同时,也要重视内部成本,不仅应把握好战略性成本,也要控制好作业成本,更要兼顾短期成本与长期成本。

（4）生产技术创新

降低成本最有效的办法是生产技术创新。一场技术革新和革命会大幅度降低成本,生产组织效率的提高也会带来成本的降低。例如,福特汽车公司通过传送带实现了流水线生产,从而大幅度降低了汽车生产成本,实现了让汽车进入千家万户的梦想。

4.2.2 差异化战略

差异化是指企业就消费者广泛重视的某些方面在行业内独树一帜,使企业产品、服务或形象与众不同,以一种独特的定位满足客户的需求。实现差异化战略有许多方式,如设计名牌形象,保持技术、顾客服务、销售网络以及其他方面的独特性,等等。

1. 差异化战略的优势

①当企业为顾客创造的价值远远高于成本,或增加的收益远远大于为差异化付出的成本时,企业可以获得超额利润。

②利用顾客对名牌的偏好和信任而降低了价格的敏感性,可以使得企业避开价格竞争。

③易构成进入者障碍。要改变顾客对名牌的信任是很难的,胜过竞争对手的独特性所需付出的代价更大,这都是实行差异化战略所形成的抵御竞争对手的障碍。

④给企业带来较高的边际利润,从而增强企业对付供应者议价的能力。

⑤形成独特性使买方缺乏比较选择的余地,因而削弱买方议价的能力;

⑥通过差异化赢得顾客忠诚,在面对替代品威胁时,其所处的竞争地位比其他同行企业更为有利。

2. 差异化战略的潜在风险

①实现产品差异化有时会与争取占领更大的市场份额相矛盾,它往往要求企业对于这一战略的排他性有思想准备,即这一战略通常要求放弃获得较高市场占有率的目标。

②产品差异意味着以高成本为代价,如广泛的研究、高质量的材料和周密的顾客服务等,因此实行差异化战略的企业的产品价格一般高于行业平均价格水平。

③并非所有顾客都愿意或有能力支付企业因其独特性所要求的较高价格,从而导致目标市场较为狭窄,无形中扩展了竞争对手的市场空间和价格优势。

3. 差异化战略的实现途径

差异化战略的实现,可以从多方面入手。例如,产品方面,可以在基本功效、性能、款式、品质、包装、顾客咨询、使用培训和维修方便等方面形成差异;促销方面,可以在促销方式、促销组合和促销媒体的选择等方面形成差异;渠道方面,可以在覆盖面、专业化、渠道宽度和长短等方面形成差异;等等。

4.2.3 目标聚集战略

目标聚集战略是指企业将经营范围集中于行业内某一有限的细分市场,使企业有限的资源得以充分发挥效力,在某一局部超过其他竞争对手,取得竞争优势。

1．目标聚集战略的优势

①企业能够划分并控制一定的产品势力范围，使其他竞争者不易与其竞争，从而获得比较稳定的市场占有率。

②企业围绕一个特定的目标进行密集性的生产经营活动，可以更好地了解不断变换的市场需求。

③能够比竞争对手提供更为有效的产品和服务，为顾客创造价值，提高顾客的满意度，从而获得那些以更广泛市场为经营目标的企业所不具备的竞争优势。

④尽管从整个市场的角度看，聚集战略未必能使企业取得低成本和差异优势，但它的确能使企业在其细分的目标市场上获得一种或两种优势地位，从而有利于中小企业利用较小的市场空隙谋求生存和发展，以小博大，在小市场做成大生意。

2．目标聚集战略的潜在风险

①企业在实施目标聚集战略时，常常需要放弃规模较大的目标市场，否则竞争对手可以从其目标市场中划分出更细分的市场，并以此为目标市场来实施聚集战略，使企业在该市场的竞争优势丧失殆尽。

②如果企业所聚集的细分市场非常具有吸引力，以致多数竞争对手蜂拥而入瓜分这一市场的利润，则会使企业付出很高的代价，甚至导致企业聚集战略的失败。

③细分市场之间差异性的减弱，会降低该目标市场的进入壁垒，从而削弱目标聚集战略企业的竞争优势，使之不得不面对更为激烈的竞争。

3．目标聚集战略的实现途径

一种是企业寻求目标市场上的成本领先优势，称为成本聚集战略；另一种是企业寻求目标市场上的差异化优势，称为差异化聚集战略。虽然成本聚集战略与差异化聚集战略都是要在行业范围内实现其目标，但聚集战略的整体却是围绕着为某一特定目标服务而建立的，并以这一目标为中心。

应用实例 4-1

小公司要靠特色取胜

美国《商业周刊》近日评出了最近几年来美国成长最快的 100 家小公司，其中精准公司被评为百家之首。精准公司是一家位于南加州的小公司，创立于 1990 年，以生产生理特征识别软件为主。"生理特征"以指纹为主，兼有脸部、眼球等其他部位。精准公司的创始人是一位华人工程师谢明（音）。当时，公司还很不起眼，类似软件的用户多为移民局、警察局、法院等政府机构，而多年来，这一市场早已被 NEC、摩托罗拉等大公司瓜分，要想挤进去，非要有点"绝活"不可。精准公司就抓住一点——加快指纹识别速度。后来，用精准公司的软件识别一个指纹，只需不到两分钟，是大牌公司产品时间的一半左右。精准公司由此逐渐累积了一些客户，并在指纹识别市场占有了一席之地。

精准公司命运的真正转折点是"9·11"事件。"9·11"事件之后，美国各部门纷纷加强了安全保卫措施。2002 年 10 月，"9·11"事件一周年刚过，华盛顿地区就发生了令人震惊的冷血枪手案。被害者都是普通人，没有任何关联，警方迟迟不能破案，一时间人人自危。最终，凶手落网，警方宣称，精准公司为此案侦破立下了汗马功劳。原来嫌疑犯之一"马尔沃"是牙买加移民，在移民局留有指纹，警方靠精准公司的软件识别出了指纹。

精准公司由此声名鹊起。于是，精准公司从移民局拿到了价值 320 万美元的订单，国土安全部成立后，精准公司又从该部门赚到了 1970 万美元。而精准公司所在地的洛杉矶政府，在当年就下了 1530 万美元的订单。

2004 年 9 月，精准公司股票上市，大量股民踊跃买入，吸引了高达 2.48 亿美元的资金。2004 年，精准公司的销售金额高达 1.08 亿美元，净收益 4810 万美元，成为美国成长最快的小公司。

目前，除美国国土安全部等大客户之外，精准公司还把目光投向海外市场，从英国、加拿大和俄罗斯等国获取订单。精准公司的发展符合小公司的成长规律：在夹缝中看准市场，看准特定的消费群，不求全，只求特色，并且未雨绸缪，为自己开辟更长久的增长之路。

资料来源：《当代经理人》2005 年第 9 期。

4.3　市场地位与竞争战略

企业对自己在本行业中所处竞争地位的分析，是企业进行竞争性营销战略决策的基础。现代营销理论根据企业在市场上的竞争地位，把企业分为四种类型：市场领导者、市场挑战者、市场跟随者和市场补缺者。在竞争性市场上处于不同地位的各类企业，其竞争策略显然也是各不相同的，企业必须根据自身的地位和市场的具体情况制定相应的竞争策略。

4.3.1　市场领导者竞争战略

市场领导者是指在相关的产品市场上占有最大的市场份额，并且在价格变化、新产品开发、分销渠道建设和促销力量等方面处于主宰地位，对其他企业起着领导作用的企业。绝大多数行业都存在一个公认的市场领导者，其他企业都

微课 市场
领导者
竞争战略

承认它的统治地位。例如，微软、佳能、可口可乐、宝洁都在各自行业中起领导作用。市场领导者的地位是在竞争中自然形成的，但不是固定不变的。市场领导者如果没有获得垄断地位，必然会面临竞争者的无情挑战。市场领导者为了维护自己的优势，保住自己的领导地位，通常要采取一定的竞争策略。

1. 扩大市场需求总量

当一种产品的市场需求总量扩大，受益最大的往往是处于领导者地位的企业。市场领导者可以有三个途径达到扩大市场需求总量的目的。

（1）发现新用户

对于某种产品来说，经常会由于种种原因使其市场需求潜力没有得到最大限度的发掘，发现新的使用者是扩大市场需求的重要方式。具体可采用的策略包括：市场渗透，即转变不使用该产品的潜在顾客的态度，进而使其成为使用者；将产品打入新的细分市场，包括新的

目标顾客群和新的地理区域。

（2）开辟产品新用途

对于许多产品来说，潜藏着一定的未发现功能，通过发掘其新用途，可以使产品的需求量迅速增长。例如，碳酸氢钠（俗称"小苏打"）自投放市场后的 120 多年里，销售一直十分平稳，当其被发现具有消除冰箱异味的功能后，市场需求量大幅度攀升。

（3）刺激现有顾客增加使用量

通过运用一些适当的措施和手段，促使顾客增大产品的使用量也可以有效提高整个市场的总需求。例如，服装制造商通过加快推出新款服装的频率，刺激顾客购买更多的服装。

2.扩大市场占有率

市场占有率与投资收益率密切相关。一般来说，企业的市场占有率越高，其投资收益率相应就越大。市场占有率高于 40％的企业，其平均投资收益率相当于市场占有率低于 10％者的 3 倍，因此，许多企业把市场占有率作为自己的营销目标。领导者企业可以凭借经济规模的优势，降低成本，扩大市场占有率。但是，市场领导者采用扩大市场占有率竞争策略时应考虑以下两种因素。

（1）引起反垄断制裁的可能性

许多国家有反垄断法，当企业的市场占有率超过一定的限度时，就有可能受到指控和制裁。

（2）为提高市场占有率所付出的成本

当市场占有率已达到一定水平时，再想进一步提高就要付出很大的代价，结果可能得不偿失。美国的一项研究表明，企业获利最大的市场占有率是 50％。因此，有时为了保持市场领先地位，企业要在较疲软的市场上主动放弃一些份额。

3.保护市场占有率

处于市场领导地位的企业，在努力扩大整个市场规模时，必须注意保护现有的业务，防备竞争者的攻击。市场领导者可以通过两种措施达到保护市场占有率的目的。

（1）进攻措施

此措施即降低成本，提高销售效益，在产品创新、服务水平等方面争取能始终处于行业领先地位，同时对竞争对手的薄弱环节主动出击。

（2）防御措施

此措施即根据竞争的实际情况，在企业现有阵地周围建立不同防线。具体来说，有六种防御策略可供市场领导者选择：

①阵地防御。阵地防御就是在现有阵地周围建立防线，是一种静态的消极防御，是防御的基本形式。对于营销者来讲，单纯防守现有的阵地或产品，就会患"营销近视症"。

②侧翼防御。侧翼防御是指市场领导者除保卫自己的阵地外，还建立某些辅助性的基地作为防御阵地，或必要时作为反攻基地。市场领导者特别要注意保卫自己较弱的侧翼，防止对手乘虚而入。

③先发防御。这种防御政策是在竞争者对自己发动进攻之前，先发制人，抢先攻击。具体做法是，当竞争者的市场占有率达到某一危险的高度时，就对它发动攻击；或者是对市场上的所有竞争者全面攻击，使得竞争对手人人自危。

④反攻防御。当市场领导者遭到对手进攻时,不能只是被动应战,应主动反攻。市场领导者可选择迎击对方的正面进攻,迂回攻击对方的侧翼,或发动钳形进攻切断进攻者后路等策略。

⑤运动防御。运动防御要求市场领导者不但要积极防御现有阵地,还要扩展到可作为未来防御和进攻中心的新阵地,使企业在战略上有较多的回旋余地。

⑥收缩防御。企业有时在所有市场阵地上进行全面防御会力不从心,从而顾此失彼。在这种情况下,最好的行动是实行战略收缩,即放弃某些薄弱市场,把力量集中于实力较强的领域。

4.3.2　市场挑战者竞争战略

市场挑战者是指在行业中占据第二位及以后位次,有能力对市场领导者和其他竞争者采取攻击行动,希望夺取市场领导者地位的企业。处于市场挑战者地位的企业,一般都有相当的规模和实力,在竞争策略上有相当大的主动性,它们随时可以向市场领导者企业或其他企业发动进攻。然而,作为市场挑战者企业,盲目的进攻是愚蠢甚至有害的,要使自己的挑战获得成功,必须明确企业营销目标和挑战对象,然后选择适当的进攻策略。

1. 确定挑战目标

明确企业的竞争对手和主攻方向,是市场挑战者成功的基础。一般有三种挑战目标可供市场挑战者选择。

①向处于市场领导者地位的企业挑战,意在夺取其市场份额和产品优势。

②向与自己实力相当的企业挑战,意在扩展自身市场份额以改变市场地位。

③进攻力量薄弱的小企业,意在夺取其市场份额或进行兼并,扩充自身实力。

2. 选择进攻战略

(1)正面进攻

正面进攻是指集中全力向对手的主要市场阵地发动进攻,即进攻对手的强项而不是弱点。在这种情况下,进攻者必须在产品、广告、价格等主要方面大大超过对手,才有可能成功,否则不可采取这种进攻战略。

(2)侧翼进攻

侧翼进攻就是集中优势力量攻击对手弱点,有时可采取"声东击西"的战略,佯攻正面,实际攻击侧面或背面。这又可分为两种情况:一种是地理性侧翼进攻,即在全国或全世界寻找对手力量薄弱地区;另一种是细分性侧翼进攻,即寻找市场领导企业尚未为之服务的细分市场,在这些细分市场上迅速填空补缺。

(3)包围进攻

包围进攻是一个全方位、大规模的进攻战略,企业拥有优于对手的资源,并确信围堵计划的完成足以打垮对手时,可采用这种战略。例如,近年来,日本精工公司已经在各个主要手表市场的销售中取得了成功,并且以其品种繁多、不断更新的款式使竞争者和消费者瞠目结舌。

(4)迂回进攻

这是一种最间接的进攻战略,完全避开对手的现有阵地而迂回进攻。具体办法有三种：一是发展无关的产品，实行产品多元化；二是以现有产品进入新地区的市场，实行市场多元化；三是发展新技术、新产品，取代现行产品。

（5）游击进攻

这是主要适用于规模较小、力量较弱的企业的一种战略。游击进攻的目的在于以小型的、间断性的进攻干扰对手的士气，以占据长久性的立足点。但是持续不断的游击进攻，也是需要大量投资的，而且光靠游击战不可能彻底击败对手，还需要发动更强大的攻势。

4.3.3　市场跟随者竞争战略

优胜劣汰的竞争法则是无情的，在市场竞争中，持续的正面竞争往往会造成两败俱伤，因此许多企业会避免与市场领导者发生正面冲突。同时，对于相当一部分中小企业而言，在产品创新上所需的大量人力、财力、物力以及相应的市场风险，它们无力承担。因此，在实际营销活动中，许多企业采用追随策略，从事产品仿造或改良，在投资少、风险小的基础上，获取较高的利润，并保持企业相对有利的竞争地位。市场跟随者也不是被动地单纯追随领先者，它必须找到一条不致引起竞争性报复的发展道路。以下是三种可供选择的跟随战略。

1. 紧密跟随

这种战略是在各个细分市场和市场营销组合方面，尽可能仿效领先者。这种跟随者有时好像是挑战者，但只要它不从根本上侵犯领先者的地位，双方就不会发生直接冲突，有些甚至被看成是靠拾取领先者的残余而谋生的寄生者。

2. 距离跟随

这种跟随者是在主要方面，如目标市场、产品创新、价格水平和分销渠道等方面都追随领先者，但仍与领先者保持若干差异。这种跟随者可通过兼并小企业使自己发展壮大。

3. 选择跟随

这种跟随者在某些方面紧跟领先者，而在另一些方面又自行其是。也就是说，它不是盲目跟随，而是择优跟随，在跟随的同时还要发挥自己的独创性，但不进行直接的竞争。比如主动地细分和集中市场、有效地研究和开发等，尽量在别的企业想不到或者做不到的地方去争取一席之地。这种跟随者之中有些可能发展成为挑战者。

4.3.4　市场补缺者竞争战略

在现代市场经济条件下，每个行业几乎都有些小企业，它们关注市场上被大企业忽略的某些细小部分，在这些小市场上通过专业化经营来获取最大限度的收益，也就是在大企业的夹缝中求得生存和发展。处于市场补缺者地位的企业，其目的在于利用自身特长寻找市场中的空隙并努力去满足它。在现实营销活动中，这类企业可以在市场、消费者、产品、渠道等各个方面实现自己的目标，比如为一些特殊的消费者群体服务。市场补缺者的竞争策略关键在于专业化、精细化。由于营销目标和营销力量的相对集中，所实现的产品高度差别化会使企业具有其他企业无法轻易仿效的特殊竞争力量。当然市场补缺者实施专业化竞争策略并非易事，必须注意三个问题。

1.识别补缺基点

所谓的补缺基点就是市场空隙,一个好的补缺基点应该具备以下特征:对主要的市场竞争者不具有吸引力,或者是大部分市场竞争者不屑一顾的;有足够的购买潜力,企业如果进行开发,是有利可图的;企业具备补充该市场空隙的营销能力,并且能够与竞争者抗衡。

2.坚持补缺观念

市场补缺者要精心服务于市场某些细小部分,在这些小市场上通过专业化坚持补缺观念,以连续不断创造新的补缺市场为基础,而不是只追求一个补缺基点。

3.实现专业化

市场补缺者发展的关键是实现专业化的服务,包括最终顾客专业化、顾客规模专业化、特殊顾客专业化、地理市场专业化、产品或产品线专业化、产品特色专业化、顾客订单专业化、服务专业化以及销售渠道专业化等。

应用实例 4-2

维珍:永远的"补缺者"

从 1970 年到现在,维珍集团成为英国最大的私人企业,旗下拥有 200 多家大小公司,涉及航空、金融、铁路、唱片、婚纱甚至避孕套等各行各业,俨然半个国民生产部门。

红白相间的维珍品牌在英国的认知度达到了 96%,在"英国男人最知名品牌评选"中排名第一,在"英国女人最知名品牌评选"中位列第三。但是,维珍产品在所处的每一个行业里都不是名列前茅的老大或老二,而是一只"跟在大企业屁股后面抢东西吃的小狗"。维珍集团总是选择进入那些已经相对成熟的行业,给消费者提供创新的产品和服务。可以说,在它进入的每一个行业里,维珍都成功地扮演了"市场补缺者"和"品牌领先者"的角色。

补缺——找到利基市场。维珍集团进入每一个行业时,市场已很成熟,已经被一些大集团瓜分得差不多了。维珍集团在这个时候进入市场先天就落后了,如果不想捡别人剩下的东西吃,只能找到"利基市场",只能创新。这正是科特勒关于"落后进入战略"的核心所在。维珍的创始人布兰森认为,在一个成熟的市场环境里竞争,竞争的压力反过来加剧了企业间的相互模仿,导致了相当糟糕的局面——管理者思想僵化,新的创意越来越少,这正是维珍的机会。维珍集团提供给目标顾客的是那些老大们没有想到,或者是不愿意去做,而消费者其实很欢迎、很需要、能够从中得利的产品和服务。

维珍集团的经营虽然天马行空,涵盖了生活的方方面面,但是所有产品和服务的目标客户群都锁定在了"不循规蹈矩、反叛的年轻人"身上。战略规划协会的一项研究发现,中小市场的投资回报达到了 27%,超过大市场的投资回报 16 个百分点。这是一项很惊人的发现,研究者认为,造成这个结果的主要原因就是服务于中小市场的公司往往和顾客的沟通更多,更加了解顾客的想法和需要。维珍公司就是把自己定位在了"服务于年轻人的专家",由此在不同的领域所向披靡。

资料来源:《成功营销》2003 年第 6 期。

4.4　市场竞争新模式——战略营销联盟

在竞争日益激烈的市场上,以往所奉行的"视竞争者为仇敌,彼此互不相容"的竞争原则已成为陈旧的经营观念而被人们逐渐抛弃。现代市场营销认为,企业欲在竞争中确保生存,并积极地开拓市场,最好的途径是寻求某种竞争的新模式,以实现共同生存、共同发展的目标。战略营销联盟在 20 世纪 90 年代的国际经济舞台中已大量出现,这正是一种兼有竞争与合作功能的新型的市场营销组织形式。

4.4.1　战略营销联盟的内涵

战略营销联盟是指两个或两个以上的企业为了抓住战略营销机会,达到共同战略营销目标而结成的联盟,联盟成员之间相互合作,共担风险。在联盟中,成员仍保持自己的经营自主权,彼此之间通过协议形成一个松散的组织。从本质上看,战略营销联盟就是"竞争性合作组织"。竞争与合作是一种辩证关系,竞争并不排除合作,从某种程度上讲,合作有利于充分提高竞争效率。同时,战略营销联盟也不否认竞争存在,而是使竞争以新的形式在新的层次上出现,即从"零和博弈"或"负和博弈"向"正和博弈"转变。

联盟各方是否能处理好合作与竞争的关系,直接关系到战略营销联盟的成败。一方面,每个企业想生存,必须保持自己的核心竞争力,所以即使联盟,它们也必须进行竞争;另一方面,正是因为每一个企业都存在自己的"战略缺口",所以它们需要联盟来补偿这种"缺口"。这种竞争与合作的矛盾会贯穿于联盟的始终,若想处理好这个矛盾,不仅需要加盟企业拥有在联盟的整个过程中做好各种工作的能力,更需要加盟企业拥有以诚相待、精诚合作、识大体、顾大局的"胸襟"。

4.4.2　战略营销联盟形成的动因

1.满足大市场营销的要求

由于世界经济区域化、集团化的发展,企业要进入某一区域的市场就要克服各种各样的壁垒,这无疑增加了企业进入市场的成本。企业要在市场中取得一席之地,单凭自身的力量已经不够,战略营销联盟就是一种适宜的策略。

2.共同承担研发成本和风险的需要

技术创新日益依赖众多学科积累发展的结合,因此开发一门高新技术往往需要同时掌握不同的技术,企业可能只能够胜任其中一两项自己最有优势的技术开发工作,但没有能力提供所有的技术,并且无法独自承担研究开发的巨大成本和风险。

3.适应复杂动态环境的需要

伴随着市场的无限细分,产品高度同质化,产品生命周期不断缩短,顾客的需要日趋个性化、多样化,孤立的企业显得势单力薄,没有一家企业拥有足够的内部资源来应对这一趋势,没有一个企业单独依靠自身力量能满足目标市场的需要。因而,越来越多的企业认识到联盟的重要性,只有不断整合企业的内外部资源,才能更好地适应复杂的市场环境。

4.4.3　战略营销联盟的形式

1.技术开发联盟

这种联盟的具体形式有多种。如在大企业与中小企业之间形成的技术商业化协议,即由大企业提供资金与营销力量等,而由小企业提供新产品研制计划,合作进行技术与新产品开发。又如成立合作研究小组,即各方将研发的力量集中起来,以提高研发水平,加速研发的进程。与此类似的还有联合制造工程协议,即由一方设计产品,另一方设计工艺。

2.合作生产联盟

合作生产联盟是由各方集资购买设备以共同从事某项生产的联盟。联盟可根据不同的需要,在各参与者之间进行劳动力、制造技术、操作技巧等要素的配合。这种联盟可以使加盟各方分享到生产能力利用率提高的益处,因为各参与方既可以优化各自的生产量,又可以根据供需的不同及时迅速地调整生产量。

3.市场开拓联盟

加盟方相互利用彼此的市场销售渠道销售自己的产品,实现资源共享,达到销售的规模效益。例如,特许经营、连锁加盟等形式的销售联盟在当前商业领域颇为流行,使得企业销售网点可以实现低成本的迅速增长,比竞争对手更积极、更迅速地占领市场。此外,加盟各方也可经由这种联盟形成新市场,使竞争不会因各方力量相差悬殊而趋于窒息。

4.多层次合作联盟

这种联盟实际上是上述各种联盟形式的组合,即由加盟各方在若干领域内开展合作业务。企业加入这种联盟可采取渐进方式,从一项业务交流发展到多项合作。

4.4.4　战略营销联盟的建立

1.战略营销联盟的规划

战略规划对于企业战略营销联盟的成败非常重要。企业在建立战略营销联盟之前必须确定自己的目标,明确合作伙伴的目标,最后将双方目标加以比较,寻找共同利益点,这是双方合作的基础。当然,目标往往难以一致,这时候就要求共同协商,做出一些妥协,寻求双方都接受的方案。如果联盟时缺少这种战略规划,营销联盟将很可能起不到增强企业竞争力的作用,反而会成为竞争对手占领市场和窃取技术的一个手段。

企业在分析环境和审视自身优势、劣势的基础上,需要确定合适的市场营销战略目标和制定详细的市场营销战略计划,明确企业通过营销合作要达到的目标,要获得哪些方面的资源和能力。这样在开展合作营销时,就可以做到有的放矢,在选择合作营销方案时,就会根据方案对企业营销战略所产生的影响做出相应的选择。

2.联盟伙伴的挑选

既然是战略营销联盟,就一定需要联盟伙伴,所以企业根据自己的战略目标来寻找能帮助其实现战略意图、弥补战略缺口的合作伙伴是一个相当重要的环节。合作伙伴的资源贡献能力是企业在进行营销联盟决策时要重点考虑的问题。这就要求企业要严格考察和甄别每一个潜在的合作伙伴,而不能匆忙选择合作对象。此外还要考虑合作者的财务状况和组织结构是否稳定,经营者的管理水平和创新能力如何。

3. 联盟设计与谈判

企业在制定战略规划,选择了战略联盟伙伴并取得对方信任,初步建立起合作关系的基础上,需要用书面协议的形式把这种合作关系稳固下来,使各方能真正成为长期稳定的合作伙伴。协议的目的不是为了相互控制,而是努力协调不一致的地方,更好地实现"双赢"的目标。

成功的联盟不仅是对合资经营、相互持股、合作营销、虚拟公司等联盟方式进行谈判,而且还要对厂址选择、成本分摊、市场份额获得、收益分配等细节进行安排以及对知识创新、技术协同等方法进行设计。企业的高级管理层还应就联盟的共同目标与主要的中层经理和技术专家进行沟通。在拟定合同时,应注意合同要对以下内容规定明晰:

①明确的战略营销目标。

②联盟涉及的法律和管理结构方面的问题。

③联盟涉及的财务、税务问题。

④联盟各方的成本分摊、利益分配问题。

⑤联盟各方投入资产的明确评价。

⑥针对具体情况,合同中应出现的其他条款,例如一些防范条款。

4. 联盟实施与控制

战略营销联盟只有协议是不够的,重要的是把协议内容付诸实施。

(1)严格遵守协议的规定

对于一方损人利己的机会主义倾向和行为应按协议规定进行制裁,并要求其承担由此带来的相关损失。一方面,企业必须履行自己在协议中所承担的责任,只有自己信守合作关系,才能要求对方给予同样的回报;另一方面,对于合作伙伴遵守协议约定的行为要给予适当的激励,这样有助于联盟各方进行更加积极主动的合作。

(2)注意加强沟通

要有专人与合作伙伴进行经常性的面对面的沟通,了解明确双方的情形,最重要的是确认各自履行合作职责的行动达到互相满意的程度,这样才能不断地根据变化调整双方的合作方式,真正做到"多赢"。另外,对于协议中未做规定而在合作过程中出现的误会或分歧等新问题,各方应通过协商谈判解决。

(3)适时终止协议

对于协议目标已经实现或协议各方的利益不再存在的情况下,应及时终止协议,寻找新的合作项目或合作伙伴,重新构建战略营销联盟。

本章小结

企业可从行业和市场两个方面来识别企业的竞争者。在确定了谁是竞争者之后，企业还要进一步搞清每个竞争者在市场上追求的目标和实施的战略是什么。

在市场经济条件下，有成本领先、差异化和目标聚集这三种基本的竞争战略可供企业选择。根据市场占有率的高低，企业所处的市场地位不同，可分为市场领导者、挑战者、跟随者和补缺者。市场领导者通常可采取三种战略：扩大市场需求总量；扩大市场占有率；保持市场占有率。市场挑战者希望争取市场领先地位，向竞争对手挑战。市场跟随者谋求在共处的状态下获得尽可能多的收益。市场补缺者精心服务于市场的某些细小部分。

企业还需学会和竞争者合作，而战略营销联盟就是一种兼有竞争与合作功能的新型营销组织方式。

复习思考题

一、知识题

1. 名词解释

(1)愿望竞争者　(2)品牌竞争者　(3)市场领导者　(4)市场跟随者

(5)市场挑战者　(6)市场补缺者　(7)成本领先战略　(8)差异化战略

(9)目标聚集战略

习题测试
参考答案

2. 单项选择题

(1)一个企业若要识别其竞争者，通常可从以下_____方面进行　　　(　　)

　　A.行业和市场　　　B.分销渠道　　　C.目标和战略　　　D.利润

(2)以防御为核心是_____的竞争策略　　　　　　　　　　　　(　　)

　　A.市场领导者　　　B.市场挑战者　　　C.市场跟随者　　　D.市场补缺者

(3)当一个企业规模较小，人力、物力、财力都比较薄弱时，应当采取_____竞争策略

　　　　　　　　　　　　　　　　　　　　　　　　　　　　　　　(　　)

　　A.进攻策略　　　B.专业化生产和经营　C.市场多元化　　　D.防御

(4)市场领导者扩大市场需求量的途径是　　　　　　　　　　　　(　　)

　　A.开辟产品的新用途　B.以攻为守　　　C.正面进攻　　　D.保持市场份额

(5)市场跟随者在竞争战略上应当　　　　　　　　　　　　　　　(　　)

　　A.攻击市场领导者　　　　　　　　B.向市场领导者挑战

　　C.跟随市场领导者　　　　　　　　D.不做任何竞争反应

(6)企业要通过攻击竞争者而大幅度地扩大市场占有率，应攻击　　　(　　)

　　A.好竞争者　　　B.坏竞争者　　　C.弱竞争者　　　D.强竞争者

(7)市场领导者除保卫自己的阵地外，还建立某些辅助性的基地作为防御阵地，或必要时作为反攻基地，这一防御策略被称为　　　　　　　　　　　　(　　)

　　A.阵地防御　　　B.侧翼防御　　　C.先发防御　　　D.反攻防御

(8)加盟方相互利用彼此的市场销售渠道销售自己的产品,实现资源共享,达到销售的规模效益。这样的联盟形式称为 （　　）

    A.技术开发联盟　　　　　　　　　B.合作生产联盟

    C.市场开拓联盟　　　　　　　　　D.多层次合作联盟

(9)有能力对市场领导者采取攻击行动,有望夺取市场领导者地位的公司属于 （　　）

    A.强竞争者　　　　　B.市场挑战者　　　　C.市场补缺者　　　　D.好竞争者

(10)旅游业、体育业、图书出版业及文化娱乐业为争夺消费者一年内的支出而相互竞争,它们彼此之间是 （　　）

    A.愿望竞争者　　　　B.行业竞争者　　　　C.形式竞争者　　　　D.品牌竞争者

3.简答题

(1)简述从行业竞争观念来识别的竞争者。

(2)简述企业的基本竞争战略。

(3)根据市场竞争地位的不同,可将企业分成哪几种类型?

(4)简述战略营销联盟形成的动因。

二、能力题

1.讨论题

在市场经济条件下,竞争为何无时不在、无处不在?

2.案例分析题

讨论组

豆浆机已进入红海厮杀 老将九阳尚能饭否

众所周知,豆浆机是由中国企业发明的、拥有自主知识产权的小家电产品。约 15 年前,九阳在全球首创豆浆机概念并推广至今。2006 年和 2007 年豆浆机市场年销量增长突破了 50%,到了 2008 年这一数字超过了 100%。日前,由中国家用电器协会领衔发布的《2009 年豆浆机行业发展报告》出炉,在经历了三年的高速发展后,2009 年豆浆机市场增量下滑至 46%,这一成绩和 2006 年的水平类似。由此也让很多业内人士产生怀疑,豆浆机热潮还能持续多久?另一方面的疑问是,豆浆机产品无太多的技术壁垒,易于模仿,对生产企业的资金、技术、设备等要求也并不高,这导致了市场迅速红海化。

作为豆浆机产业的龙头企业——九阳的日子也并不好过。2009 年九阳股份实现营业收入 46.3 亿,比同期增长 7.24%,扣除非经常性损益后净利润同比增长 6.23%,而此前的三年其增长率高达 179%。2010 年一季度,九阳实现净利润 0.829 亿元,同比减少 35.22%;实现营业收入 8.46 亿元,同比减少 12.15%;实现每股收益 0.16 元,同比减少 66.67%。这个成绩是九阳股份上市以来的单季度最低水平。

业内专家指出,2009 年城镇家庭拥有豆浆机的比例达到 48%,2010 年这个数字还会进一步的提升,但普及率不可能超过电饭煲这样的通用厨电产品。同样,2010 年九阳豆浆机产品仍然会保持一定的增长,但市场占有率会继续萎缩,九阳在豆浆机产业的霸主地位也会受到威胁,而其原因也显而易见。

九阳豆浆机假货太多。或许是豆浆机产品制作门槛低,或许是九阳的名头太大,网购市场上充斥着大量的假冒九阳牌豆浆机。"九阳假货"这样的关键字在百度搜索的结果超过 24 万条。2009 年假货已经覆盖九阳的全系列,据说外观、保修卡以及防伪码看起来和真货一模一样,即使九阳售后也无法从外面看出真假,只有拆开机头看电路板、变压器、温度传感器等才能看出区别。如果国内市场大面积曝光假货问题,九阳品牌势必将受到巨大冲击。

竞争对手来势汹汹。有了10多年的发展,豆浆机在2009年有了自己的行业标准,而一些其他行业的巨头也开始加入豆浆机产品的市场竞争中,可以说豆浆机产品已经不再是蓝海,2010年的豆浆机市场是标准的厮杀型红海。2009年,金莱克进军豆浆机市场,步步高进军豆浆机市场,苏泊尔进军豆浆机市场……美的和东菱是2009年至2010年第一季度发展最快的两个品牌,东菱利用网络购物、电视购物的方式让其2009年的销量增长突破50%;美的更是将豆浆机分离出去单独成立事业部,同年年产量千万台的豆浆机生产线已经开始投入使用。在家电行业,九阳和其他航母级品牌相比只能算是一叶扁舟,因此,面对困境九阳也积极在上游开展"阳光豆坊"项目以寻求突破。

不成功的多元化发展。家电市场尤其是小家电市场,光靠单一产品打拼肯定无法保证企业的正常运作,九阳也很早意识到了这一点。除了豆浆机外,九阳也在做电磁炉、电饭煲等其他小家电产品,但其财报数据可以用惨不忍睹来形容。除了电磁炉尚能维持赢利外,其他小家电产品几乎都是在拖九阳的后腿。知情人士透露,九阳的多元化发展并不成功,涉及的产品线越多,窟窿越大。

毫无疑问,九阳是对豆浆机行业有贡献的企业,也是曾经行业的领导者,但如果在市场里停滞不前,最终的结果只能是被淘汰。2010年后,豆浆机行业进入真正的红海时代,众多巨头加入、超过800个品牌的厮杀,豆浆机产品的价格空间仍然会被进一步的压缩,其暴利时代已然不在。在多重危机下,市场份额被逐渐蚕食的九阳还能在豆浆机龙头位置上停留多久? 一切只能留给时间去证明。

资料来源:根据网易数码2010-05-25新闻整理。

问题:

(1)九阳豆浆机市场领导地位动摇的原因是什么?

(2)九阳公司多元化发展不成功的原因有哪些?

(3)九阳公司针对恶性竞争以及大量的市场挑战者和市场追随者,应采取何种竞争战略?

第**5**章

市场购买行为

学习目标

知识目标	技能目标
◆ 了解消费者市场的含义和特征	◆ 能够对特定的消费者行为做解释
◆ 了解组织市场的含义和特征	◆ 能够通过设置各种外部因素从而改变消费者行为
◆ 理解消费者购买行为的基本模式	◆ 能够针对消费者购买行为过程的具体环节设置营销策略
◆ 理解消费者购买行为的影响因素和决策过程	
◆ 理解产业市场购买行为	◆ 熟悉产业市场购买行为的过程
◆ 理解中间商市场购买行为	◆ 能够为企业设计中间商挑选供应商的流程
◆ 掌握非营利市场、政府采购市场的主要特征	◆ 熟悉政府采购的方式和特征
	◆ 能够为非营利组织的采购提供建议

导入案例

香槟在中国曲高和寡

前些日子,我在上海参加了一个小型香槟活动,罗兰百悦香槟与其中国代理商 ASC 公司一同庆祝双方携手合作。受邀的宾客们互相轻声寒暄着,侍应生送上的是罗兰百悦无年份香槟及其著名的粉红香槟,托盘里还有生蚝等搭配小食。

毫无疑问,在柏悦酒店举办如此类型的活动很契合香槟本身的高端定位。人群中也有香槟拥趸,津津乐道于这款香槟经典的葡萄酒调配——"霞多丽是多少、黑皮诺是多少"。很不好意思的是,我显然不习惯去背诵这些专业数据,更好奇的是,中国市场中,真正的香槟发烧友、自掏腰包买香槟的人究竟有多少?

83

酒店一位侍酒师坦言,以他在酒店餐饮宴会部的工作经验来看,上海本地客人在婚宴中预订香槟的比例非常低,大概只有西方人结婚时才会用香槟。值得注意的是,此处的"用香槟"是说每桌酒席都为客人准备了香槟饮用,而并非中国常常见到的新人在香槟塔前仅仅做出祝酒的仪式。

从很多因素综合来看,香槟在中国终究是小众青睐之物。

首先当然是经济因素。大多数中国酒客还是觉得香槟昂贵。假设开 10 桌酒席,每桌 10 位客人,总共得准备 20 瓶香槟,400 元一瓶来计算,那就是 8000 元。相比之下,西方人也一样会"肉痛"。例如,在澳元疯涨后,2011 年酩悦香槟在澳大利亚市场零售价降低至 44 澳元/瓶,年轻人就开始喝得起了。当然,酒商的利润空间也被压缩了。

不过,整个庞大的中国市场在香槟生产商们看来依然非常有吸引力,香槟消费增速十分可观。根据法国香槟行业协会的数据,2010 年,香槟对中国出口量增长 90%,达 110 万瓶;2011 年,香槟对中国出口量又增至 130 万瓶。

如今,香槟在中国市场推广,少不了倚仗五星级酒店的平台。对一些中国消费者来说,在高级酒店吃早午餐,搭配香槟才是最"上档次"的。毕竟,香槟和早午餐对中国人来说都是舶来品。

资料来源:根据 FT 中文网 2012-10-19 新闻整理。

案例分析题

5.1　消费者市场和组织市场的含义及特点

按照购买动机的不同,市场可分为消费者市场和组织市场两大类。

5.1.1　消费者市场的含义和特征

1.消费者市场的含义

消费者市场又称最终产品市场,是指为满足生活消费需要而购买产品或服务的一切个人和家庭。消费者市场是通向最终消费的市场,是实现企业利润的最终环节,是一切社会生产的终极目标。对消费者市场的研究,是对整个市场研究的核心与基础。它是市场营销学研究的主要对象,是所有商品的最终市场。无论是产业市场还是中间商市场,其最终的服务对象都是消费者市场。因此,全面动态地了解消费者需求,掌握消费者市场的特征及其发展趋势是企业生存与发展的重要前提。

2.消费者市场的特征

消费者市场需求受多种主、客观因素的制约和影响,但从总体上看,各种需求又有着某些共性,构成了自己的特征。

(1)广泛性

凡是有人生存的地方,就需要消费品,因而消费品市场具有广泛性。

(2)分散性

消费者人数众多、分布面广,因而购买次数多,时间又较分散。

（3）流动性

消费者市场具有一定的流动性。随着旅游业的发展，异地购买现象将更加突出。

（4）非专业性

消费者大都缺乏专门的商品知识，多数情况下受个人的感情印象所支配，广告宣传等促销手段对其购买行为往往起决定性的作用。

（5）扩展性

人们的需求是无止境的，不会永远停留在一个水平上。随着社会经济的发展和消费者收入的提高，对商品和劳务的需求也将不断地向前发展。

（6）复杂多变性

消费者人数众多，差异性很大，由于各种因素的影响，对不同商品或同类商品的不同品种、规格、性能、式样、服务和价格等会有多种多样的需求。

5.1.2　组织市场的含义和特征

1.组织市场的含义

组织市场是指购买商品或服务以用于生产性消费，以及转卖、出租，或用于其他非生活性消费的企业或社会团体。

组织市场和消费者市场的主要区别在于：消费者主要是企业或社会团体而不是个人或家庭消费者；目的是为了用于生产或转卖以获取利润，以及其他非生活性消费，而不是为了满足个人或家庭的生活需要。组织市场包括产业市场、中间商市场、政府市场及非营利组织市场，如图 5-1 所示。

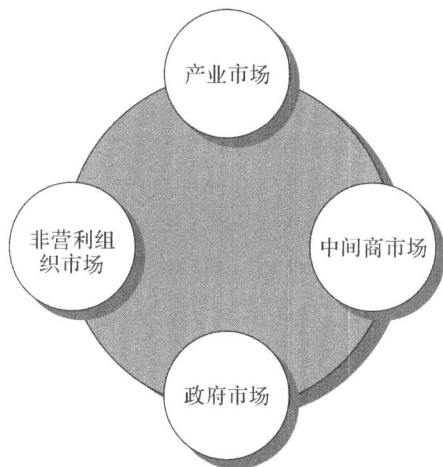

图 5-1　组织市场的主要构成

2.组织市场的特征

（1）消费者少，购买规模大

组织市场上的消费者比消费者市场上的消费者要少得多。例如，美国固特异轮胎公司的订单主要来自通用、福特、克莱斯勒三大汽车制造商。组织市场不仅买主人数少，而且其购买次数也少。

（2）消费者在地域上相对集中

由于资源和区位条件等原因,各种产业在地理位置的分布上都有相对的集聚性,所以组织市场的消费者往往在地域上也是相对集中的。

（3）注重人员销售

由于仅存在少数大批量购买的客户,企业营销部门往往倾向于通过人员销售宣传其优惠政策而不是通过广告。

（4）进行直接销售

消费品的销售通常都经过中间商,但组织市场的买主大多直接向产业市场购买。

（5）实行专业购买

相应的,组织机构通常比个人消费者更加系统地购买所需要的商品,采购过程往往是由具有专门知识的专业人员负责。

（6）衍生需求,需求波动大

对组织市场上的购买需求最终来源于对消费品的需求,因此消费品需求会影响组织市场的需求。

5.2 消费者购买行为

5.2.1 消费者购买行为模型

消费者购买行为模型是营销实战中的一个重要工具,用于认识消费者购买前以及购买过程中的各种因素,从而帮助销售人员更好地把握销售主动。

消费者购买行为十分复杂,因人而异,表现多样。营销学者归纳了六个要素来更清楚地描述消费者购买行为的完整过程,即"5W1H"——谁买(Who),买什么(What),为什么买(Why),什么时候买(When),什么地点买(Where),如何买(How)。

消费者在购买商品或劳务过程中所发生的一系列行为反应在一定程度上受其购买心理活动的影响,而消费者购买心理过程又犹如一只"黑箱",看不见,摸不清。当外界刺激经过"黑箱"产生反应后,引起行为。因此,消费者购买行为是"刺激—反应"(S—R)的行为。该模型如图5-2所示。

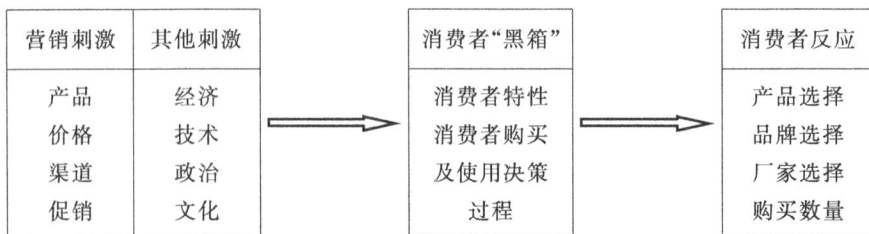

营销刺激	其他刺激		消费者"黑箱"		消费者反应
产品 价格 渠道 促销	经济 技术 政治 文化	⟹	消费者特性 消费者购买 及使用决策 过程	⟹	产品选择 品牌选择 厂家选择 购买数量

图 5-2　消费者购买行为模型

具体来说,消费者受外界的刺激主要有两个方面:一是企业作为营销者所提供的营销刺激,对企业而言这些因素均是可控制的,它们对消费者的"黑箱"产生直接而具体的影响;二是其他刺激,即经济、技术、政治、文化、人口、自然等其他因素,它们是影响消费者"黑箱"的宏观环境,制约着整个消费需求。

消费者"黑箱"处于外界刺激和消费者反应之间,虽然神秘莫测,但至少包括两个方面:一是消费者特性;二是消费者购买决策过程。消费者特性会影响购买者对外界刺激的反应,消费者决策过程会直接决定消费者的选择。

消费者反应则是外界刺激进入消费者"黑箱"后,在内在因素作用下,消费者对产品、品牌、经销商、购买时机、购买数量的选择,这些选择可以满足其消费的需求和欲望。

5.2.2 消费者购买行为的影响因素

影响消费者购买行为的因素主要有文化因素、社会因素、个人因素和心理因素,如表5-1所示。

表 5-1 影响消费者购买行为的因素

文化因素	社会因素	个人因素	心理因素
文化 亚文化 社会阶层	参照群体 家庭 社会角色 社会地位	家庭生命周期 职业 经济收入 受教育水平 个性 生活方式 自我观念	动机 知觉 学习 信念 态度

1. 文化因素

文化、亚文化和社会阶层等文化因素对消费者购买行为具有广泛而深远的影响。

(1)文化

文化差异引起消费者购买行为的不同,主要表现在婚丧嫁娶、服饰、饮食、建筑风格、传统节日和礼仪等方面。如东方文化强调集体精神、孝道等。

(2)亚文化

亚文化亦称"副文化"或"小群体文化",是因社会或自然因素而形成的,在某些方面有别于整体文化的地区性文化或群体文化。社会越复杂,亚文化越多。

(3)社会阶层

社会阶层也称社会分层,是指根据财富、权力、知识、职业或声望等标准将社会成员区分为高低不同的等级序列。同一社会阶层的人往往具有相同的价值观、生活方式、思维方式和审美观,影响消费者的购买行为。

2. 社会因素

参照群体、家庭、社会角色和社会地位等社会因素是影响消费者购买行为的重要因素。

(1)参照群体

参照群体也称相关群体,是对个人的信念、态度和价值观产生影响,并作为其评价事物尺度的群体。它既可以是实际存在的,也可以是想象存在的。

参照群体又可分为直接参照群体和间接参照群体,如表5-2所示。直接参照群体也称成员群体,是某人所属的群体或与其有直接关系的群体,可分为首要群体和次要群体两种。首要群体也称基本群体、初级群体,是消费者经常面对面直接交往的群体,如家庭、邻居、同学和同事等;次要群体是消费者不经常面对面直接交往的社会组织,如机关、企业、学校和消费者协会等。间接参照群体是指某人的非成员群体,即此人虽不属于这个群体,但又受其影响的一群人,可分为向往群体和厌恶群体。向往群体也称渴望群体,是指消费者渴望成为其中一员的群体,消费者会模仿群体成员的消费模式与购买行为。如影视明星和体育明星。厌恶群体也称隔离群体,是指消费者厌恶、回避远离的群体,消费者希望在各方面与其保持距离,甚至反其道而行之。

表 5-2　参照群体分类

直接参照群体	间接参照群体
首要群体	向往群体
次要群体	厌恶群体

参照群体对消费者购买行为的影响,主要体现在:为消费者展示出新的行为模式和生活方式;影响消费者对某些事物的看法和对某些产品的态度;促使人们行为趋于某种一致化,从而影响消费者对某些产品和品牌的选择。

（2）家庭

家庭是由婚姻、血缘或收养而产生的亲属间的共同生活组织,是社会组织中的基本单位,是消费者最基本的参照群体,对消费者的购买行为有重要影响。

人的一生一般要经历两个家庭,一是父母的家庭,二是自己组成的家庭。消费者购买决策受父母家庭影响比较间接,受自己现有家庭影响比较直接。

（3）社会角色

社会角色是与人的社会地位相联系并按规范执行的行为模式。社会角色是人的各种社会属性和社会关系的反映,是社会地位的外在表现。社会生活中任何一个人都要扮演不同的社会角色,而这在某种程度上会影响消费者购买行为。

（4）社会地位

社会地位是人们在各种社会关系网中所处的位置,是对决定人们身份和地位的各种要素综合考察的结果。这些要素包括个人的政治倾向、经济状况、家庭背景、文化程度、生活方式、价值取向、审美观及其所担任的角色和所拥有的权利等。消费者的购买行为会随着社会地位的变化而发生显著的变化。

经典人物 5-1

托尔斯坦·凡勃伦

托尔斯坦·凡勃伦 1857 年生于威斯康星州一个挪威移民的农业社区,从小一直讲挪威语,直到十几岁才开始讲英语。在卡尔顿学院,凡勃伦师从于约翰·克拉克,他是当时新兴的新古典经济学派的一位一流理论家,而后来凡勃伦对这一学派展开了尖锐的抨击。在耶鲁大学,凡勃伦最终取得了哲学博士学位,并在威廉·萨姆纳的指导下学习经济学,此人为美国著名的"社会达尔文主义者"。

凡勃伦的代表作是《有闲阶级论》。《有闲阶级论》一问世,立即造成轰动。凡勃伦在书中描述了有闲阶级的行为特性:"为求在社会上受尊重,一个人必须要获得某种标准以上的财富;正如同较早先的掠夺性阶级一样,野蛮人必须要获得部族里认同的体力、武艺与狡黠的标准。""随着社会的进一步发展,人口流动性大为加强,人们社交范围也随之扩大。富人要想给陌生人留下富有的印象,最好的办法就是大量消费,所以人们常常可以看到,他们一掷千金,买东西从不讲价,过着佳肴美酒、肥马轻裘、歌舞升平的奢侈生活。当人们对这些变得习以为常时,他们又开始购买爵位,给自己脸上贴金。如理发学徒阿克莱特发明了旧式纺织机,一夜暴富后,不惜重金,买得一个爵位,改头换面,混迹于上层社会之中。"

资料来源:根据《经营管理者》2016 年第 10 期相关资料整理。

3. 个人因素

(1)家庭生命周期

家庭生命周期是指以家长为代表的家庭生活的全过程。按年龄、婚姻、子女等状况,家庭生命周期可分为未婚期、新婚期、满巢期Ⅰ、满巢期Ⅱ、满巢期Ⅲ、空巢期、孤独期七个阶段。

(2)个性

个性,也称作人格,是指个人稳定的心理品质,包括个性倾向性和个性心理特征。个性倾向性包括人的需要、动机、兴趣和信念等,决定人对现实生活的态度、趋向和选择。个性心理特征包括人的能力、气质和性格,决定人行为方式上的个人特征。由于各人遗传素质尤其是社会活动各不相同,每个人在个性倾向性和个性心理特征方面也就各不相同,形成不同的个性,这种个性的差别导致购买行为的不同。

(3)生活方式

生活方式是在一定社会制度下社会群体及个人在物质和文化生活中各种活动形式和行为特征的总和,其中包括劳动方式、消费方式、社会交往方式及道德价值观念等。生活方式类型不同,人们的消费重点也有所区别。如"娱乐型"人,生活丰富多彩,紧跟时尚;"生活型"人,购物以满足家庭舒适生活为主;"事业型"人,喜欢购买相关书籍。

（4）自我观念

自我观念即自我概念，是指个人关于自己的观念体系，即消费者想使自己成为一种什么样的人。它包括三个方面：一是认知，是对自己的品质、能力、外表、社会意义等方面的认识；二是情感，包括自尊、自爱和自卑等；三是评价意志，是指自我评价。自我观念不同，人们的购买行为会有很大的差异性。如在服饰选择方面，如果消费者想把自己塑造成风度翩翩的绅士，其购买偏重名牌西装、领带、皮鞋等；如果想把自己塑造成自然潇洒、悠闲自在的人，则购买以休闲服饰为主。

4. 心理因素

（1）动机

动机是指人发动和维持其行动的一种内部状态，是一种升华到一定强度的需要，它能够及时引导人们去探求满足需要的目标。美国心理学家、人本主义心理学创始人马斯洛在1954 年发表的《动机与人格》一书中，提出人类"需要层次理论"，也称为马斯洛动机。他将个人需要分为生理需要、安全需要、社交需要、尊敬需要、自我实现需要五个层次，认为人类的这五种需要是以层次的形式出现的，并依次由低级需要开始逐级向上发展到高级需要。生理需要与安全需要属物质需要，社会需要、尊敬需要和自我实现需要属精神需要。一般来讲，人的需要由低到高逐渐上升，在人的低级层次需要被满足之后，人们才能追求高级层次的需要；但是在现实生活中也有飞跃，在低层次需要未被满足的情况下，去实现高层次需要。

经典人物 5-2

亚伯拉罕·马斯洛

亚伯拉罕·马斯洛是美国著名社会心理学家，第三代心理学的开创者，提出了融合精神分析心理学和行为主义心理学的人本主义心理学，并融入了其美学思想。他的主要成就包括提出了人本主义心理学，提出了马斯洛需要层次理论，代表作品有《动机和人格》《存在心理学探索》《人性能达到的境界》等。

马斯洛于 1908 年 4 月 1 日出生于纽约市布鲁克林区一个犹太家庭。1926 年入康奈尔大学，三年后转至威斯康星大学攻读心理学，在著名心理学家哈洛的指导下，1934 年获得博士学位。之后，留校任教。1935 年在哥伦比亚大学任桑代克学习心理研究工作的助理。1937 年任纽约布鲁克林学院副教授。1951 年被聘为布兰戴斯大学心理学教授兼系主任。1967 年任美国人格与社会心理学会主席和美国心理学会主席。1969 年离开布兰戴斯大学，成为加利福尼亚劳格林慈善基金会第一任常驻评议员。1970 年 6 月 8 日因心力衰竭逝世。1970 年 8 月国际人本主义心理学会成立并在荷兰首都阿姆斯特丹举行首届国际人本主义心理学会议，1971 年美国心理学会设置人本主义心理学专业委员会，这两件事标志了人本主义心理学思想获得美国及国际心理学界的正式承认。

资料来源：根据维基百科相关资料整理。

（2）知觉

知觉是人对客观事物各个部分或属性的整体反映。它同感觉一样,是由客观事物直接作用于分析器官而引起的,但比感觉更完整、复杂,人们常常根据实践活动的需要和心理倾向主动地收集信息,辨认物体及其属性。人们对同一刺激物会产生不同的知觉,原因在于知觉具有选择性的特征。

知觉的选择性是人对同时作用于感觉器官的各种刺激有选择地做出反应的倾向,包括选择性注意、选择性曲解和选择性记忆。它使人的注意力指向少数重要的刺激或刺激的重要方面,从而能更有效地认识外界事物。

①选择性注意。选择性注意是指人在注意时,从当前环境中的许多刺激对象或活动中选择一种或几种刺激,使自己产生清晰的意识。引起选择性注意的原因有两种:一是客观因素,如刺激强度大、新奇、对比鲜明、反复出现、不断变化等;二是主观因素,如需要、动机、精神状态、知识经验、任务、世界观和价值观等。如消费者在家电商场买电视,他只注意收集电视的品牌和价格等有关电视的信息,而对冰箱等其他家用电器视而不见。

②选择性曲解。选择性曲解是指人们有选择地将某些信息加以歪曲,使其符合自己的想象。由于选择性曲解的作用,人们容易忽视自己喜爱品牌的缺点和其他品牌的优点。

③选择性记忆。选择性记忆是指人们由观点、兴趣、生活经验的不同,对所经历的事物有选择地识记、保持、再现或再认。

（3）学习

学习是指由后天经验引起的个人知识、结构和行为的改变。人类的行为大都来源于学习,人们的学习过程就是驱使力（即动机）、刺激物、提示物、反应和强化的结果。例如,在中国,车辆在右侧通行,司机见红灯就停、绿灯就行就是一种后天学习的结果。

（4）信念和态度

态度是人们对人或事物持有的一种稳定性的行为反应倾向,分为认知、情感和行为三种成分。信念就是态度的认知成分。

①认知成分。认知成分是指个人对有关事物的信念。消费者对产品的认知决定其对产品或服务的品牌信念。消费者的品牌信念一旦形成,就会对品牌产品产生偏好。

②情感成分。情感成分是消费者对产品或服务的情感反应,是决定消费者购买行为的因素。

③行为成分。行为成分是指消费者是否购买消费品的行为倾向。

在现实生活中,企业可以根据态度的三种成分,通过促销手段改变消费者的品牌信念,使消费者形成新的品牌偏好;通过舆论领袖的示范效用,改变消费者对产品属性理想标准的认识,形成一套全新的产品理想标准,使消费者喜欢本企业的产品。

5.2.3　消费者购买行为类型与购买决策过程

微课 消费者
购买决策过程

1.消费者购买行为类型

消费者在购买活动中常常扮演发起者、影响者、决定者、消费者、使用者的参与角色。阿萨埃尔根据消费者参与程度和产品品牌差异程度,将消费者购买行为分为四种类型,如表5-3所示。

表 5-3　消费者购买行为类型

参与程度　品牌差异程度	高	低
大	复杂性购买行为	多样性购买行为
小	协调性购买行为	习惯性购买行为

（1）习惯性购买行为

习惯性购买行为是消费者对价格低廉、经常购买、品牌差异小的产品花最少的时间、就近购买的一种购买行为。

（2）多样性购买行为

多样性购买行为是指消费者对品牌差异大、功效近似的产品，不愿多花时间进行选择，而是随意购买的一种购买行为。与习惯性购买不同，消费者虽然在这类购买决策时也不会特别花精力去搜集信息进行选择，但是往往会在不同品牌和品种间转换，目的是为了换换口味，而不是对上次的购买不满意。

（3）协调性购买行为

协调性购买行为是指消费者对品牌差异小、不经常购买的单价高、购买风险大的产品，需要花费大量时间和精力去选购，购买后又容易出现不满意等失衡心理状态，需要商家及时化解的购买行为。消费者购买此类产品往往是"货比三家"，以防上当受骗。

（4）复杂性购买行为

复杂性购买行为是指消费者对价格昂贵、品牌差异大、功能复杂的产品，由于缺乏必要的产品知识，需要慎重选择，仔细对比，以求降低风险的购买行为。

2. 消费者购买决策过程

在复杂购买中，消费者购买决策一般分为引起需要、收集信息、产品评估、购买决策和购后行为五个阶段，如图 5-3 所示。

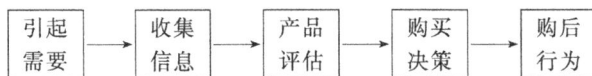

引起需要 → 收集信息 → 产品评估 → 购买决策 → 购后行为

图 5-3　消费者购买决策过程

（1）引起需要

引起需要是消费者要确认自己需要什么来满足自己的需求。消费者的需要一般由两种刺激引起：一是内部刺激，如饥饿感；二是外部刺激，如广告宣传等。

（2）收集信息

为了满足需要，消费者要收集信息。消费者的信息来源主要有个人来源、经验来源、公共来源和商业来源四个方面。个人来源是指来自亲朋好友的信息；经验来源是指从使用产品中获得的信息；公共来源是指从网络、电视等大众传播媒体以及社会组织中获取的信息；商业来源是指从企业营销中获取的信息，如从广告、推销员、展览会等获得信息。个人来源和经验来源的信息对消费者购买行为影响最直接,公共来源和商业来源的影响比较间接,但诱导性强。

(3)产品评估

消费者在获取足够的信息之后,要对备选的产品进行评估。对产品评估主要涉及以下问题:

①产品属性。产品属性是指产品能够满足消费者需求的特征。它涉及产品功能、价格、质量、款式等。在价格稳定的情况下,消费者对提供产品属性多的产品感兴趣。使用者不同,对产品属性的要求也不同。

②属性权重。属性权重是消费者对产品有关属性给予的不同权数。如购买电冰箱,如果消费者注重它的耗电量,他就会购买耗电量低的电冰箱。

③品牌信念。品牌信念是消费者对某种品牌产品的看法。它带有个人主观因素,受选择性注意、选择性曲解、选择性记忆的影响,因此消费者的品牌产品信念与产品的真实属性往往并不一致。

④效用要求。效用要求是消费者对某种品牌产品的各种属性的效用功能标准的要求。如果产品满足消费者的效用需求,消费者就愿意购买。

(4)购买决策

购买决策是指通过产品评估,消费者对备选的某种品牌产品形成偏爱,形成购买意向,引起实际购买行为。消费者的购买决策主要有产品种类决策、产品属性决策、品牌决策、购买时间及地点决策等。

消费者的购买意向是否转化为购买行动受他人态度和意外因素的影响,也受可觉察风险的影响。可觉察风险大小取决于产品价格、质量、功能及个人的自信心。

(5)购后行为

购后行为是指消费者在购买产品以后产生的某种程度的满意或不满意所带来的一系列行为表现。消费者对产品的期望值越高,不满意的可能性越大,因此企业在采取促销措施时,如果盲目地扩大消费者的期望值,虽然在短期内会扩大产品的销售量,但会引起消费者的心理失衡,导致退货、投诉增加,从长期来看有损企业形象,影响消费者以后的购买行为。

研究和了解消费者市场的特征及其购买决策过程是企业市场营销成功的基石,是制定正确的目标市场策略的有效保证。

5.3 组织市场的购买行为

5.3.1 产业市场购买行为

1.产业市场及其特点

产业市场也称生产者市场,是指由购买产品和服务用于再生产其他产品以供出售、出租给他人的所有组织和个人所组成的市场。产业市场是一个庞大的市场,其消费者分布在各个行业中,包括农业、林业、渔业、牧业、采矿业、制造业、建筑业、运输业、通信业、银行业、保险业以及其他一些行业。产业市场的交易内容主要是生产资料和各项生产要素(资金、劳动力、技术、信息、房地产等),它们构成产业市场的两个细分市场。由于生产资料市场和生产要素市场在交易对象的特性、经济运行规律、购买行为实现等方面有明显不同,我们在此主要讨论以生产资料为交易内容的产业市场。

产业市场具有以下特征:

(1)消费者较少,购买数量较大

在产业市场上,消费者属非最终消费者,其购买生产资料的目的是为了进行再生产,生产出其他产品供中间商转售或直接销售给最终用户。因此,产业市场具有消费者较少,而单个消费者的购买数量却较大的特点。

(2)消费者地理分布相对集中

由于自然资源分布和生产力布局等因素,某些行业往往密布于一定的地理位置上,从而使这些行业的生产资料消费者在地理位置上也相对集中。

(3)产业市场的需求属派生需求

产业市场是非最终消费者市场,这种市场的需求是引申出来的需求,即消费者对生产资料的需求是从消费者对消费品的需求中派生出来的。例如,产业市场对木材的需求是由消费者对家具、住房等的需求中引申出来。

(4)产业市场需求缺乏价格弹性

产业市场对生产资料的需求受价格影响较小,即缺乏价格弹性的需求。这是因为:①生产资料是生产的必备要素,为保证生产过程的连续性,产业市场必须按计划购买生产资料,在一般情况下,其需求量受价格波动因素影响较小。②假如生产资料价格在短时期内变动,用户不可能立刻对生产工艺、技术、产品结构进行调整以适应价格变化,这也使得需求缺乏弹性。③由于产业市场需求是派生的,因此,只要最终消费者需求量不变,则生产该产品所需的生产资料价格即使上涨,也不会导致需求量迅速下降。

(5)产业市场波动性较大

产业市场需求的派生性,使得对消费品需求的一定比例的增长,会引起更高比例的对生产资料需求的增长,反之亦然。西方经济学称这种现象为"加速原理"。而消费者市场的需求是经常变化的,从而使产业市场的需求具有较大的波动性。

(6)产业市场的消费者多属专业人员

产业市场的消费者多为专业人员,采购的生产资料重要性越大,参与决策的人员就越多,通常会由工程技术专家和高层管理人员共同组成采购小组,负责制定采购决策。而负责实际采购的人员一般都经过专业培训,对所采购产品的技术细节有充分了解。因此,在产业市场上更强调人员推销的重要性,而且要求销售人员精通专业知识,具有较高的业务水平。

(7)直接采购、互购和租赁是主要的采购方式

由于购买数量多,体积较大,使用又要求有专业技术知识,所以生产资料的流通一般是采用直接渠道,由消费者直接向产业市场采购。互购也是一种常见的形式。消费者和供应者之间经常相互提供产品,如造纸厂需要化工原料,而化工厂也需要一些纸制包装物,双方就可以建立起稳定的购销关系,并相互提供优惠条件,实行"互惠交易"。租赁是产业市场上的另一重要交易方式。消费者采用租赁方式取得一定时期内设备的使用权,既可以缓解资金短缺压力,在不追加大量投资的情况下实现设备技术更新,又可以避免设备折旧的风险,

而出租者通过出租设备取得收益,提高设备利用率,降低无形损耗,双方各有收益。

2.影响产业市场购买行为的因素

西方营销学家把影响产业市场购买行为的因素划分为四大类:环境因素、组织因素、人际因素和个人因素。

(1)环境因素

环境因素是企业不可控因素。其中,现行的或预期的经济环境因素(市场需求水平、经济前景和利率等)对生产资料消费者的影响很大。如在经济萧条时期,企业通常会缩减投资,并设法降低存货数量;而在经济形势稳定的情况下,若政府采取降低贷款利率的政策,企业则会因资金成本的减少而考虑增加生产资料的购买量。同样,技术创新因素、政治法律因素、竞争因素也会对企业的购买决策产生重要影响。

(2)组织因素

组织因素在产业市场购买决策的制定中具有特殊重要地位。每一采购企业都有其具体的目标、采购政策、组织结构、制度和经营程序。这些因素对购买行为起约束作用。一些企业中常有自己的购买政策。如尽可能在当地购买、购买金额超过一定范围要请示上一级部门;多方咨询,对供应者供货条件进行比较;等等。所以,生产资料经营者必须掌握用户的组织运作情况,以制定相应的营销策略。

以下一些因素在近几年生产资料购买活动中值得注意:

①采购部门的地位有所提高。过去,采购部门处于较低的管理层次。近年来,由于通货膨胀加剧和生产资料的短缺,许多企业提高了采购部门的地位。例如,美国一些大公司把采购部门的负责人提升到公司副总裁的位置;一些公司还把采购、库存控制、生产计划、运输等职能合并成一个高层次的职能,称为"原材料管理";更多的公司重视采购人员素质的提高并增加报酬。这就要求供应者提高销售人员的业务素质和服务技能,并提高其进行商务谈判的能力。

②集中采购方式更多被采用。在多部门的企业中,过去由于各部门需要不同,通常由各部门自行负责采购。近年来,为了降低成本,达成更有利的供货条件,许多企业采取集中采购的方式。对供应者而言,这意味着将面对数量较少但层次较高的采购人员,因此,必须配备较高素质的销售人员,进行更周密的营销策划。

③重视签订长期合同。为保证货源供应的稳定性,许多生产资料采购企业愿意与供应者签订长期合同,这就意味着双方都应具有较高的谈判技巧,培训专门的商务谈判人员。

④重视对采购实绩的考评。不少企业建立激励制度,对成绩优异者进行奖励,以促使采购人员寻找更为有利的供应者。

(3)人事因素

生产资料的购买决策一般由不同职位、身份的人所组成的"采购中心"所决定。而这些参与者由于地位、职权、个人志趣和说服能力不同,对购买决策会产生不同的影响。

(4)个人因素

尽管产业市场上的购买行为一般表现为有组织的购买行为,但我们不能忽略消费者的个人特点。实际上,组织购买归根到底要由个人做决定和采取行动。每个参与购买决策的人都有不同的动机、感觉和偏好。这些偏好往往又由参与者的年龄、受教育程度、职务、个性以及对风险的态度等因素所决定。生产资料供应者对采购决策者的个人因素应予以充分重视,并同他们建立良好的关系,以利于业务开展。

3.产业市场购买决策过程

(1)购买活动类型

产业市场购买生产资料需要制定一系列的购买决策,而决策项目的数量和复杂程度取决于其购买活动的类型。生产资料的购买活动可分为以下三个主要类型:

①直接重复购买型。即企业根据常规的生产需要和过去的供销关系进行重复性采购。企业会根据以往的业务关系,选择最令人满意的供应者,并与之签订供销合同,基本上不需要制定新的决策。对于这种类型的购买活动,与采购企业已经建立业务关系的生产资料供应者应努力维持原有的产品质量和服务质量。为了拉住常客,这些供应者应提出自动续购的办法,定期订货,以省却采购人员续订合同的时间。而对于一些尚未与采购企业建立业务关系的供应者来说,应设法向采购者提供一些质量更好、价格更便宜的产品和更多的服务,促使采购企业与其建立长期购销关系。在策略上,这些供应者可先设法同采购企业达成小额交易,取得他们的信任后,再逐步扩大交易额。

②修正重复购买型。企业出于各种原因,想变更采购品的规格、数量、价格或其他交易条件,或重新选择供应者。修正重复购买活动比直接重复购买要复杂得多,因为采购企业会有更多的人参与购买决策过程。已建立关系的供应者应特别重视,设法使原有用户继续购买本企业产品;而对竞争者而言,这是一次市场机会。

③新任务购买型。即企业第一次购买某种生产资料的活动。企业所采购的生产资料的购买成本越高,其风险性就越大,决策参与者就越多,就需要寻找更多的信息作为决策依据。对于这种类型的采购活动,供应者应积极主动,广泛接触决策参与者,并提供详尽的产品资料以帮助其做出采购决策。这是很好的市场机会,也是严峻的挑战。

(2)购买决策的参与者

在直接重复购买时,采购代理人起的作用较大;而在新任务采购时,企业其他人员所起作用较大。我们把采购企业的决策单位叫作采购中心,并定义为:所有参与购买决策过程的个人和集体,他们具有某种共同目标并一起承担由决策所引发的各种风险。采购中心包括购买企业中的全体成员,他们在购买决策过程中可能会形成五种不同的角色,如图 5-4 所示。

①使用者。指企业中将使用产品或服务的成员。在许多场合中,使用者首先提出购买建议,并协助确定产品规格。

②影响者。指影响购买决策的人。他们协助确定产品规格,并提供方案评价的情报信息。作为影响者,技术人员尤为重要。

③决策者。指一些有权决定产品需求和供应商的人,在重要的采购活动中,有时还涉及主管部门或上级部门的批准,构成多层决策的状况。

④采购者。指有权正式选择供应商并安排购买条件的人。采购者可以帮助制订产品规格,但主要任务是选择卖主和交易谈判。在较复杂的购买过程中,企业中的高层管理人员或许也一起参加交易谈判。

⑤守门者。是有权阻止销售员或信息员与采购中心成员接触的人。主要是为了控制采购企业的一些信息不外露。例如,采购代理人、接待员和电话接线员都可以阻止推销员与用户或决策者接触。

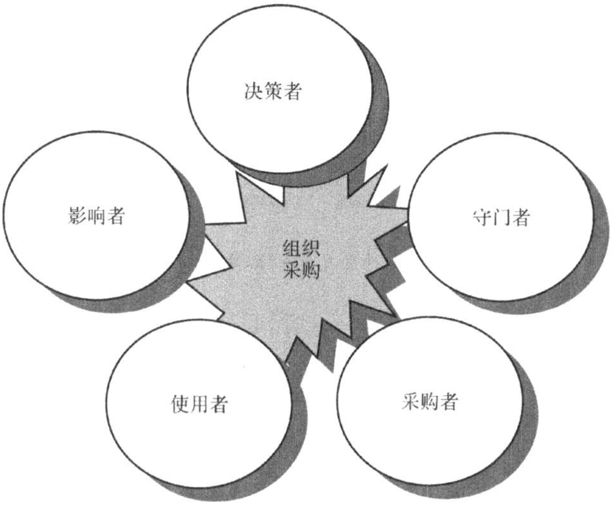

图 5-4　组织购买决策的主要参与者

在任何企业内,采购中心的人员数量和构成会随产品类别不同而发生变化。显然,参与购买一台重要机器设备的决策人数肯定会比参与购买办公文具的人数要多。作为产品营销人员要知道:谁是主要决策的参与者？其影响决策的程度如何？对哪些决策他们具有影响力？摸清客户的这些情况,然后才能有针对性地采取促销措施。

扩展阅读

惠普:风格矩阵图分析法

在销售过程中,对关键客户的拜访与分析相当重要。了解关键客户的性格与做事风格是与其进行合作的基础。惠普的风格矩阵图分析法分析了关键客户即决策者的四种主要风格:领导型、施加影响型、检查型和跟随型。

①领导型的决策者比较重视目标,做事直接,能迅速决策。这类人不看重关系而关心产品价值,所有销售人员要用简单、直接的方式让他明白产品的重要性及价值。

②施加影响型的决策者偏向有更多的人参与决策。需要做出决策时,他喜欢把几个部门的负责人召集起来一同商讨,更关心谁在使用产品或服务。对此类决策者,销售人员应该在与其建立良好关系的同时,拓展与相关部门负责人的关系。

③检查型的决策者更注重任务,最关心所购买的产品是否符合实用性要求。

④跟随型的决策者总是希望与其他高层保持意见一致。

做好关键决策者的风格分析并不够,大客户管理依靠的不仅是机会与关系,更依赖于一套成熟的客户服务体系及制度。因此,公司内部需要建立一支组合销售团队,不仅包括客户经理,还应包括技术支持、市场推广等与此项目有关的人员,能为客户提供全方位的整体方案。

资料来源:根据惠普商学院相关课程资料整理。

(3)产业市场购买决策过程

一般认为,产业市场的购买决策过程可分为八个阶段,如图 5-5 所示。

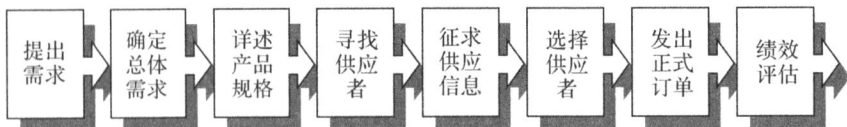

提出需求 → 确定总体需求 → 详述产品规格 → 寻找供应者 → 征求供应信息 → 选择供应者 → 发出正式订单 → 绩效评估

图 5-5　产业市场购买决策过程

①提出需求。生产资料购买企业的购买过程起始于企业认识到某种需要的存在,并能通过购买某种产品和服务而得到满足。认识需要由企业的内部刺激或外部刺激引起。内部刺激来自于:企业投资生产新产品,需要新的生产资料;更新设备需要;原材料更新;等等。就外部刺激而言,各生产资料供应者的促销活动,使企业采购人员得到新的生产资料供应信息,从而产生购买的新设想。

②确定总体需求。当采购企业认识到需要后,就要着手决定所需产品的特征及数量,还有产品的安全性、耐用性、价格及其他必备属性,并按其重要性进行排列,以确定优先考虑的因素。在这一阶段,生产资料供应者应提供详细的产品说明及有关资料,帮助采购人员了解产品特性和价值。

③详述产品规格。明确了总体要求后,采购企业就要决定所购生产资料的技术指标,对所需产品的规格、型号等做进一步详细的技术说明,并形成书面材料,作为采购人员采购时的依据。

④寻找供应者。在这一阶段,采购企业通过各种途径寻找合适的供应者。如果采购产品复杂、金额较大,或购买活动属新任务购买,则采购人员对供应者的寻找会更下功夫,同时也对供应者的生产能力、技术水平、供货保障、资信等方面进行调查。因此,生产资料供应者应力求将本企业列入工商企业通讯录,加强广告宣传,扩大知名度,并努力建立良好的信誉。

⑤征求供应信息。在这一阶段,采购企业将邀请符合采购标准的供应者提供有关建议,包括产品使用说明、价目表、质量标准等。如果采购企业所需要的生产资料是复杂的和价值大的,就往往要求每个潜在供应者提供详细的书面建议。因此,生产资料经营者必须善于研究和提出建议。建议不仅包括技术方面的,而且要包括市场营销方面的,并努力取得买主的信任,以压倒竞争对手。

⑥选择供应者。采购企业的决策参与者应对每个供应者的建议进行评价,在此基础上选择最终的供应者。采购企业对供应者评价的标准有交货及时性、产品质量、技术和生产能力、价格、信誉、维修服务能力、财务状况、对顾客态度和产品项目的完整性等。采购企业按上述标准评价供应者,并从中选择最具吸引力的供应者。但是,一般来说,企业不会仅依靠单一的供应者,通常会保持若干条供货渠道以避免单一供货渠道可能带来的不利影响,同时也有利于对不同供应者的供货条件进行比较。对供应者而言,要扩大其供应份额,则需向采购企业提供更为优良的产品和服务及其他优惠条件。

⑦发出正式订单。选定供应者后,采购企业即发出订单,订单上列明产品的技术规格、订货数量、交货时间、产品保证和其他有关事项。近年来,采购企业趋向于与供应者签订"一揽子合同",即双方建立起长期协作关系,当采购企业需要某种生产资料时,供应者按事先商

定的供货条款随时供货。这种做法有利于降低采购企业库存,因此,"一揽子合同"又被称为"无库存采购合同",被用来取代原来的周期性采购订货。这种情况会使采购企业与供应者之间的购销关系更为密切。对原供应者来说,要保持供货的稳定性和提供良好的服务;对竞争者而言,则较难打入市场。

⑧绩效评估。在生产资料购进使用后,采购人员将与使用部门保持联系,了解产品使用情况,并要求使用者做满意评价,并对供应者的履约情况进行考评。评价的结果将决定其今后对各供应者的态度。

但是,并非每次采购都要经过这八个阶段,这要依据采购业务的不同类型而定,如表 5-4 所示。

表 5-4　不同采购任务采购决策过程的比较

购买阶段　　　　　购买类型	新任务购买	修正重复购买	直接重复购买
提出需求	是	可能	否
确定总体需求	是	可能	否
详述产品规格	是	是	是
寻找供应者	是	可能	否
征求供应信息	是	可能	否
选择供应者	是	可能	否
发出正式订单	是	可能	否
绩效评估	是	是	是

从表 5-4 中可以看出,新任务购买最为复杂,需要经过所有八个阶段;直接重复购买最简单,只需经过两个阶段;而在修正重复购买的情况下,有些阶段可能被简化、浓缩或省略。在实际购买情况中,也有可能发现这八个阶段以外的其他情况,这要求企业营销者对每一情况分别建立模型,而每一情况都包含一个具体的工作流程,这样的购买流程能为营销人员提供很多线索。

总之,产业市场是一个富有挑战性的领域,其中最关键的问题就是要了解采购者的需要、购买参与者、购买标准以及购买步骤。了解以上各点,企业营销人员就能够因势而动,为不同的顾客设计不同的营销计划。

5.3.2　中间商市场购买行为

中间商是指为了转卖或租赁给他人从中盈利而购买产品的个人或组织。中间商购买行为是指中间商在寻找、购买、转卖或租赁商品过程中所表现的行为。由于中间商处于流通环节,是制造商与消费者之间的桥梁,因此企业应把其视为顾客采购代理人,全心全意帮助他们为顾客提供优质服务。

1. 中间商市场特点和分类

(1)中间商市场的特点

中间商采购的目的与产业消费者相同,都是为了盈利,但二者在社会再生产中地位不同。中间商特定的地位决定了其购买行为的鲜明特点。

①中间商市场需求派生性引发的波动比产业市场小。中间商市场的需求同样也属于派生性需求,但由于与最终消费者比较接近,尤其是零售商直接为最终消费者服务,消费者需求的变动会首先反映到零售商再传导到批发商。因此,中间商市场能够及时根据最终消费者需求的变化调整其购买行为,故由派生性引发的中间商市场购买的波动效应比产业市场要小。

②中间商市场对购买价格较敏感。中间商是为卖而买,因此购进价格是中间商占据竞争优势地位的最重要条件之一。中间商市场的采购者对价格的敏感程度比产业市场消费者大得多。

③中间商市场普遍要求交货迅速。中间商一旦发现市场机会,就会提出订单,要求立即交货,以满足消费者的需要,赚取利润。因此,中间商市场近期购买比远期定货量大。

④中间商市场的采购者需要供应商提供所购产品或劳务的广告促销费。中间商的实力一般比产业市场的实力差,他们需要同时经营多家企业的产品,在购买商品时,往往需要供应商资助广告费。

⑤中间商市场的采购者在购买的同时需要供应方提供各种服务。由于中间商采购者不擅长技术,他们在购进商品时需要供应商提供技术培训和维修服务。

(2)中间商分类

①按中间商是否拥有产品所有权,中间商可分为经销商和代理商。经销商是指在商品流通过程中,拥有商品所有权的中间商;代理商是指受制造商委托,从事商品交易活动,获取佣金但不拥有商品所有权的中间商,包括企业代理商、销售代理商、采购代理商、经纪人等。

②按中间商在流通过程中的地位和作用,中间商可分为批发商和零售商。批发商是指将产品或服务出售给为转卖或租赁而购买产品或服务的组织或个人的中间商,即从事批发业务的公司;零售商是指向最终消费者直接销售产品或服务的中间商。

2. 中间商的购买过程及参与者

(1)中间商的购买过程

中间商的购买过程中主要会面临以下四种购买决策:

①选购新产品。选购新产品是指中间商第一次购买从未买过的某种产品。其购买过程复杂,与产业市场的产品新购类似。

②选择最佳供应商。选择最佳供应商,一是指企业选择货源充裕、价格优惠、提供服务与支持力度大的名牌产品的制造商为自己的供货者;二是指实力雄厚的中间商有自己的品牌,选择愿意为其贴牌生产的供应商。现在国内外许多大型的中间商都有自己的品牌。

③寻找更好的供货条件。寻找更好的供货条件是指中间商希望寻找到能提供更好供货条件的供应商。如加大折扣、增加服务、信贷优惠、促销支持等。

④直接重购。直接重购是指中间商的采购部门按照过去的订货目录和交易条件继续向原有的供应商购买产品。

（2）中间商购买过程的参与者

中间商的购买过程涉及一系列的参与者，以典型的连锁超市为例，包括：

①商品经理。商品经理是连锁超市公司总部的专职采购员，分别负责某类商品的采购工作，通过对商品的审查和甄别向公司采购委员会提出采购或拒购某种商品的建议。商品经理的偏好对决定新供应商的产品是否被购买起到直接的作用。

②采购委员会。采购委员会由公司总部的部门正副经理和商品经理组成，负责审查商品经理提出的新产品采购建议，做出是否购买的决定。采购委员会每周召开一次审核会议，对新产品购买决策起间接作用。

③分店经理。分店经理是连锁店下属的各零售店的负责人，决定分店实际购买产品，是掌握最终采购权的人。分店经理掌握分店近70％的产品采购权，是供应商推销员的主要公关对象。

3.中间商采购决策

（1）中间商采购决策的内容

中间商在进行采购决策时，涉及的主要内容有：产品编配决策、选择供应商决策、购买条件和定价决策等。其中，产品编配决策在批发商和零售商的采购决策中是最重要的。产品编配决策是指中间商经营产品品种的搭配策略，它既决定了中间商在市场中的位置，也制约着中间商的采购范围。产品编配决策包括以下四种策略：

①独家编配。这是指中间商只经营一家企业提供的各种花色品种的产品。

②深度编配。这是指中间商经营来自同行业不同企业的各种花色品种的同类产品。

③广度编配。这是指中间商经营来自同行业多家企业的各种花色品种的不同类产品。

④混合编配。这是指中间商经营来自不同行业多家企业的各种产品，这些产品关联性不强。

（2）中间商采购的进货方式

中间商的进货方式，批发企业与零售企业有所不同。批发企业在进货批量、进货途径等方面与产业市场采购差别不大，都向"一揽子合同"（无库存采购）和合作广告等方面转化。而零售商的进货方式一般有三种类型：

①集中进货。这是指零售企业设置专门采购人员统一进货，然后分配到各商品组（柜台）销售。这种方式一般适用于人员少、资金少、经营品种少的小型零售店和专卖店。

②分散进货。这是指由零售企业各商品部在核定的资金范围内自行采购。一般适用于大型零售商店。

③联购分销。这是指由若干个零售企业统一从配送中心进货，然后再分别销售。它的优点是可以降低进货成本，节约交易和运输费用，缺点是在组织工作上有一定的难度。联购分销是伴随着物流革命和现代化的大规模配送中心的兴起而发展起来的连锁业普遍采用的一种进货方式。

→ **应用实例 5-1**

攻克沃尔玛——如何成为国际零售大鳄的供应商

1. 沃尔玛跟谁打交道

希望成为沃尔玛供应商的企业，基本上可以分成两类：制造商与贸易商。从沃尔玛的一贯风格来看，它更愿意直接与制造商打交道，因为贸易商本身有利润的要求，这必然导致采购成本增加，从而违背其向消费者提供最低价格商品的宗旨。但是，在中国目前物流业不发达、沃尔玛在中国的发展受到一定限制的情况下，沃尔玛同样会对中国贸易商们伸出橄榄枝。

2. 沃尔玛需要什么样的商品

要了解沃尔玛需要什么样的商品，首先要了解沃尔玛购物广场和山姆会员店在采购模式和顾客基础上的不同，这有利于供应商根据沃尔玛的需求情况有的放矢。沃尔玛购物广场侧重为广大市民提供"一站式购物"：面包熟食、新鲜果蔬、冷冻食品、烟酒礼品、服装服饰、美容化妆品、图书文具等质优价廉的大众商品。

沃尔玛对于商品，有四个检验标准：供应商的产品拿来以后会不会提高沃尔玛的质量；会不会使沃尔玛的价格得以改善；会不会增加沃尔玛的价值；会不会丰富沃尔玛的产品种类。另外，怎么包装产品，对成功的供应商来说也是一个非常重要的问题。

3. 申请成为沃尔玛供应商的标准程序

要成为沃尔玛供应商，可以通过多种渠道与沃尔玛进行接触。但不管通过哪种渠道，都需要经过如下程序：

①了解沃尔玛包括商品、质量、价格情况、业务和要求，以及顾客情况。

②提供相关资料，包括最新的财务状况与财务报告副本、产品责任保险副本、标准条形码情况等。

③汇集相关报价、样品等，沃尔玛要求供应商收集齐所有的产品文献，包括产品目录、价格清单等，选择好样品提交。

④提交审核，将上述所有文件及产品样品提交给沃尔玛的供应商发展本部，收到供应商完整的相关资料与样品后，沃尔玛经审核会在 90 天内给予答复。

⑤签订协议并供货，供应商的申请一旦被沃尔玛审核通过，经过谈判，双方就可以签订正式的"供应商协议"。在付款条件上，沃尔玛按不同的行业有不同的规定。

资料来源：根据《经营管理者》2005 年第 3 期相关资料整理改编。

5.3.3 政府及非营利组织市场购买行为

政府市场和非营利组织市场是组织市场的重要组成部分，它们与产业市场和中间商市场存在明显的差异，购买行为具有鲜明的特点，需要专门进行研究。

1.政府采购行为

（1）政府采购的含义

《中华人民共和国政府采购法》认为，政府采购是指各级国家机关、事业单位和团体组织，使用财政性资金采购依法制定的集中采购目录以内的或者采购标准以上的货物、工程和服务的行为。这一定义反映政府采购的一些基本要素：

①政府采购的主体。政府采购的主体是国家机关、事业单位和团体组织，而不是一般的个人或企业。从这些主体本身的性质而言，可认定其采购的目的主要是为了满足开展日常的政务活动或为社会公众提供公共服务的需要。

②政府采购的范围。政府采购的范围并不包括所有的货物、工程和服务，而是有所限定的，那就是"依法制定的集中采购目录以内"的，以及"采购标准以上"的。这说明政府采购实际上是一种纳入法制管理范围的组织购买行为，通过必要的法定程序是政府采购的重要特点。

③政府采购的资金来源。政府采购的资金来源是财政性的资金，即全民的公有财产。这就是为什么要对政府采购进行必要的法制管理的主要原因。这里所说的财政性资金，不仅包括预算内资金，也包括预算外资金。但并非所有财政性资金的使用都纳入政府采购的管理范畴，还应根据资金的使用方向，看其是否在政府采购的管理范围之内。

（2）政府采购的方式

根据《中华人民共和国政府采购法》规定，政府采购基本上采用公开招标、邀请招标、竞争性谈判、单一来源采购、询价采购等方式。其中公开招标是政府采购的主要方式。

①公开招标。公开招标采购就是不限定投标企业，按照一般的招标程序所进行的采购方式。这种采购方式对所有的投标者是一视同仁的，主要看谁更加符合招标项目的规定要求。但由于整个招标、评标过程会耗费大量的费用，所以公开招标一般要求采购项目的价值比较大。

②邀请招标。邀请招标采购是指将投标企业限定在一定的范围内（一般必须三家以上），主动邀请他们进行投标。邀请招标的原因一方面是由于所采购货物、工程或服务具有一定的特殊性，只能向有限范围内的供应商进行采购；另一方面是由于进行公开招标所需要费用占采购项目总价值的比例过大，即招标成本过高。所以采购规模较小的政府采购项目一般会采用邀请招标的方式。

③竞争性谈判。竞争性谈判是指采购单位同多家供应商同时进行谈判，并从中确定最优供应商的采购方式。在需求紧急，不可能有充裕的时间进行常规性的招标采购，或招标后没有合适的投标者，以及项目技术复杂、性质特殊无法明确招标规格等情况下，就可不采用招标方式而采用竞争性谈判的方式。

④单一来源采购。即定向采购，是所采购的项目金额已达到必须进行政府采购的标准，由于供应来源因资源专利、合同追加或后续维修扩充等原因只能是唯一的，因此采取单一来源的采购方式。

⑤询价采购。主要是指采购单位向国内外的供应商（通常不少于三家）发出询价单，让其报价，然后进行比较选择，确定供应商的采购方式。询价采购一般适用于货物规格标准统一，现货货源充足且价格变化幅度较小的政府采购项目。对于某些急需采购项目，或招标谈判成本过高的项目也可采用询价采购的方式。

以上采购方式主要是指列入政府采购管理范围之内的采购项目的采购。所谓列入管理范围主要是指两方面：一是属于法定的"集中采购目录"之内的采购项目，二是达到所规定的采购金额标准以上的采购项目。规定的采购金额标准（通常也称作"门槛价"）是由政府有关部门（一般必须有财政部门参与）根据实际情况所规定的。在采购金额标准以下的采购项目，一般不受政府采购有关程序的约束，但也要求采用比价择优的方式。

（3）政府采购的组织形式

政府采购一般有三种模式：集中采购模式，即由一个专门的政府采购机构负责本级政府的全部采购任务；分散采购模式，即由各支出采购单位自行采购；半集中半分散采购模式，即由专门的政府采购机构负责部分项目的采购，而其他的则由各单位自行采购。中国的政府采购中，集中采购占了很大的比重，列入集中采购目录和达到一定采购金额以上的项目必须进行集中采购。

政府采购一般涉及五个方面的机构和人员：

①采购人。即货物、工程或服务的需要机构，由他们使用财政性资金进行采购并使用。

②采购代理机构。即专门设立的政府采购机构，在集中采购的情况下，由他们负责代理采购人履行采购业务。

③供应商。即参与政府采购的投标、谈判并在中标后向采购方提供货物、工程或服务的企业。

④采购相关人员。即在政府采购过程中进行中介、参与评标或谈判的有关人员。也包括提供有关信息的机构和人员。

⑤政府采购监督管理部门。属于政府的职能部门，负责对政府采购活动依法实施监督和管理。

这五方面机构和人员的关系大体上如图5-6所示。即由采购人提出采购申请；由专门的政府采购代理机构向有关供应商进行采购；采购相关人员参与采购的有关活动；政府采购监督管理部门对采购全过程实施监督。

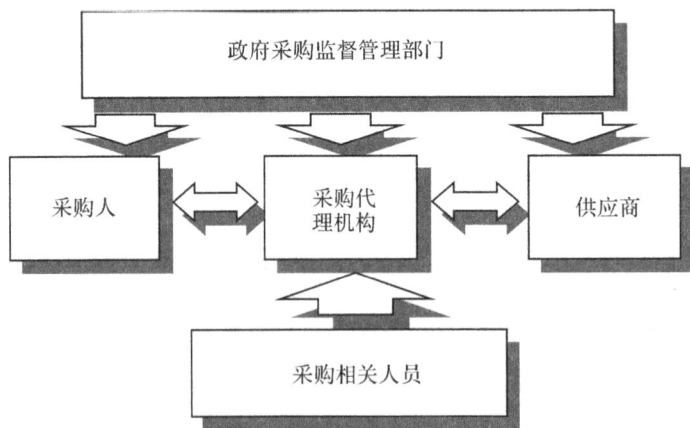

图5-6 政府采购的参与者及相互关系

应用实例 5-2

一桩投诉引发的思考

3月,江苏省睢宁县政府采购中心依财政部门下达的采购计划,对县公安局120台电脑进行询价采购。按程序发布采购信息后,采购中心于3月17日组成询价小组履行了询价程序。3家供应商中,A公司成为第一成交候选人。排名第2的B公司质疑A公司报送的报价一览表中配置一栏写明"详细配置见附件",附件上却没有签章,应为无效报价,要求采购中心取消A公司第一成交候选人资格。

与此同时,县财政局领导和纪检部门相关人员也收到了B公司的投诉书和手机短信,要求调查处理该询价采购。

最终,采购中心按法定程序答复了B公司的质疑。县财政局未受理投诉,而是要其认真学习政府采购法律法规,正确对待本次采购。

资料来源:中国政府采购网2014-02-21新闻。

2.非营利组织市场购买行为

(1)非营利组织市场的类型

按照职能的不同,非营利组织市场可分为两个类型:

①促进社会群体交流的非营利组织。指促进某群体内成员之间的交流、推动某项事业发展、维护社会群体利益的各种社会组织,包括各种职业团体、业余团体、宗教组织、专业学会和行业协会等。

②提供社会服务的非营利组织。指为某些公众的特定需要提供服务的非营利组织,包括学校、医院、红十字会、卫生保健组织、新闻机构、图书馆、博物馆、文艺团体、基金会、福利和慈善机构等。

(2)非营利组织的购买特点

①限定总额。非营利组织的采购经费总额是既定的,不能随意突破。比如,一些经费来源于财政拨款的组织,拨款不增加,采购经费就不可能增加。

②保证质量。非营利组织的采购不是为了盈利,而是为了维持组织运行和履行组织职能,对所购商品的质量和性能都特别重视。

③受到控制。非营利组织采购人员受到社会公众或上级机构的严格监督和控制,只能按照条件购买,缺乏自主性。

④程序复杂。非营利组织购买过程的参与者较多,经过的审批环节繁杂,故采购程序复杂。

(3)非营利组织的采购方式

①公开招标方式。非营利组织的采购部门通过传媒发布广告或发出信函,说明拟采购商品的名称、规格、数量等要求,邀请供应商在规定的期限内投标。投标者进行密封投标。招标单位在规定的日期开标,由专家委员会选择最符合要求的供应商为中标单位。

②议价合约选购。非营利组织的采购部门同时与若干供应商就某一采购项目展开商务谈判,最后与最符合要求的供应商签约。该方式适用于复杂的大型工程项目。

③日常性采购。指非营利组织为了维持日常办公和组织运行的需要而进行的采购。这类采购金额少,一般是即期付款,即期交货。

应用实例 5-3

免费午餐的采购价为何比市场价还要高?

从免费午餐计划实施到现在已经有不短的时间了,在这段时间内,国家也对该工作给予了多方面的支持,最首要的就是拨款。免费午餐在实施阶段也引起了不少媒体的关注,2012年4月20日中央电视台《经济半小时》播出了《广西营养餐调查》。当地的情况又是如何呢?央视记者随机选取了两个县进行调查。

首先来到的是距离马山县6公里的一所小学:造华小学。

在造华小学的食堂内,张贴着每天的购买清单。但是这些菜价有没有含水分呢?随即记者来到了附近的蔬菜批发市场。记者随便询问了一种菜价,就比学校公示栏内的菜价要便宜一些。但是这里只是零售价,经过交谈了解到,批发价会更便宜一些。那为何这里的批发价与学校购买的价格相差那么多呢?

学校公示栏内写着猪肉每斤(注:1斤=500克)11元,而市场内的批发价却是9元;鸭蛋的采购价为每斤6元,而批发价为每斤5元;油豆腐采购价为每斤5元,批发价为每斤3.7元;鸡蛋的采购价为每斤7元,而批发价为每斤4元。这样比较下来,造华小学鸭蛋采购价高出市场批发价20%,猪肉采购价高出批发价22%,油豆腐采购价高出批发价35%,鸡蛋采购价高出市场批发价75%。

为什么采购价会比市场批发价高这么多呢?难道是采购员没有买菜经验,所以才会这样?那多出来的钱又去哪里了呢?

通过了解得知,马山县其他小学也有类似情况发生。古寨乡琴堂小学的食堂外张贴着采购清单,猪肉采购价为每斤12元,高出县城蔬菜市场批发价30%以上,其他种类采购价同样高出批发价很多。

对于此现象,广西马山县加方乡中心小学总务主任刘海宏说:"乡镇消费比较贵一些,你所说用的这些菜,都是从外面进的,不是本地的。"当问及价格大概差多少时,刘海宏的回答是每斤差一两角。

经过这么一算,部分外来菜的确比县城蔬菜市场要贵一两角。可是为何这些猪肉会比县城市场批发价每斤高出3元呢?广西马山县教育局局长黄汉仕解释说:"不采取统一采购和供餐,是因为如果引入企业让老板来配送的话它会盈利。中央补助每个学生3元本身很少,如果引入企业供餐会产生成本,学生吃的就不足3元了。"

资料来源:根据网易2012-04-21新闻整理。

本章小结

市场购买行为包括消费者市场购买行为和组织市场购买行为。市场购买行为是市场营销非常基本而重要的内容——分析、把握消费对象,了解他们的购买行为是一切市场营销活动取得成功不可或缺的要素。

消费者购买行为有固定的模式,而且受到多方面因素的影响,从而最终影响到购买决策过程。研究消费者购买决策形成的原因及过程将帮助企业针对其中的每一个环节设定相应的营销策略。组织市场则将目标消费者限定在组织的范围,包括产业市场、中间商市场、政府及非营利组织市场等。每一种市场的采购行为都会有其独特的过程。

复习思考题

一、知识题

1.名称解释

(1)消费者市场　　　(2)组织市场　　　(3)产业市场　　　(4)中间商市场

(5)政府采购

习题测试
参考答案

2.单项选择题

(1)生产资料的购买活动中最为复杂的类型是　　　　　　　　　　　　　　　(　　)

　　A.直接重购　　　B.间接重购　　　C.修正重购　　　D.新任务购买

(2)消费者的购买单位是个人或　　　　　　　　　　　　　　　　　　　　　(　　)

　　A.集体　　　　　B.家庭　　　　　C.社会　　　　　D.单位

(3)大多数消费者只能根据个人好恶和_____做出购买决策　　　　　　　(　　)

　　A.智慧　　　　　B.经验　　　　　C.感觉　　　　　D.能力

(4)某种相关群体的有影响力的人物称为　　　　　　　　　　　　　　　　　(　　)

　　A."意见领袖"　　B."道德领袖"　　C."精神领袖"　　D."经济领导者"

(5)非营利组织与其他购买者的购买特点不同的是　　　　　　　　　　　　　(　　)

　　A.保证质量　　　B.程序复杂　　　C.缺乏自主　　　D.价格限定

(6)不同生活方式的_____对产品和品牌有不同的需求　　　　　　　　　　(　　)

　　A.群体　　　　　B.社会　　　　　C.模型　　　　　D.艺术

(7)马斯洛认为需要按其重要程度分,最低层次需要是指　　　　　　　　　　(　　)

　　A.生理需要　　　B.社会需要　　　C.尊敬需要　　　D.安全需要

(8)_____指存在于人体内驱使人们产生行为的内在刺激力,即内在需要　(　　)

　　A.刺激物　　　　B.诱因　　　　　C.反应　　　　　D.驱使力

(9)消费者购买过程是消费者购买动机转化为_____的过程　　　　　　　(　　)

　　A.购买心理　　　B.购买意志　　　C.购买行动　　　D.购买意向

3.多项选择题(下列各小题中正确的答案不少于两个,请准确选出全部正确答案)

(1)下列对于产业市场的有关论述正确的是　　　　　　　　　　　　　　　　(　　)

　　A.产业市场和消费者市场比较,产业市场上消费者的数量较多,消费者的规模较大

B.产业市场往往集中在少数地区

C.产业市场的需求是派生需求

D.产业市场的需求相对稳定

(2)企业采购中心包括下列哪些成员 （ ）

    A.决策者   B.使用者   C.守门员   D.影响者

(3)消费者的信息来源中影响比较直接的是 （ ）

    A.个人来源   B.经验来源   C.公共来源   D.商业来源

(4)政府采购的主要方式有 （ ）

    A.公开招标   B.竞争性谈判   C.邀请招标   D.采购卡

(5)组织市场是指所有为满足其各种需求而购买产品和服务的组织机构所构成的市场，包括 （ ）

    A.产业市场   B.中间商市场   C.消费者市场   D.政府市场

4.简答题

(1)消费者市场具有哪些特征？

(2)影响消费者购买行为的因素有哪些？

(3)政府采购有哪些角色参与？

二、能力题

1.讨论题

(1)讨论习惯性购买行为的主要营销策略。

(2)讨论在消费者购买决策过程的信息收集阶段，企业需要做哪些方面的营销工作。

讨论组

2.案例分析题

军队如何通过"京东慧采"进行办公用品采购？

军队办公用品采购需求具有流量小、效率高、周期短的特点。以往，每年集中进行办公用品采购，首先要征集各个部门的办公用品采购需求计划，然后统一进行招标采购，计划上报环节就耗费几个工作日。不同部门的办公用品采购类目不同、需求物品不尽相同，同类物品不同部门的需求也不尽相同，这大幅增加了采购部门的工作量。因此，每年进行一次办公用品集中采购，常常因采购周期长、人员变动、消耗增加等因素造成办公用品紧缺，如何利用电子采购方式解决这一问题，成为诸多单位采购实践重点。

"京东慧采"平台为京东旗下政府企业采购供应平台，借助京东自建的仓储和物流配送体系，有仓储量大、送货快等优势。"京东慧采"平台与普通网络购物平台相比，增加了审批权限，符合集中采购审批环节的要求。需求部门首先填写采购计划，根据"京东慧采"平台确定最终的计划采购物品，网上下单，并将该采购清单交给采购中心审核。审核过程中，由财务部门审核是否与预算一致。采购中心审核通过后，由专门的业务人员在"京东慧采"平台上对电子采购订单进行审核通过操作。至此，下单流程完成。

送货验收环节上，在"京东慧采"平台下单的办公用品，基本可以实现211限时达(当日上午11：00前提交的现货订单，当日送达；夜里11：00前提交的现货订单，次日15：00前送达)，比普通的采购要快得多，能够更好地适应办公用品采购的需求特点。采购物品到货后,根据电子清单验收物资,并填写物资验收表。鉴于军队物品采购的要求,采购物品到货后采用公务卡刷卡付款的方式,也方便进行财务审核和报销。最后,将相关表格票据送至财务部门审核报销。整个流程,只要预算明确,从申请、下单至采购物品送达,最快只需两天时间,同时还能保证采购价格公开透明,供应商优质,退换货等相关售后服务到位,给军队办公用品采购带来极大的便利。

这种新的采购方式下,各个需求部门自己通过"京东慧采"平台下单,自主挑选需求产品,采购部门只要审核电子订单即可。这样既增加了需求部门的自主选择权,又减轻了采购部门的工作量,同时也没有降低整个采购环节的规范性要求,提高了整个办公用品采购系统的效率。

这种电子采购模式也存在部分问题。第一,供应商库不是由军队或政府采购部门控制,而是由平台选择。采购方只有审核自身单位订单的权利,目前平台没有开放对供应商的评价和掌控,这是最大的一个问题。第二,适用于平台采购的物品有限,更多的物品采购还应当采用公开招标,通过向多家供应商询价的方式进行,只有小批量的急需物品,例如各个部门各个项目组自己购买的标准化程度较高的物品,才更适用于该平台采购方式。对于大批量物品采购,在平台开放大批量采购功能后可能会适用。第三,目前通过"京东慧采"平台采购属于定点采购模式,今后还应增加多个优质平台进行采购,这样才能体现采购活动的公开、公平。

总而言之,未来在电子平台上的采购活动会越来越频繁,涉及的物品采购类目会越来越广,电子采购模式也将成为政府采购不可或缺的一种模式。

资料来源:根据中国政府采购招标网 2017-04-05 新闻整理。

问题:

(1)这种新型的电子采购模式属于哪种政府采购方式?

(2)这种采购组织形式是集中采购还是分散采购?政府采购监督部门如何对这种采购方式进行监督?

(3)你认为这种采购方式能否在军队中大力推广?为什么?

第6章

市场调研

学习目标

知识目标	技能目标
◆ 掌握市场调研的定义	◆ 熟悉市场调研的一般流程
◆ 了解市场调研的作用	◆ 学会在不同条件下运用市场调研收集资料的方法
◆ 掌握市场调研的类型	◆ 能够运用文案调研收集资料
◆ 理解市场调研的内容	◆ 认识实地调研法的类型
◆ 了解文案调研的资料来源	◆ 学会运用访问法、观察法、实验法进行调研
◆ 了解运用不同实地调研法收集数据资料的优缺点	

导入案例

汉堡与馒头:什么是未来的市场

外国人的汉堡怎么能让吃惯了馒头的中国人接受呢?这个问题一直萦绕在国人心头,也是麦当劳进入中国前的担心。为此麦当劳在进入之前研究中国市场8年(研究俄罗斯更长,14年)。研究什么?从国家政策到市场环境、原料产地、饮食习惯、文化习俗、收入水平、家庭结构等,无所不包。麦当劳最后下决心进入中国市场。为什么敢下这个决心?因为它最后将研究视线聚焦到中国独生子女的身上,发现只要中国的小孩愿意吃就没问题。中国小孩为什么能吃它那些外国食品?麦当劳替我们研究了中国小孩味觉形成的习惯,得出的结论是:中国小孩4～7岁时是味觉形成期,7～12岁时是味觉固定期。如此一来,决策就有了科学的依据：4～7 岁的中国小孩吃什么都一个味，不管是馒头还是汉堡、是土豆泥还是炸薯条。那靠什么吸引小孩呢？红红黄黄的标识、各种尺寸的小旗、各种玩具以及游戏区，弄得中国小孩"乐不思蜀""流连忘返"，只要去了麦当劳一次就天天闹着爸爸妈妈要再去。

案例分析题

资料来源：根据《企业管理》2001 年第 7 期相关资料整理。

根据现代市场营销观念，企业经营的目的，不是单纯为了销售产品和获取利润，而是要不断地开拓市场，满足消费者日益增长的需求。

市场调研在营销理论研究和企业营销实践中均有重要作用。然而，做好调研工作绝非轻而易举。市场营销是一个复杂的、动态的过程，市场调研工作如果不能做到全面系统、细致严谨，它对决策的参考意义就要大打折扣。

6.1 市场调研概述

6.1.1 市场调研的定义和作用

1. 市场调研的定义

市场调研有狭义和广义两种。狭义的市场调研就是对消费者的调查研究，以购买商品、消费商品的个人或家庭为对象，探讨商品的购买和消费等各种事实、意见及动机。广义的市场调研除对消费者的调查外，还包括环境调查等、产品调查等，包含了从认识市场到制定营销决策的一切有关市场营销活动的分析和研究。

无论是从广义上还是狭义上理解，市场调研都是调研主体对调研客体的一种认识过程，旨在寻求市场因素的真实状态。从这个意义上说，我们将市场调研定义为：市场调研，又称市场调查、市场研究、营销调研，是对那些可用来解决企业特定营销问题的信息所进行的设计、收集、分析和报告的过程。

2. 市场调研的作用

（1）有利于企业发现市场营销机会

随着经济的发展、社会的进步，人们的观念及需求也在不断发生变化。变化意味着新的市场机会，在不断变化的市场环境中，只有不断捕捉变化的企业才有可能发现市场机会。市场调研是发现新的市场机会的基本工具，通过市场调研，企业可以随时掌握市场营销环境的变化，积极主动地适应这种变化，并从中寻找企业的市场营销机会，为企业带来新的发展机遇。

（2）有利于企业制定正确的营销战略决策

企业的营销战略是关于企业长远发展的纲领，是为了使企业适应未来环境的变化而制定的长远目标规划。企业在制订战略规划时，必须进行系统、周密的市场调研，为营销战略决策提供可靠的依据。这样，才能保证企业的经营战略方向是正确的，企业的战略目标是可行的。

(3)有利于提高企业的竞争能力

市场经济离不开市场竞争,而市场竞争的实质是信息的竞争,谁先获得了信息,谁就将在市场竞争中占得先机。因此,在激烈的市场竞争中,企业必须通过强有力的市场调研,对市场进行认真的研究,随时掌握竞争的各种信息,根据市场的变化,不断提高产品和服务的质量,提高企业的适应能力和应变能力,以提高企业的竞争优势。

6.1.2　市场调研的类型和内容

1.市场调研的类型

根据调研目的的不同,市场调研可以分为以下三种类型:

(1)探测性调研

探测性调研,是指当市场情况不是十分明了时,为了发现问题,明确进一步深入研究的具体内容和重点而进行的非正式调研。探测性调研一般不如正式调研严密、详细,一般不制定详细的调研方案,尽量节省时间以求迅速发现问题。它主要利用现成的历史资料、业务资料和核算资料,或政府公布的统计数据、长远规划和学术机构的研究报告等现有的第二手资料进行研究,或邀请熟悉业务活动的专家、学者和专业人员,对市场有关问题做初步的研究。

(2)描述性调研

描述性调研,是指对需要调研的客观现象进行的正式调研。它主要描述调研现象的各种数量表现和有关情况,为市场研究提供基本资料。它要解决的问题是说明"是什么",而不是"为什么"。这项调研必须占有大量的信息情报,调研前需要有详细的计划和提纲,以保证资料的准确性。描述性调研比探测性调研细致、具体,但也只是对问题的描述,产生的原因到底是什么,还必须通过因果性调研做进一步研究。

(3)因果性调研

因果性调研,是在描述性调研的基础上进一步分析问题的因果关系,并弄清原因和结果之间的数量关系,收集有关市场变量的数据资料,运用统计分析和逻辑推理等方法,判明什么是自变量(原因),什么是因变量(结果),以及它们变动的规律。一般说来,企业营销目标如销售额、市场占有率、利润等是因变量,而企业可以控制的产品、价格、渠道、促销等可控制因素,以及企业外部不可控制因素则是自变量。

2.市场调研的内容

市场调研的内容十分广泛和复杂。凡是涉及市场运行状况和对企业经营活动有影响的所有情报信息资料,都是构成现代市场调研的内容。

(1)市场营销环境调研

企业的一切生产经营活动,都是以市场营销环境为条件的,虽然企业不能对市场营销环境加以控制,但所制定的市场营销策略必须与之相适应和协调。因而,企业只有认识和利用市场营销环境,密切关注市场营销环境的动态变化,及时调整经营策略组合,才能不断提升服务目标市场的能力。市场营销环境调研分为两大类:一是宏观环境调研,二是微观环境调研。

（2）市场营销专题调研

市场营销专题调研是指企业为实现其市场营销目标对特定市场范围所进行的专项市场课题调研，一般包括市场需求调研、产品调研、分销渠道调研和促销调研。

（3）竞争环境调研

任何企业在进行营销活动时，都不可避免地要遇到竞争者的挑战。因此，企业在进行市场调研时，必须了解竞争者的相关信息，只有这样，才有可能在激烈竞争的商战中获胜。竞争环境调研主要内容有：①目标市场竞争者的数量和规模；②目标市场竞争者的类别；③目标市场竞争者的市场占有率及变动趋势；④目标市场竞争者的优势、劣势。

6.1.3 市场调研一般流程

市场调研，一般分为调研准备、正式调研和资料处理三大阶段，每个阶段又可分为若干具体步骤。市场调研的一般流程或研究步骤如图 6-1 所示。

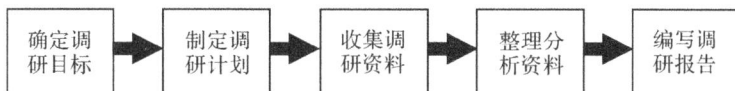

图 6-1 市场调研的一般流程或研究步骤

1.调研准备阶段

（1）确定调研目标

市场调研是一项有组织、有计划、有步骤的收集商业信息的工作，其主题与市场营销业务直接相关，是为了企业更好地组织产品销售工作以及为企业管理部门进行决策提供依据。因此，确定调研目标是很关键的阶段。如果目标定得过于宽泛，实际的研究设计将很困难；相反，如果考虑太过狭隘，可能就会达不到研究的全部目的。确定调研目标，需要思考三个问题：为什么要进行这次调研（认清背景）？ 通过调研了解哪些情况（确认目的）？ 调研结果有什么具体用途（衡量价值）？

（2）制定调研计划

调研前必须拟好调研计划，调研计划是市场调研的行动纲领，是调研人员为取得所需资料采用的方法、程序、成本预算的详细计划书。一般来说，一份调研计划书应包括以下一些内容：

①明确调研目的和调研内容。

②确定调研对象，即向哪些单位或个人调研。

③选择调研和收集资料的方法，按不同的内容选择不同的调研及资料收集方法。

④明确调研时间和地点，特别是规定调研作业进度安排。

⑤做出调研经费预算及调研组织计划。

2.正式调研阶段

正式调研阶段的主要任务就是组织调研人员，按照调研计划的要求，系统地收集资料和数据。它是整个调研中最繁忙的阶段，能否收集到必要的资料并加以科学的整理，是市场调研能否取得成功的最根本的条件。

市场调研需要的各种资料,可分为原始资料和现成资料两大类。原始资料是从实地调研中所得到的第一手资料;现成资料是从他人或其他单位取得的、已经积累起来的第二手资料。现成资料节省时间和经费,应尽量采用,资料不足时可实地调研获取原始资料作为补充。

(1)现成资料的收集

这种资料来源于内部资料和外部资料。内部资料是企业内部的市场信息系统所收集和记录的资料,如客户订单、销售资料、销售利益、库存情况、产品成本等;外部资料则是从统计资料、行业资料、市场调研机构资料、科研机构资料、金融机构资料、文献报刊等资料中获得。

(2)原始资料的调研

获取原始资料的方法有询问法、观察法、实验法、统计调查法(普查、重点调查、典型调查、抽样调查)等。每种方法都有自己的优缺点和适用范围,企业可根据实际情况进行选择。

3.资料处理阶段

这个阶段的工作大体可分为以下两个步骤:

(1)资料的整理与分析

资料的整理与分析主要是对调研所得的资料进行校对、分类、统计和分析。校对就是对资料进行审查,看其有无错误或遗漏,以便及时修正或补充,以达到去伪存真、消除错误的目的;分类就是将资料分门别类地编号收存;统计和分析就是运用数理统计方法把分析结果计算出来,并制成相应的统计图表,以便更直观地观察信息资料的特征。

(2)编写市场调研报告

将调研所得出的结果编写成调研报告,提供给有关部门或领导,以便其决策时参考。市场调研报告要全面系统地反映调研内容,一般包括调研单位的基本情况、所调研问题的事实材料、分析说明、调研结论和建议;此外,还可包括调研目的、方法步骤等的说明,同时最好附有必要的统计图表。市场调研报告的格式一般分为引言、正文、结论、附件等几个部分。

应用实例

把肯德基的"家庭宴会"介绍给英国人

到 20 世纪 90 年代,肯德基进入英国市场已 30 年,并开设了 300 多家连锁店。为了直接与当地流行的鱼肉薄饼店展开竞争,肯德基最初定位为"外卖",因此店内座位很少,有的甚至没有座位。在英国,肯德基的传统消费者是年轻男性,他们一般在当地酒吧与朋友聚会后,在很晚的时候光顾肯德基。由于竞争者——麦当劳的发展及当地一些具有很浓家庭气氛的餐馆连锁店的流行,肯德基面临寻找竞争优势的挑战,想要重新进行定位,把其原有的经营方式转变为家庭聚会形式。很明显,为了适应英国市场,肯德基有必要并调查英国市场的家庭价值观问题。

1.定义调研问题

英国肯德基的市场总监约翰·沙格会晤了公司的营销部人员及广告代理商,以确定最佳方案,使肯德基的消费对象从青年男性扩展到家庭领域。他们意识到,肯德基重新进行形象定位是至关重要的,因为家庭是快餐行业最大且增长最快的一部分消费者。

由此,肯德基营销管理层面临的问题是:如何使公司对英国的母亲们具有足够的吸引力,以及如何使她们经常购买肯德基的食品作为家庭膳食。

2.研究方案

尽管在英国,肯德基的家庭膳食销售所占的比例很低,但其在澳大利亚却取得了成功,肯德基把那种含有丰富食物及餐后甜点的家庭膳食——"家庭宴会"以合理的价格推向了澳大利亚的家庭。对于英国的母亲们进行"家庭宴会"概念研究,将帮助肯德基解决上述两个问题。如果它对母亲们具有吸引力,则肯德基"家庭宴会"将在英国全面推行,同时也将开始研究由此而产生的商业及消费者行为。要研究"家庭宴会"概念,则要制定相关调查方案,包括第二手资料分析、专题座谈会、对英国母亲们的典型调查以及最终的销售及消费者追踪研究。

3.实施调查

在专题座谈会阶段,肯德基的研究人员走访了英国各地有 12 岁以下孩子的母亲们,并与她们展开了一系列的讨论,如她们喜欢的餐馆及快餐店等。公司设计了一份结构性问卷以获得价格、食物的数量以及套餐中是否包括餐后甜点或饮料等资料。

定性研究的访问对象来源于英国 10 条主要道路上随机抽取的 200 名妇女,市场追踪研究的访问对象则通过在英国具代表性的区域持续进行拦截访问来完成。200 个样本的调查以及追踪研究均由专业营销调研公司经过培训和富含经验的访问员来完成,调查过程大约需要两个星期的时间;定期追踪研究则需要 6 个月的时间完成。

4.调查资料分析

英国肯德基当前正供应一种称为"经济套餐"的膳食,它包括 8 个鸡块和 4 份常规薯条,售价为 7.5 英镑。而准备推行的"家庭宴会"包括 8 个鸡块、4 份常规的薯条、2 份大量的定食(如豆子和色拉)以及一个适合 4 口之家食用的苹果派。调查过程中,对这两种膳食进行了比较。分析结果表明,如果"家庭宴会"的售价在 10 英镑以下,则它会更受人们的欢迎。在这些研究发现的基础上,肯德基在英国推出了"家庭宴会"。

人们更喜欢"家庭宴会",因此其销量远高于"经济套餐"。因此,从财务角度看,尽管"家庭宴会"的利润率比"经济套餐"低,但其总利润额却高于后者。令肯德基员工感到惊讶的是,"家庭宴会"的销量上升了,但同时"经济套餐"的销量却仍然维持在原来的水平。造成这种情况的原因可从对"家庭宴会"消费者的调查结果中找到,即不同类型的消费者对这两种食物具有不同的喜好,一般人口多的家庭喜欢"家庭宴会",而人口少的家庭仍喜欢购买"经济套餐"。

除了原有的青年男性购买者外,肯德基将其消费者领域扩展到了家庭,"家庭宴会"最终成了英国肯德基首要的销售项目。在不断重塑自己的良好形象并和其他快餐店展开有力的竞争中,肯德基从营销调研上获得了很高的收益。

资料来源:《市场营销学原理》(梅清豪、林新法、陈浩光),电子工业出版社(2001)。

6.2 文案调研法

市场调研方法依据信息来源不同,可分为实地调研法和文案调研法两种类型。实地调研法是针对第一手资料,即直接取自调研对象的原始资料;文案调研法是针对第二手资料,即在某处已经存在并已为某种目的而收集起来的信息资料。文案调研法,又称资料查阅寻找法、间接调研法、资料分析法或室内研究法,它是利用企业内部和外部现有的各种信息和情报,对调查内容进行分析研究的一种调研方法。

6.2.1 文案调研的资料来源

文案信息根据其来源的不同,可分为内部的文案信息和外部的文案信息。

1. 内部的文案信息

内部的文案信息是那些源自企业内部的数据,或者是由企业记录的数据。内部的文案信息有两个主要优点,那就是它的可获得性和低成本。由于从企业内部收集文案信息的成本最低,因此,在进行市场调研时应充分利用内部的文案信息。

内部的文案信息,可从以下渠道进行收集:

(1)业务资料

包括与企业经营活动有关的各种资料,如订货单、进货单、发货单、合同文本、发票、销售记录和业务员访问报告等。通过对这些资料的了解和分析,可以掌握本企业所生产和经营商品的供应情况,以及不同地区和不同用户的需求变化情况。

(2)统计资料

主要包括各类统计报表,企业生产、销售和库存等各种数据资料,各类统计分析资料等。企业统计资料是研究企业经营活动数量特征及规律的重要定量依据,也是企业进行预测和决策的基础。

(3)财务资料

是由企业财务部门提供的各种财务、会计核算和分析资料,包括生产成本、销售成本、各种商品价格及经营利润等。财务资料反映了企业活劳动和物化劳动的占用和消耗情况及所取得的经济效益,通过对这些资料的研究,可以确定企业的发展前景,考核企业经济效益。

(4)企业积累的其他资料

如平时剪报、各种调研报告、经验总结、顾客意见和建议、同业卷宗及有关照片和录像等。这些资料都对市场研究有着一定的参考作用。例如,根据顾客对企业经营、商品质量和售后服务的意见,就可以对如何改进产品和服务加以研究。

2. 外部的文案信息

外部的文案信息,可从以下渠道加以收集:

(1)统计部门以及各级、各类政府主管部门公布的有关资料

国家统计局和各地方统计局都会定期发布统计公报等信息,并定期出版各类统计年鉴,内容包括人口数量、国民收入、居民购买力水平等,这些均是很有权威和价值的信息。此外,

发改委、财政、工商、税务、银行等各主管部门和职能部门,也都设有各种调查机构,定期或不定期地公布有关政策、法规、价格和市场供求等信息,这些信息都具有综合性强、辐射面广的特点。

(2)各种经济信息中心、专业信息咨询机构、行业协会和联合会提供的信息和有关行业情报

这些机构的信息系统资料齐全,信息灵敏度高,为了满足各类用户的需要,通常还提供资料的代购、咨询、检索和定向服务,是获取资料的重要来源。

(3)国内外有关的书籍、报刊所提供的文献资料

这其中包括各种统计资料、广告资料、市场行情和各种预测资料等。

(4)有关生产和经营机构提供的商品目录、广告说明书、专利资料及商品价目表等

(5)各地电台、电视台提供的有关信息

(6)各种国际组织、学会团体、外国使馆及商会所提供的国际信息

(7)国内外各种博览会、展销会、交易会、订货会等促销会议以及专业性、学术性经验交流会议上所发放的文件材料

6.2.2 文案调研获取资料的方法

1.查找

查找是获取二手资料的基本方法。从操作的次序看:首先,要注意在企业内部查找,一般来说,从自身的信息资料库中查找最为快速方便;其次,在内部查找的基础上,还需到企业外部查找,主要是到一些公共机构查找,如图书馆、资料室和信息中心等。

2.索讨

索讨是向占有信息资料的单位或个人无代价地索要。由于索讨属于不计代价的,这种方法的效果在很大程度上取决于对方的态度。因此,向那些已有某种联系的单位和个人索讨,或由熟人介绍向那些尚未有联系的单位和个人索讨,常能收到较好的效果。

3.购买

购买即付出一定的代价,从有关单位获取资料。随着信息的商品化,许多专业信息资源是有价转让的,大多数信息出版物也是有价的,购买将成为收集资料的重要办法。当然,企业订阅有关的报纸、杂志等从本质上说也属于购买一类,只不过这种方式是经常性的。

4.交换

交换是指与一些信息机构或单位之间进行对等的信息交流。当然,这种交换不同于商品买卖,而是一种信息共享的协作关系,交换的双方都有向对方无偿提供资料的义务和获得对方无偿提供资料的权利。

5.接收

接收是指接纳外界主动提供的免费信息资料。随着现代营销观念的确立,越来越多的企业和单位,为宣传自身及其产品和服务,扩大知名度,树立社会形象,主动向社会传递各种信息,包括广告产品说明书、宣传资料等。作为信息资料的接收者,要注意接收和积累这些信息。

6.2.3　文案调研的原则与评价

1.文案调研的基本原则

文案调研的对象是各种历史和现实的统计资料,市场调研人员在进行文案调研的过程中,要根据调研的目的和要求,从繁杂的文献档案中识别、归纳出有价值的信息资料,减少资料收集的盲目性,做到有的放矢,提高工作效率。实施文案调研必须遵循以下基本原则。

(1)相关性原则

相关性原则是文案调研的首要原则,也是调研人员选定文献资料的最主要标准。调研人员必须根据调查的目标要求,确定资料选择的范围和内容,把与调研主题切实相关的资料选择出来。

(2)时效性原则

文案调研所用的资料大多数是历史性资料,调查人员在收集资料的过程中,必须考虑资料的时间背景,摒弃过时的、与目前市场情况不相符的资料内容,确保收集的资料能够准确反映调查对象的发展规律。

(3)系统性原则

文案调研收集的资料是从不同渠道,利用各种机会搜集到的散乱的资料,一般情况下,这些资料并不能直接、全面地说明调研主题,需要调研人员在已有资料的基础上,进行必要的加工处理。例如,收集到的某一个资料明显具有不合理性,就应该将它删掉,以确保资料的系统性和全面性。

(4)经济性原则

文案调研最主要的优点是省时省费用,如果一项文案调研所使用的费用支出过高、周期过长,就失去了它的优势。要做到文案调研的经济性,必须是先易后难,即先收集那些比较容易得到的资料,再收集那些不易得到的资料;必须是先内后外,即先从企业内部着手,在企业内部不能满足的前提下,再延伸到外部。

2.文案调研的优点

(1)不受时空的限制

通过对文献资料的收集和分析,不仅可以获得有价值的历史资料,而且可以收集到比直接调查更广泛的、更多方面的信息资料。

(2)收集容易,成本低

与实地调研比较而言,文案调研实施起来更为方便、自由,只要找到文献资料就可查阅,成本较低。

(3)收集到的情报资料的可靠性和准确性较强

文案调研所用的二手资料一般都是以文字、图表等书面形式表现的,因此不受调研人员和调研对象主观因素的干扰,反映的信息内容较为真实、客观。特别是政府机关信息中心发布的资料,可靠性比较高。

3.文案调研的缺点

(1)资料的适应性差

首先,文案调研所用的二手资料大多是历史资料,随着时间的推移和市场环境的变化,有些资料难免会过时或发生变化。其次,由于二手资料并非是为当前的调查项目而特意准备的,它能否适用于本项目,或者说它在多大程度上能适用于本项目,必须引起调查者的注意,特别是在引用和诠释二手资料时。

（2）资料不够完整

文案调研由于受各种客观条件的限制,调查者很难掌握所需要的全部文献资料,会有文献资料不足的缺憾。

（3）对人员要求高

文案调研要求更多的专业知识、实践经验和技巧,需要具有一定文化水平的人才能胜任。这是一项艰辛的工作,需要有耐性、创造性和持久性。

6.3 实地调研法

实地调研法是调查人员在市场现象发生变化的现场,观察现象发展变化的过程,或询问事情发生的过程、结果,由调查对象进行回答;或有意识地改变有关影响因素,来研究市场现象在这些因素影响下的变动情况,收集市场现象有关资料,以认识市场现象的本质特征和发展规律。实地调研法主要包括访问法、观察法和实验法。实地调研法是目前普及面最广、使用最多的调研方法,也是比较容易被企业接受的调研方法。

6.3.1 访问法

访问法又称为询问法,是指调查者通过电话、邮寄问卷、留置问卷、小组座谈、个别访问等访问形式向被调查者搜集市场调查资料的一种方法。其基本原理是以问和听的形式获取信息、挖掘信息。访问法是市场调查资料收集最基本最常用的调查方法,主要用于原始资料的收集。

访问法按访问形式不同,分为入户访问、拦截访问、电话访问、邮寄问卷访问、留置问卷访问等方法。

1.入户访问

入户访问是指调查者按照抽样方案中的要求,到抽中的家庭或单位,按事先规定的方法选取适当的被调查者,再依照问卷或调查提纲进行面对面的直接访问。入户访问被认为是最佳的访谈方式,它能够确保被调查者在一个自己感到熟悉、舒适、安全的环境里轻松地接受访谈。入户访问适用于调查项目比较复杂的产品测试、广告效果测试、消费者调查、顾客满意度研究、社情民意调查等。

（1）入户访问的优点

①调查有深度。调查者可以提出许多不宜在人多的场合讨论交谈的问题,可深入了解被调查者的状况、意愿和行为,亦可在访问中发现新情况和新问题。

②直接性强。由于是面对面的交流,调查者可以采用一些方法来激发被调查者的兴趣,如图片、表格、产品演示等。当被调查者因各种原因不愿回答时,调查者可进行解释、启发,争取被调查者合作。

③灵活性较强。调查者可以根据具体情况灵活掌握提问题的顺序,随时解释被调查者提出的疑问。

④准确性较强。调查者可充分解释问题,把问题的不回答程度降到最低,减少答复误差,同时可根据被调查者回答问题的态度判别资料的真实可信程度。

(2)入户访问的缺点

①调查成本高。大规模的市场调查需耗费大量人力、物力、财力和时间,因此,该方法适宜规模较小的市场调查。

②拒访率高。由于被调查者有不愿接受不速之客来访以及安全等方面的顾虑,入户访问的调查者需要接触很多样本,但成功率却相对较低。拒访率高特别表现在对大城市居民的访问中。

③调查质量容易受气候、调查时间、被调查者情绪等其他因素的干扰。

2.拦截访问

拦截访问,又称街头访问,是一种十分流行的询问调查方法,有两种方式。一种是由调查者在事先选定的若干个地点(如交通路口、商场内外、户外广告牌前、展览会内外等),按照一定的程序和要求(如每隔几分钟拦截一位,或者每隔几个行人拦截一位等),选取访问对象,征得同意后在现场以问卷形式进行简短的面访调查。这种方式常用于需要快速完成的小样本的探索性研究。另一种是先租借好访问专用的场所,然后由调查者在事先选定的若干个地点选取访问对象,征得其同意后带到租借的场所进行询问调查。这种方式常用于需要进行实物显示的或特别要求有现场控制的探索性研究,或需要进行实验的因果关系研究,如广告效果测试、某种新开发产品的试用实验等。

(1)拦截访问的优点

①节省费用。由于被调查者是自己出现在调查者的面前,调查者可将大部分时间用于访谈,节省了时间及车旅费用。

②避免入户困难。在公开场所,被调查者顾虑较少,所以相对入户访问来讲比较容易接受访问。

③便于对调查的监控。拦截访问通常是在选好的地点进行,所以可以指派督导员在现场进行监督,以保证调查的质量。

④和入户访问一样具有可以直接面对被调查者进行启发、能够运用专门的问卷技术等优点。

(2)拦截访问的缺点

①不适合内容较长、较复杂或不能公开的问题的调查。所以,在问卷的设计上应注意:一是内容不要太长,因为行人一般是有事在身,不可能花太多的时间来回答问卷;二是问题不要涉及个人隐私,因为在大庭广众之下,这样的问题会引起反感并遭到拒绝。

②调查的精确度可能很低。由于所调查的样本是按非概率抽样抽取,调查对象在调查地点出现带有偶然性,这可能会影响调查的精确度。另外,在某一地点调查,很难得到代表性强的样本。

③拒访率较高。调查对象有充分的理由来拒绝接受调查,如要赶车、着急处理事情等。因此,在使用拦截访问时应附有一定的物质奖励。

3.电话访问

电话访问是调查者通过电话向被调查者进行问询,了解市场情况的一种调研方法。由于彼此不直接接触,而是借助于电话这一中介工具进行,因而是一种间接的调研方法。电话访问分为传统电话访问和计算机辅助电话访问两种形式。

传统的电话访问就是选取一个被调查者,然后拨通电话,问一系列的问题。调查者用一份问卷和一张答案纸,将访问内容用铅笔随时记下。采用此法,调查者集中在某个场所或专门的电话访问间,在固定的时间内开始电话访问工作,现场有督导人员进行管理。调查者都是经过一定训练的,一般以兼职的大学生为主,或其他一些人员。有些公司由于电话访问项目较多而设有专职的电话访问员。

计算机辅助电话访问是用一份按计算机设计方法设计的问卷,用电话向被调查者进行访问。计算机问卷可以利用大型机、微型机或个人计算机来设计生成。调查者坐在计算机前,头戴小型耳机式电话,通过计算机拨打所要的号码,电话接通之后,读出屏幕上显示出的问题,并直接将被调查者的回答(通常是相应的答案教学代码)用键盘输入计算机的记忆库中。采用此法,计算机会系统地指引调查者工作,检查答案的适当性和一致性。数据的收集过程是自然的、平稳的,而且访问时间大大缩减,数据质量得到了加强,数据的编码和录入等过程也不再需要。由于回答是直接输入计算机的,关于数据收集结果阶段性的和最新的报告几乎可以立刻得到。

电话访问主要应用于民意测验和一些较为简单的市场调查项目。要求访问的项目要少,尽量采用二项选择法提问,时间要短。为了克服电话访问的缺点,调查前可寄一封信或卡片,告知被调查者将要进行电话访问的目的和要求,以及奖励办法等。

(1)电话访问的优点

①速度快、费用低,可节省大量调查时间和调查经费。

②覆盖面广,可以对任何有电话的地区、单位和个人直接进行电话访问调查。

③可能访问到平时不易接触的被调查者。

④易于控制调查的质量,纠正调查本身的系统性误差。

(2)电话访问的缺点

①由于电话访问的项目过于简单明确,而且受到通话时间的限制,访问内容的深度远不及其他访问方法。

②电话访问的结果只能针对有电话的对象这一群体,不利于资料收集的全面性和完整性。

③无法出示调查说明、图片等背景资料,也无法使用调查的辅助工具。

④电话访问是通过电话进行的,调查者不在现场,无法观察到被调查者的表情和反应,因而很难判断所获信息的准确性和有效性。

4.邮寄问卷访问

邮寄问卷访问,是指将事先设计好的调查问卷,通过邮政系统寄给被调查者,由被调查者根据要求填写后再寄回,是市场调研中一种比较特殊的调研方法。

(1)邮寄问卷访问的优点

①费用低。与其他访问方法相比,邮寄问卷访问是实地调研中最便宜、最方便、代价最

小的资料收集方法。

②调查空间范围大。邮寄问卷访问可以不受被调查者所在地域的限制,没有调查者偏差。

③问卷篇幅可以较长,可以给予被调查者相对宽裕的时间作答,并且便于被调查者深入思考或从他人那里寻求帮助,避免被调查者受到调查者的倾向性意见的影响。

④匿名性较好。对于一些人们不愿公开讨论而市场决策又很需要的敏感性问题,邮寄问卷访问无疑是上选。

⑤适用于从那些难以面对面访问的人员处获得信息,包括由于"看门人"(门卫、保安、秘书)阻碍无法进行面对面访问的人和封闭式社区的居民。

(2)邮寄问卷访问的缺点

①问卷回收率低,因而容易影响样本的代表性。

②问卷回收期长、时效性差。

③缺乏对调查对象的控制。

④由于问卷或许是由指定地址之外的其他人填写,可能会出现错误的答复或不真实信息。

(3)提高邮寄问卷回收率的方法

①请受尊重的权威机构主办,将大大提高问卷的回收率。

②随问卷附上回寄的信封和邮票等。

③附加一点实惠性的东西,如给予一定的中奖机会、赠送一些购物优惠券、享受会员待遇等。

④加强问卷管理,在问卷发出后,试着做些事后性工作,如发跟踪信、寄明信片、打跟踪电话等。

5.留置问卷访问

留置问卷访问是由调查者当面将调查问卷交给被调查者,说明意图和要求,留下问卷,由被调查者自行填写,再由调查者按约定日期收回的一种访问方法。

(1)留置问卷访问的优点

①这种办法将"面谈"与"笔谈"结合起来,可以缩短访问的周期。

②可以降低调查者经验不足或调查者经验之间的差异对访问质量的影响。

③能够对被调查者回答的完整度和可信度给予及时评价和检查。

④可以保证问卷有较高的回收率。

(2)留置问卷访问的缺点

①访问地域范围有限

②费用较高。

③不利于对调查者的活动进行有效的监督,对调查者的责任心有较高的要求。

6.3.2 观察法

观察法是人们为认识事物的本质和规律,通过感觉器官或借助一定的仪器,有目的、有计划地对自然条件下出现的现象进行考察的一种方法。

观察法既有市场调研人员亲身经历的观察,又有借助特定的仪器把被观察者在一定时间内的行为记录下来,再从记录中查找所需要的市场信息的方法,后者主要是通过录音机、录像机、照相机及其他监听、监视设备来进行观察的。

1.观察法的类型

按照观察的对象,观察法可分为对人的行为进行观察和对客观事物进行观察两大类。

(1)对人的行为进行观察

人是市场调研客体中的重点之一。人的行为是通过人的一系列活动表现出来的,通过对人的各种活动,如表情、语言、声调和动作等的观察,就能了解被观察者的行为表现,通过科学的分析研究,进而掌握被观察者的内心活动及偏好,达到认识被观察者的调查目的。

对人的行为的观察可以分为两种。一种是对消费者的行为进行观察,这是对人的行为进行观察的主要内容,包括对消费者的购买行为和消费行为的观察,前者更为常见。调研人员可以深入购物现场,观察消费者的整个购买过程,效果很好。另一种是对经营者的行为进行观察。

(2)对客观事物进行观察

对客观事物的观察内容很广泛,通常可以分为对客观实物的观察和对客观实事的观察。所谓对客观实物的观察,是指对各种与调研问题相关的客观存在的实物进行观察,如对相关的商品、设备、建筑物、营业场所、商品陈列、商品包装和广告制作等进行观察,可以直接获得相关的资料。它是对客观实物的静态观察。所谓对客观实事的观察,是指对各种与调研问题相关的客观活动、客观过程、客观结果等事情进行观察,如对企业的经营活动、供求变化等的观察。它是对客观实事的动态观察。

2.观察法的优点和缺点

观察法是市场调查研究中的重要方法之一,也是市场调查中经常被采用的方法。它是一种非常古老的认识方法,在现代市场调查中由于各种观察工具的使用而得到进一步的发展和深化。与其他调查方法比较,观察法的优点和缺点是很明显的。在用观察法搜集市场资料时,应该扬长避短,充分发挥其优点,避免其缺点,减少观察误差。

(1)观察法的优点

①观察的直接性及可靠性。观察法最突出的优点,是可以实地观察市场现象的发生,能够获得直接的、具体的、生动的材料。对市场现象的实际过程和当时的环境气氛都可以了解,这是其他任何方法都不能比拟的。由于观察的直接性,所得到的资料一般具有较高的可靠性。

②适用性强。观察法对各种市场现象具有广泛的适用性。观察法基本上是由调查主体一方为主,而不像其他调查方法,要求被调查者具有配合调查的相应能力,如语言表达能力或文字表达能力,这就大大提高了观察法的适用性。

③简便易行,灵活性较大。在观察过程中,观察人员可多可少,观察时间可长可短;只要在市场现象发生的现场,就能比较准确地观察到现象的表现。参与性观察可以深入了解市场现象在不同条件下的具体表现;非参与观察则可在不为人知的情况下做灵活的观察。

(2)观察法的缺点

①观察活动必须在市场现象发生的现场。观察法的这种特点,使观察活动带有一定的

局限性,需要较多人力、物力,对于一些带有较大偶然性的市场现象,往往不容易把握其发生的时间和地点,或在现象发生时不能及时到达现场。

②观察法明显受到时空限制。观察法必须在市场现象发生的当时当地进行观察。从空间上它只能观察某些点的情况,而难于做到宏观的全面观察;从时间上它只能观察当时的情况,对市场现象过去的和未来的情况都无法观察。

③有些市场现象不能使用观察法。有些市场现象只适合于用口头或书面形式收集资料。如消费者的消费观念,对某些市场问题的观点、意见等。此外,观察法还常常由于观察活动使被观察者受到一定程度的干扰,而不能处于自然状态。同时,这种方法不易对现象进行重复观察,因为市场现象不会在不同时间、空间出现完全相同的表现。

6.3.3　实验法

1.实验法的含义

实验法是把调研对象置于一定条件下,改变影响对象的一个或几个因素为实验因素,进行小规模实验,通过观察分析,了解其发展趋势的一种调研方法。

实验法的应用范围很广。凡是某种产品或商品在改变它的质量、包装、设计、价格、广告宣传、陈列方法等因素时,都可以使用实验法进行调研。如在其他因素不变的情况下,要测定某一商品的价格变化对销售量的影响,可先进行小范围实验,通过价格调整观察消费者的反应和销售量的变化,然后根据实验结果判定价格调整的可行性。

(1)实验法的优点

①可以有控制地分析观察某些市场变量之间是否存在着因果关系,以及自变量的变动对因变量的影响程度。

②实验法取得的情况和数据比较可靠,可以排除主观估计的偏差,在定量分析上具有重要作用。

(2)实验法的缺点

①市场上的可变因素难以掌握,因而在一定程度上影响了对实验效果的评价。

②实验法只限于对目前市场变量之间关系的观察分析,无法研究过去的情况及对未来意见的了解。

③实验法所需的时间长,费用高,所选择的实验市场不一定有典型性。

2.实验法的调研步骤

实验法的调研步骤是先根据调研目的确定选择场外实验还是场内实验,之后确定特定的实验时间和特定的调研对象,然后进行正式实验,最后对实验资料进行分析研究,并对实验结果做出判断。

3.实验法的应用

(1)实验室实验法

实验室实验法是在室内进行实验性调研的方法。这在调研广告效果和选择广告媒体时常常被使用。例如,某企业为了解使用什么样的广告信息最吸引人时,可以找一些人到一个地方,每人发一本杂志,让他们从头到尾翻一遍,然后请他们回答杂志里哪几个广告最有吸引力,以为其设计广告提供一些有用的信息。

（2）销售区域实验法

销售区域实验法是把少量产品先拿到几个有代表性的地区或市场去试销,看一看在那里的销售情况如何,从中得到一些实际资料,然后再分析值不值得在全国推销。

（3）前后连续对比实验法

前后连续对比实验法是在同一企业中,在不同的给定条件下,对前后不同时期的实验对象加以对比观察,借以判定实验结果的一种方法。例如,某企业为了改进某产品的包装,选定在某商店组织一次新包装产品的实验性销售,对实验商店在改变包装前后一定时期内的该产品销售量做出统计,测定前后不同时期销售量的增减变动幅度大小,以分析实验因素对销售有无显著的影响,以及经济效益如何,据此就可以做出该产品推广新包装是否合适的决策。这种实验法简便易行,可用于企业判断采取改变花色、规格、包装、调整价格等措施是否有利于扩大销售、增加利润。运用这种方法,必须注意排除因时间不同而可能发生的其他非实验因素的影响。

本章小结

本章主要介绍了市场调研的基本概念及基本内容,市场调研的一般流程及市场调研资料收集的方法。

市场调研,是对那些可用来解决企业特定营销问题的信息所进行的设计、收集、分析和报告的过程。一般分为调研准备、正式调研和资料处理三大阶段,每个阶段又可分为若干具体步骤。

科学合理的调研方法是市场营销调研工作成败的重要制约因素,本章介绍了二手资料及原始资料的收集方法。针对二手资料收集的文案调研,其资料来源分为内部和外部两类,资料获取方法主要有查找、索讨、购买、交换和接收。在收集原始资料的实地调研中,人们广泛地运用访问法、观察法和实验法。访问法按访问形式不同分为入户访问、拦截访问、电话访问、留置问卷访问和邮寄问卷访问等;观察法按照观察对象不同分为对人的行为的观察和对客观事物的观察;实验法在应用时分为实验室实验法、销售区域实验法和前后连续对比实验法三种方法。

复习思考题

习题测试
参考答案

一、知识题

1.名词解释

（1）市场调研　（2）文案调研　（3）实地调研　（4）访问法　（5）观察法

2.单项选择题

（1）对所研究问题的特征和功能进行如实记录的调研属于　　　　　　　　　　　（　　）

　A.探测性调研　　B.描述性调研　　C.因果性调研　　　D.预测性调研

（2）文案调研与实地调研相比较　　　　　　　　　　　　　　　　　　　　　　　（　　）

A. 前者是后者的基础　　　　　　　　B. 后者是前者的基础

C. 二者没有任何关系　　　　　　　　D. 前三种说法都不对

(3)市场调研的一般流程,第一步是　　　　　　　　　　　　　　　　(　　)

　　A. 制定调研计划　　B. 确定调研目标　　C. 确定调研对象　　D. 明确调研时间

(4)_____是利用企业内部和外部现有的各种信息、情报资料,对调查内容进行分析
　　研究的一种调研方法　　　　　　　　　　　　　　　　　　　　　(　　)

　　A. 市场调研　　　　B. 实地调研　　　　C. 文案调研　　　　D. 抽样调研

(5)所谓_____,即要求考虑所收集资料的时间是否能保证调查的需要,能否反映最
　　新市场活动情况　　　　　　　　　　　　　　　　　　　　　　　(　　)

　　A. 相关性原则　　　B. 时效性原则　　　C. 系统性原则　　　D. 经济性原则

(6)_____是目前普及面最广、使用最多的调研方法,也是比较容易被企业接受的调
　　研方法　　　　　　　　　　　　　　　　　　　　　　　　　　　(　　)

　　A. 市场调研　　　　B. 实地调研　　　　C. 文案调研　　　　D. 抽样调研

(7)观察法最突出的优点是_____,因此,所得到的资料一般具有较高的可靠性

　　　　　　　　　　　　　　　　　　　　　　　　　　　　　　　(　　)

　　A. 效用性　　　　　B. 实用性　　　　　C. 可靠性　　　　　D. 直接性

(8)_____基本上是由调查主体一方为主,而不像其他调查方法,要求被调查者具有
　　配合调查的相应能力　　　　　　　　　　　　　　　　　　　　　(　　)

　　A. 访问法　　　　　B. 邮寄法　　　　　C. 观察法　　　　　D. 实验法

(9)_____主要应用于民意测验和一些较为简单的市场调查项目　　　(　　)

　　A. 入户访问　　　　B. 拦截访问　　　　C. 电话访问　　　　D. 邮寄问卷访问

(10)某种产品或商品在改变它的质量、包装、设计、价格、广告宣传、陈列方法等因素时,
　　都可以使用_____进行调研　　　　　　　　　　　　　　　　　(　　)

　　A. 访问法　　　　　B. 邮寄法　　　　　C. 观察法　　　　　D. 实验法

3.多项选择题(下列各小题中正确的答案不少于两个,请准确选出全部正确答案)

(1)内部文案信息的来源有　　　　　　　　　　　　　　　　　　　　(　　)

　　A. 统计年鉴　　　　B. 企业统计资料　　C. 企业财务资料　　D. 报刊文献资料

(2)文案调研的方法有　　　　　　　　　　　　　　　　　　　　　　(　　)

　　A. 查找　　　　　　B. 索讨　　　　　　C. 购买　　　　　　D. 交换　　E. 接收

(3)入户访问的优点有　　　　　　　　　　　　　　　　　　　　　　(　　)

　　A. 灵活性强　　　　B. 直接性强　　　　C. 调查有深度　　　D. 调查成本低

(4)邮寄问卷访问的缺点有　　　　　　　　　　　　　　　　　　　　(　　)

　　A. 问卷回收率低　　B. 问卷回收期长　　C. 调查空间范围小　D. 调查成本高

(5)用于原始资料的收集方法有　　　　　　　　　　　　　　　　　　(　　)

　　A. 文案调研　　　　B. 入户访问　　　　C. 销售区域实验调研　D. 留置问卷访问

4.简答题

(1)市场调研的步骤有哪些?

(2)如何提高邮寄问卷访问法的问卷回收率?

(3)简述观察法的优缺点。

二、能力题

1.综合题

运用本章所学的调研方法,对学校所在城市的投资环境进行调研。

2.案例分析题

新可口可乐的调研失误

20世纪70年代中期以前,可口可乐占据美国饮料市场的头把交椅,市场份额达到80%,年销售增长速度高达10%。然而,百事可乐的迅速崛起对可口可乐造成了很大威胁。1975年全美饮料业市场份额中,可口可乐领先百事可乐7个百分点;1984年,可口可乐领先3个百分点,市场地位逐渐呈势均力敌之势。

百事可乐的口感稍甜、柔和,再加上投放了大量动感而时尚的广告,赢得了年轻人的喜爱,也拥有了"年轻人的饮料"的形象。

为了找出可口可乐衰退的原因,可口可乐公司推出了一项代号为"堪萨斯工程"的市场调研活动。

1982年,可口可乐公司深入全国10个主要城市,进行了大约2000次的访问,想调查口味因素是否是可口可乐市场份额下降的主要原因,同时征询消费者对新口味可口可乐的意见。于是,他们在问卷设计中增加了例如"你想试一试新饮料吗?""可口可乐味道变得更柔和一些,你是否满意?"等问题。

调查结果最后显示,消费者愿意尝试新口味的可乐。这一结果证实了可口可乐决策者的想法——秘不告人长达99年的可口可乐配方已经不再适合今天消费者的需要了。于是,满怀信心的可口可乐开始着手开发新口味可乐。

可口可乐公司向世人展示了比老可乐口感更柔和、味道更甜、泡沫更少的新可口可乐样品。在新可乐推向市场之初,可口可乐公司又不惜血本进行了又一轮的口味测试,花费400万美元在13个城市中邀请20万人品尝无标签的新、老可乐。结果60%的消费者认为新可乐比老可乐好,52%的人认为新可乐比百事可乐好。新可乐的受欢迎程度一下子打消了决策者原有的顾虑。于是,新可乐被隆重推向市场。

然而,新可乐配方并不是每个人都能接受的,消费者的愤怒情绪如火山爆发般难以驾驭。消费者之所以愤怒,是因为他们认为99年秘不示人的可口可乐配方代表了一种传统的美国精神,而热爱传统配方的可口可乐就是美国精神的体现,放弃传统配方的可口可乐意味着一种背叛。许多人开始发起抵制新可乐的运动,可口可乐公司每天都会收到来自愤怒的消费者的成袋的信件和几千个电话。而当时,已停产的老口味的传统可乐被视为紧俏货,价格不断上涨。

面对如此强大的压力,公司决策者开始动摇了。在随后推出的又一次消费者意向调查中,30%的人说喜欢新口味的可口可乐,而60%的人却明确表示拒绝新可口可乐。故此,可口可乐公司又一次恢复了传统配方的可乐生产。这样,在不到3个月的时间里,公司花费了400万美元、进行了长达两年的调查就最终宣告失败。

资料来源:根据百度文库相关资料整理。

问题:

新可口可乐调研失误的原因何在?对企业的营销决策影响如何?

第7章

目标市场营销

学习目标

知识目标	技能目标
◆ 了解市场细分的不同层次	◆ 能够运用目标市场营销战略开展市场营销活动
◆ 掌握目标市场营销战略的三个步骤	◆ 学会在不同条件下运用相适应的市场细分方法
◆ 了解消费者市场、组织市场及国际市场细分的主要变量和细分方法	◆ 熟悉不同类型市场细分的执行过程
◆ 理解企业目标市场选择的三种战略及其运用条件	◆ 能够为企业营销战略进行有效的市场细分
	◆ 能够为企业确定合适的目标市场
◆ 掌握通过市场定位获得竞争优势最大化的方法	◆ 能够为企业目标市场选择合适的定位

导入案例

瓜子二手车直卖网的定位

随着国内汽车市场高速发展,二手车交易也日渐繁荣,主要集中于4S店、车商、黄牛等线下交易。2014年开始,网上二手车交易开始起步,诞生了各种交易平台,如优信二手车、平安好车、人人车……还有很多原来在线下的交易也放到线上来。同时,也存在着各种各样的模式:有B2B模式,即车商卖给车商;有C2B模式,即个人卖家卖给车商;有C2C模式,即个人与个人交易;等等。网上二手车交易已经开始出现分化,不同的模式各有自己的特点,有的"速度快",有的"价格高"……各有优势。"赶集好车"原来是赶集网上关于二手车信息发布的频道,2015年9月转型为二手车交易网站并正式更名为"瓜子二手车直卖网",从事的是C2C(个人对个人)交易的模式。

瓜子二手车直卖网(简称瓜子网)在成立之后的一年当中投入 10 亿广告费,覆盖全国 50 个重点城市的线下广告,向目标消费者推广其品牌定位——"瓜子二手车直卖网:个人直接卖给个人,没有中间商赚差价"。这一品牌定位语,强调了瓜子网的交易模式是"直卖",以及它的好处是"没有中间商赚差价",简单明了地向消费者传递了瓜子网的市场定位。"直卖"是相对于传统的线下交易而言,对比传统线下交易,C2C 交易最大的特点就是"个人卖家直接把车卖给个人买家",所以瓜子网在网站名称上以及广告语上都突出了这种简洁明了的业务命名——"直卖"。在消费者的认知中,与"直卖"一词相对的就是"不是直接交易,而是有中间商赚差价"的传统线下交易方式。因为瓜子网最大的生意来源是线下二手车交易市场,"没有中间商赚差价"非常清晰地传递出去以后,很多原来在线下交易的顾客就被吸引过来。这些顾客不再去找4S店和黄牛了,转而直接到瓜子网来交易。因此这个广告语就通过"直卖,没有中间商赚差价"这样与线下二手车交易方式的对比突出了瓜子网所属的交易品类,使得瓜子网成为第一次进入消费者认知的"直卖网"这一品类的代表,强化了消费者对瓜子网的认知。

一年以后这种定位传播的效果开始显现,市场咨询机构华通明略发布的二手车市场调查报告显示,2016 年瓜子网的成交额达到 200 多亿,市场份额占比(51.4%)比第二名(人人车,18.9%)、第三名(58 同城,14.6%)和第四名(优信,4%)的总和还要高出 14%。其中,瓜子网 2016 年 12 月份的交易额正式跨入 30 亿元门槛,从成立之后持续一年保持月增幅超过 20%的高速增长。报告还显示在调研的用户中,有超过 7 成消费者在无提示情况下对瓜子二手车品牌有更深刻的认知。与同类品牌认知度呈下降趋势相比,瓜子网在二手车行业的领先优势愈加稳固。

与此同时,瓜子网新的广告又开始投放,广告语是"瓜子二手车直卖网,没有中间商赚差价,车主多卖钱,买家少花钱。创办一年,成交量就已遥遥领先。买卖二手车,当然上瓜子"……

资料来源:根据中国质量新闻网 2017-02-08 新闻整理。

案例分析题

第二次世界大战后,随着经济和社会生活越来越丰富,处在买方市场情况下的西方企业纷纷开始实行目标市场营销。目标市场营销即企业识别各个不同购买者群体的差别,有选择地确认一个或几个消费者群体作为自己的目标市场,发挥自己的资源优势,满足其全部或部分的需要。目标市场营销是市场营销理论和实践极有意义的进步,是现代营销的核心战略。目标市场营销主要包含有三个步骤,市场细分(Segmenting)——目标市场选择(Targeting)——市场定位(Positioning),所以又被称为 STP 战略,如图 7-1 所示。

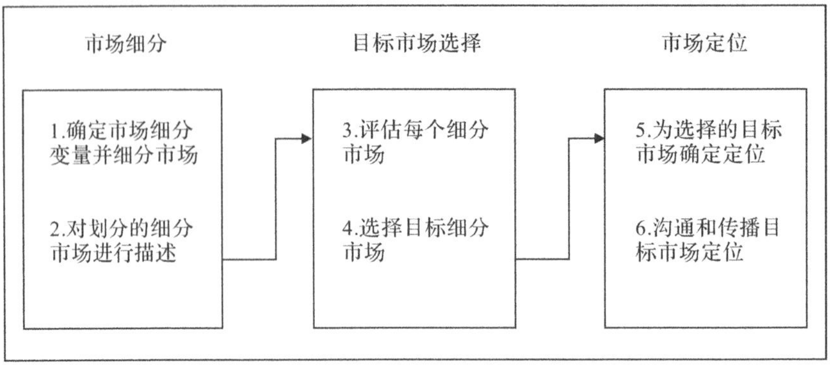

图 7-1 目标市场营销的步骤

7.1 市场细分

市场细分是根据消费者的消费需求和购买习惯的差异,将整体市场划分为由许多消费需求大致相同的消费者群体所组成的子市场群。这种按照一定标准将整个市场划分开来的活动又被叫作市场分割、市场区隔化。一个细分市场由有相似需求的顾客所组成,这些顾客应该被确定是对某种营销刺激有类似反应的消费者群体,而不同细分市场的消费者群体对这种营销刺激应该有不同的反应。

经典人物

市场细分之父:温德尔·史密斯

市场细分的观点是美国学者温德尔·史密斯在 20 世纪 50 年代提出的,它的理论依据是消费需求的绝对差异性和相对同质性。消费需求的绝对差异性造成了市场细分的必要性,消费需求的相对同质性则使市场细分有了实现的可能性。市场细分理论的提出被看作是市场营销学的"第二次革命",是继以消费者为中心的观念提出后对营销理论的又一次质的发展,它的出现使营销学理论更趋于完整和成熟。

市场细分可以帮助营销人员界定可选择的产品市场,描述这些市场中的消费者有怎样的特征,从而确定营销活动所要面向的市场范围。营销人员在进行营销活动前常常需要确定市场范围,包括将对市场提供怎样的产品,如何定位这种产品,什么样的消费者会购买这些产品,他们对价格以及促销价格的感知如何,以及这些消费者希望通过购买该产品得到怎样的利益等。

资料来源:根据维基百科相关资料整理。

7.1.1 市场细分的层次及模式

1. 市场细分的层次

福特汽车公司在早期仅靠一种黑色 T 型汽车就取得了市场销售的成功并占有巨大的市场份额，可口可乐公司曾经也只卖一种 6.5 盎司(1 盎司＝29.27 毫升)的瓶装可乐。有很多公司仅生产一种单一的产品面向所有市场销售，这就是大众化营销。但是当今更多的企业采用的是相对应的微观营销策略，也就是重视市场需求的差异从而以差异化的产品和营销手段影响不同市场范围，从而在不同的部分市场获得竞争优势的策略。微观营销策略分为四个层次：细分、补缺、本地化和个别化。

(1)细分市场营销策略

在这种策略下，营销人员需要通过一些工具分析市场，以确定一些变量，并根据它们将整个市场(所有购买者)划分为不同的细分市场(不同的购买者)，并且需要了解这些细分市场的购买特点，以确定自己的产品以怎样的差异性在目标消费群体心目中与竞争产品相区分。营销人员不能创造出细分市场，但是需要辨别细分市场并确定以哪些子市场作为目标市场。细分市场营销的优点在于，企业在细分市场中能更清楚地辨别出竞争者的状况，开发出针对目标受众的产品并制定更合适的价格，能更容易选择最好的分销渠道和传播渠道。为了达到细分市场下的规模经济，降低生产及分销成本，很多企业的细分市场策略会采用基本方案＋选配方案的形式来设计产品，比如汽车、金融产品等的销售中就会有标准版和可选的装配或服务项目。

(2)补缺营销策略

补缺营销策略也称利基市场营销，是企业对市场的细分更加深入细化的一种策略，也是第 4 章中市场补缺者企业采用的策略。利基是更窄的细分市场中的消费者群体，这个市场需要有足够的规模、利润和成长潜力且还未引起竞争者注意，有吸引力的利基市场的顾客愿意为满足他们需要的产品支付溢价。当今市场中有大量企业采用这种策略，不仅仅是像法拉利这样生产专业化产品的企业，像广东格兰仕集团这样的地区性企业，像宝洁公司、强生公司等实力强劲、产品覆盖面广的公司，也在众多利基市场成功运用补缺营销策略。除此之外，更多的小微企业也能够通过实施这种策略得到更高的营销效率和更大的生存发展的空间。

(3)本地化营销策略

这是营销人员采用地区和本地化的营销方法，把营销方案按照区域划分成符合本地顾客群需要的计划。例如，肯德基、麦当劳等快餐店会根据不同地区顾客的口味改进它们标准化的配餐口味，甚至改变品种以及店面设计等。羽绒服的生产厂家会根据各地区气候的差异调整羽绒服的含绒量、厚度甚至款式等。而当企业营销活动的重点更在乎终端时，对于不同城市甚至不同零售卖场的布局也是带有地区性差异的。对于很多企业来说，这种策略也是对市场的进一步细分，是希望在本地市场获取更多销量和利润的策略。这种策略除了更贴近当地市场外，还有一个优势就是可以节省昂贵的全国性广告费用。但是很多企业也认为在考虑品牌整体形象的前提下，需要在本地化和统一化之间找到一个平衡。

（4）个别化营销策略

这是市场细分的最后一个层次，所谓的个别化营销就是"细分到个人""定制营销"或"一对一营销"。当市场被细分到极致的时候就是个别化营销。这是一种古老而又新鲜的策略。古老是因为在没有实现工业化生产的时期，商业活动往往采用定制方式，而很多高级定制企业也保留到现在，并仍然沿用这种营销方式。新鲜则是因为信息革命使得工业生产的企业也可以实现大众化定制的生产及运营。在传统市场细分中，这在每个个体或营销对象上会耗费较高的成本，但是在顾客数据库以及先进的生产采购物流信息化系统支持下，这种新的策略拥有非常巨大的潜力和效力。比如在服务行业，自助性的服务正被越来越多地采用，因为顾客可以自由地选择与搭配，企业的任务只是提供更多更有吸引力的搭配的选择；而制造企业则通过生产技术的进步达到顾客个人需求的定制和更快的生产周期，以满足每一个顾客的要求。

扩展阅读 7-1

顾客化定制营销

今天，顾客化定制营销正在卷土重来，而且是采取了斯坦利·戴维斯所称的大众顾客化的新形式。大众顾客化是指以批量为基础，从事大量的个人产品制作，有满足每个顾客的要求的能力。

在美国已有这样的商店，购买者从店内电脑中 150 种样品里挑选织物，摄影机与电脑相连，计算出的你尺寸并打印出合身的衣服。日本的自行车制造商灵活地根据各个购买者的需要生产各种自行车。顾客参观当地的自行车商店，店主测绘出客户对车身的特殊要求，然后送工厂复制。在工厂里，其规格输入电脑，电脑绘制出蓝图然后指挥机器人生产。该工厂在 18 种自行车的 199 种颜色和人们的身材高矮中约有 11231862 种变化，价格也从 545 美元到 3200 美元不等。客户在两星期后就能骑上由自己设计、机器制造的自行车。

服务也可以实现顾客化定制。与传统广告相比，微博广告采取了基于社交关系的"兴趣图谱"推荐引擎，使微博广告更具有针对性，实现了从流量购买到用户投放的转变。新浪微博 2012 年第二季度推出基于用户资料和兴趣研发的新的精准广告系统。这是一种透过分析微博用户的关系，然后进行精准投放、个性化投放的广告形式。比如说，一个微博用户经常关注的是热门电影等微博的话，对应的平台就会向其重点发放电影相关的广告。一方面，这类广告是基于一个人的兴趣出发的，每个人在自己微博的个人页面上看到的广告是不一样的，而且这类广告能够通过微博上的好朋友互相转发。另一方面，社交广告是一种展示式的广告，跟传统展示式广告一样，它基于用户发布的内容、用户的行为以及用户之间的关系来分析用户喜欢什么、关注什么、和朋友讨论什么，然后投其所好在用户的个人页面上安放相关的广告。这能够真正做到顾客化定制的广告投放，从而得到更有效的点击访问效果，以及利用广告对应的应用页面吸引粉丝互动，激励用户分享，创造口碑效应。

总之，由于顾客化定制营销成本的下降，它已与细分市场的费用成本相差不大，越来越多的公司将转向顾客化定制营销。某些人建议将顾客化定制营销更名为"顾客定制化营销"。

资料来源：《营销管理：分析、计划、执行和控制》（第 8 版）（菲利普·科特勒），上海人民出版社（1997）。

2. 市场细分的模式

通常情况下营销人员沿用公司过去采用的相关决策是比较稳妥的方法,但是在竞争激烈、市场环境多变的今天,营销人员有必要重新考虑细分市场并对消费者进行更准确的了解。这时就需要对市场进行细分并对不同细分市场的购买者特征进行描述,也就是在图 7-1 中所对应的两个内容:一是确定细分变量(以怎样的标准来划分市场),并按照这些变量将市场进行细分;二是描述细分市场轮廓,即对划分完毕的细分市场的购买者特征进行描述,以利于进入下一个战略步骤。细分变量其实就是消费者需求差异的不同表现形式。这些变量可以有无数种,每一种都可以作为市场细分的标准,但是要想使划分出的细分市场更有效则并不容易,因此会有一些经常采用的市场细分的模式,比如行为变量优先的细分模式、描述变量优先的细分模式以及其他一些模式。

(1)行为变量优先的细分模式

行为变量优先的细分,就是找到不同细分市场中某种消费行为的差别作为市场细分基础,然后寻找以此为基础划分的这些细分市场的合适描述变量并进行描述。如果一定要求预测精确度高而不计成本及时间,那么采用这种细分模式非常适合;反之,如果要求简便快捷而可以容忍细分结果可能会失效,那么可以考虑更为常用的描述变量优先的细分模式。

(2)描述变量优先的细分模式

这种细分模式,直接根据经验数据或现状确定一系列描述变量作为市场细分的基础。这种细分模式的细分步骤相对简单,即根据确定的描述变量列表形成初始的市场细分,然后对这些细分市场进行行为数据的收集和统计。在这两种模式中都需要找到行为变量和描述变量,区别仅在于采用哪种作为市场细分的基础。

(3)其他模式

市场细分是很灵活多变的,并不局限于上述两种主要的模式。因为一次细分研究中的特定变量取决于研究的目的和企业面临的战略选择,企业往往可以采用复合变量来对市场进行综合的细分。此外,由于超市扫描仪以及网络交易获取的销售数据的增加,营销人员能够通过数据挖掘直接获得消费者的购买反应,从而不需要采用传统行为变量来进行市场细分的分析。企业只需要建立自己的销售数据库进行分析,或者向专业研究公司购买研究结果就可以了。

+-+

扩展阅读 7-2

行为变量和描述变量细分的方法

行为变量优先的细分模式通常采用的细分步骤是:①确定感兴趣的行为;②通过一个消费者样本来测量;③将样本聚类为细分市场;④找到每个细分市场相应的描述变量。三种核心的行为变量分别是知觉、利益和偏好,表 7-1 显示了一个成功的利益细分的例子,它是学者黑利所做的牙膏市场的细分结果。

表 7-1　牙膏市场的利益细分表

利益细分市场	寻求的主要利益	人口统计范围	特有的行为特征	生活方式等心理特征	偏好的品牌
经济细分市场	低价	男人	大量使用者	高度自主者,重价值	廉价品牌
健康细分市场	防蛀	大家庭	大量使用者	疑病症患者,保守	佳洁士
社交细分市场	洁白牙齿	青少年、年轻人、成年人	抽烟者	高度爱好交际,积极	麦克莱恩斯、超级布赖特
情感细分市场	气味好及漂亮的产品外观	儿童	薄荷香味喜欢者	高度自我介入,享乐主义	高露洁、艾姆

　　黑利的调研显示了四个细分市场寻求不同的利益,即低价、防蛀、洁白和气味。每个追求利益的群体都有其特定的人口统计方面的、行为和心理方面的特点及偏爱的品牌。利益寻求的不同是与特定的描述变量有关的,因此牙膏公司就能够利用这些调查的结果,确定目标市场、开发适合目标群体利益诉求的牙膏,并进行有针对性的广告传播。这个例子中给出的只是细分的结果,黑利是如何确定这四种利益则有更为复杂的测量、调研以及分析过程。具体来说,测量知觉有直接询问和知觉图两种测量方法;测量利益则有直接询问、知觉图以及联合分析三种方法;偏好的测量相对简单,可以采用直接询问的方法。

　　表 7-2 显示的根据收入和教育划分的家庭细分市场上家庭啤酒消费金额的例子是描述变量优先细分模式的典型代表。营销人员根据家庭年收入和教育年限列表形成了表格中不同单元格的细分市场,然后根据历史数据填入每个单元格中消费群体每年购买啤酒的费用。这样,营销人员对于每个单元格的细分市场上家庭啤酒消费水平就有很清楚直白的评估,同时也清楚每个单元格消费群体的收入水平和教育程度。

表 7-2　根据收入和教育划分的家庭啤酒年消费金额　　　　　　（单位:美元）

家庭年收入	家庭成员受教育年限				
	6	10	12	14	16
少于 9000	30.03	19.59	18.54	36.81	46.53
9000～14999	83.22	60.81	35.10	52.20	5.37
15000～23999	75.69	78.09	67.89	72.81	50.40
24000～29999	83.16	72.63	96.42	63.84	69.69
30000～44999	102.72	72.15	64.62	61.89	72.54
45000 以上	109.74	37.50	70.47	117.51	53.58

　　资料来源:《战略营销分析》(约瑟拉·拉奥、乔尔·斯特克尔),中国人民大学出版社(2001)。

7.1.2　市场细分的变量

　　如在市场细分模式中谈到的,市场细分的本质是根据顾客需求的差异进行细分,而顾客需求的差异可以从不同的方面来表现,因此就会有许多变量来表现这种差异,这些变量都可以作为市场细分的基础。表 7-3 中列举了一些常用的细分变量,并且按照消费者市场、组织市场和国际市场进行了区分。

表 7-3 各类市场的常用细分变量

组织市场	
描述变量	行为变量
● 人口统计变量	● 寻求的利益
性别、年龄	● 使用的期望
婚姻状况、子女数量和年龄	购买行为和忠诚模式
生命周期阶段	使用特征(使用者/非使用者、大量/少量使用者)
亚文化	积累忠诚度
种族、同种文化的民族	● 顾客参与和传播行为模式
地理位置	信息接收和说服模式
收入水平	创新性
教育程度	● 品牌行为
职业	忠诚度
社会地位	态度、目的
● 心理变量(个性和生活方式)	知觉
个性	偏好
态度	● 对市场营销组合元素的敏感性
兴趣	产品
观点	价格
生活方式	广告
	促销
	● 使用或消费的时机
组织市场	
描述变量	行为变量
● 一般组织特征	● 寻求的利益
SIC 行业代码	● 产品的使用状态
规模、地理位置	● 忠诚度
结构(权力关系、薪酬体系、采购方法)	● 购买过程
技术	● 态度
● 心理变量	● 知觉
成功动机、对待风险的态度	● 偏好

续表

组织市场	
描述变量	行为变量
冲突的总体程度	
组织氛围	

国际市场	
宏观变量	微观变量
● 经济发展水平	● 人口统计变量
国民生产总值、人均国民收入	地理区域、气候、人口规模等
工业化程度、城市化程度	年龄、性别、家庭规模和类型、收入、职业
交通运输状况、文盲率	文化程度、宗教、种族、国籍、社会阶层
● 经济政治同盟	生活方式、个性
欧盟、东盟、北美自由贸易区等	● 行为变量
● 文化背景	寻求的利益
物质文化、社会组织、审美观念、语言文字	购买行为及过程(用户状况及使用频率)
宗教信仰	偏好、态度(原产国知觉)
● 地理位置	对营销组合元素的敏感程度

1.消费者市场细分变量

(1)人口统计变量

人口统计变量包括年龄、性别、收入、教育水平、家庭规模、宗教、种族等直接反映消费者自身特点的众多因素,它们来源于消费者自身,而且较易测得,所以一直是消费者市场细分的重要因素。

例如,性别细分一直运用于服装、理发、化妆品和杂志领域;以收入水平细分市场是汽车、服装、旅游等行业的长期做法;按年龄将消费者分为青年、中年、老年等不同的消费者群体在食品、娱乐等行业很普遍。但是,越来越多的情况是,企业采用多种人口统计变量综合地进行市场细分,尤其是当单一变量无法准确划分时。例如,某服装公司以性别、年龄和收入三个变量将市场划分为多个细分层面,每个层面有更细致的描述,如企业可为收入在5000元/月以上的年轻女性市场提供高档职业女装。

以地理因素为依据来划分市场,是一种传统的市场细分。地理因素包括洲际、国别、区域、行政省市、城乡、气候条件和其他地理环境等一系列的具体变量。由于地理环境、气候条件、社会风俗和文化传统的影响,同一地区的消费者往往具有相似的消费需求,而不同地区的消费者在需求内容和特点上有明显差异。"一方水土养一方人",生活在草原和山区、内陆和沿海、温带和寒带、城市和乡村的人们有各自不同的需求和偏好。此外,市场位置的不同往往使得某一产品的市场潜量和成本费用有所不同,企业应选择那些自己能最好地为之服务的、效益高的地理市场为目标市场。

（2）心理变量

消费者的心理变量是关于消费者自身较深层次的因素,除了生活方式和个性,其他心理变量在第 5 章中也有介绍,此处不做详细描述。生活方式是影响消费者的欲望和需求的一个重要因素。人们的生活方式不同,对商品的需求也就不同。想弄清楚消费者的心理因素是很复杂的,如同对消费者行为变量的研究一样耗时长且费用昂贵,因此企业通常会购买调查公司的标准化划分的产品而非自己去调查。这类产品中非常著名的有斯坦福国际研究院的 VALS(价值观和生活方式)项目和克拉瑞塔斯市场研究公司的 PRIZM(邮政区划潜在市场评级指数),它们都是对美国市场消费者生活方式的划分。中国的市场研究界也开发了基于中国消费者的 CHINA-VALS,如表 7-4 所示。关于这几种产品在消费者行为学课程中会有更详细的介绍,此处不再赘述。

表 7-4　CHINA-VALS 对消费者的分类及比例

三大派	积极形态派(40.41%)						求进务实派(40.54%)					平稳现实派(19.05%)	
族群	理智事业族	经济头脑族	工作成就族	经济时尚族	求实稳健族	消费节省族	个性表现族	平稳求进族	随社会流族	传统生活族	勤俭生活族	工作坚实族	平稳小康族	现实生活族

另一个重要的心理变量是个性,消费者的个性往往影响了其购买决策和购买行为,可以说,消费过程就是他们自觉和不自觉地展示自己性格的过程。为此,营销者越来越注意针对他们的产品赋予品牌个性,树立品牌形象,以符合相对应的目标消费者的个性,求得目标市场的认同。例如,各汽车公司的子品牌就是根据不同的个性来进行细分的。个性的确定需要企业对消费者进行市场调查来实现,通常是用体现消费者态度、兴趣和观点(AIO)的问卷调查。这些心理方面的测量都是已经成熟的量表,在企业和市场调查公司中往往都会有标准化的问卷,因此企业可以选择自己调查或委托市场调查公司调查。表 7-5 列举了一些AIO 问题的例子。

表 7-5　AIO 问题举例

1	总体而言,理解自己的内心世界比出名、有权、有钱更重要
2	对我来说,感到自己是团队的一分子是至关重要的
3	我宁愿在家里度过一个安静的晚上,也不愿意去参加聚会
4	空气污染是世界范围内的主要祸害

（3）行为变量

所谓的行为因素,是指和消费者购买行为习惯相关的一些变量,包括购买时机和频率、寻求的利益、使用情况和消费者对品牌的忠诚度等。

根据购买者产生需要、购买和使用产品的时机,可将他们区分开来。例如,航空公司专门为度假的顾客提供特别服务。时机细分可以帮助企业拓展产品的使用范围,原来仅在早餐时饮用的橙汁,通过公司的宣传开始在晚餐、宴会和休闲时饮用,从而扩大了销量。

按消费者对产品所寻求的不同利益,将其归入各群体,是另一种卓有成效的市场细分方式。消费者对产品和品牌的选择出于不同的动机。例如,消费者都需要牙膏,但希望获得的利益却不同：或为了洁白牙齿，或为了清新口气，还有的为了防治牙病。

大量使用者所消费的商品数量在消费总量中占很大比重，且大量使用者往往有某些共同的人口统计、心理方面的特征和接受某种传播媒体的习惯。例如，美国一家市场研究公司曾发现，大量喝啤酒者大多数都是工人，他们年龄在 25—50 岁之间，每天看电视 3.5 小时以上，而且最喜欢看体育节目。

品牌忠诚度指消费者对某种品牌的偏好和经常使用程度。据此可将消费者分成四类：坚定忠诚者——这类消费者始终不渝地只购买一种品牌的商品，即使遇到该品牌商品缺货，他们宁肯等待或到别处寻找；不坚定的忠诚者——这类消费者忠诚于两三种品牌，时而互相替代；转移型忠诚者——这类消费者会从偏好一种品牌产品转换到偏爱另一种品牌的产品；非忠诚者——这类消费者对任何品牌都无忠诚感，他们有什么品牌就买什么品牌，或者想尝试各种品牌。零售商忠诚度分析则被用于考察消费者对商店的偏好程度。

在市场中，消费者还可以按他们对产品的热情程度分为五种不同态度的群体：热情、肯定、无兴趣、否定和敌视。针对持有这五种不同态度的消费者，企业应当酌情运用不同的营销措施。例如，对敌视本企业产品的消费者，企业应仔细分析原因所在，通过恰当的手段改变其态度。

2. 组织市场细分变量

许多用来细分消费者市场的变量，同样可以用来细分组织市场。组织购买者可以按地理因素、寻求的利益和使用率等加以细分，但还需使用另外一些新的变量。通常情况下，组织市场比消费者市场的购买过程更加复杂，涉及更多人以及需要建立长期合作关系，因此很难有类似于消费者市场中通用的细分工具。

博纳玛和夏皮罗提出了组织市场的主要细分变量，如表 7-6 所示。他们还指出人口变量最重要，其次是经营变量，直至顾客的个人特征等。表格列出了业务营销者在确定其细分市场和为之服务的客户时必须考虑的问题。

表 7-6　组织市场的主要细分变量

主要细分变量
人口变量
·行业：企业应把重点放在购买这种产品的哪些行业？
·公司规模：企业应把重点放在多大规模的公司？
·地理：企业应把重点放在哪些地区？
经营变量
·技术：企业应把重点放在哪些顾客重视的技术？
·使用者情况：企业应把重点放在大量、中度、少量使用者，还是非使用者？
·顾客能力：企业应把重点放在需要很多服务的顾客，还是只需要很少服务的顾客？
采购方法
·采购职能组织：企业应把重点放在采购组织高度集中的公司，还是采购组织高度分散的公司？
·权力结构：企业应把重点放在工程技术人员占主导地位的公司，还是财务人员占主导地位的公司？
·现有关系的性质：企业应把重点放在现在与其有牢固关系的公司，还是追求最理想的公司？
·总采购政策：企业应把重点放在乐于采用租赁、服务合同、系统采购的公司，还是采用秘密投标等贸易方式的公司？
·购买标准：企业应把重点放在追求质量的公司、重视服务的公司，还是注重价格的公司？

主要细分变量

情境因素

- 紧急：企业应把重点放在那些要求迅速和突然交货的公司,还是提供服务的公司?
- 特别用途：企业应把重点放在本公司产品的某些用途上,还是全部用途上?
- 订货量：企业应把重点放在大宗订货,还是少量订货?

个性特征

- 购销双方的相似点：企业是否应重点放在那些人员与价值观念与本公司相似的公司?
- 对待风险的态度：企业应把重点放在敢于冒险的顾客,还是避免冒险的顾客?
- 忠诚度：企业是否应把重点放在那些对供应商非常忠诚的公司?

依照他们的观点,企业必须首先确定它为哪个行业服务,在选择的目标行业中,企业应进一步细分客户规模,同时应对大客户和小客户单列计划。

3. 国际市场细分变量

从事国际营销的企业,都应该对国际市场采取细分策略,有针对性地在目标市场开展营销活动。这就需要选择一定的细分依据来分割世界市场。一般说来,先要按宏观细分标准对世界市场进行细分,以确定目标市场的大致范围;之后再按微观细分标准从消费品市场和工业用品市场两方面对国际市场进行细分。

(1)国际市场宏观细分的依据

①经济发展水平。考察一个国家的经济发展水平要综合下列指标:国民生产总值及人均国民收入、工业化程度、城市化程度、交通运输状况和文盲率等。依据这些标准可以将世界200多个国家分为若干个国家群。例如,发达国家就可以划分为一个国家群;同时,还可以依据工业化程度等将发展中国家分成新兴工业化国家和一般发展中国家。

②经济政治同盟。经济政治同盟是国家间实行的某种形式和程度上的结合,对世界经济和国际营销都产生了重要的影响。按经济政治同盟细分国际市场,有利于国际营销的开展。世界上经济政治同盟很多,如欧洲联盟(简称欧盟)、美加墨自由贸易区(简称北美自由贸易区)、东南亚联盟(简称东盟)、安第斯条约组织等。

③文化背景。国际市场还可以按文化背景细分为不同的国家群。由于文化背景的相似,同一国家群的消费者在生活方式、产品需求以及对营销因素的反应上表现得大致相同。世界上的各种文化群有很多,考察和研究每一个国家的文化背景,并对其进行归类,是一项十分艰巨的任务。企业一般的做法是按照文化的四要素,即物质文化、社会组织、审美观念和语言文字,去衡量各个国家,然后再进行分类。以这种方法细分国际市场,就是综合文化的各个方面,将大致相同的国家归为一类。如将美国、加拿大、英国归为一个国家群,将沙特阿拉伯、科威特等中东国家划分在一起。

宗教信仰也会直接渗入信教国的物质文化、语言、生活方式、审美态度、社会组织,乃至政治和经济领域之中。依据宗教信仰的异同,也可以将世界各国分割成不同的国家群。

④地理位置。对于国际营销来说,地理位置无疑是个重要的细分标准。许多跨国公司在制订营销战略时,都把地理位置作为出发点。地理位置也是大多数企业进行国际市场细分的首要条件。在国际营销时,企业首先要确定将产品营销于哪个国家或地区。这不仅因

为不同的地理市场在市场潜力、竞争强度和营销费用等方面存在差异,同时也便于企业有针对性地提供不同的产品,运用不同的营销因素组合。

(2)国际市场微观细分的依据

与本地市场细分的内容一样,国际市场的微观细分也可以分为消费者市场和组织市场的细分依据,而且这些细分依据与本地市场的依据具有很大的相似性。比如,在消费者市场上也有类似的人口统计变量以及行为变量,而在组织市场上也常常依据地理因素、用户规模及购买力大小、用户性质、购买状况及购买行为这些变量来进行划分。因此就不重复赘述。

7.1.3 市场细分的程序及有效细分的条件

1.市场细分的一般程序

用一系列的变量细分市场,主要有四个步骤:

第一步,调查。通过访问或其他方式,向一组有代表性的消费者了解他们内在的购买动机、态度和行为模式等,然后找出影响消费者购买决策最重要的几个变量并排序。

第二步,分析。运用因子分析的统计方法将高度相关的变量剔除,因为这些变量是各顾客群的共同需求,虽然在市场营销组合设计时不应忽视,但这些共同需求不能作为市场细分的依据;接着,对存在不同需求特点的变量,利用聚类的统计方法划分出几个相对统一的顾客群,即初步的细分市场。

第三步,细分及描述。应进一步认识每一个细分市场的顾客需求及其行为特点,找出描述变量在不同细分市场中的差异并进行描述罗列,考虑各子市场有没有必要再做细分或重新合并,然后根据主要的不同特征对每个细分市场命名。

第四步,评估。通过前两步企业基本上确定了市场细分;紧接着,企业借助上一步中对每个细分市场各种变量的描述来测量各个细分市场的潜量,评价其吸引力,寻找可能的获利机会。

联系我们在前面讲到过的市场细分模式,需要注意的是,这四个步骤对于描述变量优先的细分模式来说不是全部需要的。比如第二步中对因子分析和聚类分析的使用,还有第三步中对细分市场的描述,仅仅是在以行为变量优先的细分模式中是有必要的。如同前面已经介绍到的,描述变量优先的细分模式可以直接根据确定的描述变量组合列表得到划分好的细分市场,所以不需要进行因子分析及聚类分析这些统计方法来分析划分。此外,对划分好的细分市场的行为数据也可以通过历史数据得到,因此可以直接比较不同细分市场的行为表现差异;而对每个细分市场的描述就是划分的主要特征,营销人员可以很便捷地利用这些描述变量来识别出每个细分市场是怎样的一些消费者,因此也不再需要专门的步骤去描述细分市场。正如我们在前面提到的,这种细分模式是快捷而简便的市场细分模式。

针对行为变量优先的细分模式,由于行为变量的区分多由调查或数据得到,往往很难有明确的划分界限,因此需要运用相应的统计方法进行分析划分细分市场。营销人员并不容易辨别出哪些人具有这样特定的行为,因此需要对细分市场进行描述。虽然这种模式更加复杂耗时,但由于立足于顾客需求差异的本质,划分出的细分市场对消费者行为的预测性是很精确的。比如按利益寻求的知觉图进行市场细分的例子中,在通过市场调查得到顾客感兴趣的利益变量之后,要进行第二步的分析过程。首先用因子分析剔除高相关变量,得到能解释最大变异数的几个主要变量,然后在因子分析过程中根据这几个主要变量构造产品利益或消费者感知利益的知觉图。前者是将要比较的若干产品或品牌描述在以这几个维度构造的坐标系的对应的点上,而后者是将调查的每个有效样本对这几个维度的利益感知高低描述成坐标系中的点。接下来的聚类分析的目的是将知觉图上这些散点根据它们在坐标维度上的相似性划分成不同的群。这些划分出来的不同群就是初步的细分市场。

扩展阅读 7-3

聚集群及理想向量知觉图

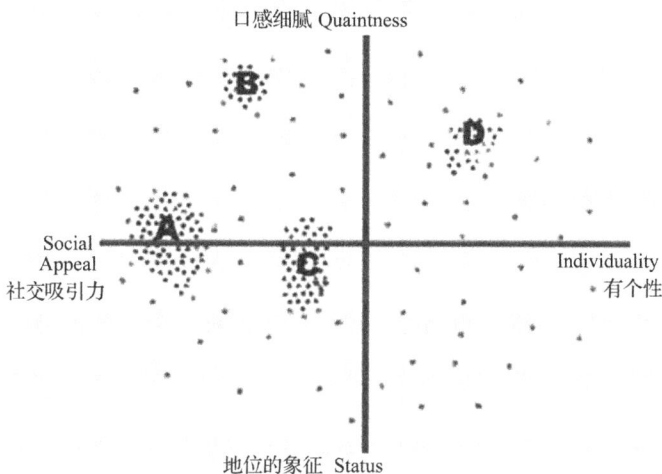

图 7-2　理想点和聚集群的知觉图

1. 理想点和聚集群的知觉图

知觉图不单只显示消费者对相关产品的感知,很多知觉图也可以显示消费者的需求理想点,这些点反映了消费者对这两个维度的理想点。图 7-2 就显示了在关于酒/酒精产品的研究中消费者的理想点。每一个点都代表了一个消费者对这两个维度的理想结合。聚集了很多理想点的地方(比如 A),表示那里存在着一个市场细分群体,而没有理想点的地方表示那里存在着需求真空。

对于新产品进入市场,企业通常会挑选一块在知觉图上高密度聚集了很多理想点的位置进入,同时也会寻找没有竞争对手的位置进入。最好的做法是将理想点和竞争产品放在同一张知觉图上。

2. 带有理想向量的竞争产品知觉图

有些知觉图用理想向量来代替理想点。图 7-3 显示了不同的阿司匹林产品在药效维度和药性缓和维度上的表现,同时也显示了两个理想向量。理想向量的斜率指出了在这一细分群体的消费者对于这两个维度的偏好比率。这个研究指出:存在着一个细分群体,他们关心药效更甚于药物引起的身体不适;也存在着另一个细分群体,他们更关心药性是否缓和,药效放在了次要的位置。

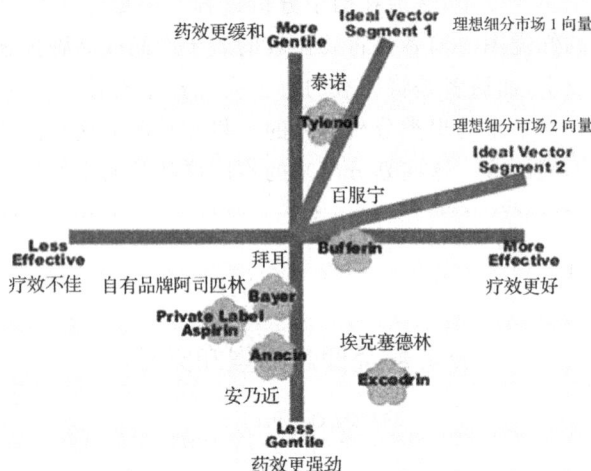

图 7-3 带有理想向量的竞争产品知觉图

资料来源：MBA 管理百科。

对市场的细分完成后，对细分市场的描述可以通过对每个细分市场消费者的直接观察完成，也可以通过使用方差分析统计完成。前者更为简便直观，而后者能更准确地验证不同细分市场在这些描述变量上的差异是否显著。完成了这个步骤，营销人员才对细分市场的轮廓有了更清楚的认识。表 7-7 是史密斯对咖啡饮用者进行利益细分后的特征描述。在该

表 7-7　咖啡细分市场轮廓

	细分市场名称		
	不含咖啡因	含咖啡因	精研加工
规　模	35％	33％	32％
希望获得的	不含咖啡因	含咖啡因	冲煮时间较长
不同利益	勿使我兴奋 冲煮时间短 不至于失眠 浓　缩	提　神 方便包装 著名品牌 易冲煮	非方便包装 不易冲煮 特殊设备 非浓缩
使用频率	少量饮用者	中度饮用者	大量饮用者
使用类型	速　溶	两者	精研加工
使用品牌	桑　卡 布瑞门 雀　巢	麦　氏 福尔格	希尔斯·布罗丝 其他所有品牌
人口统计	老　年 鳏　寡 低收入 少数民族较多	一般年龄 离婚者 一般收入 少数民族较多	年轻人 已　婚 高收入 少数民族较少

研究中,他要求参加调查者对产品 25 种属性的重要性划分等级,然后将这些资料进行要素分析,根据顾客对咖啡的不同需求,划分为不含咖啡因的、含咖啡因的和精研加工的三个细分市场,并对不同细分市场的使用频率和人口统计变量进行了观察比较。

通过这种描述,我们可以发现各细分市场的人数大致相同,但其所追求的利益、使用频率和人口统计等变量却大不相同。例如,可以发现喜欢饮用不含咖啡因的饮用者是年老鳏寡的人。很明显,营销人员希望各个细分市场都有其独特的轮廓,最好是各细分市场不仅要有不同的心理特征,还要有不同的人口统计和媒体描述特征。研究结果表明:像桑卡这种不含咖啡因的品牌,不但要在鳏寡老人中重点销售,而且应在供这类顾客阅读的新闻媒体上刊登广告进行重点宣传。

2.市场细分的有效性

在上一个部分我们提到对于初步划分的细分市场也要进行检查,看是否有必要再进行更细致的细分或者合并。首先,细分出来的市场可能在很多重要的描述变量上差异并不明显;其次,并非所有的市场细分都是有效的,对某种产品有意义的细分变量可能对另一种产品毫无意义。例如,以性别来细分服装市场是非常普遍的,但对电视消费者的分析,性别因素不起作用。所以,要判别初步的细分市场是否有效并进行调整。一般来说,有效细分应遵循以下五个方面的特征。

(1)可衡量性

即用来划分细分市场大小和购买力的特性程度,应该是能够加以测定的。某些细分变量很难衡量。例如,主要为了与父母抗争而抽烟的十几岁少年抽烟者,这个细分市场的大小就很难测定。

(2)足量性

即细分市场的规模要大到足够获利的程度。一个细分市场应该是值得为之设计一套营销规划方案的尽可能大的同质群体。例如,专为身高超过两米的人生产服饰对厂商来说是不合算的。

(3)可接近性

即能有效地到达细分市场并为之服务的程度。例如,一家香水公司发现大量使用其品牌的人是单身女性,这些单身女性在外面待到深夜并经常去酒吧。这类女性除非居住或购买的地点是一定的,而且受一定的传播媒体的影响,否则公司难以将产品信息传递给她们施加影响。

(4)差异性

即细分市场在观念上能被区别,并且对不同的营销组合因素和方案有不同的反应。例如,如果在已婚与未婚的女性中,对动物毛皮大衣销售的反应基本相同,该细分就不应该继续下去。

(5)行动可能性。即为吸引和服务细分市场而系统地提出有效计划的可行程度。例如,一家小型航空公司把市场划分为七个细分市场,但由于它的职工人数太少,以致不能为每个细分市场推出一套独立的营销计划。

7.2 目标市场选择

所谓目标市场,是企业决定要进入的那个市场部分,即企业在市场细分的基础上,根据自身特长意欲为之服务的那部分顾客群体。市场细分的目的在于正确地选择目标市场,如果说市场细分显示了企业所面临的市场机会,那么目标市场选择则是企业通过评价各种市场机会,决定为多少个细分市场服务的重要营销策略。

7.2.1 评价细分市场

评价细分市场是进行目标市场选择的基础。一个企业可从以下四个方面对各细分市场做出评价:

1. 细分市场的潜量

细分市场潜量是指一定时期内,各细分市场中的消费者对某种产品的最大需求量。首先,细分市场应该有足够大的市场需求潜量。如果某一细分市场的潜量太小,则意味着该市场狭小,没有足够的发掘潜力,企业进入后发展前景黯淡。其次,细分市场的潜量规模应恰当。对小企业来说,需求潜量过大并不利:一则需要大量的投入,二则对大企业的吸引力过于强烈。唯有对企业发展有利的潜量规模才是具有吸引力的细分市场。要正确估测和评价一个市场的需求潜量,不可忽视消费者(用户)数量和他们的购买力水平。

2. 细分市场内的竞争状况

广义地看,市场竞争会包含波特认为的五种群体带来的竞争威胁。图7-4说明的就是他提出的五种力量模式。这五个群体分别是:同行业竞争者、潜在的新参加的竞争者、替代产品、购买者和供应商。

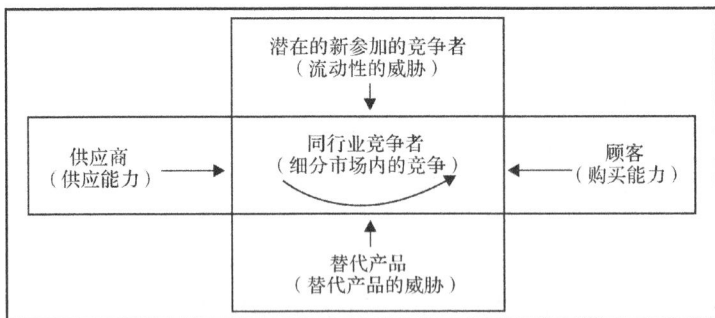

图 7-4 决定细分市场结构吸引力的五种力量

细分市场可能具备理想的规模和发展特征,然而从赢利的角度来看,它未必有吸引力。根据行业利润的观点,最有吸引力的细分市场是进入壁垒高、退出壁垒低的市场,如图7-5所示。

		退出壁垒	
		低	高
进入壁垒	低	报酬低而稳定	报酬低且有风险
	高	报酬高而稳定	报酬高但有风险

图 7-5　壁垒与利润率

这种进入和退出壁垒很大程度上受到图 7-4 中同行业竞争者和潜在的新参加的竞争者的影响。对于某一细分市场，进入的企业可能会有很多，从而就可能导致市场内的竞争。这种竞争可能来自市场中已有的同类企业，也可能来自即将进入市场的其他企业。竞争对手实力越雄厚，企业进入的成本和风险越大，而那些竞争者数量较少、竞争者实力较弱或市场地位不稳固的细分市场更有吸引力。可能加入的新竞争者会增加该细分市场的生产能力并争夺市场份额，但也要同时考虑新的竞争者能否轻易地进入这个细分市场。

3.细分市场所具有的特征与企业总目标和资源优势的吻合程度

企业进行市场细分的根本目的就是要发现与自己的资源优势能够达到最佳结合的市场需求。企业的资源优势表现在资金实力、技术开发能力、生产规模、经营管理能力、交通地理位置等方面。既然是优势，必须是胜过竞争者的。消费需求的特点如能促进企业资源优势的发挥将是企业的良机，否则会出现事倍功半的情况，对企业来说是资源的浪费，严重时甚至造成很大的损失。

4.细分市场的投资回报水平

企业十分关心细分市场具有的盈利水平。高投资回报率是企业所追求的，必须对细分市场的投资回报能力做出正确的估测和评价。

7.2.2　选择细分市场

1.目标市场选择策略

目标市场的选择策略，即关于企业为哪个或哪几个细分市场服务的决定。通常有五种模式供参考，如图 7-6 所示。

(1)市场集中化

如图 7-6(A)所示，企业选择一个细分市场，集中力量生产单一产品为之服务。较小的企业一般采用这种策略。例如，有的工厂仅仅承接某项赛事的比赛用冲浪板业务，有的工厂专门为宜家家居的某一款产品进行代工而不承接别的订单。集中营销使企业深刻了解该细分市场的需求特点，采用有针对性的产品、价格、渠道和促销策略，从而获得强有力的市场地

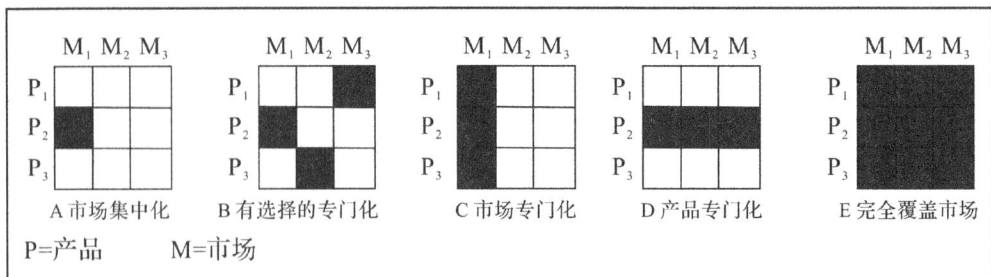

图 7-6 目标市场选择的五种模式

位和良好的声誉,但一旦客户订单产生变化,这种策略会带来较大的经营风险。

(2)有选择的专门化

如图 7-6(B)所示,企业选择几个细分市场,每一个细分市场对企业的目标和资源利用都有一定的吸引力,但各细分市场之间很少或根本没有联系。这种策略能分散企业的经营风险,即使其中某个细分市场失去了吸引力,企业还能在其他细分市场赢利。

(3)市场专门化

如图 7-6(C)所示,企业专门服务于某一特定顾客群,尽力满足他们的各种需求。例如,企业专门为老年消费者提供各种档次的服装。企业专门为某个顾客群服务,能建立良好的声誉,但一旦这个顾客群的需求量和特点突然发生变化,企业要承担较大风险。

(4)产品专门化

如图 7-6(D)所示,企业集中生产一种产品,并向所有顾客销售这种产品。例如,服装厂商向青年、中年和老年消费者提供高档服装。企业为不同的顾客提供不同种类的高档服装产品和服务,而不生产消费者需要的其他档次的服装,会在高档服装产品方面树立很高的声誉,但一旦出现其他品牌的替代品或消费者偏好的转移,企业将面临巨大的威胁。

(5)完全市场覆盖

如图 7-6(E)所示,企业力图用各种产品满足各种顾客群体的需求,即以所有的细分市场作为目标市场。例如,上面的服装厂商为不同年龄层次的顾客提供各种档次的服装。一般只有实力强大的大企业才能采用这种策略。例如,联想公司在计算机市场生产各种规格产品,可口可乐公司在饮料市场开发众多的产品,可以满足各种消费需求。

2.目标市场营销策略

在目标市场选择好之后,企业必须决定如何为已确定的目标市场设计营销组合,即采取怎样的方式,使自己的营销力量到达并影响目标市场。这时可以有以下不同的考虑:①通过无差异市场营销和差异市场营销策略,覆盖整个市场。这两者的区别仅仅在于企业是以单一产品以及单一的营销组合计划来迎合最大多数的购买者,还是针对不同的细分市场分别从事营销活动。这两种策略的优劣势与第 4 章中基本竞争战略中的差异化战略和成本领先战略是一致的。②借助集中市场营销策略,占领部分细分市场。这种策略下企业集中所有力量,在某一细分市场实行专业生产和销售,力图在该细分市场拥有较大的市场占有率,与基本竞争战略中的目标聚集战略相对应。图 7-7 概括了无差异营销、差异营销和集中营销三者之间的差别。

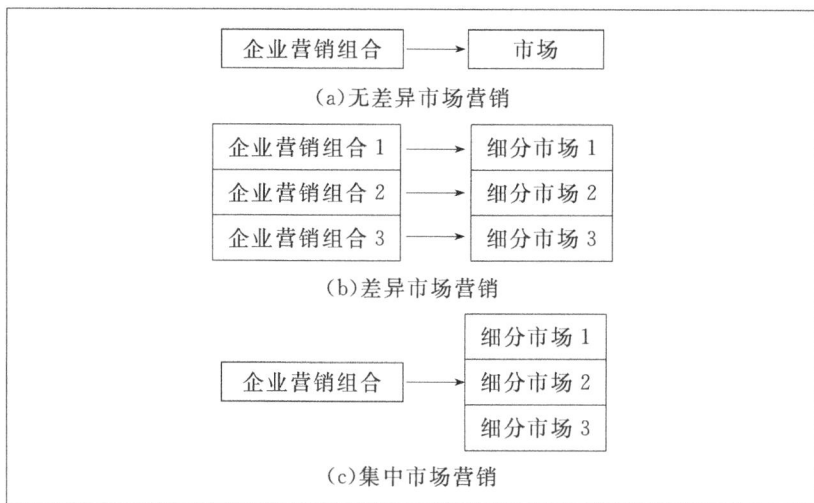

(a)无差异市场营销

(b)差异市场营销

(c)集中市场营销

图 7-7　三种不同的目标市场营销策略

3.影响目标市场策略选择的因素

上述三种目标市场营销策略各有利弊,企业在进行决策时要具体分析产品、市场状况和企业本身的特点。影响企业目标市场策略的因素主要有企业资源特点、产品特点、市场特点和竞争者的策略。

(1)企业资源特点

资源雄厚的企业,如拥有大规模的生产能力、广泛的分销渠道、标准化程度很高的产品、好的内在质量和品牌信誉等,可以考虑实行无差异市场营销策略;如果企业拥有雄厚的设计能力和优秀的管理素质,则可以考虑施行差异市场营销策略;而对实力较弱的中小企业来说,适于集中力量进行集中营销策略。

企业初次进入市场时,往往采用集中市场营销策略,在积累了一定的成功经验后再采用差异市场营销策略或无差异市场营销策略,扩大市场份额。

(2)产品特点

产品的同质性表明了产品在性能、特点等方面的差异性的大小,是企业选择目标市场时必须考虑的因素之一。一般对于同质性高的产品,宜施行无差异市场营销策略;对于同质性低或异质性产品,差异市场营销或集中市场营销策略是恰当的选择。

此外,产品因所处生命周期的阶段不同而表现出的不同特点,也不容忽视。产品处于导入期和成长初期时,企业往往采用无差异市场营销策略;等产品进入成长后期和成熟期时,消费者需求表现出多样性,企业会转变为差异市场营销或集中市场营销策略。

(3)市场特点

供与求是市场中两大基本力量,它们的变化趋势往往是决定市场发展方向的根本原因。供不应求时,企业重在扩大供给,无暇考虑需求差异,所以一般采用无差异市场营销策略;供过于求时,企业为刺激需求、扩大市场份额殚精竭虑,多采用差异市场营销或集中市场营销策略。从市场需求的角度来看,如果消费者对某产品的需求偏好、购买行为相似,则称之为同质市场,可采用无差异市场营销策略;反之为异质市场,差异市场营销和集中市场营销策略更合适。

(4)竞争者的策略

企业可与竞争者选择不同的目标市场覆盖策略。例如,竞争者采用无差异市场营销策略时,企业选用差异市场营销策略或集中市场营销策略更容易发挥优势。

企业的目标市场策略应慎重选择,一旦确定,应该保持相对的稳定,不能朝令夕改。但灵活性也不容忽视,没有永恒正确的策略,一定要密切注意市场需求的变化和竞争动态。

7.2.3　目标市场选择与社会责任

目标市场的选择同时关乎道德以及企业社会责任,因为有些目标市场会引起争议。当企业选定的目标市场是没有自主判断能力的受保护群体(如孩子)或是弱势的消费者群体(如残疾人)时,要格外注意营销手段的使用。公众会关注企业是否对这些群体使用了不公平的营销手段,或对他们促销了潜在的有害产品。当这些问题被涉及时,社会舆论会形成强大的力量,谴责企业针对这些群体的不当行为,这时企业和营销人员就要承担社会责任。

一些营销目标群体是非常容易引起社会关注的,对他们的任何行为都容易产生争议。在美国,多年来直接针对儿童的营销努力受到严厉的批评,评论家担心高度精致的广告会击毁孩子们的防线,有些评论家甚至要求完全取消对孩子的广告。一些面向特殊弱势群体的慈善活动营销,如果活动形式或策划内容把握稍有不慎,就很容易被社会舆论所诟病,造成公司声誉受损、原定营销定位被攻击的尴尬局面。因此,近年来很多公司在进行目标市场选择和定位时会慎重考虑企业社会责任。

社会责任营销要求企业在进行目标市场选择和定位时,不仅要考虑公司的利益,也要考虑整个目标群体的更高层次的利益。这要求营销人员要关注社会生活以及时事焦点问题,在进行目标市场描述和选择时要充分考虑社会各界的反应。

7.3　市场定位

市场定位又称产品的市场定位,指对企业的产品(服务)和形象进行设计,使其在目标顾客心目中占有一个独特位置的行动。定位起始于产品(产品可以是一件商品、一项服务、一家公司、一个机构或者是一个人),但定位并非对产品本身采取什么行动,而是针对潜在顾客的心理进行的创造性活动。定位将产品在潜在顾客的心目中定一个适当的位置。这里所指的"位置",是产品在消费者感觉中所处的地位,是一个抽象的心理位置的概念。

"定位"这个词是由两位广告经理艾·里斯和杰克·特劳特于1972年提出后流行的。他们认为随着市场上商品越来越丰富,与竞争者雷同、毫无个性的产品很可能"泯然众人矣",无法吸引消费者的注意。某产品(品牌)的"位置"取决于与竞争者产品(品牌)相比较后消费者的认知、印象和情感等复杂因素。因此,企业要辨别目标市场上现存竞争对手及其产品的特色和地位,并决定自己产品的发展方向。为使自己的产品获得竞争优势,企业必须在消费者心目中确立自己产品或品牌相对于竞争者产品或品牌而言独特的利益和鲜明的差异性。简单地说,就是要使消费者感到自己的产品与众不同,即与竞争者有差异,并且偏爱这种差异。从这个意义上来说,市场定位又是一种竞争性定位。

扩展阅读 7-4

里斯和特劳特的"定位理论"

"定位"这个词是由两位广告经理艾·里斯和杰克·特劳特提出后流行的。1972 年,里斯和特劳特在《广告时代》杂志上发表了《定位新纪元》一文,令"定位"一词开始进入人们的视野。1980 年,他们再度联手合作,出版了《定位:头脑争夺战》,再次引领市场营销学界的"定位"潮流,该书也成了广告学界经久不衰的畅销书。1993 年,里斯和特劳特第三次合作,著有《市场营销的战争》一书,该书被翻译成 17 国文字出版发行。2001 年,美国营销学会评选有史以来对美国营销影响最大的观念,结果不是罗瑟·里夫斯的"USP 理论"、大卫·奥格威的"品牌形象论",也不是菲利普·科特勒所架构的"营销管理"及"消费者让渡价值理论",更不是迈克尔·波特的"竞争价值链理论",而是里斯与特劳特提出的"定位理论"。

里斯和特劳特认为,现在的产品一般在顾客心目中都有一个位置。名列第一的公司知名度最高,这些品牌占据了顾客心中的最佳位置,其他的竞争者难以侵入;名列第二的公司的业务量往往只是名列第一的公司的一半;名列第三的公司的业务量往往是名列第二的公司的一半——这就是公司拼命争夺首位的原因。但是"规模"定位只有一种品牌可以获得,重要的是在某些有价值的属性上取得第一的定位。例如,七喜汽水是非可乐型饮料的第一名;保时捷赛车是小型运动跑车的第一名;迪尔牌香皂是除臭香皂的第一名。

从本质上讲,里斯和特劳特指出了在广告充斥的信息爆炸社会,消费者会筛选掉大部分信息,消费者内心里对某个品牌的现行定位或重新定位的心理活动,才是类似的品牌应要突出其本身与众不同之处所要关注的核心。

资料来源:根据维基百科相关资料整理。

7.3.1　市场定位的步骤

前面曾经提到过,市场细分、目标市场选择和市场定位被称为市场营销中的 STP 战略,因为它们是密切联系、缺一不可的。市场定位是在细分市场和选定目标市场的基础上所做的战略决策,包括产品定位、品牌定位和企业定位,是企业制定下一步营销计划的依据。市场定位就是为企业及其产品在前两步已经选定的目标市场找到一个"恰当"的位置,也就是指设计企业自己的形象,以及决定向顾客提供何种价值(产品或服务)的行为过程,其目的是使目标市场顾客能更加了解和喜欢企业所代表的内涵,在顾客心中建立起别具一格的企业形象和值得购买企业产品(服务)的印象。企业要按照市场定位的目标来制定相应的营销组合策略,因此市场定位是市场营销的核心。

市场定位规定本企业的业务范围,经营的差别性产品和服务,在哪个地区范围以及以哪个或哪几个阶层作为重点客户对象,以便与同行业中的竞争对手区别开来。它是一种竞争战略。如图 7-1 所示,为获得竞争优势而进行的市场定位包含两个步骤:一是确定定位,二是传播定位。这两个步骤依次要做如下四项工作：

1. 识别竞争优势

为了制定营销战略，一个公司必须寻找以什么特定的方法来获得竞争优势。行业不同，机会不同。如图 7-8 所示，波士顿咨询公司根据获得竞争优势的数目与大小，区分出四种行业，并分析这四种行业在差异化工作中哪些是机会、哪些不是机会。

		获得竞争优势的规模：小	获得竞争优势的规模：大
获得竞争优势途径的数目	多	残破行业	专业化行业
	少	困境行业	强度行业

图 7-8 波士顿咨询公司优势行业分析矩阵

(1)强度行业

强度行业是指其中的公司可获得少数但却相当大的优势。例如建筑设备行业，一家公司可努力谋求低成本定位或产品高度差异化定位，并可在其中任何一个定位上获得高额利润。由此可见，利润率与公司规模和市场份额的关系极为密切。

(2)困境行业

困境行业是指其中的公司所具有的优势少而小。以钢铁行业为例，产品和生产成本(在一定技术条件下)难以实现差异化。公司可尽量雇用较为优秀的销售人员，或者广为请客送礼，但是这些办法作用都不大。在此情况下，利润率与公司的市场份额无关。

(3)残破行业

残破行业是指其中的公司面临许多实行产品差异化的机会，但这些机会的意义均不大。例如餐馆可用多种方法实行差异化，但其结果并不能扩大市场份额。利润率与餐馆规模无关，餐馆无论大小，均可赢利或亏损。

(4)专业化行业

专业化行业是指其中的公司面临许多实行产品差异化的机会，每个机会都会获利颇丰。

2. 明确主要的差异化属性

差异化指为使企业的产品与竞争者产品相区分，而设计一系列有意义的差异的行动。根据迈克尔·波特的理论，企业的竞争优势来源于两个主要方面：成本领先或者差异化。实际上，为了向消费者提供更多的价值，企业产品定位就是从差异化开始的。而与顾客接触的全过程都可以进行差异化，通常可以从五个方面着手进行，如表 7-8 所示。

表 7-8 差异化常用五类变量

差异化变量				
产品	服务	人员	形象	渠道
特色	送货	能力	标志	覆盖面
性能	安装	礼貌	媒体	专长
一致性	用户培训	可信任性	气氛	绩效
耐用性	咨询服务	可靠性	事件	
可靠性	修理	责任性		
可维修性	其他	沟通能力		
风格				
设计				

（1）产品差异化

企业应从顾客的要求出发,确定影响产品外观和性能的全部特征的组合,提供一种最强有力的设计使产品（服务）差异化。例如,对产品外观设计、尺寸、形状和结构等方面进行差异化,或对产品基本功能进行某些增补,率先推出某些有价值的新特色无疑是最有效的竞争手段之一。企业往往要在为顾客定制特色组合但成本更高,还是使产品更加标准化而降低成本之间进行决策。此外,企业通过提高产品的使用寿命或降低产品故障来实现产品或品牌的独特声誉,这时候就是通过耐用性和可靠性进行差异化定位;或者提供更易维修的标准化产品设计来获得差异化,增加顾客使用的便捷性,以此获得顾客心中的独特定位。而对于某些细分市场来说,可能独特设计的产品风格更引人注目,有别于乏味、平淡的产品,从而让顾客更加满足,那么也可以采用这种产品差异化。

（2）服务差异化

竞争的激烈和技术的进步,使实体产品建立和维持差异化越来越困难。于是,竞争的关键点逐渐向增值服务上转移。服务差异化日益重要,主要体现在订货方便、交货及时,以及安装、客户培训与咨询、维修养护等方面。例如,通用电气公司不仅向医院出售昂贵的 X 光设备并负责安装,还对设备的使用者进行培训,并提供长期服务支持。

（3）人员差异化

培养训练有素的人员,是一些企业尤其是服务性行业中的企业取得强大竞争优势的关键。例如,迪士尼乐园的员工都精神饱满,麦当劳的员工都彬彬有礼,IBM 的员工给人以专家形象等。

（4）形象差异化

形象是公众对企业及其产品的认识与看法。企业或品牌形象可以对目标顾客产生强大的吸引力和感染力,促使其形成独特的感受。有效的形象差异化需要做到:建立一种产品的特点和价值方案,并通过一种与众不同的途径将其传递;借助可以利用的一切传播手段和品牌接触（如标志、文字、媒体、气氛、事件和员工行为等）,传达触动顾客内心感受的信息。例如,耐克因其卓越的形象,在变幻莫测的年轻人市场中始终保持了吸引力。

（5）渠道差异化

通过建立与竞争对手不一致的渠道也可以形成差异化。这种渠道的差异化体现在覆盖面、专长和绩效等方面。例如，戴尔电脑、安利公司采用直销的经营方式取得了竞争上的优势，而微姿等药妆护肤品采用药店经营的渠道来树立专业化护肤品的差异化定位。

3. 选择有效的定位

从上面的种种属性可以看出有非常多的途径可以使产品差异化，但并非所有的产品差异化都是有意义或者有价值的。每一种差异都可能增加公司成本，当然也可能增加顾客利益。所以，公司必须谨慎选择能使其与竞争者相区别的途径。有效的差异化应该能够为产品创造一个独特的"卖点"，即给消费者一个鲜明的购买理由。有效的差异化必须遵循以下基本原则：

①重要性：该差异化能使目标顾客感受让渡价值较高带来的利益。

②独特性：该差异化竞争者并不提供，或者企业以一种与众不同的方式提供。

③优越性：该差异化明显优于消费者通过其他途径而获得的相似利益。

④可传播性：该差异化能被消费者看到、理解并传播。

⑤排他性：竞争者难以模仿该差异化。

⑥可承担性：消费者有能力为该差异化付款。

⑦盈利性：企业能通过该差异化获得利润。

值得注意的是，企业在产品定位时应该尽量避免以下常犯错误：

①定位不足。即企业差异化设计与沟通不足，使得消费者对企业产品难以形成清晰的印象和独特的感受，认为它与其他产品相比没有什么独到之处，甚至不容易被消费者识别和记住。

②定位过分。企业将自己的产品定位得过于狭窄，不能使消费者全面地认识产品。例如，一家同时生产高、低价位产品的企业使消费者误以为其只能提供高档产品。定位过分限制了消费者对企业及其产品的了解，同样不利于企业实现营销目标。

③定位模糊。由于企业设计和宣传的差异化主题太多或定位变换太频繁，消费者对产品的印象模糊不清。混乱的定位无法在消费者心目中确立产品鲜明、稳定的位置，必定失败。

在进行定位选择时，一个有效的工具是通过市场结构图（知觉图）来了解顾客心目中企业自己的产品与其他竞争对手的产品不同属性的差异性有多大，从而帮助营销人员决定采用怎样的属性差异化进行定位。

应用实例

用知觉图为公园主题定位

一家游乐园公司打算在洛杉矶地区建立一个新的主题公园，以吸引大量来洛杉矶游览迪士尼乐园和其他旅游胜地的游客光临。洛杉矶现在已有7家主题公园在营业。公司管理人员认为，现有的这些主题公园收费太高，一个4口之家在迪士尼乐园玩一天要支付50美元。他们相信公司能够开设一个收费较低的主题公园，以迎合那些对费用较为敏感的旅游者。然而，管理人员需了解顾客期望获得的各种满足，包括低成本的满足，以及顾客是如何看待现有的七家主题乐园的。

该公司的市场营销调研人员运用下列程序,绘制了一张洛杉矶七家主题公园的知觉图:他们向消费者提供一系列三合一主题公园(如布什公园、日本鹿园和迪士尼乐园),并要求消费者在三个之中选择两个最类同的和两个最不类同的公园,然后用统计分析方法得出知觉图。如图 7-9 所示。

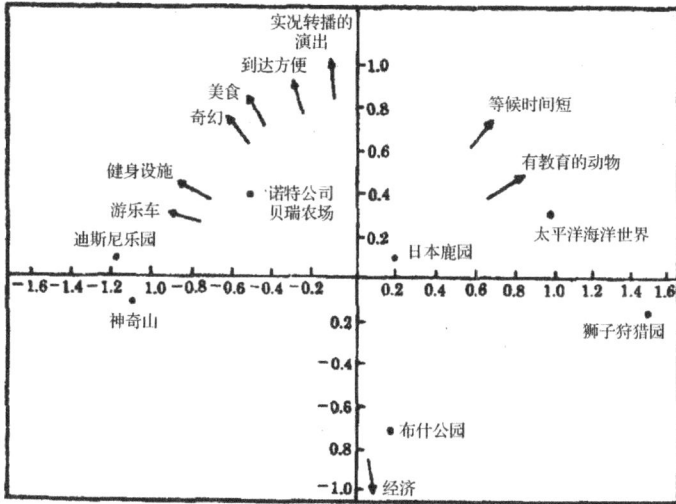

图 7-9 七家主题公园的知觉图

此图是理想点的聚集群和理想向量的竞争产品知觉图的综合图。图中的七个黑点代表洛杉矶地区的七家主要游乐场,任何两个公园越靠近,这两个公园就越相似。所以从知觉图上看,迪士尼乐园和神奇山十分相似,而迪士尼乐园和狮子狩猎园差异很大。该图还包括人们在主题公园所追求的各种满足,用向量箭头表示。从图上可以看出每个主题公园在各种属性上的位置。例如,消费者认为太平洋海洋世界"等候时间最短",所以它位于箭头所指"等候时间短"这一假想线上的最远处,而神奇山被认为是等候时间最长的。消费者认为布什乐园是最经济实惠的旅游地,而诺特公司的贝瑞农场则是最昂贵的旅游地。显然,该公司如果想开设一个吸引对费用敏感的旅游者的主题公园,那么布什公园将成为其主要竞争对手。同时,管理人员在为其主题公园制订产品概念和相对于其他主题公园的本公司的定位战略时,还应对消费者所追求的所有其他目标予以注意。例如,不用这张全部市场总图,而分别为每一细分市场画一张知觉图,则可进一步改进这种分析方法。每一细分市场可能对产品和利益的看法有所不同。

资料来源:《营销管理:分析、计划、执行和控制》(第 8 版)(菲利普·科特勒),上海人民出版社(1997)。

任何一种产品都有许多属性或特征,如价格的高低、质量的优劣、规格的大小、功能的多少等。其中任何两个不同的属性变量就能组成一个坐标,从而构建起一个目标市场的平面图。最常用的是以产品的价格和质量分别作为横纵坐标变量建立一个坐标来分析目标市场,因为任何产品的这两个属性特点都是消费者最关心的。当然,根据不同的产品,企业也可选择消费者关心的其他属性。例如,规格—速度组合用于分析旅游用客车市场,口味—重量组合用于分析咖啡市场等。然后根据消费者对产品在这横纵轴两个属性特点上的感知,在市场结构图上标明现有竞争者的位置(坐标平面上的点)及其市场份额大小(圆圈的面积)。这时候企业得到一张详细的"作战图","对手"的分布和实力都一目了然。在分析、评价各种可能的方案后,选出最理想的作为初步的定位,经有关部门详细论证后,由企业决策者确定。接下来应做一些调查和试销工作,及时找到偏差并立即纠正。

有时企业还需要对产品进行再定位。再定位就是重新定位,可以视为企业的战略转移;前后定位的差异可视为转移的距离。通常再定位可能导致产品的名称、价格、包装和品牌的更改,也可能导致产品在用途和功能上的变动。企业必须考虑定位转移的成本和新定位的收益问题。一般说来,三种变化是促使企业考虑再定位的力量:一是消费需求的萎缩或消费者偏好的转移;二是竞争者定位策略和实力的改变,并威胁到企业在目标市场的发展;三是企业自身的变化,如掌握一种尖端生产技术,使生产成本大幅度下降或能开发原先不能生产的产品。

4. 传播定位

公司不仅要制定一个明确的定位战略,还必须有效地传播这一定位。假设公司选择"质量最佳"这一定位战略,那么它必须保证将令人心服地传递这一定位。在后面促销组合的章节中,会就这种营销传播及沟通的运用策略进行详细的介绍,此处仅举例说明。

比如,裘皮大衣设计者将昂贵的丝绸作为大衣的里子,因为他知道衣服里子的质地是顾客判断裘皮质量的标准之一;汽车制造商给汽车安装能承受猛烈撞击的车门,因为许多买主都在汽车陈列室里使劲关上车门,以此来检验车的质量好坏。这些例子中,企业通过改进产品的一些外部质量线索来传播"质量最佳"的定位。

质量还可以通过其他营销要素加以传递。高价对顾客来讲常常是优质产品的信号,包装、分销渠道、广告和促销手段也会影响产品的质量形象。例如,十分著名的产品由于经常降价出售而破坏了其良好的形象;一些产品由于选择了不当包装损害了形象;另一些高档产品由于不恰当地在经营大众商品的商店开始出售而失去了它的优质产品形象。因此,产品的包装质量、渠道和促销等都必须协调一致地传递和塑造产品的形象。

制造商的声誉也将影响质量形象。要使有关质量的宣传令人信服,最好的办法便是提供如下保证:"不满意可以退货。"明智的公司都尽力将其有关质量的信息传达给顾客,并保证其质量的可靠性,否则就退钱给顾客。

7.3.2　市场定位策略

企业目标市场定位的最终确定,是必须经过对企业自身、竞争对手做出客观评价和对消费者的需求有了充分分析后的抉择。从理论上讲,企业可选择的目标市场定位策略主要有三种。

1. 填补策略

填补策略,即企业将自己的产品定位在目标市场目前的空缺部分。市场的空缺部分指的是市场上尚未被竞争者发觉或占领的那部分需求空档。企业选择填补策略,大都因为该策略能避开竞争,获得进入某一市场的先机,建立对自己有利的市场地位。这种策略是第4

章中市场补缺者的企业采用的定位策略。

2.并存策略

并存策略,指企业将自己的产品定位在现有的竞争者的产品附近,力争与竞争者满足同一个目标市场,即服务于相近的顾客群。并存策略不是取代策略,而是第4章中市场模仿和跟随策略,所以并非向竞争对手发动猛烈进攻,而是一些实力不强的中小企业在产品定位时,跟随现有的大企业行动,力求与对手和平共处。

从公司定位策略的角度来讲,这种策略也叫高级俱乐部定位策略。这通常是占据相当市场份额的市场挑战者,在行业中排不上第一位的时候,选择的定位策略,如可以宣传说自己是三个大公司之一等。

3.取代策略

取代策略,顾名思义就是要将竞争对手赶出原来的位置,自己取而代之。这是一种竞争性最强的定位策略。企业这样定位是准备挑战现有的竞争者,力图从他们手中抢夺市场份额。根据企业自身的实力水平,取代策略又分为"第一位"定位策略和迎头挑战定位策略两种。

(1)"第一位"定位策略

一般是规模巨大、实力雄厚的市场领导者采取的定位策略,因为市场的头号企业容易被记住,而其他企业留给消费者的印象则不深。对大多数企业而言,可在本企业的多种特征中,找出一种具有绝对优势的特性,如以最先创新产品或以服务质量最好等来定位,奠定顾客心中第一的位置,将其他竞争都排除在第一之外。

(2)迎头挑战定位策略

这是与市场领导者采取"对着干"的定位策略,或者是在消费者心目中加强和提高自己现在的定位。这一般是第4章市场挑战者采取的策略。处于市场挑战者地位的企业,针对市场领导者的缺点和薄弱环节,发挥本身优势,发起攻击,迎头定位,以图赶上甚至超过市场领导者,而成为市场的新领导者。

本章小结

目标市场营销包括市场细分、目标市场选择和市场定位三个活动。消费者市场中的细分通常以消费者描述变量和消费者行为变量两类变量作为细分的依据;组织市场中的细分除了这两类变量以外,还会考虑企业经营、企业购买方式以及企业所处环境这些变量。为了使细分的市场更有效,在细分时还必须考虑可衡量性、足量性、可接近性、差异性和行动可能性这些细分标准。

目标市场选择是对前面已经细分出来的市场进行评价和选择的活动过程,因此要考虑评价标准和选择原则。通常的评价标准是考虑细分市场的吸引力、公司自身的战略目标以及具备的资源。而目标市场的选择往往要决定公司进入的市场范围,通常有单一细分市场、多个细分市场、产品专门化、市场专门化和完全覆盖市场五种。市场定位活动是为公司或产品品牌在目标市场的消费者心目中确定一个独特的位置,而确定这个独特的位置就需要首先确定品牌在哪些方面与竞争者有差异,然后根据这种差异化确定定位并进行有效的定位传播。

复习思考题

一、知识题

1. 名词解释

(1)市场定位   (2)市场细分   (3)目标市场

习题测试
参考答案

2. 单项选择题

(1)按照消费者购买频率进行市场细分属于   (   )

    A. 人口因素   B. 地理因素   C. 心理因素   D. 购买行为

(2)市场细分是对_____进行分类   (   )

    A. 各种产品   B. 生产同种产品的企业

    C. 对同一产品需求各异的消费者   D. 对不同产品需求各异的消费者

(3)一般适用于具有较强的资源和营销实力的大企业的目标市场占领方式是   (   )

    A. 市场集中化   B. 市场专业化   C. 产品专业化   D. 完全市场覆盖

(4)通用汽车曾提出"针对每一个钱包、目的和人格,分别生产一种汽车"的口号,这体现
    的目标市场营销战略是   (   )

    A. 无差异营销   B. 差异性营销   C. 集中性营销   D. 大量市场营销

(5)市场定位是_____在细分市场的位置   (   )

    A. 塑造一家企业   B. 塑造一种产品   C. 确定目标市场   D. 分析竞争对手

(6)_____差异的存在是市场细分的客观依据   (   )

    A. 产品   B. 价格   C. 需求偏好   D. 细分

(7)同质性较高的产品,宜采用   (   )

    A. 产品专业化   B. 市场专业化   C. 无差异营销   D. 差异性营销

(8)如某手表按价格来分,可以分为手表计时基本准确且价格低廉,手表计时准确、耐
    磨,手表质料名贵、永不磨损、计时精确三类;如再考虑消费者人群市场,手表市场又
    可分为儿童、女子、男子三类款式。则手表市场可以划分为_____类子市场
                        (   )

    A. 3   B. 6   C. 9   D. 12

(9)在目标市场的选择模式中,下图指的是   (   )

	M_1	M_2	M_3
P_1	*	*	*
P_2	*	*	*
P_3	*	*	*

A. 产品—市场集中型

B. 产品专业型

C. 市场专业型

D. 全面进入型

(10)下列哪个不是衡量市场细分的有效标志   (   )

    A. 可进入性   B. 可盈利性   C. 可衡量性   D. 可退出性

3. 多项选择题(下列各小题中正确的答案不少于两个,请准确选出全部正确答案)

(1)细分消费者市场的标准有   (   )

A.地理环境因素　　　B.人口因素　　　C.心理因素　　　D.行业因素

E.行为因素

(2)属于产业市场细分变量的有　　　　　　　　　　　　　　　　　　　　(　　)

A.社会阶层　　　　　B.行业　　　　C.价值观念　　　D.地理位置

E.购买标准

(3)无差异营销战略　　　　　　　　　　　　　　　　　　　　　　　　　(　　)

A.具有成本的经济性　　　　　　　B.不进行市场细分

C.适宜于绝大多数产品　　　　　　D.只强调需求共性

E.适用于小企业

(4)有效的差异化必须遵循的基本原则有　　　　　　　　　　　　　　　　(　　)

A.重要性　　　　　B.独特性　　　　C.优越性　　　D.可传播性

E.排他性

(5)市场定位的主要策略有　　　　　　　　　　　　　　　　　　　　　　(　　)

A.填补策略　　　　B.并存策略　　　C.避强策略　　　D.对抗策略

E.取代策略

4.简答题

(1)市场细分对企业市场营销活动的意义何在?

(2)消费者市场细分有哪些主要依据?产业市场的细分依据主要是什么?

(3)简述产品定位程序。

二、能力题

1.讨论题

以小组为单位讨论知觉图在目标市场营销战略三个步骤中分别有哪些
应用。

讨论组

2.综合题

国内某知名家电生产商推出了集煮蛋、加热吐司和制作热饮于一体的早餐机新产品,如
果你是该公司的营销人员,请收集相关资料为该新产品进行市场细分及定位,并进行目标市
场战略策划。

3.案例分析题

加多宝品牌转换始末

"王老吉"品牌之争在 2012 年传得街知巷闻,最终,"王老吉"罐装产品的所有权和使用
权花落广药集团,而原使用者加多宝公司生产的红罐"王老吉"产品改名"加多宝"继续销售。
2012 年 5 月 12 日,加多宝正式收到商标仲裁书并放弃使用"王老吉"品牌,之后就迅速开始
了新品牌"加多宝"的品牌转换工作。5 月 12 日接到通知,5 月 13 日"王老吉"字样在公司和
工厂内部以及产品包装及宣传材料上就全部更换了。5 月 16 日,加多宝召开新闻发布会,
宣告正式启动加多宝品牌。12 天后,5 月 28 日,加多宝品牌的凉茶全国上市。6 月 10 日,
加多宝改名的新广告在全国播出。仲裁结果公布 40 多天后,加多宝产品全部铺到了终端,
海外的终端也都同步完成了更换。同时所有的终端广告,广告语、促销员的话术一夜之间也
都换成了重新定位后的诉求。所有终端的促销员、业务员都会根据改名广告的品牌故事讲

同样一句话:"全国销量领先的红罐凉茶改名加多宝,还是原来的配方,还是熟悉的味道,怕上火,喝加多宝。"因为饮料行业中 6—9 月的销售额占到了全年销售额的 60％以上,加多宝的迅速反应为其后的品牌转换工作打好了基础。

启动更名战役之后,除了常规的广告投放之外,当年有关的大品牌、大事件加多宝都进行了关联投放。比如在央视和众多强势栏目合作投放伦敦奥运会的有关广告。加多宝还几乎冠名了国内所有卫视的知名综艺栏目甚至有些二、三线城市的电视节目。其中对浙江卫视第一季《中国好声音》的独家冠名取得了巨大的成功。从 2012 年 7 月 4 日加多宝冠名的《中国好声音》开播直到 10 月初节目结束,加多宝的品牌知名度高达 99.6％,进而有效地稳定了渠道。时值饮料销售旺季,6—9 月份的加多宝凉茶销售量达到 4032.2 万箱,而 2012 年全年销售额突破 200 亿元。此后加多宝又连续三年冠名了《中国好声音》,继续实现新品牌强化的目标。

加多宝品牌转换战略的核心就是将新品牌加多宝重新定位为改了名字的凉茶领导者,它所有的广告也是围绕更名作为诉求的。"正宗好凉茶,正宗好声音""怕上火,现在,喝加多宝,全国销量领先的红罐凉茶,改名为加多宝,还是原来的配方,还是熟悉的味道。怕上火,喝加多宝!""正宗凉茶加多宝""过吉祥年,喝加多宝,全国销量领先的红罐凉茶,改名加多宝。还是原来的配方,还是熟悉的味道""中国每卖 10 罐凉茶 7 罐加多宝"。这些密集的广告宣传和与原品牌相似的场景画面、产品包装,都让消费者自然而然关注加多宝及其与王老吉的关系。

然而这些更名广告也引起了一系列的诉讼纠纷。截至 2014 年 12 月下旬,法院对加多宝与王老吉的"改名案"和"怕上火案"先后做出判决,确定"中国每卖 10 罐凉茶 7 罐加多宝""加多宝凉茶连续 7 年荣获'中国饮料第一罐'"等近 10 条广告语侵犯了王老吉的正当利益,构成了虚假宣传,加多宝为此将支付赔偿款近 2000 万元。为了在品牌定位上实现与王老吉品牌的彻底区分,加多宝公司于 2015 年 4 月 20 日宣布加多宝凉茶推出全新的金罐包装,以代替过去的红罐包装。包装更换后当年加多宝又一次获得了凉茶品类销量冠军。

资料来源:根据商业评论网 2014-01-02 新闻整理改编。

问题:

(1)加多宝品牌转换的案例中对新品牌的定位是什么?

(2)加多宝新品牌定位的传播是否成功?为什么?

(3)加多宝为什么更换金罐包装?这种包装的更换会影响现有的品牌定位吗?

第三篇

价值创造篇

第8章

产品策略

知识目标	技能目标
◆ 了解产品、服务和体验	◆ 能够运用产品整体概念分析现有产品
◆ 了解产品整体概念内涵	◆ 熟悉产品生命周期各阶段营销策略
◆ 了解产品生命周期内涵及各阶段特点	◆ 熟悉产品组合策略在营销上的意义
◆ 了解新产品内涵	◆ 能够调整和优化产品组合,选择适当的产品组合策略
◆ 了解产品组合内涵、特点	◆ 熟悉新产品开发的流程
◆ 了解包装内涵及作用	◆ 熟悉包装策略

导入案例

苹果:不断创新

从一开始,苹果公司的故事就是令人眼花缭乱的创造力和客户驱动创新的典范。2008年苹果公司的销售额飙升至创纪录的 160 亿美元,比两年前翻了一番。同时,公司的利润在这两年内惊人地增长了 20 倍。是什么原因造成了这个激动人心的转变呢? 苹果重新找到了使公司如此成功的最重要的魔法:客户驱动的创新和新产品创新。

这个引人注目的变化开始于 1997 年史蒂夫·乔布斯的重新归来。乔布斯重返苹果公司的首要任务就是重振苹果的电脑业务。首先,苹果公司在 1998 年推出 iMac 个人电脑。iMac 采用光滑的鸡蛋型显示器和硬件驱动,所有的内部原件装在一个后现代派的半透明的青绿色机壳里。凭借一键上网功能,这款机器是专门为随时上网的人而设计的("iMac"中的"i"就代表 Internet)。iMac 引人注目的设计赢得了高度赞美,并吸引了成群的买家。一年之内,iMac 销售已经超过 1000 万台。

苹果公司的程序员设计了美国最先进的自动点唱机软件——iTunes。即使苹果公司的分析师舒勒指出:"iTunes 风行全球。"但乔布斯意识到:"尽管在你的电脑上存储和播放音乐很酷,但如果你有一个可以存储所有数字音乐的便捷的随身听式播放器,让你在任何地方都能听音乐,这不是更酷吗?"不到 9 个月后,苹果公司推出时尚而性感的 iPod,这个播放器有惊人的数字音乐存储容量,以及易于管理和播放音乐的界面。18 个月后,苹果公司在网上开设 iTunes 音乐商店,使消费者可以合法下载歌曲。

苹果公司取得的成绩是非常令人惊讶的,iPod 一直处于最佳消费电子产品之列。到 2006 年 1 月,苹果公司已经售出 5000 多万台 iPod,而 iTunes 音乐商店的歌曲下载量达到 10 亿多首。苹果公司的发言人指出:"我们希望在前 6 个月出售 100 万首歌曲,但我们在前 6 天就已经完成这项任务了。"而且,iPod 创造了一个可下载视频的全新市场——用户可下载从音乐视频到电视节目的任何影片。自苹果推出 iPod 后,用户已经下载了 3500 多万个视频。iPod 和 iTunes 音乐商店在各自市场上的占比都超过了 75%。

苹果公司的成功吸引了大量的竞争者。为了保持领先地位,公司必须始终关注消费者的需求和持续创新。所以苹果公司并没有停滞不前,它最近推出了一系列新的、易于使用的可连接家庭和企业电脑、音响及其他装置的无线设备。比如 Mac 线上订购服务的签约成员超过 60 万人;2007 年大张旗鼓地推出了 iPhone(iPod 和移动电话的结合)。苹果公司还开设了 150 多个时尚而醒目的苹果商店。另外,还有一系列的新产品:iHome(一个可以启动所有数字的家庭娱乐设备的神奇装置),汽车里的 iPod(一个可以将汽车娱乐系统和 iPod 集成在一起的数字集成器)。

苹果通过创新,在努力为客户创造价值时进行"与众不同的思考"。

资料来源:《市场营销学》(加里·阿姆斯特朗、菲利普·科特勒),机械工业出版社(2011)。

案例分析题

苹果的故事表明,善于开发和管理新产品的公司能获得巨大的回报。每件产品似乎都会经历一个生命周期——诞生、经历几个阶段、随着能够更好地服务消费者需要的更新产品的到来而最终死亡。每一个公司都必须通过产品不断地为消费者创造价值。公司需要理解消费者内心的需求,所有产品最终都会走向衰退,公司必须善于开发新产品以替代老产品;公司必须善于调整营销战略以适应随着产品生命周期变化而改变的消费者品味、技术和竞争。

8.1 产 品

微课 产品
整体概念

8.1.1 产品、服务和体验

产品是市场供应品的一个关键的因素。营销组合计划使得市场供应品能够为目标顾客带来价值。这个供应品是公司建立有利可图的客户关系的基础。

一个公司的市场供应品往往同时包含有形的产品和无形的服务。一个极端是,供应品

可以由纯粹的有形产品组成,如香皂、牙膏或者盐。另一个极端是纯粹的服务,其供应品主要是由服务构成,例如医生对病人的治疗或金融服务。然而在这两个极端之间,存在着多种产品和服务组合的可能。

今天,随着产品化和服务越来越商品化,许多公司正在进入一个为他们顾客创造价值的新阶段。为了简单地制造产品和传递服务,更进一步地差异化其供应品,他们创造并管理顾客对其或其产品的体验。

体验对于有些公司的营销是非常重要的。迪士尼长期以来通过它的电影和主题公园给人们留下深刻的记忆。耐克公司一直宣称:"我们给您带来的不仅仅是鞋。"在今天,各种类型的公司都在改造原有的传统产品和服务来为消费者创造体验。

应用实例 8-1

生日的故事

20 世纪 60 年代,丽贝卡的妈妈过生日时,丽贝卡的奶奶亲手烤制生日蛋糕,购买价值一两角的蛋糕坯制作原料。

20 世纪 80 年代,丽贝卡过生日时,妈妈打电话给超市或当地的面包房订生日蛋糕,这种定制服务将花费 10～20 美元。许多父母认为定制蛋糕很便宜,毕竟这样做,他们可以集中精力于计划和举行生日聚会。

21 世纪初,丽贝卡的女儿过生日时,丽贝卡会把整个聚会交给"迪士尼俱乐部"公司来举办。在一个叫纽邦德的旧式农场,丽贝卡的女儿和她的 14 个小朋友一起体验了旧式的农家生活。他们用水洗刷牛的身体,放羊,喂鸡,自己酿苹果酒,还要背着干柴爬过小山,穿过树林。丽贝卡为此付给公司一张 146 美元的支票。丽贝卡女儿的生日祝词上写着:"生日最美妙的东西并非物品。"

资料来源:《体验经济》(约瑟夫·派恩、詹姆斯·吉尔摩),机械工业出版社(2006)。

进行体验的公司认为,消费者真正购买的不仅仅是单纯的产品和服务,他们购买的是那些供应品能够带来的体验。一个营销主管说:"一个品牌、产品或服务不仅仅是物质的东西,与品牌相连的人为其增加意义和价值。"另一位营销主管补充道:"成功的管理顾客体验是终极目标。"

8.1.2 产品整体概念

人们对产品的理解往往局限于具有某种特定物质形状和用途的物品,如衣服、食品、汽车等。而企业市场营销对产品的理解更为深入,不仅包括物质产品,同时也包括非物质形态的服务,即一个整体产品的概念。所谓产品整体概念是指能够提供给市场以满足需要和欲望的任何东西,包括实物(如电脑和西服)、服务(如美容和理发)、人物(如雷锋和乔丹)、地点(如北京和香港)、组织(如青少年基金会)和观念(如持续发展)等。具体可使用五个层次来表述产品整体概念,如图 8-1 所示。

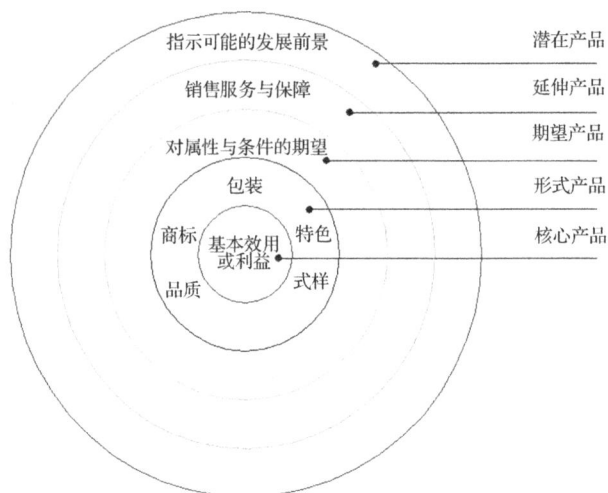

图 8-1　产品整体概念

1.核心产品

核心产品是产品最基本的层次,是向顾客提供基本的效用和利益。顾客购买某种产品是为了获得能满足某种需要的效用,而不仅仅是占有或获得产品本身。例如,人们购买电视机是为了满足其"信息和娱乐"的需要,而购买牙膏就是要获得牙膏"洁齿、防龋"的效用。

2.形式产品

形式产品是产品的第二个层次,是核心利益借以实现的形式,是企业向顾客提供的产品实体和服务的外观。形式产品有五个基本特征,即品质、特色、式样、商标和包装。如购买电视机时顾客要考虑电视机的功能、造型、品牌、颜色等产品形式。市场营销人员的一项重要的工作就是着眼于顾客购买产品时所追求的核心利益,寻求利益得以实现的最佳形式,将核心利益转换为一般的产品。

3.期望产品

期望产品是产品的第三个层次,是顾客在购买产品时期望的一整套属性和条件。例如,顾客在餐馆消费时,期望洁净的餐具和可口的饭菜。由于大多数餐馆能满足就餐者最低的期望,因此,顾客在档次大致相同的餐馆中,一般会选择一家最便宜和最便利的。

4.延伸产品

延伸产品是产品的第四个层次,也就是产品包含的附加服务和利益。例如产品说明书、运送、安装、调试、维修、产品保证、技术培训等。对于餐馆来说,可以通过特色菜、舒适的就餐环境和热情周到的服务等延伸产品来招待顾客。

现在企业之间的竞争主要表现在产品的服务、包装和品牌等有价值的延伸产品上。发展延伸产品成为许多企业打造其核心竞争力的重要途径。但企业在增加延伸产品时,应注意以下几个问题:第一,增加延伸产品会增加企业的成本,导致价格提高。因而,企业在增加延伸产品时,必须考虑顾客的消费能力。第二,随着顾客消费经验的增加,延伸产品很快会变为期望产品。如就餐的顾客会期望特色菜和热情的服务等。因此企业应通过不断发展延伸产品来提升企业的竞争力。第三,当一个企业不断发展延伸产品时,其竞争者可能会逆向"削减产品",降低产品的价值,用一个较低的价格来吸引顾客。如快餐店就是为那些只有基本就餐需要的顾客服务的。

5.潜在产品

潜在产品是产品的第五个层次,是指产品最终可能的所有增加和改变。延伸产品是产品现在具有的附加利益,而潜在产品则表明现有产品可能的演变趋势,也可以说潜在产品是延伸产品的进一步的延伸。如彩色电视机发展成电脑显示器,餐馆成为人们休闲、娱乐和交流的场所。

产品整体概念体现了以顾客为导向的市场营销观念。随着市场竞争的日趋激烈,向顾客提供能满足其效用、完整的整体产品已成为企业之间竞争的重要手段。正如美国学者西奥多·李维特所说:"未来竞争的关键不在于企业能生产什么产品,而在于其产品所提供的附加价值:包装、服务、广告、用户咨询、融资、送货安排、仓储和人们所重视的其他价值。"

8.1.3　产品分类

不同类型的产品有其各自的属性与特征,宜采取不同的营销策略。因此,对产品进行科学的分类是市场营销活动中一个重要的环节。产品的分类方法很多,常见的分类方法有以下两种:

1.按照产品的耐用性和有形性分类

按照产品的耐用性和有形性,产品可分为非耐用品,耐用品和服务。

(1)非耐用品

它是指使用一次或少数几次的有形产品,如食盐、化妆品等。这些产品消费很快,购买较为频繁。企业应采取的市场营销策略是:①提高铺货率,让顾客在最方便的地点购买;②实行薄利多销;③采用多种促销方式,吸引顾客购买并促使其形成偏好。

(2)耐用品

一般是指能多次使用的有形物品,例如彩电、空调、汽车等。企业采取的市场营销策略包括:①提供销售服务和销售保证,如分期付款、送货上门和维修等;②追求高利润。

(3)服务

通常是指为出售而提供的活动、利益和满足感,如健身房、旅馆等。服务具有无形、不可分离、可变和易消失等特征,因而其市场营销策略也与前两种产品不同,具体包括:①加强质量管理,进行质量控制;②建立销售商的信用;③为不同的顾客提供不同的服务,提高对消费者的适用性。

2.根据产品的用途分类

根据产品的用途,产品可分为消费品和产业用品两大类。

(1)消费品

消费品的种类很多,按照消费者的购买行为特征,可以将其分为便利品、限购品、特殊品和非渴求物品四类。

①便利品。便利品指消费者经常购买或即刻购买的产品,如食盐、香皂、香烟等。消费者在购买此类产品时,通常很少去比较品牌和价格。便利品可进一步划分为常用品、冲动品和急用品。常用品是指消费者经常购买的产品,如洗发液、牙膏等;冲动品是指消费者没有进行过计划和比较而购买的产品,例如在超市收银台旁边购买的巧克力、口香糖等;急用品是当顾客的需求十分紧迫时购买的产品,如突降大雨时购买的雨具。应注意的是,便利品一般为消费者日常生活必需品,消费者对便利品的品牌、价格、质量和出售地点等都很熟悉,一般就便购买。因而,经营便利品的商家多分布在消费者便于购买的地方,以方便消费者随时随地购买。

②选购品。选购品是指消费者在购买过程中,要对产品的式样、质量和价格等进行充分的比较后才做出购买决策的消费品,如服装、家具、家电等。选购品又分为同质品和异质品两种。同质品是指质量相似但价格有差异的产品,消费者通过选购可以用较低的价格买到相同质量的产品;异质品是指质量有重要差别,且消费者认为质量比价格更为重要的选购品。因而,经营异质品的商家必须备有大量的花色品种供消费者选购,另外,应有训练有素的推销人员为消费者提供购买咨询。

③特殊品。特殊品是指具备独有特征或品牌标记、拥有品牌忠诚者的产品。对于这类产品,消费者一般都愿意花费时间精力去购买认定的品牌。常见的特殊品有特殊品牌和式样的汽车、立体声音响、男式西服等。由于特殊品的购买者都是品牌忠诚者,经营特殊品的商家不必过多考虑顾客购买的便利性,只需采用各种营销手段强化顾客的品牌忠诚度。

④非渴求物品。非渴求物品是指顾客不知道或者虽然知道却没兴趣购买的物品,如刚上市的新产品、人寿保险等。要让顾客购买非渴求物品,商家必须通过大量的营销努力,如广告、电话推销等,使他们了解这些物品并产生兴趣,从而吸引其购买。

（2）产业用品

产业用品指由企业和组织购买,用于制造其他产品或业务活动的货品和服务。根据其进入生产过程的程度及相对成本,可分为原材料与零部件、资本项目、供应品和业务服务三类。

①原材料和零部件。是指完全要转化为制造商产成品的那类产品,具体包括:未经加工的原材料,如农产品和矿产品;已经部分加工,尚需继续加工才能成为产成品的原材料和零部件,如棉纱和马达。这类产品的营销方式有所差异,农产品具有季节性和不易保存的特点,因而运输和仓储是其营销的重点;零部件一般为标准化的产品,价格和服务是影响购买的主要因素。

②资本项目。这类产业用品部分进入产成品,分为主要设备和附属设备两类。主要设备包括建筑物(如厂房和办公楼)和固定设备(如机床和发电机),其销售特点是产品规格多,售前的谈判时间较长,采用人员推销和提供售后服务。附属设备包括轻型设备和工具(如手工用具)以及办公设备(如打印机和办公桌),它们在生产过程中仅仅起到辅助作用,不会成为最终产品的组成部分。其市场特点是用户众多且分布较广,但定购数量少,用户在选择产品时主要考虑质量、特色、价格和服务。

③供应品和业务服务。这类产业用品不会形成最终产品。供应品可以分为作业用品(如打印纸和文具)和维修用品(如油漆和钉子)两类。供应品属于标准品,价格较低,相当于工业领域的方便品,一般通过中间商销售以方便企业或组织采购。顾客在选购供应品时大

多不会考虑品牌,主要是比较同类供应品之间的价格和服务。业务服务包括维修或修理服务(如修理彩电)和咨询服务(如法律咨询和管理咨询)。维修服务一般由原设备的制造商提供;而修理服务则由小型专业公司提供,咨询服务是纯粹的非实体产品,购买者选购时主要考虑的因素是咨询者的声誉和人员的专业技术水平。

8.2　产品生命周期

微课　产品
生命周期

8.2.1　产品生命周期概念

1.典型的产品生命周期及其划分标准

市场营销学认为产品是有生命的。新产品的构想和开发就是产品生命的孕育。新产品投入市场以后,经过一定时间的成长,逐渐成熟,接着慢慢衰退,直至最后退出市场,呈现一个从产生到消亡的过程。但所谓的产品生命周期,并不包括产品的孕育期,它是指产品从进入市场到最后退出市场所经历的市场生命循环周期,一般分为投入期、成长期、成熟期和衰退期四个阶段。在产品生命周期的各个阶段,销售额随产品进入市场时间不同而发生变化,通常可用 S 型曲线表示,如图 8-2 所示。

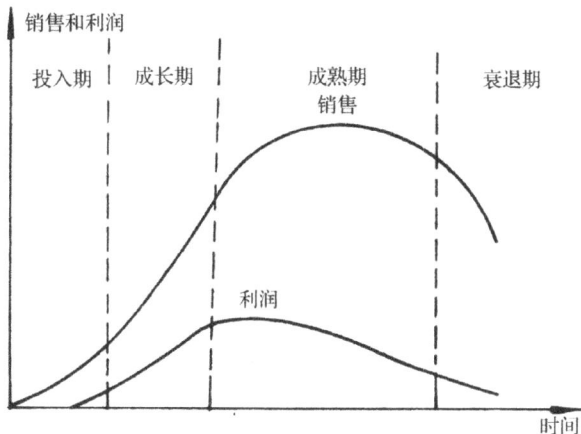

图 8-2　典型产品生命周期

产品的投入期是新产品投入市场的初级阶段,销售量和利润的增长都比较缓慢,利润一般为负;产品进入成长期后,市场销售量量迅速增长,公司开始盈利;市场销售量在成熟期达到顶峰,但此时的增长率较低,利润在后期开始下降;之后,产品的销售量和利润显著下降,产品将退出市场,这时产品也就处于最后的衰退期。

以上只是对产品生命周期各个阶段的定性描述,具体划分可采用以下几种方法:

(1)类比法

即根据类似产品的发展情况,进行类比分析和判断。如我们可以根据 VCD 机的发展过程来预见 DVD 机的发展前景。

（2）销售增长率法

一般来说，投入期的销售增长率小于10％，成长期的销售增长率大于10％，成熟期的销售增长率大约在0.1％～10％，衰退期的增长率则小于0。

（3）普及率法

当产品在市场上的普及率小于5％时为投入期，普及率为5％～50％时为成长期，普及率在50％～90％时为成熟期，普及率为90％以上时则进入衰退期。

2.产品生命周期与产品水平层次

在讨论产品生命周期时，应该区分不同产品水平的生命周期。根据产品定义的范围不同，可分为产品种类、产品形式、具体产品和品牌四种不同水平层次的产品。

（1）产品种类

产品种类同人类的需求联系在一起，具有最长的生命周期。例如，交通工具这类产品满足人们移动的需要，古已有之，现在及将来仍然需要。

（2）产品形式

产品形式同行业联系在一起，生命周期现象明显，其生命曲线也最标准。例如，现在黑白电视机已经进入衰退期，普通彩电正处于成熟期，而液晶、等离子彩电大约处在成长期。

（3）具体产品

具体产品一般同某个公司或技术水平联系在一起，其生命周期比产品形式的生命周期短，生命周期性形状也较规则。

（4）品牌

品牌的生命周期受市场环境、企业的营销策略及品牌知名度的影响，一般没有规则的生命周期曲线。如果企业能针对品牌不断创新，品牌的生命周期就会很长，否则就会很快衰落。

在这四个不同水平层次产品的生命周期中，产品形式和品牌的生命周期现象最为明显，分析其生命周期对企业的营销实践具有重要的指导意义。

8.2.2　产品生命周期各阶段的营销策略

产品生命周期理论说明，任何一种产品都不会经久不衰，永远获利，在产品生命周期的不同阶段产品的销售量、利润等都具有不同的特点。因此，企业应对产品的生命周期进行准确的划分，在产品生命周期的不同阶段采取不同的营销竞争策略，以实现产品在整个生命周期中的利润最大化。

1.投入期的营销策略

投入期是产品首次投入市场的最初销售阶段，该阶段的主要特点是：消费者对产品不太了解；销售量低、利润少；产品的质量不太稳定；没有建立起稳定的分销渠道，分销和促销费用高；一般没有竞争者。这时企业的营销目标是通过促销让消费者了解产品，建立分销渠道，促使那些具有超前意识和革新精神的消费者购买产品。因此，企业应综合考虑产品、价格、渠道和促销等因素，做好产品的整体营销策划。下面按图8-3所示的价格—促销矩阵提出四种营销策略：

（1）快速掠取策略

快速掠取策略即以高价格和高促销水平的方式推出新产品。企业制定一个高的价格，获取高额的利润，同时通过大量的促销来吸引目标顾客购买，以加快市场渗透。该策略的使用条件是：目标市场上的大部分人不了解新产品；了解该产品的顾客愿意支付高价；企业面对潜在竞争压力，需尽快建立品牌偏好。

促 销 水 平

		高	低
价格水平	高	快速掠取策略	缓慢掠取策略
	低	快速渗透策略	缓慢渗透策略

图 8-3　价格—促销矩阵

（2）缓慢掠取策略

这种策略下，企业以高价格和低促销水平的方式推出新产品。这一策略的促销费用低，企业可以获得较高的利润。其前提条件是：市场规模有限；消费者已经了解这种产品并愿意支付高价；潜在的竞争不迫切。

（3）快速渗透策略

这是企业以低价格和高促销水平的方式推出新产品，以求达到最快速的市场渗透和最高的市场份额的策略。这种策略适用于以下情况：市场容量足够大；消费者不了解这种新产品，但对价格反应敏感；潜在竞争很激烈；产品成本将随生产规模的扩大和学习经验的增加而下降。

（4）缓慢渗透策略

采用这种策略的企业以低价格和低促销水平的方式推出新产品。这种策略的适用情况是：市场容量大；市场上该产品的知名度较高；购买者需求的价格弹性大而促销弹性很小；存在某些潜在竞争。

2. 成长期的营销策略

成长期是产品已经打开销路并迅速扩大市场份额的阶段。该阶段的主要特点是：消费者已了解该产品，销售量迅速增长；生产规模扩大，生产成本下降；已建立稳定的分销渠道，单位促销费用大幅下降；大批竞争者加入，市场上同类产品增多，竞争开始加剧。大力组织生产，扩大市场份额是这一阶段营销的重点。此时，企业可采取的策略包括：提高产品质量和性能，增加花色品种，以提高产品的竞争力；努力寻求和开拓新的细分市场，开辟新的分销渠道；促销的目标应从建立产品知名度转移到树立产品形象，建立消费者品牌偏好上来；企业在适当的时候要降低价格，以吸引对价格敏感的潜在购买者。

3. 成熟期的营销策略

产品经过成长期的迅速增长，销售量增长的速度会开始下降，产品进入成熟期。成熟期的主要特点是：销售量增长缓慢，逐步达到最高峰，然后开始缓慢下降；市场竞争十分激烈，各种品牌的同类产品和仿制品不断出现；企业利润开始下降；绝大多数属于顾客的重复购买,只有少数迟缓购买者进入市场;是产品生命周期中最长的一个阶段。成熟期的营销重点是延长产品的生命周期,巩固市场占有率,需要采取以下策略:发现产品的新用途或改变促销方式来开发新的市场;保持老顾客对品牌的忠诚,提高老顾客的使用率,吸引新顾客;努力改进产品质量性能和品种款式,以适应消费者的不同需求;改进市场营销组合,积极开展促销活动;采取价格竞争手段,准备产品的更新换代。

4. 衰退期的营销策略

尽管企业努力延长产品的成熟期,但大多数产品最终还是要进入衰退期。衰退期的主要特点是:产品销售量急剧下降,利润也迅速下降甚至出现亏损;消费者的消费习惯发生改变或持币待购;市场竞争转入激烈的价格竞争,很多竞争者退出市场。此时营销工作的重点是处理好处于衰退期的产品,确定引入新产品的步骤,采取的策略主要有以下几种:

(1)放弃策略

即放弃那些迅速衰落的产品,将企业的资源投入到其他有发展前途的产品上来。企业既可以选择完全放弃,也可以选择部分放弃。但使用该策略时应妥善处理现有顾客的售后服务问题,否则企业停止经营该产品,原来顾客需要的服务得不到满足,会影响他们对企业的忠诚。

(2)维持策略

在衰退期,由于有些竞争者退出市场,市场留下一些空缺,这时留在市场上的企业仍然有盈利的机会。具体的策略包括:继续沿用过去的营销策略,将企业资源集中于最有利的细分市场,维持老产品的营销;大幅度削减营销费用,让产品继续衰落下去,直至完全退出市场。

(3)重新定位

通过产品的重新定位,为产品寻找到新的目标市场和新的用途,使衰退期的产品再次"焕发新春",从而延长产品的生命周期,甚至使它成为一个新的产品。这种策略成功的关键就是要正确找到产品的新用途。

8.2.3　产品生命周期理论的评价

上面介绍了产品生命周期理论,分析了产品生命周期各阶段的特点,并根据各阶段的特点提出了一些可供选择的营销策略。应指出的是,产品生命周期理论自身存在一些问题,如果机械地套用该理论,在实践中可能会出现偏差。该理论存在的主要问题有以下几种:

1. 产品生命周期的形式多种多样,而周期各阶段不可预见

产品生命周期的形状除了 S 型,还有风格型、时尚型、热潮型、扇贝型等特殊的产品生命周期类型。这些不同形状的曲线,各阶段的转折点也不可预见。例如从成熟期到衰退期的转折点,有的产品在几个月就出现(如网红食品),有的经历上百年的时间还未出现(如可口可乐)。这样,企业就很难正确判断产品处于哪个阶段,无法运用它来指导营销实践。

2. 产品生命周期是非外生的

产品生命周期是企业选择营销策略的内生结果,而不是由外界因素引起的。因此,生命周期不是营销策略选择的原因而是结果。如果根据生命周期来选择营销策略,在逻辑上就会存在问题。例如,某个品牌的销售出现衰退不等于该品牌已进入其生命周期的衰退阶段,如果企业据此采用放弃策略,从该品牌抽出资金,那么该品牌必将走向消亡;但若企业采用其他营销策略,情况就可能大不相同。

3. 产品生命周期理论是产品导向的

产品生命周期理论将企业的经营重点集中在产品上,是一种生产导向的理论。其实,需求的变化、竞争者提供了更好的产品和新技术的出现都会导致产品走向衰退。所以,企业应密切注意顾客和竞争对手的变化,而不是只关注变化的结果。

因此,企业在应用产品生命周期理论时,不能拘泥于该理论的一些结论,要充分发挥自己的创造性。在某一阶段中最好的营销策略不一定是理论分析中提到的策略,每个企业都应根据具体的情况创造性地发展出独特有效的营销策略。

8.3 新产品开发

产品生命周期理论为我们提供了一个重要的启示:在当今科学技术迅速发展、消费需求变化加快、市场竞争激烈的情况下,企业得以生存和成长的关键就在于不断地创造新产品和改进旧产品,创新可以说是使企业永葆青春的唯一途径。为了使企业的总销售量和总利润始终保持上升的势头,或者至少保持平稳,避免大起大落,每一个企业都必须把开发新产品作为关系企业生死存亡的战略重点。

8.3.1 新产品概念

1. 新产品概念

据统计,在现代企业中,新产品的销售收入已占其销售额的 40%～50%。新产品开发已成为企业经营中一项重要的工作。

新产品是指在某个市场上首次出现的或者是企业首次向市场提供的,能满足某种消费需求的整体产品。只要是产品整体概念中的任何一部分发生创新、变革或改良,都可视之为新产品。新产品是一个相对的概念,不同的层次有不同的定义。但总的来说,可以用以下两个标准来界定新产品:第一,本公司的新产品。本公司第一次生产和销售的产品,但其他企业可能制造或销售过。第二,市场的新产品。即市场上第一次出现的产品。

应用实例 8-2

苹果公司的失败产品

同许多公司一样,苹果在创新过程中也走过许多弯路,虽然最终以失败告终,不过帮助其积累了不少宝贵经验。

1. Lisa 电脑

苹果 Lisa 电脑以乔布斯女儿的名字命名,是全球首款将图形用户界面和鼠标结合起来的个人电脑。然而,Lisa 电脑于 1983 年面市时,苹果没有充分考虑到消费者对电脑消费的承受能力,将售价定为令人难以置信的 1 万美元。高昂的售价令不少用户退避三舍,导致其销量不佳。有资料表明,1989 年,苹果将数千台没有售出的 Lisa 电脑扔进了犹他州的垃圾堆。

2. Macintosh Portable 电脑

你会将 15.5 磅(约合 7 千克)重的电脑看作是便携式的吗?苹果于 1989 年推出售价6500 美元的 Macintosh Portable 电脑,但市场反应极差。在对 Macintosh Portable 的设计进行重新思考后,苹果在 1991 年推出了 PowerBook。PowerBook 同苹果的 Macbook 一样,至今仍是标准的笔记本设计。

3. Newton 掌上电脑

Newton 售价在 700~1200 美元,是世界上第一款掌上电脑。然而,由于屏幕分辨率不佳,字迹辨认能力极差,Newton 一度成为人们的讽刺对象,甚至连《辛普森一家》也拿它来调侃。在更薄、更便宜、更易使用的 Palm Pilot 于 1996 年问世后,Newton 更没了出头之日,最终消失在人们的视野之外。

4. QuickTake 数码相机

苹果在 1994 年推出的 QuickTake 是世界上第一台数码相机。同 Newton 一样,苹果对QuickTake 做了大胆创新,但这些创新并不成功。QuickTake 售价 750 美元,记忆存储容量只有 1MB,只能存储 8 张 0.3 兆像素的相片,没有 LCD 屏幕和变焦功能。另外值得一提的是,QuickTake 拍摄的照片只能下载到 Mac 机上,苹果的用意不言自明。

5. Macintosh TV

苹果高层的想法似乎足够简单:开发一种可以将显示器当作电视使用的电脑,将至少一件电子用品从起居室清除出去。Macintosh TV 就像是拥有电视调谐器的苹果 LC 520 电脑,用户可以在电视和电脑之间切换,也就是说可以将其作为电视和电脑使用。但Macintosh TV 的处理速度比相同配置的电脑慢得多,而售价超过 2000 美元,比一般的电视又贵,市场定位一时难以解决。在 Macintosh TV 停产之前,其出货量不到 1 万台。

6. Rokr 手机

苹果的拥趸不厌其烦地强调,摩托罗拉 Rokr 并非苹果在 iPhone 方面的第一次尝试。但苹果确实让 Rokr 搭载了公司的 iTunes 播放软件,并在 2005 年 9 月联手摩托罗拉推销这款产品。Rokr 存储量有限,只能装载 100 首歌曲,最终销售结果令人失望,尽管它确实预示着引爆市场的 iPhone 手机即将问世。

资料来源:根据中国企业家网 2011-06-02 新闻整理。

+-+

2. 新产品分类

从企业营销角度界定的新产品与因科学技术在某一领域的重大突破而推出的新产品在概念上是不同的。据此,新产品可划分为以下几类:

(1)全新产品

它是指应用科技新成果,运用新原理、新技术、新工艺和新材料制造的市场上前所未有的产品。全新产品一般具有新特征和新性能,甚至能改变用户或消费者的生产方式或消费方式。但全新产品的发明难度大,开发时间长,需大量投入,成功率低。一旦成功,用户和消费者也还需要有一个适应接受和普及推广的过程。

(2)换代产品

它也称为革新产品,是指部分改变市场上已经出现的原有产品的结构和性能而形成的产品。换代产品使原有产品的性能得到改善和提高,具有较大的可见价值。对于此类产品,使用者也需要有接受和普及的过程,但时间比较短。

(3)改进产品

它是指对现有产品的质量、特点、外观款式或包装加以全面或局部改进的产品。这类产品与原有产品差别不大、易于为使用者接受,市场上销售的大部分新产品均属于这种类型。

(4)新品牌产品

它是指对现有产品稍作改变,突出某一方面的特点,使用新品牌后提供给市场的产品。有时这种新产品是仿制市场上某种畅销的产品,使用新品牌是出于竞争的考虑。

8.3.2 新产品开发

1.新产品开发应遵循的原则

新产品虽然能为企业提供新的市场机会,促进企业的销售,维护企业的竞争地位,但新产品开发也是一项风险极大的工作。统计显示,每 11 个新产品创意中,有 3 个进入开发阶段,有 1.3 个开发成功,仅 1 个能在市场上获利。不少学者对大量新产品开发成功和失败的案例进行研究,总结出一些新产品开发中应遵循的原则。

(1)以市场为导向

企业开发新产品的目的就是满足消费者尚未得到满足的需求,因此,企业开发的产品是否适应市场的需要是新产品开发成功与否的关键。为此,企业在进行新产品开发时,必须深入进行市场研究,了解消费者对产品的品质、性能、价格和款式等方面的要求,开发满足市场需求的新产品。但市场是卖方、买方、竞争者的集合,在新产品开发中,仅仅以消费者为导向还不够,必须关注竞争者的情况,从而了解新产品未来的市场空间。因此,树立以市场为导向的新产品开发观念,并将这一观念贯穿于新产品开发的全过程,是新产品开发中应首先遵循的原则。

(2)选择有特色的产品

有特色的产品是指能为消费者带来独特的利益和超值享受的产品。特色可以表现在功能、造型等方面,这些有助于满足消费者的特殊偏好,激发购买欲望。但应注意的是,产品是否有特色是由消费者而不是由企业的研究人员、工程师和营销部门进行评价的。企业只有在对消费者和竞争者有充分了解的基础上,才能开发出有特色的新产品。

(3)以企业的资源为依托

企业在进行新产品开发时,要以企业自身的资源为依托,开发与企业技术水平和市场营销能力相适应的新产品。有些新产品,尽管市场前景相当诱人,但若企业自身尚不具备开发能力,也不能盲目进行开发。企业开发的新产品,最好能利用好企业的各种资源,实现企业经营的协同效应。这种协同可以是共用企业原有的销售力量和销售渠道的营销协同,也可以是利用企业原有技术和生产资源的技术协同。

（4）具有经济效益

企业开发的新产品必须具有良好的经济效益,也就是说新产品进入的市场应有吸引力。这些市场的特征包括高增长、高需求、高利润以及缺乏强有力的竞争对手。因此,企业对拟开发的产品,要进行可行性分析,以保证开发的新产品获得预期的利润。可以说,取得经济效益是新产品开发的基本目的和原则。

（5）有效的组织支持

新产品开发并不是企业一个部门的工作,需要多个部门的参与才能完成。因此,设计科学的组织机构和组成跨职能的项目团队,是新产品开发成功的组织保障。另外,在新产品开发中,高层管理者的支持也是必不可少的。高层管理者可以集中企业的优势资源和减少组织中的官僚主义,进而加快新产品开发的进程。

（6）遵循新产品开发程序

新产品开发是由一系列多样化的、平行进行的活动组成的,是一项巨大的系统工程。新产品开发程序描述了新产品从设想到实施的操作过程,制定一套新产品开发程序并严格遵循,能确保新产品开发的按期完成,并实现企业开发新产品的目标。

2.新产品开发的过程

新产品开发是一个循序渐进的过程,由以下五个主要阶段构成:

（1）创意的产生与甄别

这一阶段的任务就是寻求各种创意,并对创意进行甄别。创意不仅可以来源于企业公司内部员工,如研发部门、工程部门和市场营销部门的员工,还可以从顾客、竞争对手、咨询机构、高等院校和有关媒体等外部渠道获得。为寻求创意,可采用头脑风暴法、征求意见法、顾客问题分析法等方法。在产生足够的创意后,对它们进行评价和筛选,挑选出市场前景好、适合企业开发的创意,进入新产品开发的下一个阶段。

（2）经济分析

这一阶段是对拟开发的新产品从市场、技术和生产等方面进行综合评价,为产品的生产提供决策支持。市场评价工作主要有研究目标顾客的需求、市场定位研究、产品理念测试和竞争性分析等。在完成市场评价后,再进行技术可行性和工艺可行性分析,确立可行的技术路径。最后还要评价生产能力,对生产方式、生产成本、生产规模和费用进行估计。通过这些综合分析,确定进入开发阶段的项目。

（3）开发

如果产品概念通过了经济分析,研发部门及工程部门就可以将这种产品概念发展成为实体产品,进入开发阶段。开发阶段还要进行市场实验,以检验产品是否满足消费者的需求。例如,有些企业组织部分消费者对产品模型进行评价,让消费者参与到产品的开发全过程中。

（4）生产与检验

这一阶段包括产品的生产测试和市场测试两部分。生产测试的主要目的是检验产品是否满足预期的规格、要求和性能,以及产品能否在现实环境中使用。生产测试时会通过试差法、实验法等方法,以确定成本和产量水平。而市场测试主要是检验市场对新产品的接受程度,是对整个产品营销策略的检验,包括定位、定价、广告促销、分销等。对于重复购买的消费品,还要进行模拟市场测试,让消费者在一个模拟的环境中购买该产品,以对重复购买率和市场份额做出较为准确的估计。

（5）商业化

到了这一阶段,企业就要将新产品投放市场。此时,企业不但要购买或租用设备组织批量生产,还要进行大规模的市场开发,如广告、促销等。目标顾客群的选择及新产品进入市场的时间、地点和方式是这一阶段企业决策的重点。

8.3.3　新产品扩散

1. 新产品的创新特征对市场扩散的影响

新产品本身所具备的创新特征,是影响它能否被消费者接受的主要因素。通常情况下,新产品的扩散速度与程度和新产品的以下特征成正比。

（1）相对优点

所谓相对优点,也就是比较利益。相对于已有的产品或竞争产品,新产品应具有独特的优点,这种优点越明显,就越容易被普遍接受,即新产品应能给消费者提供更多的好处和利益。例如,U盘比原来的软盘容量更大、性能更稳定,所以目前已经替代软盘成为主要的存储设备。

（2）较好的适应性

新产品同社会的消费习惯、文化风俗、人们的价值观念等相适应,就比较容易被接受;反之,差距越大,就越难推广。例如,当人们的生活节奏越来越快时,泡面、速溶咖啡等方便食品越来越受欢迎。

（3）简易性

新产品的结构和使用方法,要力求简便易懂,否则就不易被消费者所接受。例如"傻瓜相机"的推出,使拍照成为一件更方便的事,这种相机也受到广泛使用。

（4）可分割性

由于不同消费者在购买力、生活习惯、消费方式等方面存在差别,新产品应力求可以分割。可分割性越好,试用性越强,新产品被接受的过程就越短。目前,许多企业推出的小包装新产品便于促进消费者试用,有利于迅速推广。

（5）可传递性

可传递性主要是指新产品的介绍是否明确、具体。新产品的特点和使用方法的介绍越明确具体,说服力越强,产品越容易被尽快接受;而新产品的介绍抽象空泛,或夸大其词,令人生疑,则不利于产品的扩散。

2. 购买行为对市场扩散的影响

（1）消费者采用新产品的程序

美国市场营销学者罗杰斯对人们接受新产品的程序做过大量调查,总结归纳出消费者接受新产品的规律一般分为以下五个重要阶段:

①知晓:获得新产品信息。

②兴趣:发生了兴趣,积极地寻找有关资料,并进行对比分析。

③评价:权衡采用新产品的边际价值。

④试用：通过试用，正式评价自己对新产品的认识及购买决策的正确性。

⑤接受：通过试用，收到了理想的使用效果，就会放弃原有的产品形式，完全接受新产品，并开始正式购买、重复购买。

（2）消费者对新产品的反应差异

在新产品的市场扩散过程中，由于社会地位、消费心理、价值观、个人性格等多种因素的影响，不同顾客对新产品的反应具有很大的差异。新产品在同一目标市场的扩散过程规律是：开始仅被极少数消费者接受，然后逐步被多数消费者接受。不同类型的消费者接受的时间先后顺序是：创新者──→早期使用者──→中期消费群──→晚期消费群──→落伍者。

①创新者。通常富有个性，受过高等教育，勇于创新冒险，性格活跃，消费行为很少听取他人意见，经济宽裕，社会地位较高。广告等促销手段对他们有很大的影响力。这类消费者是企业投放新产品时的极好目标，但他们只占全部消费者的很小一部分。

②早期使用者。一般也接受过较高的教育，年轻、富有探索精神，对新事物比较敏感，并且有较强的适应性，经济状况良好。他们对早期使用新产品具有自豪感。这类消费者对广告及其他渠道传播的新产品信息很少有成见，促销媒体对他们有较大的影响力。但与创新者比较，他们一般持较为谨慎的态度。这类顾客是企业推广新产品很好的目标。

③中期消费群。一般较少有保守思想，接受过一定的教育，有较好的工作环境和固定收入，对社会上有影响的人物、特别是自己所崇拜的"意见领袖"的消费行为具有较强的模仿心理。他们不甘落后于潮流，但是由于他们特定的经济地位所限，在购买新产品时，一般持非常谨慎的态度，经常是在征询了早期使用者的意见之后才采纳新产品。但是中期消费群和晚期消费群构成了产品的大部分市场，因此，研究他们的心理状态、消费习惯，对提高产品的市场份额具有很大的意义。

④晚期消费群。较晚跟上消费潮流的人，其工作岗位、受教育水平及收入状况往往比中期消费群略差，对新事物、新环境多持怀疑态度，对周围的一切变化抱观望态度。他们的购买行为往往发生在产品成熟期。

⑤落伍者。受传统思想束缚很深，思想非常保守，怀疑任何变化，对新事物、新变化多持反对态度，固守传统消费行为方式。因此，他们在产品进入成熟期后期及衰退期时才能接受。

经典人物 8-1

弗兰克·巴斯

弗兰克·巴斯，市场营销学领域的美国学者，曾和菲利普·科特勒、杰罗姆·麦卡锡等人共同入选福特基金会项目，同在市场营销学教授组做研究。他最重要的成果，就是创立了"贝斯扩散模型"——帮助 AT&T 等众多大公司从事新产品的市场推广，解决了新产品、新技术如何获取新顾客的问题。他认为："扩散本质上是发生在人际关系网内的社会过程。"

资料来源：根据维基百科相关资料整理。

8.4 产品组合

8.4.1 产品组合概念

在市场经济条件下,大多数企业要根据市场需求和自身能力确定生产和经营哪些产品,明确产品之间的关系,这些都是企业产品组合决策的主要内容。

产品组合是指一个企业生产或销售的全部产品线和产品项目的组合。在这里,产品线是指一组密切相关的同类产品,又称为产品大类或产品系列。所谓密切相关,是指它们或者功能相似,或者卖给同类顾客,或者通过同样的渠道销售,或者价格定在统一范围内。产品项目指在同一产品线或产品大类中各种不同型号、规格、质量、档次和价格的产品。

产品组合具有一定的宽度、长度、深度和相关度。产品组合的宽度,是指产品组合中所包含的产品线的多少。产品组合的长度,是指产品组合中所包含的产品项目的多少。产品组合的深度,是指产品线中的每一产品所包含的品种的多少。一般来说,产品组合的深度越深,可以占领同类产品越多的细分市场,满足更多消费者的需求。产品组合的相关度,是指各条产品线在生产条件、分销渠道、最终用途或其他方面的相关程度。产品组合的相近程度越大,其相关度也越高;反之,则越低。企业产品组合的相关度高,有利于实现企业资源的共享,充分发挥协同作用,提高企业竞争力。

下面就以宝洁公司为例说明这些概念。如表 8-1 所示。

表 8-1 宝洁公司的产品组合

	产品组合的宽度						
	织物和家居护理	洗发护发	美容护肤	个人清洁	口腔护理	妇女保健及婴儿护理	食品
产品组合的深度	碧浪 汰渍 熊猫	飘柔 海飞丝 潘婷 沙宣 伊卡璐	玉兰油护肤品 SK-Ⅱ 封面女郎	舒肤佳香皂 玉兰油香皂 激爽沐浴露	佳洁士牙膏 佳洁士牙刷	护舒宝卫生巾 丹碧丝卫生棉裤 帮宝适纸尿裤	品客

表 8-1 表明,宝洁公司产品组合的宽度是 7 条产品线,产品项目总数是 20 个,即产品组合的长度为 20。进而,该公司产品组合的平均长度就是总长度(20)除以产品线数(7),结果为 2.9。

宝洁公司的产品项目,如佳洁士牙膏有 3 种规格和 2 种配方(普通味和薄荷味),则其深度就是 6。通过计算宝洁公司每一品牌的产品品种数目,然后加总除以宽度,就可以计算出公司的产品组合的平均深度。

由于宝洁公司的产品都通过同样的分销渠道出售,因此可以说,该公司的产品线具有较强的关联性;而就这些产品对消费者的用途不同而言,该公司的产品线又缺乏关联性。

产品组合的长度、深度、宽度和相关度不同,就构成不同的产品组合。企业在进行产品组合时,应考虑有以下因素:

①企业资源。企业资源是指企业的人、财、物和生产经营能力。产品的生产受这些资源制约,企业无论生产什么产品都要根据自身的资源状况进行科学的决策。

②市场需求。以市场为导向是企业经营的基本原则。市场需求是在不断发生变化的,企业必须根据市场需求的发展,在充分利用企业资源的基础上,发展具有良好市场前景的产品系列。

③竞争状况。竞争状况也是产品组合决策中应当考虑的一个重要因素。如果新增加的产品系列竞争激烈,经营的风险性会很大,这时增加产品组合的长度或加深产品组合的深度可能更为有利。

8.4.2 产品组合调整策略

产品组合调整策略,就是指企业根据企业资源、市场需求和竞争状况对产品组合进行适时调整,以达到最佳的产品组合。主要包括产品项目的增加、调整或剔除,产品线的增加、延伸以及产品线之间关联程度的加强和简化。企业可以选择的产品组合调整策略有三种。

1.扩大产品组合策略

扩大产品组合策略是指拓宽产品组合的宽度和加强产品组合的深度。也就是说,增加产品的系列或项目,扩大经营范围,生产经营更多的产品以满足市场的需要。对企业而言,扩大产品组合策略的方式主要有以下三种:

(1)平行式扩展

平行式扩展指生产企业在设备和技术力量允许的条件下,充分发挥生产潜能,向专业化和综合性方向扩展。这种扩展方式的特点是在产品线层次上进行平行延伸,增加产品系列,扩大经营范围。

(2)系列式扩展

系列式扩展指企业产品向多规格、多型号、多款式方向发展。这种扩展方式通过增加产品项目,使产品组合在产品项目层次上向纵深扩展。这样能向更多的细分市场提供产品,满足更广泛的市场需求。

(3)综合利用式扩展

综合利用式扩展指企业生产与原有产品系列不相关的产品,通常与综合利用原材料、处理废物、防治环境污染结合进行。这种扩展方式的目的主要是为了变废为宝,获得综合的经济效益。

2.缩减产品组合策略

缩减产品组合策略是指剔除那些获利小的生产线或产品项目,集中资源生产那些获利多的产品线或产品项目。这种策略一般是在市场不景气或原材料、能源供应紧张时采用。企业可采用的缩减产品组合策略主要有以下两种:

(1)削减产品系列

根据市场的变化,集中企业的优势资源,减少产品生产的类别,只生产和经营少数几个产品系列。

（2）减少产品项目

减少产品系列中不同品种、规格和花色产品的生产，淘汰亏损或低利润的产品，尽量生产利润高的产品。

3. 产品线延伸策略

产品线延伸策略是指将产品线加长，增加企业的经营档次和范围。产品线延伸的主要原因是为了满足不同层次的顾客需要和开拓新的市场，具体有以下三种形式：

（1）向下延伸

向下延伸是指企业原来生产经营高档次产品，后来增加一些低档产品。企业做出产品线向下延伸决策的原因是：企业高档产品的发展空间有限，不得不将产品线向下延伸开拓新的市场；企业的高档产品遇到了激烈的竞争，进入低档市场能缓解企业的竞争压力；企业初期进入高档市场是为了建立质量形象，在目的达到的情况下，向下延伸可以扩大产品的范围；企业向下延伸是为了填补空隙，否则低档产品会成为竞争者的机会。

企业采取向下延伸策略有一定风险：可能会刺激原生产低档产品的企业进入高档产品市场，使竞争加剧；可能会损害企业的品牌形象，新的低档产品最好采用新的品牌；低档产品的利润较少，经销商可能不太愿意经营，企业不得不采用新的销售政策，以至于增加企业的销售费用。

（2）向上延伸

向上延伸是指企业原定位于低档市场的产品线向上延伸，在原有产品线内增加高档产品项目，使企业进入高档产品市场。采用这一策略的原因是：高档产品的市场潜力大，有较大的利润空间，而竞争者实力较弱；企业在技术和市场营销能力方面已具备进入高档市场的条件；企业想发展各个档次的产品，形成完整的产品线。

企业向上延伸的风险在于：低档产品在消费者心目中的地位难以改变，消费者不太容易接受原低档产品生产企业生产的高档产品，因而企业在市场营销方面的投入较大；原生产高档产品的企业会向下延伸进行反击，进入低档产品市场，从而导致竞争的加剧。

（3）双向延伸

双向延伸是指原生产中档产品的企业在取得市场优势后，决定同时向产品线的上下两个方向延伸，一方面增加高档产品，另一方面增加低档产品，力争全方位占领市场。

采用这一策略最大的风险是：随着产品项目的增加，市场风险加大，经营难度增加。因此，采用该策略的企业应具有较高的经营管理水平，否则可能会招致失败。

应用实例 8-3

苹果的产品组合

近年来苹果公司发布了不少新产品，不少人都说苹果这是怎么了，现在把产品线搞得这么复杂。其实真的那么复杂吗？如果你能够静下心来梳理一下，就会发现其实不过如此。

当年乔布斯回归苹果之后，大刀阔斧地砍了很多产品线，减少了 Mac 产品线的数量，整个产品阵容就变成了桌面和笔记本电脑中各有一个消费者版本和专业版本，另外还有几个变体机。

如今一个产品线中有三种不同的机型已经不是什么新鲜事，在这些机型下还细分有不同的颜色和容量版本。比如 iPod 有三个不同的版本,iPod shuffle、iPod touch 和 iPod Classic,消费者就可以有不同的选择侧重点。

iPhone 要是从 iPhone 5s 算起,有 5 款不同的产品,包括 iPhone 5s、iPhone 6、iPhone 6 Plus、iPhone 6s 和 iPhone 6s Plus。另外这几款产品还有不同的颜色和容量版本、运营版本等。这会让用户感到苦恼,自己是应该选择升级到 2015 年的版本使用新特性还是继续使用去年的机型,或者是选择 4 英寸 iPhone 还是屏幕更大的版本。

Mac 产品线也一样,首先你得知道自己想要的是桌面机型还是笔记本。如今的笔记本不仅便携性高,而且性能也直逼桌面电脑。如果你想要桌面 Mac,你可以选择没有屏幕的 Mac mini 和 Mac Pro,还有就是一体机 iMac。所以在桌面电脑方面,苹果有三款机型。那么笔记本产品线呢?有消费者级别的 MacBook Air,有专业用户级别的 MacBook Pro。这两款笔记本各有不同的版本,用户还可以自己选择规格配置。不过今年苹果推出了 12 英寸的 MacBook,行业普遍认为它会取代 MacBook Air。

上周 iPad Pro 上市,至此苹果 iPad 产品就一共有 iPad mini、iPad Air 以及 iPad Pro 三款产品,它们最新的机型分别是 iPad mini 4、iPad Air 2 以及 iPad Pro,另外还在售的有 iPad Air 以及 iPad mini 2。这些产品分别又有两种或者三种颜色版本,不同的容量版本,还有就是 WiFi 或者 WiFi+蜂窝版本。可以说如果你想购买一台 iPad,那么你需要在屏幕尺寸、颜色、容量以及网络版本上做选择。iPad 的起售价为 269 美元,苹果或许是想在一个尽量大的产品售价范围内,给消费者提供更多的选择。

要说到让人觉得混乱的产品线,那真是非 Apple Watch 莫属。它有两个尺寸版本,三种不同的价位,每个价位均有各种不一样的表带供消费者选择。要在这么多版本机型中做出选择真的不是一件易事,单单是选择一款你喜欢的表带就够令你头疼的了,除非你不差钱,可以随便挑、随便买。

至于 Apple TV,那就没什么好说的了,只有两个版本。

经过上面这一番总结,我们发现虽然这几年苹果一直在充实产品线,但还没有到让人无从下手的地步,只是我们已经不能再用简单来形容这些选择了。这或许也是苹果为了满足其日益增长的消费群体而不得不采取的策略,即使是苹果也难以靠一个机型版本来满足市场上各种各样的消费需求。

来源:根据威锋网 2015-11-16 新闻整理。

8.5　产品包装

8.5.1　包装的含义及作用

1.包装的含义

包装最初是指赋予产品实体一种外在保护层,使产品在运输、储存及销售过程中避免遭受损毁或减少。在现代经济生活中,"包装"一词被人们越来越广泛地运用,从而也就有了多种含义。它既可用来指盛装产品的容器,也可指产品装入包装物中的行为,还可指对产品的包装物进行设计的管理活动,企业营销研究涉及的主要是其第三层含义。

2.包装的作用

作为整体产品的组成部分,包装的意义已经远远超越了作为容器保护产品的作用,而逐步成为树立企业形象,扩大产品销售的重要因素之一。其功能主要体现在以下几个方面:

(1)保护产品

适当的包装可防止产品在流通过程中遭受各种可能的损害,起到保护产品的作用。

(2)提供便利

良好的包装既便于企业对产品的运输、储存和管理,也便于消费者对产品的识别、购买、携带和使用,方便整个交易活动。

(3)促进销售

产品经过包装美化以后,自然区别于同类竞争商品,引起消费者对产品的注意和喜爱,促成更多的购买行为。

(4)增加利润

除了通过促进销售增大企业的利润之外,包装本身也能够提高产品的附加值,顾客因此愿意支付的价格远远高于包装的成本,从而提高企业的利润水平。

一般来说,产品的内在质量是市场竞争能力的基础,而如果优质的产品没有优质的包装相匹配,其在市场上的竞争力就会被削弱,降低“身价”,这在国际市场上尤其明显。例如,苏州的檀香扇在香港市场上的售价原为 65 元,由于改用成本 5 元的锦盒包装,售价提高到 165 元,且销量大增;驰名中外的贵州茅台酒,仅在瓶颈上系了一根红绸带,在欧美市场的售价提高 5 美元;东北的名贵药材人参,过去用木箱成捆包装出口,每箱 10 千克,而改用精致的小包装后售价平均提高了 30%。

20 世纪 80 年代之前,我国的产品包装一度相当落后。据外贸部门估计,我国出口产品由于包装欠佳,每年至少损失 10% 的外汇收入。很多外商认为,我国的出口产品是一等质量、二等包装、三等价格。包装落后不仅影响了出口商的销路和利润,而且损害了我国产品在国际市场上的形象和声誉。为了改变产品包装的落后状态,我国于 1980 年成立了中国包装技术协会(后改名为中国包装联合会),1981 年成立了中国包装总公司,积极开展包装技术的研究和改进工作。30 多年来,我国的产品包装水平已有了显著的提高,但与经济发达国家相比仍然存在不小的差距,尚须继续努力,做出进一步的改进。

近年来,随着零售业的发展和变革,开架售货、超级市场等形式蓬勃兴起,产品包装的重要性日益突出。产品能否引起消费者的兴趣,诱发其购买动机,在很大程度上取决于产品的包装,因为包装是“产品的脸面”,它在零售环节取代了售货员而成为“无声的推销员”。

应用实例 8-4

香奈尔五号香水:香水瓶成为艺术品

1921 年 5 月,当香水创作师恩尼斯·鲍将他发明的多款香水呈现在香奈尔夫人面前让她选择时,香奈尔夫人毫不犹豫地选择了第五款,即现在誉满全球的香奈尔五号香水。除了那独特的香味以外,让香奈尔五号香水成为"香水贵族中的贵族"的还有那个看起来不像香水瓶反而像药瓶的创意包装。

服装设计师出身的香奈尔夫人,在设计香奈尔五号香水瓶上别出心裁。"我的美学观点跟别人不同:别人唯恐不足地往上加,而我一项项地减除。"这一设计理念,让香奈尔五号香水瓶简单的包装设计在众多繁复华美的香水瓶中脱颖而出,成为最怪异、最另类,也是最为成功的一款造型。香奈尔五号以其宝石切割般形态的瓶盖、透明水晶的方形瓶身造型、简单明了的线条,成为一种新的美学观念,并迅速俘获了消费者。

1959 年,香奈尔五号香水瓶以其所表现出来的独有的现代美荣获"当代杰出艺术品"称号,跻身于纽约现代艺术博物馆的展品行列。香奈尔五号香水瓶成为名副其实的艺术品。对此,中国工业设计协会副秘书长宋慰祖表示,香水作为一种奢侈品,最能体现其价值和品位的就是包装。"香水的包装本身不但是艺术品,也是其最大的价值所在。包装的成本甚至可以占到整件商品价值的 80%。香奈尔五号的成功,依靠的就是它独特的、颠覆性的创意包装。"

来源:根据 MBA 智库文档相关资料整理。

+·+

8.5.2　包装设计和过度包装

1.包装设计

产品包装分为外包装和内包装。外包装也叫运输包装,包装物不随产品进入消费领域,其设计主要是为了在流通过程中保护产品和方便运输。内包装也叫销售包装,其设计着重考虑的是美化产品,促进销售和便于携带、使用。从营销的角度来研究产品的包装,主要是指销售包装,其设计应符合下列要求:

①包装的形状,应适于产品运输、储存、陈列以及消费者的购买习惯。

②包装的结构造型不仅要符合新颖、美观等艺术性要求,而且要便于消费者携带、使用和储存。

③包装应与产品价值或质量水平相匹配,尽量体现产品的特点或独特风格。

④包装上所采用的图案、色彩等既要符合目标市场者消费者的心理要求,又不能与其民族习惯、宗教信仰发生抵触。

⑤包装上的文字说明必须完全与产品的性质相一致,必须能增加消费者的信任感并指导消费。

⑥包装材料的使用上要注意减少污染,避免资源浪费,保护生态环境。

企业在产品包装实践中必须遵循上述要求,既要赋予产品适宜的包装,充分发挥包装保护产品、促进销售和增加利润的功能,同时又要防止过度包装。

2.过度包装

产品过度包装是指包装容器的大小与内装产品不协调,包装费用与内装产品不吻合,预留空间过大,包装费用占产品总价值比例过高,超出产品销售基本需求的包装。过度包装是一种功能与价值过剩的产品包装,从量上看,表现为包装体积过大,如所用材料过多,装饰奢华;从质上看,表现为包装性能扭曲或有欺诈之嫌,如保护、传达、方便、装饰功能过剩。过度包装危害很大。

(1)侵害消费者利益,影响企业的持续发展

一方面,消费者是产品过度包装最直接的受害者。产品过度包装主要出现在食品、保健品和化妆品行业,这些行业的产品大多属于后验产品,消费者通常依赖包装判断产品价值。厂家为获取高额利润,通过增加包装成本,夸大包装功能,把巨额包装费用转化为产品附加值,强加给消费者,侵害了消费者的利益。例如,普通月饼盒与月饼的价值比为 1:1,而高档月饼盒与月饼的价值比为 2:1 甚至更高。过度包装形成的视觉冲击力,给人以高档的假象。消费者消费时才发现高价购买的不是月饼,而是一堆无用的由泡沫盒硬纸板组成的包装物。

另一方面,企业依靠产品过度包装,短期内可能会达到吸引消费者,扩大市场占有率,取得高额利润的目的,但从长远看,这种做法会严重损害企业的信誉和形象,使企业丧失核心竞争力,最终影响企业的长期发展。

(2)浪费资源,污染环境

例如,包装用的纸盒来源于树木,据统计,每生产 1000 万盒月饼,其包装就需要消耗 400—600 棵直径在 10cm 以上的树木。产品过度包装不仅使濒临枯竭的自然资源雪上加霜,而且使消费者在使用产品之后产生大量废弃的包装材料剩余物,不利于环境保护。

目前对过度包装的控制手段主要有三类:第一类是标准控制,即对包装物的容积、包装物与产品之间的间隙、包装层数、包装成本与产品价值的比例等设定限制标准;第二类是经济手段控制,如对非纸制包装和不能满足回收要求的包装征收包装税,或者通过垃圾计量收费,引导消费者选择简单包装;第三类是加大生产者责任,规定由产品生产者负责回收产品包装,通常可以采用押金制的办法委托有关商业机构回收包装。

8.5.3 包装策略

为了充分发挥包装在营销方面的作用,除了要对包装进行精心的设计外,还要正确决策和灵活运用包装策略。

1. 类似包装策略

这是指企业所生产的各种产品,在包装上都采用相同的图案、色彩,体现出共同的特色,使顾客很容易就辨认出是来自同一企业的产品。类似包装能节省包装设计费用,树立企业形象,方便推出新产品。但类似包装策略只适用于质量水平相同或相近的不同产品,一旦质量水平相差悬殊,则优质产品将蒙受不利影响。

2. 配套包装策略

这是指企业根据消费者的购买和消费习惯,将多种使用上相互关联的产品纳入同一包装容器内,如女士化妆盒、家用工具箱、餐具等。这种包装不仅可以方便消费者的购买和使用,而且有利于带动多种产品销售,特别有利于新产品的推销。但在实践中,须防止不顾市场需求具体特点、消费者的购买力水平和产品本身关联程度大小,任意组合搭配的错误做法,以免消费者产生抵触情绪。

3. 再使用包装策略

这种策略又称为双重用途包装策略，是指所使用的包装物在被包装的产品消费完毕之后并未作废，还能改作其他用途。如糖果、饼干的包装盒可改作工具盒或针线盒。这种策略可刺激消费者的购买欲望，扩大产品销售，同时使带有企业标记的包装物在被使用过程中起到延期广告宣传的作用。

4. 等级包装策略

这是指企业为不同质量等级的产品分别设计和使用不同的包装。这种策略的实施成本较高，但它可以适应不同购买水平或不同购买心理的消费者，从而扩大产品销售。

5. 附赠品包装策略

这是指在包装容器内除目标产品外另附有赠品，以吸引消费者的购买。该策略对儿童和青少年及低收入者较为有效，如儿童食品在包装中附赠玩具或卡通图片。若赠品采用累积获奖方式，效果会更明显。

6. 更新包装策略

这是指企业采用新的包装技术、包装材料、包装设计等，对原有产品包装加以改进，以改变产品的原有形象。例如，把饮料的瓶式包装改为易拉罐式包装，粉剂药的袋式包装改为锡箔片加胶囊包装等。

本章小结

产品策略是市场营销组合策略中的首要策略。市场营销的基本目标就是以企业的产品去满足消费者的需求，所有的决策都是以产品为基础展开的，产品决策在极大程度上决定着企业经营的成败。产品的整体概念包括能够满足消费者需要的有形物体和一系列无形服务，一般可以分为核心产品、形式产品、期望产品、延伸产品和潜在产品。产品具有生命周期，分为投入期、成长期、成熟期和衰退期，企业需要针对不同的周期特点采取相应的营销策略。企业必须遵循一定的新产品开发程序，并且研究新产品扩散的规律，才能使得新产品开发与推广成功。任何企业不是只生产一种产品，而是提供一个产品组合，包括产品线和产品项目，企业必须根据市场需求和竞争特点，不断优化企业产品组合，同时还应该关注产品的包装及其作用。

复习思考题

一、知识题

1. 名词解释

(1)产品　(2)核心产品　(3)形式产品　(4)延伸产品　(5)产品生命周期

(6)产品组合　(7)产品组合调整策略　(8)新产品

习题测试
参考答案

2. 单项选择题

(1)产品组合的宽度是指产品组合中所拥有的_____的数目 　　　　（　　）

　　A. 产品项目　　　　B. 产品线　　　　C. 产品种类　　　　D. 产品品牌

(2)产品组合的长度是指_____的总数 　　　　　　　　　　　　　（　　）

　　A. 产品项目　　　　B. 产品品种　　　C. 产品规格　　　　D. 产品品牌

(3)产品组合的_____是指一个产品线中所含产品项目的多少 　　　（　　）

　　A. 宽度　　　　　　B. 长度　　　　　C. 关联度　　　　　D. 深度

(4)产品生命周期由_____的生命周期决定 　　　　　　　　　　　（　　）

　　A. 企业与市场　　　B. 需求与技术　　C. 质量与价格　　　D. 促销与服务

(5)投入期选择快速掠取策略是针对目标顾客的 　　　　　　　　　　（　　）

　　A. 求名心理　　　　B. 求实心理　　　C. 求新心理　　　　D. 求美心理

(6)成长期营销人员的促销策略主要目标是在消费者心目中建立_____争取新的顾客

　　　　　　　　　　　　　　　　　　　　　　　　　　　　　　　　（　　）

　　A. 产品外观　　　　B. 产品质量　　　C. 产品信誉　　　　D. 品牌偏好

(7)大多数企业开发新产品是改进现有产品而非创造 　　　　　　　　（　　）

　　A. 换代产品　　　　B. 全新产品　　　C. 仿制产品　　　　D. 最新产品

(8)新产品开发的产品创意阶段,营销部门的主要责任是_____、甄别创意 （　　）

　　A. 收集　　　　　　B. 调查　　　　　C. 寻找　　　　　　D. 评价

(9)处于市场不景气或原料、能源供应紧张时期,_____产品线反而能使总利润上升

　　　　　　　　　　　　　　　　　　　　　　　　　　　　　　　　（　　）

　　A. 增加　　　　　　B. 扩充　　　　　C. 延伸　　　　　　D. 缩减

(10)期望产品,是指消费者在购买产品时,期望得到与_____密切相关的一整套属性和
　　条件 　　　　　　　　　　　　　　　　　　　　　　　　　　　　（　　）

　　A. 服务　　　　　　B. 质量　　　　　C. 产品　　　　　　D. 用途

3. 多项选择题(下列各小题中正确的答案不少于两个,请准确选出全部正确答案)

(1)产品组合包括的变数是 　　　　　　　　　　　　　　　　　　　（　　）

　　A. 适应度　　　　B. 长度　　　　C. 相关性　　　　D. 宽度　　　　E. 深度

(2)产品按照耐用性和形态可分为 　　　　　　　　　　　　　　　　（　　）

　　A. 耐用品　　　B. 便利品　　　C. 服务　　　　D. 非耐用品　　　E. 特殊品

(3)快速渗透策略,即企业以_____推出新产品 　　　　　　　　　（　　）

　　A. 高品质　　　B. 高促销　　　C. 低促销　　　D. 高价格　　　E. 低价格

(4)企业针对成熟期的产品所采取的市场营销策略,具体包括的途径是 （　　）

　　A. 开发新市场　　B. 开发新产品　　C. 寻求新用户　　D. 巩固老用户　　E. 改进老产品

(5)对于处在生命周期衰退阶段的产品,可供选择的营销策略是 　　　（　　）

　　A. 放弃策略　　　B. 扩张策略　　　C. 维持策略　　　D. 竞争策略　　　E. 重新定位

4. 简答题

(1)简述产品整体概念的含义。

(2)产品组合有哪几种主要策略?

(3)简述成熟期的市场特点及营销策略。

(4)简述消费者接受新产品的阶段。

二、能力题

1.讨论题

试述产品生命周期理论对企业开展营销活动的启示。

讨论组

2.综合题

去你周围的超市中,观察货架上的商品,寻找不同公司的产品组合,试述这些公司的产品策略。

3.案例分析题

家电企业产品结构如何升级

中国原有增长模式到了尽头,经济结构调整与增长方式转型不可避免,这也是新一届政府着力通过改革解决的核心问题。在中国宏观经济格局下,伴随消费者需求的变化,作为中国制造业的排头兵,作为规模化成长的典型家电企业——美的电器面临着价值成长转型的问题。

美的电器是美的集团旗下最重要的上市公司,从2011年第四季度开始,美的电器的业绩增长就停止了。2012年前三季度,美的电器的营业收入是538亿元,前一年同期为819亿元,而同期国内家电零售总规模下滑比例只有5%。

产品导向

产品线长、品类丰富是美的的特点:快速进入一个品类,通过强大的营销网络与能力快速跻身市场占有率前几位,如微波炉、豆浆机、洗衣机等。这是营销推广的胜利。为此,美的整合了所有的营销组织成立中国营销中心。从2011年开始,美的的区域销售公司陆续出现亏损,并且不断蔓延。

面对消费者需求的重大变化,美的开始从追求规模转变为追求利润,从营销导向变为产品导向。产品导向的核心是紧跟消费需求趋势,关键是找到消费者的核心需求。以美的微波炉为例,线上与线下产品需求可能不一样,电商希望提供好看、轻便一点的微波炉。电商向对接部门提出需求,达到一定订货量,美的可以应需定制产品。从"以我为主"推出产品进行营销,向端到端的产品营销转变。

重点产品突破

美的产品线非常饱满,也具备一定的竞争能力与技术优势。如何通过技术研发优势,支持企业端到端的以产品为核心的营销转型?

首先,突出产品功能。以微波炉为例,美的通过市场调研发现,一、二线城市消费者对微波炉关注度的排名依次为功能、样式、品牌和价格。如果还保持过去的低价竞争策略,美的的业绩很难有保障。消费者更倾向于功能与消费体验,产品的超值功能更能够吸引消费者购买。比如,微波炉的功能已经从加热扩展到蒸、煮等各种烹饪方法,并自主开发食谱,连同微波炉一起销售。如果可以将微波炉打造为云微波炉,可以联网并随时下载菜谱与制作方法,就更能满足消费者的消费体验需求。

其次,强化研发规划。明确产品发力的重点,可以更好地支持营销转型。一是优先选择业务范围,结合行业吸引力、增长趋势等要素进行分析,确定家电各业务的增长指标;二是确定各个业务的产品发展趋势,制定各个业务的产品可选择图,产品可选择图必须能满足消费者的各种潜在需求;三是结合产品可选择图,依据技术实现的可能性,制定本企业的产品规划图;四是逐步实施,将老产品逐步替换更新,增加高附加值与技术含量的产品,实现产品结构的调整。美的电器此前约 2 万个产品型号被精简到 1.5 万个。厨房电器事业部暂停 399 元与 599 元微波炉销售后,美的微波炉的平均售价 2010 年为 400 元,2011 年为 600 元,到 2012 年已超过 1000 元,高出行业均价 5%。2012 年与 2011 年相比,微波炉销售总量近乎持平或略有增长,而利润可能是前一年的两倍。此外,营销战略的调整势必影响组织结构的调整。美的从过去建立大营销中心转变为以产品事业部为核心的组织管理体系:在事业部内部包含研发、生产、营销等关键职能,使研发与销售能够直接面对客户,通过产品力提升来带动营销。

资料来源:根据《销售与市场(管理版)》2013 年第 6 期相关资料整理。

问题:

(1)美的电器如何延伸自己的产品线?

(2)请用产品生命周期理论解释美的电器的产品结构调整。

(3)未来美的电器在开发新产品时需要关注哪些内容?

第**9**章

品牌策略

学习目标

知识目标	技能目标
◆ 了解品牌的含义、分类、特征与作用	◆ 能够设计品牌名称
◆ 了解品牌化决策的内容	◆ 学会运用品牌化决策
◆ 了解品牌归属决策的内容	◆ 学会运用品牌归属决策
◆ 了解品牌统分决策的内容	◆ 学会运用品牌统分决策
◆ 了解品牌延伸决策的内容	◆ 学会运用品牌延伸决策

导入案例

一只马桶盖的日本自由行

据媒体报道,2015年春节期间,有多达45万中国游客赴日消费,购物消费近60亿人民币。电饭煲等传统热门商品依然畅销,温水洗净马桶盖成为一大购物热门。日本当地媒体称,"马桶盖几乎处于断货状态"。

春节前,王先生报名旅行社跟团到日本旅游,身负许多亲朋好友的代购任务,马桶盖成了购物清单里的热门商品。旅行期间,在导游的带领下,王先生来到大阪的一家电器商城购物。商城内挤满了中国游客,随处可见拎着电饭煲、马桶盖的中国人。据王先生介绍:"日本电压是110伏,中国的是220伏,这些电器商场里专门提供符合中国国内使用的电器规格,商场里买电器的中国人特别多。电饭煲、马桶盖、电动牙刷,都跟不要钱一样。"

打算入手几个马桶盖的王先生在商场里进行挑选,一款松下的马桶盖引起了王先生的注意,"当时就看到包装的纸箱上印着很多中文字,还有生产地竟然是杭州下沙"。王先生发现的松下温水冲洗便座在外包装上印着"浙江省杭州市杭州经济技术开发区松乔街 2 号"的中文字样,以及"Made in China"的英文标注。这让王先生很费解:"兜了一大圈,买到的居然还是自家门前生产的东西,那不是等于当了回人肉搬运工。"

据了解,松下电化住宅设备机器(杭州)有限公司成立于 2004 年,位于杭州下沙,生产加工智能坐便器、电饭煲、洗衣机等产品。

记者从松下官方客服处了解到,在日本销售的这款马桶盖在国内没有同型号出售。客服人员表示:"这是国内松下厂家生产出口日本的一个型号,在日本一些大型商场都有出售,专门提供给赴日消费的中国顾客。这款马桶盖的生产标准完全依据日本的相关标准,从质量上来讲要优于国内的同品牌产品。"

一只杭州生产的马桶盖,漂洋过海出口日本,最后中国游客们又费力地运回国。有中国网友吐槽道:"这是一只马桶盖的日本自由行。"

资料来源:浙江在线 2015-02-28 新闻。

案例分析题

随着市场竞争的加剧,企业之间的竞争形式已由成本竞争、产品竞争向品牌竞争转变,品牌竞争日益成为市场竞争的焦点。美国品牌战略研究专家凯文·凯勒说:"越来越多的公司和组织已开始认识到,最有价值的资产之一是与各种产品和服务相联系的品牌。"另一位美国著名品牌专家拉里·莱特也说:"未来的营销是品牌的战争,拥有市场比拥有企业更重要,而拥有市场的唯一途径是拥有占据市场主导地位的品牌。"因此,创建强有力的品牌并长期保持和强化品牌的影响力,就成为企业参与竞争并获取竞争优势的重要手段之一。

9.1 品牌概述

微课 品牌
资产

在对品牌策略进行深入讨论之前,首先需要了解一下品牌的含义、品牌与其他相关概念的关系、品牌的作用与分类等基础知识。

9.1.1 品牌的含义

品牌的英文单词 brand,源自于古挪威文,意思是"打上烙印"。人们最初用这种方式来标记家畜等需要与其他人相区别的私有财产。尽管品牌实践很早就已经开始了,但直到 20 世纪 30 年代,"品牌"才开始应用于学术界、营销界和传播界,而到了 50 年代,"品牌"一词已经成为全世界最热门的营销术语之一。

关于什么是品牌,可谓众说纷纭,至今未达成共识。美国市场营销协会认为,品牌是一种名称、术语、符号或图案,或是它们的相互组合,用以识别某个销售者或某群销售者的产品或服务,并使之与竞争对手的产品和服务相区别,促进消费者理性和感性需要的满足。此观点主要从符号的角度来理解品牌,是基于品牌最原始、最直观的含义。它从朴素而现实的视角将品牌看作是标榜个性、区别于其他的特殊符号,即品牌是识别符号,用以区分不同的产品供应厂商。

品牌主要由品牌名称、品牌标志和附加要素三部分所构成。

1. 品牌名称

品牌名称是品牌中可以用语言称呼并用语言进行传递与交流，即有可读性的部分，它是词语、字母、数字或词组等的组合。如永久、TCL、999、一汽-大众等。

2. 品牌标志

品牌标志是品牌中可以识别，但不能读出声音的部分，包括标志书法、标志图案、标志色和标志物。如可口可乐的变形字体、麦当劳黄色的拱形门、耐克的钩子造型等。

3. 附加要素

附加要素包括品牌说明、品牌口号、品牌故事、品牌广告曲、品牌包装和品牌形象代言等。

📖 经典人物 9-1

戴维·阿克

戴维·阿克是美国加利福尼亚大学伯克利分校哈斯商学院的营销学名誉教授，也是品牌和品牌资产领域最具影响力的权威学者之一，当前美国品牌界的领军人物，被《品牌周刊》誉为"品牌资产的鼻祖"。

戴维·阿克先在马萨诸塞理工学院取得学士学位，后在斯坦福大学取得硕士及博士学位。1996年，因对营销科学的发展做出的杰出贡献，戴维·阿克被美国市场营销协会授予"保罗·康沃斯奖"。2004年，他获得麻省理工学院"Sloan Buck Weaver"营销奖。

戴维·阿克在《哈佛商业评论》《营销学》《加州管理评论》等著名专业类媒体上发表过100余篇专业论文，其中有三篇曾赢得最佳论文奖。他先后出版了13本专业书籍，其中的《管理品牌资产》(1991)、《创建强势品牌》(1995)和《品牌领导》(1998)被喻为"品牌三部曲"并畅销全球，对全球企业界产生了广泛且深远的影响。同时，戴维·阿克也是一位演说家，经常活跃在美国、欧洲、南美等地，并担任全球各地企业的顾问。

资料来源：根据维基百科相关资料整理。

9.1.2　品牌与产品、商标

1. 品牌与产品

品牌与产品之间存在联系，但不能将两者完全等同。产品是企业所生产的具体东西，品牌则是一种无形的资产；品牌以产品为载体；产品会过时落伍，但成功的品牌却能经久不衰。

（1）产品是具体的，品牌是抽象的

产品是物质属性的组合，具有某种特定的功能以满足消费者的使用需要，消费者可以触摸、耳闻、目睹。品牌是消费者对产品一切感受的总和，它倾注了消费者的情绪、认知、态度和行为，诸如产品在功能方面是否有优势，是否值得信赖，是否代表某种特殊意义或情感寄托等。

（2）品牌以产品为载体

市场经验告诉人们，产品不一定有品牌，但每一个品牌都对应着一个产品或一系列产品。产品是品牌的基础，没有好的产品，用以识别产品来源的品牌就无以生存。产品只有在得到消费者认可、接受和信赖，并与消费者建立起长期而密切的关系后，才能使品牌得以发展。因而，品牌是以产品作为载体的。

（3）产品会落伍，但成功的品牌则持久不衰

一般而言，产品都有一个生命周期，会经历从投放市场到被淘汰退出市场的整个过程。但是，品牌并非一定有生命周期。只要品牌经营与管理得当，就能永葆青春，充满活力。

2.品牌与商标

商标是受到法律保护的整个品牌或组成品牌的某一个或几个部分。品牌只有注册成为商标后，才能获得法律的保护。因此，在现行商标制度下，品牌一般都应按照一定的法定程序进行注册，成为注册商标。

商标与品牌既有联系又有区别。两者联系主要表现为：它们都是无形资产；正是借助商标的法律作用，才使得品牌所产生的超过产品本身价值的利益受到保护；它们都具有一定专有性；其目的都是为了区别于竞争者，有助于消费者识别。

两者区别主要表现为：

（1）概念不同

品牌是市场概念，它强调企业（经营者）与顾客之间关系的建立、维系与发展。商标是法律概念，它强调对生产经营者合法权益的保护。

（2）构件不同

一般而言，品牌的构件比商标的构件丰富，商标的构件仅仅是品牌的静态部分如图案、文字或是二者的组合体。而品牌的构件则是由静态和动态两大部分组成，动态部分包括品牌的传播、维护和管理等。

（3）使用范围不同

商标有国界，品牌无国界。世界上每个国家都有自己的商标法律，在一国注册的商标仅在该国范围内使用受法律的保护，超出国界就失去了该国保护的权利。而品牌的使用则不受国界限制。

（4）使用的时效不同

商标的时效取决于法律，而品牌的时效则取决于市场。世界各国对商标的使用都有一定的年限规定，如一些国家规定商标的使用年限为 20 年，而我国商标法规定为 10 年，到期还可以续注，事实上商标具有永久性权利。品牌则不同，它的生命力的长短取决市场和经营者的能力。

应用实例 9-1

"微信"商标流失：腾讯为何没看好？

"32/81（39.5％）"，这是腾讯已注册和注册中的"微信"商标在所有"微信"商标中的比例。简单说，截至 2015 年 3 月 15 日，已经提交到国家工商行政管理总局商标局（以下简称商标局）

正在进行商标注册审核或已完成商标注册的 81 件"微信"商标中,只有 32 件是腾讯提交注册申请的,而有超过 60％的"微信"商标并非腾讯提交且暂不归属于腾讯。商标局网站数据显示,在 81 件"微信"注册商标中,16 件"已无效",8 件处于"异议中",而在 38 件"已成功注册"商标中,有 4 件已发生转让。不论是"已无效""异议中"还是"已转让",虽然出面的可能另有其人,但是其背后的实际操控者可能都是腾讯,因为在"微信"商标上,只有腾讯一家是直接利益相关者。由此可见,由于自身动手太晚,致使"微信"商标被他人抢先注册,在微信业务不断发展壮大后,腾讯被迫四面出击,采取收购、异议等多重手段追回"微信"商标。如果不是因为腾讯"财大气粗",这种"迟钝"给企业带来的品牌损失或资源浪费,应该是相当惊人的。

资料来源:根据中国创业网 2015-03-16 新闻整理。

9.1.3　品牌的特征及分类

1.品牌的特征

(1)品牌的专有性

品牌是用以识别生产或销售者的产品或服务的。品牌拥有者经过法律程序的认定,享有品牌的专有权,有权要求其他企业或个人不能仿冒、伪造。这一点也是指品牌的排他性。

(2)品牌的价值性

由于品牌拥有者可以凭借品牌的优势不断获取利益,因此品牌具有价值性。这种价值并不能像物质资产那样用实物的形式表述,但它能使企业的无形资产迅速增加,并且可以作为商品在市场上进行交易。

(3)品牌发展的风险性

品牌创立后,在其成长的过程中,由于环境的不断变化,需求的不断改变,企业的品牌资产可能壮大,也可能缩小,甚至在竞争中退出市场。品牌的成长因此存在一定风险,对其评估也存在难度。

(4)品牌的表象性

品牌是企业的无形资产,不具有独立的实体,不占有空间,但它的目的就是让人们通过一个比较容易记忆的形式来记住某一产品或企业。因此,品牌必须有载体,需要通过一系列的载体来表现自己。品牌的直接载体主要是文字、图案和符号,间接载体主要有产品的质量、服务、知名度、美誉度、市场占有率等。

(5)品牌的扩张性

品牌具有识别功能,代表一种产品、一个企业。企业可以利用这一特点施展品牌对市场的开拓能力,还可以帮助企业利用品牌进行扩张。

2.品牌的分类

品牌按照不同的标准,可分为不同的类型:

(1)按照品牌的拥有者分类

可以分为制造商品牌和中间商品牌。制造商品牌是指产品的生产制造商所确定的拥有自主知识产权的品牌。中间商品牌也称自有品牌或私人品牌,是指自己不生产制造产品,而是通过购买方式获得产品,并在产品上贴上中间商自己设计的标志而产生的品牌。

（2）按照品牌市场覆盖范围分类

可以分为地方品牌、国内品牌、国际品牌。地方品牌是指一个区域之内的产品品牌,只在当地享有盛誉,拥有较高的地区市场占有率。国内品牌是指在国内知名度和美誉度较高的品牌。国际品牌是指在国际市场上知名度和美誉度较高,具有较强竞争力的品牌。

（3）按照品牌的档次分类

可以分为高档品牌、大众品牌。高档品牌也称奢侈品品牌,是指产品品质极高、售价昂贵,以极少数高薪阶层作为销售对象的品牌。大众品牌是指面向所有大众或者普通收入水平消费者的品牌。值得注意的是,大众品牌并不是低档次的代名词,它只是强调面向大众。

（4）按照品牌化的对象分类

品牌化是指企业为其产品决定采用品牌,并设计品牌名称、品牌标志,以及向政府部门注册登记的一切业务活动。如前所述,产品可以是有形产品、服务、组织、个人、事件、地点、信念等。因此,根据品牌化的对象,品牌可以分为(有形)产品品牌、服务品牌、组织品牌、个人品牌、事件品牌、地点品牌等。

①(有形)产品品牌。是指为有形产品赋予的品牌,通常与某种特定的产品联系紧密,并且只与这一产品相联系。

②服务品牌。是指以服务为主要特征的品牌,如麦当劳、肯德基等。

③组织品牌。是指以企业或非营利性组织为整体而赋予的品牌。对于企业来说,一些企业采用了与产品一致的品牌,如海尔、索尼等;另一些企业则采用了与产品不一致的品牌,如宝洁、联合利华等。另外,一些非营利性组织也开始打造品牌,如国际奥委会、红十字会、联合国儿童基金会等。

④个人品牌。是指以个人作为品牌化对象的品牌。目前,常见的被品牌化的个人对象主要是一些公众人物,如政客、企业领袖、专业运动员或娱乐界人士等。

⑤事件品牌。是指以事件为载体的品牌。这里的事件包括体育比赛、会展、节庆、演出等,如奥运会、世博会、环法自行车赛等。

⑥地点品牌。是指以地理位置作为对象的品牌。品牌专家凯文·凯勒曾说:"如同产品和人一样,地理位置也可以品牌化……它的功能就是让人们认识和了解这个地方,并对它产生一些好的联想。"

（5）按照品牌持续时间的长短分类

可以分为短期品牌、长期品牌、时代品牌。短期品牌是指持续时间短,只在一定时间内有一定知名度的品牌。长期品牌是随着产品生命周期的更替而变化的品牌。时代品牌是指在一个时代里经久不衰的品牌。

9.1.4 品牌的作用

1.品牌对消费者的作用

微课 品牌
的本质

（1）有助于消费者避免购买风险,方便消费者选购商品

消费者在购买过程中会遇到各种各样的风险,而消费者避免购买风险的方法主要有两种:

一是从众;二是品牌忠诚。由于消费者经过学习对品牌积累了一定的知识,他们很容易辨别哪类品牌适合自己。前庄臣公司董事长杰姆斯·莱汉说过:"如果你心中拥有一个了解信任的品牌,那它将有助于使你在购物时能轻松快捷地做出选择。"

(2)有助于消费者权益的保护

品牌方便消费者识别产品的来源或产品的制造厂家,从而有助于消费者权益的保护。《中华人民共和国消费者权益保护法》规定:"经营者应当标明其真实名称和标记。"消费者在购物后一旦出现问题,可以通过品牌找到经营者进行索赔和更换。

(3)有助于提高消费者的满意度

个人收入水平和生活水平的不断提高,使得越来越多的消费者由理性消费转向感性消费,由注重产品功能属性转向注重品牌的情感价值和文化内涵。与此消费心理转变相适应,品牌消费(消费者在商品购买决策中,以选择品牌和获取品牌满足作为第一准则)取代了产品消费。品牌消费所具有的象征价值和情感愉悦价值,使消费者能够从中获得更多的心理满足。

2.品牌对企业的作用

(1)有助于提高企业获利能力

20世纪90年代初,台湾宏碁创始人施振荣根据迈克尔·波特的理论和他多年从事IT行业的丰富经验提出了著名的微笑曲线理论,如图9-1所示。在微笑曲线中,处在产业链上游从事核心技术研发的企业与处在下游从事品牌经营和管理的企业,都可获得高额利润,而处在产业链中间的制造型企业则获利最少。有资料分析,在我国贴牌生产的外资产品,外资企业拿走了利润的92%,而只留给我国企业8%的利润。因此,要提升企业的获利能力,必须建立自己的品牌。

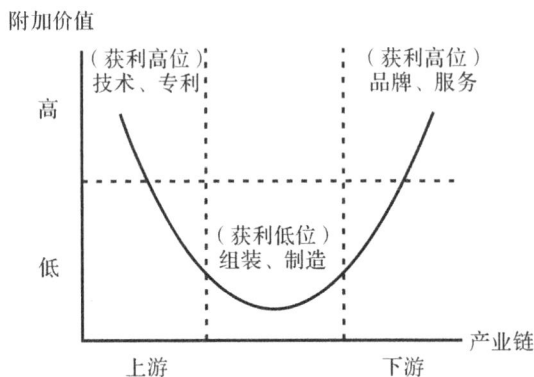

图9-1 微笑曲线理论简图

(2)有助于企业形象的宣传和产品的促销

企业的营销活动离不开宣传和推广,而要介绍宣传一家企业的历史、经营理念、管理水平、制造工艺等,是一项内容繁杂的艰苦工作。如果集中做好品牌宣传,就容易在消费者心中打上深刻的烙印,也有助于企业形象的树立。同时,品牌一旦为消费者所接受,很容易引起重复购买,提高产品的市场占有率。

(3)有助于新产品的开发,节约新产品投入成本

一个新产品进入市场,要想得到消费者的认知、认同、接受和信任,投入成本和风险都相当

大。如果企业借助已成名的品牌推出新产品,就可以大大缩短被消费者认知、认同、接受和信任的过程,极为有效地防范新产品的市场风险,并且可以降低新产品的成本费用。

(4)有助于稳定产品的价格,减少价格弹性

品牌具有排他性,在市场激烈竞争的条件下,一个强有力的品牌可以像灯塔一样为消费者在信息海洋中指明方向,消费者乐意为此多付出代价。同时,品牌具有不可替代性,是产品差异化的重要因素,可减少价格对需求的影响程度。

(5)有助于抵御竞争者的攻击,保持竞争优势

新产品一经推出市场,如果畅销,很容易被竞争者模仿,但品牌是企业特有的一种资产,品牌忠诚是竞争者无法通过模仿得到的。当市场趋向成熟,市场份额相对稳定时,品牌忠诚是抵御同行竞争者攻击的最有力的武器。从某种程度上说,品牌是企业保持竞争优势的一种强有力工具。

扩展阅读

从"贴牌"到"创牌"

"贴牌"即 OEM,就是委托生产。生产商不拥有品牌,而是承接品牌所有者的加工业务,为其生产产品或产品配件,也称为定牌生产或授权贴牌生产。品牌所有者凭借著名品牌使其产品大行其道,利润尽收囊中,而 OEM 生产商只能获得微薄的加工费。

在国际市场上,发达国家的产品之所以能够称雄,立于不败之地,就是靠品牌的竞争力逐步扩展渗透的。可口可乐饮料畅销全球,有赖于它在全世界家喻户晓、长盛不衰、价值几百亿美元的"可口可乐"品牌,麦当劳、肯德基亦是如此。没有自己的品牌,最直接的危机就是无法参与国际市场竞争,只能寄人篱下。我国企业的生产能力、技术水平并非完全比不上发达国家,许多"中国制造"的产品质量与某些国际品牌不相上下,但价格却有着天壤之别。万宝路集团总裁在谈到品牌的高效益时说,企业的品牌如同储蓄的户头,当你不断地用产品累积价值时,便可尽享利息。可见,品牌的魅力正在于可用最小的代价争取到最大的市场和最丰厚的利润。

由于缺乏自主品牌,我们只能廉价出卖资源和劳动力,获得微薄的贸易利益。一个出口价5 美元的地球仪,在美国可以卖到 85 美元;一套市场价 100 欧元的女装,我国企业只能拿到三四欧元的加工费。如果我们就在全球价值链的低端维持生存,我国市场就将被更多的外国品牌所占据,自主品牌的成长就成为一句空话。我们必须摒弃长期奉行的靠成本优势取胜的低盈利扩张模式,转而进行全方位的自主品牌经营和国际品牌战略。

创建自主品牌是一项系统工程,涉及经济、政治、科技、文化等社会生活的各个领域,既需要企业长期坚持不懈地努力,也需要政府以及各方面的配合。只有坚持以企业为主体,市场为导向,充分发挥各方面的积极力量,为自主品牌建设创造良好的环境,才能引导更多的企业走向创建自主品牌的道路。

资料来源:根据《中共杭州市委党校学报》2007 年第 3 期相关资料整理。

9.2 品牌运营决策

品牌运营决策包括品牌有无决策、品牌归属决策、品牌统分决策、品牌延伸决策等。

9.2.1 品牌有无决策

品牌有无决策是指企业对其生产和经营的产品是否采用品牌的决策,包括采用品牌和不采用品牌两种情况。当今世界,大多数产品都有品牌。尽管如此,仍然有一些产品并不采用品牌,它们被称为无品牌产品。

不使用品牌的产品主要有以下几种情况:

①大多数未经加工的原料产品,如棉花、大豆和矿砂等。

②比较容易辨别质量的商品,如布料和鲜活商品等。

③某些生产比较简单的小商品,如拉链和纽扣等。

④蔬菜和水果等农产品。不过随着消费者收入水平的提高,许多农产品也被加工成小包装,贴上品牌出售。

⑤临时性、一次性出售的产品。

采用无品牌策略,给企业带来的益处包括节约品牌设计、商标注册、广告宣传等一系列费用,从而降低产品的成本和售价,吸引低收入的购买者。

9.2.2 品牌归属决策

品牌归属决策即品牌所有权归谁,由谁管理和负责。企业确定产品应该有品牌以后,就涉及如何抉择品牌归属问题。品牌归属有三种选择:制造商(生产者)品牌、中间商(自有)品牌、以上两种品牌同时兼用(即生产企业对部分产品使用自己的品牌,而对另一部分产品使用中间商品牌)。在制造商具有良好市场声誉、拥有较大市场份额的条件下,多使用制造商品牌。相反,在制造商资金薄弱,市场营销能力相对不足的情况下,可以使用中间商品牌。

1.制造商品牌与中间商(自有)品牌的差异

(1)生产与销售上的差异

制造商品牌运作的方式是,制造商自主研发、自主生产,然后借助中间商的营销网络销售产品。因此,制造商品牌是生产置于自己控制之下,销售则要与中间商合作。而中间商品牌的运作方式却不同,中间商先开发设计产品,然后物色合适的生产基地,收购全部产品,并在自己的销售店铺出售给消费者。

(2)价格差异

一般来说,制造商品牌的价格较高,中间商品牌的定价较低一些。这是因为中间商品牌满足的是消费者一般性需求,而制造商品牌则可能带来个性化需求的满足。

2.中间商开发自有品牌的利弊

中间商开发自有品牌可以带来以下益处:

（1）具有价格优势

通过找到无力创立品牌或不愿自设品牌、生产能力过剩的厂家,从而减少生产成本和流通费用,可以降低售价、提高竞争能力,还能保证较高的利润。

（2）具有控制优势

中间商可以加强对价格的控制,并在一定程度上控制作为供应商的生产者,如停止进货、更换供应商。

（3）具有陈列优势

中间商特别是大零售商通常把自己的品牌陈列在醒目的地方,使中间商品牌更易为消费者所认知和熟悉。同时,中间商还会保证自有品牌的产品有充足的储备,源源不断地保证供应,满足消费者需要,从而使自有品牌更加深入人心。

但开发自有品牌,中间商也必须付出代价:

（1）投入巨大

中间商要花费更多的资金做广告,宣传其品牌。

（2）承担风险

中间商必须大批量订货,因而有大量资金被商品库存所占用,承担巨大的存货风险。

应用实例 9-2

迪卡侬的自有品牌建设

迪卡侬公司是一家在全球生产和销售运动用品的法国企业,成立于 1976 年。目前,迪卡侬既是运动用品的设计者和生产商,又是极具规模的全系列运动品连锁商店。与多数大型零售企业一样,迪卡侬也在自己商场里销售制造商品牌产品。但是与其他零售企业不同的是,迪卡侬运动超市还销售自有品牌产品,且比例高达 80% 以上。

迪卡侬在法国拥有巨大的产品开发和设计中心,其产品基本上都是这里设计和研发的。在迪卡侬连锁超市的所在国,迪卡侬都有产品生产工厂,而设计一般都是来自法国。

为了使自有品牌获得成功,迪卡侬采取了众多措施:一是在迪卡侬商场内,自有品牌产品大大多于制造商品牌产品。二是在商场内往往把自有品牌商品摆放在显眼的位置上。迪卡侬的主通道旁边有个区域叫作 TG,TG 上面只展示自有品牌产品,而且往往是正在特价或者是性价比最优的自有品牌产品。三是设立迪卡侬商场的特色之一蓝色货品。在每个自有品牌产品区域,都有蓝色货品,即性价比最优的商品。

同时,为了能够让消费者更了解迪卡侬自有品牌运动产品,迪卡侬每一家直营店都会建有大量的运动场地。迪卡侬将商场设计成了体验场所,走进迪卡侬的健身器械专区,时常可以看到顾客在使用器械,让人自然而然地联想到健身房。正是这些真正为消费者考虑的服务为迪卡侬赢得了众多的忠实顾客,并形成了良好的口碑效应。

资料来源:根据迪卡侬官方网站相关资料整理。

9.2.3　品牌统分决策

品牌统分决策也称品牌数量决策。品牌,无论归属于制造商还是中间商,或者是两者共同拥有品牌使用权,都必须考虑使用品牌的数量问题。即企业所有的不同种类、规格、质量的产品是分别使用不同的品牌,还是全部用一个品牌。通常有四种可供选择的策略。

1. 统一品牌策略

指企业所有产品(包括不同种类的产品)都统一使用一个品牌名称。

运用统一品牌策略的好处是:

①同一品牌推出大批产品,可以显示实力,有利于在顾客心目中留下深刻的印象。

②新产品上市可以减少、消除陌生感,更快也更容易打入市场。

③统一品牌覆盖多种产品,可以采用多种市场传播手段,集中力量突出一个品牌形象,节省促销费用。

④统一品牌之下的各种产品,可以互相声援,扩大销售。

但是,企业采用统一品牌策略是有条件的。第一,这种品牌必须在市场上已获得一定的声誉;第二,采用统一品牌名称的各种产品应具有相同的质量水平。如果各类产品的质量水平不同,使用统一的品牌名称就会影响品牌信誉,特别是有损于较高质量产品的信誉。

2. 个别品牌策略

指企业对各种不同的产品分别使用不同的品牌。

这种策略的好处在于:

①可为每种产品寻求最适当的品牌,吸引购买。

②个别品牌可起隔离作用。大多数人的心理趋向,是不乐意用较高价格购买与低档产品同名的产品。

③有利于优质新品的推广。

④每种产品使用各自的品牌,纵使其中有某个品牌声誉不佳,也不至于影响其他品牌形象。

个别品牌策略的最大缺点是加大了产品的促销费用,使企业在竞争中处于不利地位。

个别品牌策略的极端情况是多品牌策略。多品牌策略是指企业在同一产品上设立两个或两个以上互相竞争的品牌。如宝洁公司的洗发水在中国有飘柔、海飞丝、潘婷、沙宣等品牌。

多品牌策略的优点:

①根据不同消费群体的不同消费需求和期望,推出不同的品牌,就可以吸引各类不同的消费群体,从整体上提高企业的市场占有率。

②可以帮助不同的品牌突出各自的产品特性,还能较好地分散风险,避免因某一品牌"失宠"而过分损害企业的利益,或因某个品牌、某种商品的声誉不佳而影响企业声誉。

③多品牌使得企业内部的每位品牌经营者感到竞争压力,力图做好自己负责品牌的营销与市场开拓工作,有利于企业内部展开竞争,提高效率。

④实践表明,虽然消费者心目中存在着品牌忠诚信念,但却很少有消费者会对某一品牌达到绝对忠诚的程度,也不会对其他品牌毫无兴趣。因此,获取品牌转换者的关注就成了企业必

须认真考虑的问题。而多品牌策略,提供好几种品牌,就可能锁住大部分品牌转换者,使他们继续使用企业的其他品牌。

但是,多品牌策略也有其缺点:

①每一个品牌的创建都需要大量的投资,花费很长的时间。这只有实力雄厚的大公司尤其是跨国公司才能做到,而一些实力较弱的中小企业就难以做到。因而多品牌策略的适用范围受到了较大的限制。

②由于实行多品牌策略,企业拥有的品牌数量很多,从而增加了品牌管理的复杂程度,公司要为每一个品牌的管理投入大量的人力、物力和财力,增加企业的费用开支。

3. 分类品牌策略

该策略是指企业对所有产品在分类的基础上对各类产品使用不同的品牌。美国著名的西尔斯·罗伯克大型百货公司所经营的器械产品(肯摩尔)、妇女服装(瑞溪)、家用设备(家艺)等不同种类的产品分别使用不同的品牌。分类品牌策略可以把需求具有显著差异的产品类区别开来(如食品和农药),以免相互混淆,造成误解。

4. 企业名称加个别品牌策略

这种策略是企业对其各种不同的产品分别使用不同的品牌,但在各种产品的品牌前面冠以企业名称。采用这种策略的好处是可以使新产品享受企业的声誉,节约广告促销费用,又可以使各品牌保持自己的特点和相对独立性。

应用实例 9-3

宝洁遇十字路口:砍掉旗下半数品牌断臂求生

2014 年 8 月 1 日,重掌宝洁帅印 14 个月后,宝洁公司现任首席执行官雷富礼投下一颗重磅炸弹:未来两年,宝洁公司将砍掉旗下半数品牌,数量高达 90 到 100 个,最终留下为宝洁贡献了 95% 利润的大约 80 个品牌。

实际上,宝洁的"瘦身"之旅并非当下才开始。

素有"剪刀手"之称的雷富礼奉行"less is more(少即是多)",早在 2000 年至 2009 年担任宝洁公司首席执行官期间,就决定启用品牌加减法,"砍掉与核心竞争力相距甚远的业务"。

2007 年 3 月 12 日,宝洁宣布出售得宝面巾纸业务;2008 年,又出售了咖啡品牌福杰斯;2009 年,美国发生花生酱疑遭沙门氏菌污染问题,宝洁于是剥离了吉夫花生酱;2011 年,宝洁以 27 亿美元将旗下品客薯片出售给家乐氏;其后宝洁又相继将旗下品牌激爽、蜜丝佛陀以及在中国自创的本土品牌润妍和玉兰油旗下彩妆产品全面退出中国市场。

对此,复旦大学管理学院系主任苏勇认为,本次雷富礼再度出山,又一次给"虚胖"的宝洁施行手术,思路正确。但是企业经营是一个系统工程,战略发展、品牌营销、组织运行、人力资源、财务政策必须齐头并进,单靠瘦身是否能够恢复元气,需要拭目以待。

资料来源:根据《中国经济周刊》2014 年第 33 期相关资料整理。

9.2.4　品牌延伸决策

当一个企业的品牌在市场上取得成功后,该品牌则具有市场影响力,会给企业创造超值利润。随着企业发展,企业在推出新的产品时,自然要利用该品牌的市场影响力,品牌延伸就成为自然的选择。

1.品牌延伸的含义

品牌延伸是指将某一著名品牌或具有一定市场影响力的成功品牌用于产品线延伸或推出新的产品类别的过程。如娃哈哈品牌从娃哈哈营养口服液延伸到果奶、纯净水、童装等就是典型的例子。一般来说,我们把业已成名的品牌称为主品牌或母品牌,如娃哈哈;把使品牌成名的产品称为主(核心)产品,如娃哈哈营养口服液;把品牌延伸所覆盖的产品称为延伸产品,如娃哈哈童装。

2.品牌延伸的正面效应

品牌延伸的正面效应包括对延伸产品和主品牌的正面效应。

对延伸产品的正面效应体现在:

(1)降低市场接受风险,有利于新产品推出

新产品推向市场要获得消费者的青睐,难度很大。而品牌延伸,使新产品一问世就获得了知名品牌赋予的勃勃生机,从而大大缩短被消费者接受的过程,很好地防范了新产品的市场风险。

(2)降低引入成本和营销成本,提高促销效益

品牌延伸使得消费者对品牌主产品的高度信任感,有意或无意地传递到延伸的新产品上,促使消费者与延伸的新产品之间建立起信任关系,节约品牌传播等费用,从而减少企业品牌运营的总支出。同时,促销一种产品,其他产品同样受益,这样可以提高促销效益。

对主品牌的正面效应体现在:

(1)丰富或修改主品牌的内涵

对于很多品牌来说,创建之初就为品牌的日后发展预留了一定的空间。企业通过品牌延伸来拓展这些空间,能够使得主品牌的内涵更加饱满,从而得到更多的消费者认同和更大的市场份额。

(2)强化主品牌效应

品牌原产品最初都是单一产品,品牌延伸效应可以使品牌从单一产品向多个领域辐射,使更多消费者认知、认同、接受、信任主品牌,强化主品牌自身的知名度、美誉度,使得品牌这一无形资产不断增值。

(3)促进企业规模的扩大

规模经济被称为生产力"魔方"。实施品牌延伸可以扩大拥有品牌企业的规模,从而为企业带来规模效益。

(4)分散企业经营风险

企业的经营常会遇到各种风险,其中一种便是由于产品单一,项目或业务经营失败给企业带来的致命打击。如果企业在发展中采用品牌延伸的策略,进行多元化经营,就可以规避经营风险。

3.品牌延伸的负面效应

（1）损害主品牌形象

将主品牌名冠于别的产品上，如果不同产品在质量、档次上相差悬殊，就会使主产品和延伸品牌产品产生冲突，不仅损害了延伸产品，还会牵连主产品，损害其形象。

（2）产生"跷跷板效应"

一个名称代表两种甚至两种以上的有差异的产品，必然会导致消费者认知的游离和模糊化。当延伸产品在其市场上处于绝对竞争优势时，那么消费者就会把主品牌的类别定位在延伸产品上，这样随着延伸产品的崛起，无形之中就削弱了主产品的竞争优势。这种主产品与延伸产品竞争态势的交替升降变化，就是所谓的"跷跷板效应"。

（3）产生混淆效应

当一个品牌在市场上取得成功后，在消费者心目中就有了特殊的形象定位，消费者的注意力也集中到该产品的功用、质量等特性上。如果企业用同一品牌推出功效、质量相差无几的同类产品，会使消费者混淆产品，该品牌特性就会被淡化。

（4）有悖于消费者的心理定位

一个品牌取得成功的过程，就是消费者对企业所塑造的这一品牌的特定功用、质量等特性产生特定的心理定位的过程。企业把主品牌延伸到和原市场不相容或者毫不相干的产品上时，就有悖于消费者的心理定位。

📀 应用实例 9-4

红旗的品牌延伸

红旗作为著名的民族品牌，其光芒曾经让世人眩目。红旗过去一直是国人心目中"尊贵"的代名词，"领袖车"的身份更增添了其神秘的色彩。然而，面对激烈的市场竞争，红旗经不住诱惑，弃"官"从"民"，将品牌延伸进中、低档轿车市场，降价过频、过多，最便宜的一款红旗车只要13万多元，滑向低档经济型轿车市场。另外，红旗为了短期利益，进入城市出租车市场，虽然提升了一定的销售量，但看着大街小巷陈旧的红旗出租车，谁还会想到它曾经是集尊贵、权力和地位于一身的"领袖车"呢？和竞争品牌销售火爆状况极不协调的是，红旗轿车的销量逐年下降。从2002年到2005年，红旗销量由近2.7万辆减少到9000辆。2006年11月，红旗HQ3上市宣告了红旗回归豪华车定位的开始，然而三年多仅销售1362辆的惨淡现实，让一汽在HQ3项目上的所有投入付诸东流。2013年5月30日，红旗推出首款自主C级轿车红旗H7，2014年9月份，2015款红旗H7车型正式进入市场，欲复兴这一品牌。相关数据显示，2014年红旗H7销售了2589辆，而2015年1—6月红旗H7实现销量1777辆，大约相当于2014年度一汽轿车旗下另一自主品牌奔腾X80月均销量的28.45%。显然，这与一汽集团宣称红旗H7"直接对标奥迪、宝马、奔驰等国际高档品牌，全力进军高端轿车市场"的目标口号相去甚远。

资料来源：根据企业观察报2013-08-15新闻、中国营销传播网2016-12-14新闻整理。

9.3 品牌设计决策

如前所述,品牌主要由品牌名称、品牌标志和附加要素所构成。因此,品牌设计包括上述三部分的设计,在此主要介绍品牌名称的设计(品牌命名)和品牌标志的设计。

9.3.1 品牌命名

1.品牌命名的原则

(1)简明独特

简明是指语言形式的简单。只有简明,才能便于消费者识别和记忆,从而迅速提高品牌的知名度。要做到简明,一是品牌名称的音节不要太长,汉语品牌应以两三个音节为主,英语品牌应以5~8个字母为宜;二是不要使用生僻难认的字词。

独特是指与众不同。只有独特才利于在众多品牌当中脱颖而出,也才能满足消费者追求新奇、厌倦重复的心理。要做到独特,一是要坚持取材的广泛性,不要拘泥于定型化的象征词语;二是不要盲目跟从时尚;三是切忌模仿和抄袭。

(2)发音响亮

品牌推广一要靠媒体宣传,二要靠消费者口耳相传,而发音响亮的品牌,抗干扰力强,说者能说得清楚,听者也能听得明白。

(3)寓意深刻

汉字是表意文字,"顾名思义"是中国人的传统习惯,因此,品牌命名应尊重这一习惯。例如,中国人热爱国家、崇拜英雄,注重道德修养、追求人善,重情义、重家庭等。如果能将这些优秀传统文化融于品牌之中,将大大提升公众对品牌的认同感。

(4)适应性广

在现代社会,产品销售已经突破了地域限制,品牌命名也不能够只考虑为某一个国家或地区的消费者所接受,而必须能够适应世界消费者的需要,否则产品销售就会受阻。为了保证品牌命名具有广泛的适应性,品牌命名者一定要广泛分析和研究不同国家、地区、民族、宗教等的风俗习惯、忌讳偏好等,尽可能地迎合其偏好和避开其忌讳。

(5)启发品牌联想

品牌名称应让消费者能从中得到有关企业或产品的愉快联想,进而产生对品牌的认同或好感。相反,如果品牌命名不当,就容易引起人们的反感,甚至引起法律纠纷。

(6)符合法律

合法是指能够在法律上得到保护,这是品牌命名的前提,再好的名字,如果不能注册,得不到法律保护,就不是真正属于自己的品牌。

2.品牌命名的策略

(1)企业或公司品牌

即以生产该产品的企业或公司名称作为产品品牌,这主要适用于一些已在广大消费者心目中享有盛誉的著名企业或公司。借助企业或公司的美誉,可迅速提高产品的声誉。

（2）效用品牌

指以产品的主要性能和效用命名。如"劲量"用于电池,恰当地表达了产品持久强劲的特点;"固特异"用于轮胎,准确地展现了产品坚固耐用的属性。

（3）组合字首品牌

在西方国家,常有企业用公司名称或功能名称的缩写来构成品牌名称,基本方法是将每个单词的字首字母组合起来。其好处是简单易记、特色明显。

（4）数字组合品牌

分两种情况:第一,纯粹的数字组合品牌,如 555;第二,数字和文字的组合品牌,如 21 金维他、三枪、五菱等。

（5）人物品牌

以某一传奇人物、历史人物、产品发明者或制造者以及对产品有特殊偏好的名人姓名命名,以此说明产品的质量、品位、文化底蕴,提高其知名度。

（6）动植物品牌

某些动植物的生活习性与产品的特点非常相似或吻合,让人从中可以产生美好的联想,很容易了解产品的功能效用。

经典人物 9-2

凯文·凯勒

他是中生代的权威学者,他是品牌管理的国际先驱,他的《战略品牌管理》行销全球,他就是菲利普·科特勒的最新合作者凯文·凯勒。

凯文·凯勒是达特茅斯大学塔克商学院营销学教授和 E. B. 奥斯本学者,他教授关于品牌营销战略的 MBA 课程。凯勒教授曾在斯坦福大学、加利福尼亚大学和北卡罗来纳大学从事营销研究和教学工作。

凯勒教授是公认的营销沟通与战略品牌管理研究领域的国际先驱者之一,在品牌资产创建、评估与管理战略方面进行了大量研究。他的著作《战略品牌管理》被誉为"品牌圣经"。

在产业界,凯勒教授主持着各种不同的品牌项目,在世界许多成功品牌中担任品牌营销顾问,包括埃森哲咨询公司、美国运通、迪士尼、福特、英特尔、宝洁等。他也是营销科学所的学术信托人。他访问过许多国家进行演讲和培训,并组织过许多有影响力的营销论坛,深受欢迎。

资料来源:《战略品牌管理》(凯文·凯勒),中国人民大学出版社(2009)。

9.3.2 品牌标志的设计

1.品牌标志设计的原则

（1）艺术性原则

艾·里斯和劳拉·里斯在他们合著的《品牌 22 律》中写道:"一个品牌的标志图形应该设计得符合眼睛的视觉感受。"品牌标志是视觉识别的重要内容,它要靠人用眼睛去感受。

因此品牌标志设计首要的原则就是要有艺术性,有美感。讲究艺术性,应该注意标志构图的均衡、轻重、动感,注意点、线、面的相互关系,以及色彩的选择和搭配,而且要特别注意细节的处理。好的标志,一般都美观耐看,别具一格,富有艺术文化魅力,给人以美的享受。

（2）持久性原则

品牌标志一般应有长期使用的价值,因此不应单纯追逐时髦或流行,而要有那种超越时代的品质。这种要求实际上反映了企业超越平凡、追求卓越的必胜信念。当然,持久性并不排斥品牌标志创新。当它不能与时代的步伐合拍,各种功能弱化的时候,就需要加以改进,以适应市场环境变化的需要。日本花王公司的月亮标志,就随着时代的发展不断演进,自1887年公司成立至今,有过多次重大变化。

（3）简单性原则

简单的图案让人一目了然,记忆起来毫不费劲,而复杂的图案要记住则需要花较多的时间。衡量图案的简单性有两个标准,一是点、线的数量,二是点、线之间的组合形式。点线越少,图案越简单。同样,点线之间的关系或联系越符合几何构图原则,图案也越简单。

（4）吻合性原则

即品牌标志能准确表达品牌的特征。品牌的标志,归根到底是为品牌服务的,标志要让人们感知到这个品牌是干什么的,它能带来什么利益。如食品行业的特征是干净、亲切、美味等;房地产行业的特征是温馨、人文、环保等;药品行业的特征是健康、安全等。品牌标志要很好地体现这些特征,才能给人以正确的联想。

2.品牌标志设计的方法

所谓品牌标志设计的方法,是指在一定的品牌策略原则指导下,选择特定的表现元素,结合创意手法和设计风格等去创造品牌标志的方法。典型的设计方法有两种:文字和名称的转化、图案的象征寓意。它们共产生四类品牌设计标志:

（1）名称性标志

指直接把名称中的文字、数字用独特的艺术字体来表现,它既是读出声音的品牌名称,又是与众不同的品牌标志,名称与标志合二为一。单独用文字标志的世界知名品牌有"SONY"、"Fuji（富士）"等。在设计时,将品牌名称的第一个字母放大或突出化,是许多品牌的共识。柯达的标志设计,突出第一个字母"K",将"K"与"KODAK"名称相呼应,并采用黄底红字手法形成强烈对比,具有很强的视觉识别力和信息传播效果。

（2）名称解释性标志

一些新创造的词汇名称或本身没有什么意义的品牌名称,大多采用文字标志的方法。但是,对于品牌名称本身包含有动物、植物、图形等意义的,常用名称内容本身包含的图案来作为品牌的标志。

（3）名称转化性标志

指将品牌名称进行若干变化和组合,创造一种标志。这种标志常由文字、图形或记号组合而成,包括名称与字母组成的标志、名称与线条组成的标志等。

（4）与名称无关的标志

很多品牌的标志与品牌名称没有直接联系,这在烟、酒、汽车三大领域表现突出。

本章小结

　　美国市场营销协会认为,品牌是一种名称、术语、符号或图案,或是它们的相互组合,用以识别某个销售者或某群销售者的产品或服务,并使之与竞争对手的产品和服务相区别,促进消费者理性和感性需要的满足。品牌主要由品牌名称、品牌标志和附加要素所构成,因此,品牌设计主要包括上述三部分的设计。相比于企业的有形资产,品牌作为企业重要的无形资产,具有专有性、价值性、发展的风险性、表象性和扩张性等特征。无论对于企业还是消费者而言,品牌都具有非常重要的作用。企业的品牌运营决策包括品牌有无决策、品牌归属决策、品牌统分决策、品牌延伸决策等。

复习思考题

一、知识题

习题测试
参考答案

　　1.名词解释

　　(1)品牌　(2)品牌名称　(3)品牌标志　(4)品牌延伸　(5)多品牌策略

　　2.单项选择题

　　(1)某一企业的所有产品都使用同一个品牌名称,这种策略称为　　　(　　)

　　　　A.多品牌策略　　　B.个别品牌策略　　C.统一品牌策略　　D.分类品牌策略

　　(2)品牌中可以识别,但不能读出声音的部分称为　　　　　　　　　(　　)

　　　　A.品牌名称　　　　B.品牌标志　　　　C.品牌口号　　　　D.品牌说明

　　(3)品牌暗示了购买或使用产品的_____类型　　　　　　　　　(　　)

　　　　A.生产者　　　　　B.经销商　　　　　C.代理商　　　　　D.消费者

　　(4)注册后的品牌有利于保护_____的合法权益　　　　　　　　(　　)

　　　　A.商品所有者　　　B.资产所有者　　　C.品牌所有者　　　D.产品所有者

　　(5)品牌资产是一种特殊的　　　　　　　　　　　　　　　　　　　(　　)

　　　　A.有形资产　　　　B.无形资产　　　　C.附加资产　　　　D.潜在资产

　　3.多项选择题(下列各小题中正确的答案不少于两个,请准确选出全部正确答案)

　　(1)品牌的特征包括　　　　　　　　　　　　　　　　　　　　　　(　　)

　　　　A.品牌的共有性　　B.品牌的价值性　　C.品牌的表象性　　D.品牌发展的风险性

　　(2)下列哪些产品可以不使用品牌　　　　　　　　　　　　　　　　(　　)

　　　　A.矿砂　　　　　　B.蔬菜　　　　　　C.针头线脑　　　　D.服装

　　(3)按照品牌化的对象可以将品牌分为　　　　　　　　　　　　　　(　　)

　　　　A.(有形)产品品牌　B.服务品牌　　　　C.制造商品牌　　　D.自有品牌

　　(4)企业采用统一品牌策略　　　　　　　　　　　　　　　　　　　(　　)

　　　　A.能够降低新产品的宣传费用　　　　　　B.有助于塑造企业形象

　　　　C.易于区分产品质量档次　　　　　　　　D.促销费用较低

　　　　E.适用于企业所有产品质量水平大体相当的情况

(5)品牌统分决策包括　　　　　　　　　　　　　　　　　　　　（　　）

　　A.统一品牌策略　　B.中间商品牌策略　　C.个别品牌策略　　D.分类品牌策略

　　E.企业名称加个别品牌策略

4.简答题

(1)制造商品牌和中间商品牌有什么不同？

(2)统一品牌策略有何优点和缺点？

(3)品牌延伸策略有何好处和风险？

(4)企业建设品牌的意义何在？

二、能力题

1.讨论题

国外一位营销专家说"中国的企业只有商标没有品牌"，试讨论其观点。

讨论组

2.综合题

在调查研究的基础上选择一个中国著名快餐品牌，并将之与肯德基进行比较，找出它们品牌建设方面存在的差距。

3.案例分析题

华人海外热购奢侈品

《人民日报》(海外版)引用中国研究机构的统计报告数据显示，2014年中国人用于品牌消费的金额达到1060亿美元，同比增长4％，其中海外消费达到810亿美元。另据高盛预测，随着中国奢侈品销售额以每年20％、全球第一增幅的速度增长，未来5年内，愿意购买奢侈品的消费者将增长到上亿人。

全球市场都已经达成共识：中国目前是奢侈品牌的福地。但已成为全球第二大奢侈品消费国的中国面临着一个尴尬境地：缺少本土奢侈品牌，即便近年来有几个在国外被当作"奢侈品"售卖的中国品牌，在国内也鲜为人知。《环球奢侈品报告》杂志的调查显示，有86％的中国消费者表示不会购买标有"中国制造"字样的奢侈品。

2008年，爱马仕打出了"向中国早已存在的工艺致敬"的口号，和中国设计师蒋琼尔共同创建了纯中国奢侈品牌"上下"，并于2010年在上海开设第一家门店。当时，爱马仕雄心勃勃地宣称：爱马仕是第一家推出百分之百中国品牌的国际奢侈品公司，希望在中国开设19家门店。然而，开业近一年半时间后，"上下"仍处于亏损状态。爱马仕首席执行官帕特里克·托马斯拒绝透露"上下"品牌相关的销售数据，但他承认品牌目前和将来一段时间内并无盈利。同时，爱马仕中国总经理雷荣希望时间能证明"上下"经得住考验。

一些企业家认为，也许5年、10年以后中国会有自己的奢侈品牌。但他们普遍觉得在中国做奢侈品的难度是难以想象的，很多深层次的问题无法解决。

而那些梦想能真正走上国际舞台的中国奢侈品品牌，又应该靠什么站稳脚跟呢？

资料来源：根据《中国经济周刊》2012年第18期新闻、《人民日报》(海外版)2015-02-28新闻整理。

问题：

(1)中国消费者为什么热衷购买国外奢侈品牌？

(2)中国企业创建奢侈品牌的主要障碍在哪里？如何克服？

第10章

价格策略

知识目标	技能目标
◆ 了解价格的基本含义及其影响因素	◆ 能够认识定价影响因素对价格的作用
◆ 了解价格决策的主要内容与作用	◆ 能够掌握定价的目标与具体流程
◆ 掌握三类基本定价方法的含义及方法步骤	◆ 学会运用三类定价方法进行定价
◆ 掌握价格调整策略的具体含义与应用条件	◆ 具备价格调整策略的基本运用能力
◆ 掌握价格修正策略的含义、方法及影响	◆ 具备能结合定价方法与定价策略解决定价问题的能力

导入案例

微软 Windows 8 的价格策略

在 Windows 8 发布的同时,微软也调整了自己历代 Windows 产品的定价策略。在简化各个系统版本的同时,微软降低了专业版的售价,降低了正版的门槛,同时,微软也提升了 OEM 的价格。

纵观微软历代 Windows 的价格可以发现,Windows 8 专业版定价 39.99 美元(中国地区 248 元)成为历代专业版中最低的一代。最重要的是,经过验证,盗版 Windows 7 系统也可以通过购买直接升级为 Windows 8。微软在变相降低正版的门槛。

但同时,微软也提升了部分 OEM 厂商的价格。多位 OEM 厂商负责人陆续向网易科技证实了此事,一位 OEM 厂商中国区负责人表示,这毫无疑问将转嫁到消费者购买 PC 的价格。

Windows 8 对于微软来说是一次重要的挑战,如何让更多的消费者快速使用新系统将成为微软在移动市场的重要挑战。

以 Windows XP 为例,英文专业版定价 1700 元,中文版定价 1600 元,Windows 2000 的专业版也在 1200 元以上。到了微软目前最成功的 Windows 7 时,微软推出了 Home 版本加大普及速度,Home 版本定价 699 元,不过专业版的价格仍然超过千元。不少消费者也对 Home 版本的较少功能不满。

直到最近发布的 Windows 8,Home 版本被取消,之前传出的中国版也没有特殊的定价。Windows 8 目前来看只有针对 ARM 架构的 RT 版和标准版、专业版、企业版。除去只有注册企业用户可以买到的企业版,专业版和标准版的区别在于是否可以 AppLocker、组策略、加入 Windows 域、文件系统加密、从 VHD 启动、BitLocker and BitLocker To Go 等。同时,微软推崇的不再是入门级别的标准版,而直接是专业版本。微软官网上,用户直接升级的版本只有一个,就是 248 元升级的专业版。

另一方面,微软针对中国在校大学生推出的先锋计划一度在 Windows 7 年代备受关注,因为大学生可以以 399 元的价格购买专业版 Windows 7,而当时这个版本外界售价在 2000 元以上。但最近,校园先锋官网推出了 Windows 8 专业版的价格为 248 元,与其他消费者一致。

案例分析题

资料来源:根据网易科技 2012-11-12 新闻整理。

价格策略通常称为定价策略,被视为营销价值的衡量标准,是营销价值创造的重要环节。价格策略同样也是企业进行市场竞争的重要手段,企业产品或服务的价格是价格策略具体运用的结果。在制订价格的过程中,定价受市场供求、成本、市场竞争及政策法规等多个因素影响。结合这些因素,企业产品或服务的价格通过多种定价方法的应用确定,并可根据具体市场环境的变化进行调整或改变。

10.1 价格策略概述

在对价格策略进行深入讨论之前,首先需掌握一下价格的含义、定价的影响因素及企业定价决策过程等基础知识。

10.1.1 价格的含义

微课 价格策略

在市场营销学的诸多术语之中,价格是最为古老的词语,它伴随着商品经济的产生而产生。早于营销学科诞生之前,价格就被广泛地应用于经济学、管理学等其他诸多学科之中。商品经济中,价格通常被认为是交易时买方所需要付出的代价或款项,而以经济学视角来看,价格指买卖双方就买卖商品所订立的兑换比率,或者说价格是价值的货币表现。因此,商品价值的大小是决定价格高低的基本因素。在现实经济生活中,价格还受市场供求、竞争、币值变化和国家政策等其他因素的直接制约和影响,其中市场

供求对价格影响最直接、最显著。

市场营销学中的价格范畴与经济学中的价格范畴有所区别。从基本含义来看,营销学也将价格视为产品或服务的货币表现,即产品或服务的价值衡量尺度。然而,对于具体企业营销决策与活动来说,价格是一种操作性很强的营销工具,故其被赋予了新的作用和新的内容。

1. 价格是影响消费者购买的主要因素

价格代表着消费者购买产品或服务所需支付的货币量,也代表着消费者为取得产品或服务所需支付的货币成本。因此,价格成为消费者衡量及评估购买行为所取得价值的重要尺度。定价决策人员要考虑消费者如何看待其产品的价格,该价格是否真实代表了产品给消费者带来的价值,产品价格是大于、等于还是小于消费者所获得的价值等一系列决策问题。只有当企业的定价小于或等于消费者认为从购买产品或服务中所得利益时,产品或服务的价格才能为消费者所接受,才有可能获得消费者所支付的货币成本。

2. 价格是企业开展市场竞争的主要手段

市场竞争的本质含义是企业采取各种营销策略与措施去影响消费者的购买决策,从而使其产品或服务赢得消费者购买,最终实现扩大市场占有率、树立品牌或提升利润等营销目标的过程。近年来,随着收入水平的提高与其他环境因素的变化,非价格因素对消费者购买决策的影响力在逐步上升,但总体来看,价格仍是影响消费者购买商品的主要因素。因此,价格也就成为企业最重要、最有效的竞争手段之一。

3. 在营销组合中,价格具有较强的特殊性

价格是营销组合中唯一能创造收益的因素,其他因素则均表现为成本费用的支付,因此定价直接影响着企业的利润水平,也直接体现了营销活动的效益。相应的,在营销组合中,价格又往往是相对灵活的。从营销组合的各个部分看,产品、渠道等因素表现相对稳定,价格与促销则变动相对频繁。促销往往通过多样化方式体现变化与创新,价格则反映为波动变化。此外,价格还是营销组合中作用最直接、见效最快的一个因素。

价格对企业和消费者均可产生很大影响,故价格策略的制定与实施不仅要了解和应用经济学中的价格原理,还必须结合营销实践与价格工具。

10.1.2 定价的影响因素

微课 定价
的影响因素

在市场经济条件下,企业作为产品与服务的生产者自然成为定价的主体,但企业进行定价并非随心所欲,而是受到自身与外部多个因素的制约。在市场营销学中,一般认为定价受成本、需求、竞争和定价目标这四个主要因素的影响,此外还受一些其他因素的影响。

1. 成本

成本通常指企业为生产产品或提供服务而付出的资源,主要包括人力、物力与财力的投入。这些资源的货币表现则构成了产品或服务的成本费用。成本费用是构成价格的主体部分,通常也被作为产品定价的最低限度。这是因为,企业维持正常经营需要产品定价能补偿产品生产、营销所产生的各项成本费用,即弥补企业为生产产品而付出的"价值牺牲"。

构成产品或服务的成本费用种类繁多,按成本形态可分为固定成本和变动成本;从经济

学角度看,又有边际成本与机会成本等概念。

(1)固定成本

固定成本指在一定的生产经营规模范围内,不随产品产量变化而变化的成本。固定成本一般包括资产折旧费、房租、税金、管理人员工资等。

(2)变动成本

变动成本与固定成本相反,是指那些成本在一定的生产经营规模范围内随着产品产量的变化而变动的成本。直接人工、直接材料都是典型的变动成本,它包括原材料费用、燃料费用、在一定的生产经营规模范围内的辅助材料费用、储运费用、生产工人的工资等。

(3)总成本

总成本通常指企业生产某种产品或提供某类服务的总的资源耗费,可视为产品或服务全部固定成本与可变成本之和。当产量为零时,总成本等于固定成本。单位总成本即指企业为生产单位产品或服务而付出的资源,等于总成本除以产量。单位总成本是企业对产品进行定价时的重要依据,在一般情况下,价格必须高于单位总成本,否则企业将难以补偿资源的付出。

(4)边际成本

边际成本是指每新增生产的单位产品所引起的成本总额的变动数。经济学认为,当增加一个单位产品所增加的收入高于边际成本时,企业即可通过增产获得利润,最终当边际成本等于边际收入时,利润达到最大。企业定价所关心的是找到一个能获得最大利润的产量,所以边际成本在定价中往往更为受到重视。

(5)机会成本

机会成本一般是指在各类方案中选择一个方案而放弃的其他方案中的最高价值。在营销意义上,机会成本则是企业为从事某一项经营活动而放弃经营另一项活动时应取得的收益。机会成本对于企业经营选择具有重要实践意义。企业从事产品生产或服务提供,追求将有限的资源进行最合理的利用,并产生比其他经营途径更多的收益。机会成本也是判别企业定价是否合理的一个重要指标。

2.需求

在经济学中,需求是指在一定的时期内既定的价格水平条件下,消费者愿意并且能够购买的商品数量。需求与价格是一种负相关的关系,即需求量随着价格的上升而减少,随着价格的下降而增加。除价格外,现实中的需求还受消费者的购买力、消费偏好、消费观念及价格预期等因素的影响。企业定价通常都需要有一定水平的市场需求量,以便保持一定的销售量和利润额。所以,企业定价时,必须知道需求与价格的关系,了解市场需求对价格变动的反应趋向与反应程度,从而确定自己的产品价格水平与价格策略。

需求对价格的影响主要表现为需求价格弹性、需求收入弹性及需求交叉弹性。

(1)需求价格弹性

需求价格弹性是指某产品需求量对价格的反应程度,一般采用价格变动与需求变动的百分比的比值计算。计算方法如下:

$$需求价格弹性＝-(需求变动率/价格变动率)$$

需求价格弹性按值大小可分为三种情况:①需求价格弹性等于1。这说明需求量降低的幅度与价格上涨的幅度相同。在此条件下,企业可根据期望收益进行定价,因为在合理的变动范围内,企业销售收入不变。②需求价格弹性大于 1。这说明需求量降低的幅度大于价格上涨的幅度,企业一旦定价过高则会使销售收入以更大比例减少。因此,企业通常采用定低价的方法保证销售收入,并通过降低成本获得盈利。③需求价格弹性小于 1。这表明需求量降低的幅度小于价格上涨的幅度。在此条件下,企业采用较高水平的价格往往会增加盈利,而低价却难以产生较好的刺激效果。

在现实中的某些条件下,需求可能缺乏弹性,这是因为:①市场上没有替代品或者没有竞争者;②购买者对交易价格不在意;③购买者改变购买习惯较慢,也不积极寻找较便宜的商品;④购买者认为产品质量有所提高,或者认为存在通货膨胀等;⑤购买者对产品不了解,也难以比较;⑥产品开支占购买者收入或支出比例极小等。

(2)需求收入弹性

需求的收入弹性是指某产品需求量变化对收入变化的反应程度。计算方法如下:

$$需求收入弹性 = 需求变动率 / 收入变动率$$

需求收入弹性越大代表着购买者收入的增加可导致需求量增幅越大。如高档食品、耐用消费品、娱乐支出的消费情况。需求收入弹性越小意味着需求量的增幅未能体现购买者收入的增加。如生活必需品一般不随收入的变动而产生相应幅度的变动。还有一类情况是需求收入弹性是负值,即收入的增加反而导致产品需求量下降。如某些低档食品、低档服装,当购买者收入增加后会转向购买中高档产品,从而使得这类产品的需求量减少。

(3)需求的交叉弹性

需求交叉弹性是指某产品的需求对其他产品价格变化的反应程度。计算方法如下:

$$需求交叉弹性(A 产品) = 需求变动率(A 产品) / 价格变动率(B 产品)$$

上式表明了 A 产品的需求受到 B 产品价格变化影响后的变动情况。市场中的产品很可能是其他产品的替代品或互补品。若产品 B 价格上涨,而产品 A 的需求增加时,表明 A、B 之间为替代关系,反之则为互补关系。替代产品之间的需求交叉弹性是正值,而互补产品之间的需求交叉弹性则是负值,弹性为 0 时代表产品之间不相关。

需求交叉弹性可帮助企业对不同产品进行定价。如根据需求交叉弹性分析不同产品销售的风险问题,利用产品互补进行合理定价以实现最大化利润等。

3. 竞争

市场竞争结构决定着定价的自由度。市场竞争结构依据行业内企业数量、企业规模及产品是否同质可划分为四种类型,不同类型市场的性质直接影响着该市场中的产品定价。

(1)完全竞争市场

完全竞争市场由众多进行同质商品交易的购买者和销售者构成,在该市场中交易规模较平均,且只占市场交易总量的一小部分。典型的如农产品市场。在这一市场竞争结构下,价格完全由供求关系决定,而具体的买卖双方均无能力影响现行的市场价格,只能是"价格的接受者"。完全竞争市场中企业定价较为简单,通常采用随行就市的定价方法。

(2)完全垄断市场

与完全竞争市场所对应的是完全垄断市场,市场中只有一个销售者,产品或服务完全被一家企业所独占。完全垄断的出现可分为两种情况:①政府垄断,即由政府特许的独占企业控制的垄断。由于产品关系国计民生,价格定得较低,甚至低于成本。②私人垄断,即由私人企业控制的垄断。在该市场中,卖方可在法律允许下随意定价,但出于定价目标或市场占有的考虑,往往根据供求比例关系通过边际分析确定价格。

(3)垄断竞争市场

这是一种介于完全竞争和完全垄断之间的市场结构。在此类市场上存在众多的销售者,但其销售的产品并非完全同质,故消费者愿意以不同的价格购买不同企业的产品。这是一种普遍的市场竞争结构,在现实生活中,大部分生产消费品的企业均处于这一市场竞争结构中。产品差异使得企业定价拥有较大的自由度,但它们也常常采用价格竞争手段。

(4)寡头竞争市场

该种市场是指在市场中几个销售者生产和销售的产品占此市场销售量的绝大部分,价格由这些主要的销售者联合控制。由于市场中的销售者已经具备了较高的垄断能力,使得市场的进入障碍很高,新的竞争者很难进入这一市场。当市场中产品完全同质时,各个销售者之间往往维持较为一致的价格,并通过促销等手段竞争;而产品非完全同质时,各个销售者则通过不同的价格体现产品差异。在寡头竞争市场结构下,一个销售者调整价格会引起其他销售者的连锁反应,从而导致销售风险,因此销售者通常都有一个相对稳定的价格政策,不会轻易对价格进行调整。

4.定价目标

无论在何种营销观念下,企业始终不变的目标是获取利润,但在企业发展到某一特定阶段或在特定市场环境下,企业往往根据实际的市场环境与自身发展确定具体的经营目标。其中,定价目标是企业完成经营目标的重要内容之一,也是最终实现经营目标的手段。在特定的经营条件下,企业定价目标包括如下几种:

(1)利润目标

利润是企业运营的必备条件也是企业发展的目标,企业实施营销管理活动的基本目的就是取得利润,企业定价为的是寻求利润最大化。利润最大化并不意味着企业制定极高的价格,若价格过高,则可能导致销量降低,反而影响利润最大化目标的实现。寻求最大化的利润最常应用的定价策略是高价策略,但前提是消费者能接受高价。

(2)投资收益率目标

投资收益率又称为投资利润率,是年平均利润与总投资成本的比值。实现预期的投资收益率要求企业在定价时,在总成本费用之上必须增加一定比率的预期利润,因此以之为定价目标时,企业制定的价格高低取决于企业确定的投资收益率的大小。投资收益率通常以银行的存贷款利率为参照且高于参照标准。

(3)市场占有率目标

市场占有率指企业产品销量在同类产品市场销量中所占的比重。定价以市场占有率为目标,一般指企业想通过定价来实现市场占有率的提高。较高的市场占有率可以保证企业在市场竞争中占据有利地位并保证企业产品销路。想提升市场占有率的企业定价时往往采用低价策略。

(4)企业形象目标

企业形象一般指企业外部对企业的整体感觉、印象和认知。良好的企业形象有助于消费者接受企业的产品。企业形象是企业的无形资产,产品定价可以起到维护企业形象的作用,因此它也成为定价目标之一。考虑企业形象的产品定价关键是定价要与形象一致,如企业需要考虑产品价格变动对企业形象的影响。

（5）生存目标

企业生存往往是企业运营的最低要求。当企业暂时处于极为不利的市场竞争环境时，维持生存就可能成为企业的首要目标。以生存为目标的定价一般只要求价格能补偿可变成本和一些固定成本，这样企业便可以周转资金、维持生存，从而争取重振时间，避免企业倒闭。

（6）市场竞争地位目标

在市场竞争中，企业保证占据有利的市场竞争地位也需要采用定价工具。不同市场地位的企业的价格有其特征。例如，市场领先地位企业通常采用维持原价策略，达到稳定产品市场价格，避免挑起价格竞争的作用，从而维持其地位。对于欲提高其市场地位的企业，则常常主动利用低价策略挑战竞争对手。

5.其他影响因素

除上述因素外，政府的有关政策、法令的规定也是企业定价必须考虑的因素。基于某种目的，如保证物价平稳等，政府可能通过立法或者其他途径约束和限制企业的定价权力。这些约束和限制表现形式较为多样化，如我国发改委对某些商品的价格管理，国家各项法律和法规对企业定价行为的约束等。

10.1.3　定价决策过程

企业的定价作为营销管理活动，由一系列较为标准化的步骤构成。定价过程从市场研究开始，分为五步。

1.市场研究

企业产品的价格受诸多因素影响，其中需求、竞争与成本是三类主要的影响因素。在对产品定价之前，首先必须对定价的市场环境有充分了解。这一阶段的主要研究内容包括：①了解产品目标市场，包括目标市场的需求、购买力、价格敏感度等；②了解产品市场竞争，如主要竞争对手的价格、市场对价格竞争的反应等；③了解产品成本，把握产品生产或供应所产生的各项成本费用、产品的边际成本、规模效应导致成本降低的情况等。此外，还需了解相关政策法律，如限价政策、补贴政策等。

2.确定定价目标

企业定价目标是指企业采用何种价格策略的导向，不同的定价目标决定了不同的定价策略，以及不同的定价方法和技巧。定价目标是企业经营或营销目标在定价环节的具体子目标，企业要结合经营目标、发展阶段与市场研究结果确定定价目标。

3.选择定价方法

定价目标决定企业可采用的定价方法。定价方法把影响价格的各因素与企业定价目标进行量化，企业运用定价方法可测算出产品的价格水平或价格范围。

4.确定定价策略

在运用一定的定价方法确定了价格水平或范围后，企业还需根据具体的市场环境因素对价格进行合理调整。这些因素包括消费者心理，分销商、经销商的反应，地域，季节等。价格的调整有利于企业定价与市场需求的进一步适配。

5.确定最终价格

由定价方法配合定价策略形成了产品的最终价格。最终价格既要尽量避免引起消费者的反感、社会舆论的议论和竞争对手的剧烈反应，又要能保证企业定价目标的实现。但这一最终价格并非不变，当价格影响因素变动时，企业要对价格进行修正。如企业在原材料价格上涨的情况下进行提价或在需求减少时进行降价等。

经典人物

汤姆·纳格

汤姆·纳格，在1987年出版《定价战略与战术》后不久，即创立了战略定价集团，该公司现为摩立特集团旗下子公司。

纳格博士拥有将近30年的定价咨询经验，他个人开发了许多定价工具，广泛应用于摩立特集团的定价咨询实践中。他在制定企业对企业（B2B）定价战略及价值传播战略方面有丰富的经验，尤其擅长工业、医疗产品和信息等领域。他尤其热衷于帮助客户制定营销战略、提高销售能力，以此提升利润水平，而非仅追求销量增长。1987年，纳格博士出版了《定价战略与战术》，该书目前仍然是定价领域最畅销的书籍之一，并被各大商学院用作教材。纳格博士经常撰写定价方面的文章，他的观点也常被其他商业文章引用。在成立战略定价集团之前，纳格博士已是芝加哥大学和波士顿大学的教授，他还长期在芝加哥大学和欧洲管理中心讲授高管培训课程。

资料来源：摩立特集团官方网站。

10.2 定价方法

定价方法是指企业为实现其定价目标，在结合价格各类影响因素的基础上，运用定价的基本原理对产品价格进行测算的具体方法。前文已指出企业定价应当综合考虑成本、需求和竞争等价格影响因素，且定价目标不同，各因素对价格影响的权重也不同，因此在企业定价时往往侧重于某一因素，并形成了由这一因素主导的三种定价导向，即成本导向定价法、需求导向定价法和竞争导向定价法。

10.2.1 成本导向定价法

成本导向定价法是以产品成本费用为主要定价依据的定价方法。这一方法体现了企业在定价时的目标是收回成本及赚取一定额度利润。这一定价方法关注的焦点是定价所依据的成本与定价所欲达到的利润目标。产品成本对于生产企业而言主要指产品的生产成本与相关费用，而对于中间商则是其进货成本。不同行业的利润目标也差别较大，如我国钢铁行业的利润率一般较低，而日化用品的利润率则较高。

微课 定价
方法1

成本导向定价法按具体测算指标不同可分为成本加成定价法、盈亏平衡定价法和边际成本定价法三种。

1.成本加成定价法

成本加成定价法是指按照单位成本并附加一个比例来确定产品销售价格。所谓加成就是按单位成本的一定比率计算的利润,这一比率需结合企业的定价目标确定。成本加成定价方法的计算方法可表示为:

$$价格＝单位成本×(1＋加成比率)$$

生产企业按单位成本进行加成定价,中间商则一般采用售价加成的方法,即加成的依据是产品的进货成本,计算方法可表示为:

$$售价＝进价×(1＋加成比率)$$

不同商品的加成比率有很大差异。一般来说,高档消费品的产品加成率较高,生活必需品的产品加成率较低。例如,副食品的加成率只有百分之十几,而新式单反相机或镜头的加成率可能高达百分之几百。

成本加成定价法的特点是简便易用,其优点在于:

(1)价格测算方便

因成本的不确定性一般比需求小,企业有把握根据单位成本来确定价格,并且不必因市场需求变动而进行相应调整。

(2)避免价格竞争

若行业中所有企业都应用该定价方法,则价格在相近条件下趋同,由此将价格竞争减至最低限度。

(3)体现公平

成本加成定价法给消费者一种"将本求利"的公平印象,买方和卖方感觉都比较公平。

成本加成定价法的缺点是:由于忽略了商品的需求,所以难以确保企业实现利润最大化。

2.盈亏平衡定价法

这一方法即以企业的盈亏均衡点为依据进行定价。盈亏均衡点又称盈亏分界点、保本点,是企业销售实现收支平衡的最低要求,达到盈亏均衡点的企业可保本经营。这一方法通常应用于企业暂时遇到困难而为维持企业经营的情况下。这种定价方法的计算方法如下:

$$收支平衡保本单位价格＝应摊固定成本/总产量＋单位变动成本$$

$$保本产量＝应摊固定成本/(单位产品价格－单位变动成本)$$

与产品加成定价法不同,盈亏平衡定价法不再单一依据产品成本,而将产量、成本与利润进行综合考虑。这一方法有助于企业加强成本管理与控制,保证目标利润实现。但盈亏平衡定价法在本质上仍是一种卖方导向观念的产物,没有考虑需求因素的影响。

3.边际成本定价法

边际成本定价法也称边际贡献定价法,定价的依据是产品的变动成本与预期的边际贡献,在成本核算中不考虑固定成本。这一定价方法期望通过边际贡献弥补固定成本,计算方法如下:

$$价格＝变动成本＋边际贡献$$
$$利润＝边际贡献－固定成本$$

边际成本定价法有其特定的适用环境,当企业产品的销售市场竞争激烈或者企业企图快速占领市场时往往采用这一方法。边际成本定价是规模效应的典型应用,定价的结果为价格低于市场平均价格。企业通过低价维持生产并扩大销量,争取降低固定成本并使边际贡献补偿超过固定成本,从而获得利润。这种方法极易掌握降价幅度,即售价必须高于变动成本,否则生产越多,亏损越大,维持生产就毫无意义。

10.2.2　需求导向定价法

需求导向即以市场需求因素为主要定价依据,主要定价思路是以消费者需求的变化及消费者对产品价值的看法作为定价的基础,并综合考虑营销成本等其他因素来确定产品的价格。该方法主要包括理解价值定价法、逆向定价法和拍卖定价法。

微课 定价
方法 2

1.理解价值定价法

理解价值定价法也称认知价值定价法、感受价值定价法,是指以消费者对商品价值的认识和理解程度为定价依据的定价方法。这一方法的核心基础是消费者对产品的价值认识,而非产品的成本。故此方法要求企业事先估计产品在消费者心目中的理解价值水平,并测算出一个产品的初始价格与对应的销售量,再据此测算企业的成本投入,并对照企业的定价目标进行决策。可见,该方法与成本导向定价方法是逆向的。

理解价值定价法要准确获得消费者对产品的认知价值。采用该方法的企业必须进行广泛的市场调查,了解消费者的需求偏好,并结合产品的性能、用途、质量、品牌、服务等多种因素,运用直接价格评定等方法来确定消费者对产品的认知价值,从而科学地制定价格。其中,直接价格评定法是指调研消费者对产品价格的直接评估,如要求消费者直接写出某产品或系列产品的估价。

企业采取理解价值定价法确定产品的价格,能充分掌握消费者的购买和需求心理,制定的价格容易被市场接受,同时对市场竞争能够灵敏地做出反应。

2.逆向定价法

逆向定价法亦称反向定价法,是指企业根据消费者所能够接受的最终销售价格来制定产品的价格体系,如批发价、出厂价。具体计算方法为:

$$批发价＝可销零售价×(1－批零差率)$$
$$出厂价＝可销零售价×(1－批零差率)×(1－进销差价率)$$

利用逆向定价法制定的价格能够反应市场需求状况,有利于建立与中间商的良好合作关系,在保证中间商正常利益的基础上,使产品迅速向市场渗透,并可根据市场供应情况及时调整,定价方式简单、灵活。逆向定价法比较适合于需求价格弹性大、花色品种多、产品更新快、市场竞争激烈的商品。像娃哈哈的各类饮料产品,均通过制定合理的价差来保证中间商的收益,从而在渠道竞争中获得优势。

3.拍卖定价法

拍卖定价法是通过买方对产品或服务进行竞价从而确定价格的定价方法。拍卖定价的过程是卖方首先进行拍卖机制的设定并提供拍卖商品信息,然后买方在拍卖过程中按其对拍卖商品的估价进行报价,最终根据拍卖机制设定终止拍卖并确定成交价格。拍卖方法历史悠久,常见于古董、珍品、高级艺术品、土地或大宗商品的交易中。传统的拍卖机制可分为英式、荷式、维氏高价及维氏次高价四类。拍卖机制不同,最终价格的确定方法也不同,“价高者得”是这一定价方法的主要特征。

10.2.3 竞争导向定价法

竞争导向是指企业在定价时,主要以市场竞争对手的价格为定价依据,而成本及市场需求因素则相对次要。这种定价方法的应用环境往往是竞争企业之间对价格变动较为敏感。市场中竞争对手一旦有某种价格变动,其他方则会积极地用定价予以响应。竞争导向定价法主要包括随行就市定价法、主动竞争定价法和反向拍卖定价法。

1. 随行就市定价法

竞争导向定价法中使用最多的是随行就市定价法。这一定价方法就是企业以竞争对手的价格作为定价基础,使自己的产品价格与同行业竞争对手的价格水平保持相近,从而避免挑起价格竞争。此方法常见于企业难以估算成本,或竞争对手不确定,或企业希望规避竞争的情形。具体定价上,企业可依照市场领先者的产品价格定价,也可以采用市场的一般水平定价。

随行就市定价法的优点在于定价简单,不用对成本和需求做详细了解,为企业节约了市场调研的时间和费用,对测算成本和市场调查困难的企业来说非常适合;同时能够适应市场竞争的需要,避免价格战的发生。相应的,该方法的缺点是定价被动,适应范围有限,一般较适合市场中的中小企业,而大型企业或居于领先地位的企业则较少采用。

2. 主动竞争定价法

主动竞争定价法,顾名思义就是企业根据市场竞争状况设定具有竞争性的价格。按其定价基础,主动竞争定价法可分为产品差别定价法与竞争价格定价法。

(1)产品差别定价法

产品差别定价法是指企业利用营销树立自身产品在市场同质产品中的形象差异,从而制定高于或低于市场竞争者价格的定价方法。形象差异既可以是产品的式样、功能、质量、服务等,也可以是时间或消费者的需求差别。若企业利用差别制定低价,一般暗示着企业在竞争中的进攻地位,但同时要保证产品不因低价而使消费者满意度降低;制定高价的企业则必须保证产品价值差异与定价差异一致。

(2)竞争价格定价法

该方法是以竞争者价格为依据,并通过价差主动挑起价格竞争的定价方法。竞争价格的制定首先要充分比较市场竞争产品的价格,并以自身产品价格为标准进行区分,分析产品之间造成价格差异的原因,然后再确定本企业产品的优势及市场定位,并结合定价目标来确定产品价格。

与随行就市定价法相反,主动竞争定价法是一个进攻性的定价方法,采取主动竞争定价法的一般都是具有一定实力和知名度的企业。例如,华为向市场推出1888元的华为荣耀手机,针对主要竞争对手小米 2 手机的 1999 元价格,采用低价策略以期占领更高的市场份额。

3. 反向拍卖定价法

反向拍卖定价法通常被称为投标定价法,即由卖方通过投标竞争的方式确定商品价格的方法。在具体操作中,首先由招标人即买方向投标人发出招标公告,然后投标人即卖方竞争投标,密封递价,最终由招标人择优选定最优的投标并确定价格。这种方法通常用于建筑包工、大型设备制造、政府大宗采购等。

当卖方成为投标人时,卖方的投标价格要针对其他参与投标的竞争者报价来设定,在报价时既要考虑企业利润目标的实现,也要结合竞争情况考虑中标概率。因此,运用这种定价方法要对竞争者的报价进行估计并采取相应的报价策略。

10.3 价格调整策略

基于企业定价或营销目标,企业在价格影响因素如需求、成本、市场竞争等基础上应用定价方法可制定出产品或服务价格。然而,这一价格仅为基础价格,要将之运用到现实市场环境中,还必须考虑诸多其他因素,如时间、地点、中间流通环节、消费心理等的影响。在现实市场环境中,不同的销售渠道、目标市场、产品条件及消费需求的具体特征往往需要通过不同的价格体现差异,所以企业要依据基础价格并结合现实具体环境要素实施价格调整策略,以更好地把实现企业的总体营销目标。

10.3.1 新产品价格策略

新产品定价方法可分为三种:撇脂定价、渗透定价和满意定价。

1. 撇脂定价

撇脂定价又称为取脂定价,是指利用消费者求新心理将新产品价格定得尽可能高,隐含的定价目标是希望在短期内获得丰富的利润,从而迅速收回研发新产品的成本和投资。随着产品市场扩大和竞争者的进入,企业可再逐步降低产品的价格。这一策略使得企业在新产品上市时获得高额利润,很像撇取奶油时总是捞取面上最好的那部分,故称为撇脂定价。

撇脂定价的优点是:利用市场竞争者较少与消费者的求新心理,以较高价格刺激消费,开拓早期市场;较高的定价可帮助企业在短期内获取较大利润;有利于企业在竞争者大量进入市场时掌握主动权,如企业通过主动降价,增强竞争能力,同时也符合消费者对待价格由高到低的心理。撇脂定价的缺点是:由于定价过高,有可能难以达成刺激消费的目的,还可能得不到渠道成员及消费者认可;高额利润必然会吸引其他经营者加入,加剧市场竞争。

撇脂定价需要具备以下条件:消费者的价格需求缺乏弹性且消费量充足,即使把价格定得很高,市场需求也不会大量减少;高价虽可能导致消费量、生产量均低,但高价带来的收益足以弥补生产成本的增加;高价情况下不会吸引太多的竞争者或拥有阻止竞争者进入的其他手段,如拥有专利;高价应与优质、高档的产品形象相适应。

2. 渗透定价

与撇脂定价相反,渗透定价是利用消费者求廉心理将新产品的价格定得相对较低,从而吸引大量购买者,迅速开拓市场,提高市场占有率。渗透定价策略的优点是:可以占有比较多的市场份额,企业通过提高销售量来获得利润,也较容易得到销售渠道成员的支持;低价低利对阻止竞争对手的介入有很大的屏障作用。这种方法的缺点是:投资的回收期较长,见效慢、风险大;低价格若无法带来高销售量,则竞争失利。

渗透定价需要具备以下条件:消费者需求对价格极为敏感,低价可以刺激销售量迅速增长;企业的生产成本和经营费用会随生产量的扩大而下降;低价不会引起实际和潜在的过度竞争。

3.满意定价

满意定价介于上述两种定价策略之间,又称温和定价策略或君子定价策略,即企业将价格定在适中水平上。当市场环境既不适合撇脂定价策略,又不适合渗透定价策略时,企业可采用该定价策略,以达到产品价格既被消费者接受,企业又有一定利润可图的目的。满意定价策略的优点是:满意价格可避免高价策略带来的风险,又防止低价策略导致生产经营问题,企业在正常情况下可按期实现所制定的利润目标。其缺点是:定价比较保守,不适于竞争激烈或复杂多变的市场环境。这一策略适用于需求价格弹性较小的商品,如生活必需品。此外,重要的生产资料往往也采用这一定价策略。

三种新产品定价策略各有利弊,并有其相应的适用环境,企业在具体运用时,应从市场环境及企业自身的实际情况进行综合分析并灵活选择。

应用实例 10-1

苹果解释 iPad mini 定价:消费者选择更好的产品

苹果新产品的发布让华尔街欢欣鼓舞,但不少分析师都对新产品高出预期的定价感到担忧,担心一些消费者会因为价格原因放弃苹果产品。

谷歌公司的 Nexus 和亚马逊的 Kindle Fire HD 两款平板电脑定价都为 199 美元,而苹果公司刚刚推出的 iPad mini 价格明显要高出这两款产品一截。产品参数方面,iPad mini 要更加轻薄,屏幕尺寸方面也要超过竞争对手的产品。

对价格敏感的消费者是否会因为 iPad mini 的价格转而去购买 Nexus 7 和 Kindle Fire HD 呢? 苹果公司营销副总裁菲尔·席勒为 iPad mini 高出预期的定价进行辩护,表示客户愿意为苹果产品优于竞争对手产品的质量而买单。席勒接受路透社采访时表示,他相信消费者会把苹果的 iPad mini 看成是一款物有所值、值得购买的高端产品。

席勒表示:"iPad mini 是同一品类中最成功的产品,没有之一。之前我们推出的平板电脑产品中最廉价的一款价格是 399 美元,即使是那样的价格,用户还是会选择我们的产品而不是其他产品。而现在我们推出一款新产品,价格仅为 329 美金,我认为很多客户都会对此感到兴奋。"

亚马逊 2011 年进军平板电脑市场并推出 7 寸平板电脑 Kindle Fire,一个多月前推出的 Kindle Fire HD 上市之后立刻成为亚马逊网站上最热销的产品。外界认为亚马逊在产品的定价方面接近成本,但 Kindle Fire HD 同时也是亚马逊的营销策略之一,可以吸引更多的移动设备用户登录该公司的电商网站。而谷歌公司也同样被认为是以成本价出售由华硕代工的 Nexus 7 平板电脑。

苹果公司 2010 年推出第一代 iPad 并开创了平板电脑市场,但如今苹果则备受压力,必须捍卫其在市场上的统治地位。苹果公司的压力也在周二的产品发布会上体现出来,席勒反常地将 iPad mini 和谷歌的 Nexus 7 进行了比较。"其他公司试图推出比 iPad 更小的平板电脑,但他们可悲地失败了,那些产品并没有很好的用户体验。"席勒在发布会上表示。

分析师担心亚马逊尺寸更小、售价更低廉的平板电脑会对苹果的利润率造成冲击,苹果标准尺寸 iPad 在美国本土销售的利润率在 23% 至 32% 之间。撇开对于过高的定价可能减少客户需求的顾虑,分析师对于苹果公司的前景依然看好,后者也将于当地时间周四公布公司第四财季财报。

资料来源:根据腾讯科技 2012-10-24 新闻整理。

10.3.2　产品组合定价策略

产品组合定价策略一般指企业处理各种产品之间价格关系的策略,根据产品之间的关系可分为产品线定价策略、互补产品定价策略和可选产品定价策略。

1. 产品线定价

企业生产的产品往往根据规格型号不同形成一个产品系列。当企业生产的系列产品存在需求和成本的内在关联性时,企业可采用产品线定价策略以充分发挥这种内在关联性的积极效应。产品线定价要求首先确定某种产品的最低价格,并以之为产品线中的领袖价格,吸引消费者购买产品线中的其他产品;其次确定产品线中某种商品的最高价格,这一产品将在产品线中充当品牌质量代表和高额利润回报的角色;最后是产品线中的其他产品分别依据其在产品线中的角色定位而制定介于领袖价格与最高价格之间的不同的价格。

产品线定价过程中最低价格点的产品项目与其他产品项目进行比较与定价时,要求区分出来的等级差异中包含的成本差异要小于等级定价差异,这样才可以使企业的总体盈利水平提高。所以企业在进行产品线定价时,要注意确立认知质量差异,使价格差异合理。该定价策略在各品牌汽车各个系列的产品项目定价中极为常见。

2. 互补产品定价

互补产品定价也常被称为关联产品定价。互补产品是指必须与主产品一起使用的产品。例如,手机与通信服务必须一同使用,剃须刀片必须与剃须刀架一同使用。企业对消费者在购买一种产品后需要再购买的与之有关的产品的定价策略即为互补产品定价。企业在进行互补产品定价时,常常把主产品的价格定低一些,而将互补使用的产品价格定高一些,借此获取利润。使用这一定价方法的条件是消费者使用其他产品需支付较高的转换成本。

3. 可选产品定价

某些企业往往为消费者同时供应主产品与选择品,选择品即一些与主产品关系密切的可供选择的附产品。例如,消费者在 KTV 消费,除了点唱歌曲之外,还会点酒水和小食等,点唱服务是主要产品,而酒水和小食为选择品。可选产品定价法即通过对主附产品的定价选择寻求给企业带来更多的销售收入和利润。企业的可选产品定价策略分为两种:一是把选择品价格定得低一些,以此招徕消费者。如酒店对酒水实行促销低价,甚至赠送的方式来吸引消费者,而主要依靠菜品获取利润。二是把选择品的价格定得较高一些,靠其赢利。如KTV 的饮料、爆米花、瓜子等价格很高。

应用实例 10-2

浙江移动"神州行"产品线定价

自 2006 年始,浙江移动的通信产品"神州行"逐步形成了较为稳定的系列产品,主要包括神州行标准单向卡、神州行畅听卡、神州行家园卡及神州行乡镇卡四大主流产品。各个产品均有明确的目标人群;神州行标准单向卡面向打一个算一个的超低消费人群;神州行畅听卡针对消费不高,要求门槛低、地区范围活动较多的人群;神州行家园卡的用户是消费较高,县域范围内活动较多的人群;神州行乡镇卡则满足了消费较低,以市话为主,乡镇范围活动较多的农村客户的需求。

针对不同消费需求的客户群体,产品线组合运用月费、语音单价、优惠区域等定价元素,表现出"高月费低单价""低月费高单价""小区域低单价""大区域高单价"的均衡定价特征。各个产品的定价规则如图 10-1 所示。

品牌	产品	资费框架:月费+单价+优惠区域限制	优惠区域
神州行	神州行标准单向卡	无月费,本地长市统一价0.59元/分钟,本地被叫免费。国内漫游主叫0.59元/分钟,被叫0.39元/分钟。	地区范围
	神州行畅听卡	月费12~15元,本地长市统一价0.39元/分钟,本地被叫免费。国内漫游主叫0.59元/分钟,被叫0.39元/分钟。月费含来显及彩铃功能。	地区范围
	神州行家园卡	月费15~21元,县域内拨打市话0.12~0.25元/分钟。本地国内长途0.2~0.39元/分钟,本地被叫免费。月费含彩铃功能费。	县域范围
	神州行乡镇卡	月费4~10元,乡镇范围内市话0.1~0.12元/分钟,乡镇范围外本地打市话0.59元/分钟,本地被叫免费。国内漫游主叫0.59元/分钟,被叫0.39元/分钟。	乡镇范围

图 10-1　神州行产品线的定价元素及特征

为保证区域市场灵活性,地市分公司具体套餐资费可在梯队内或区间内自行选择,但报省公司审批后方可执行,保证产品资费的相对规范性和集中度。在近年的推广实践中,神州行产品线主导了行业定价,其他运营商基本参照其进行产品设计。在基本资费基础上,客户可选择叠加丰富的语音优惠产品或实用数据业务。

截至 2009 年年底,神州行产品线客户数占神州行品牌客户总数的 78％,客户集中度高,神州行产品线套餐数占品牌套餐总数的 76％,资费集中度高,从各产品线的客户质量来看,各类产品的客户 ARPU(指平均每个用户每月贡献的收入)及 MOU(指平均每个用户每月的通话时长)呈现错落分布,综合单价基本平衡,契合各类目标市场的消费特征。通话客户份额及净增客户份额持续提升,始终保持行业主导地位。

资料来源:根据中国移动官方网站相关资料整理。

10.3.3 价格折扣策略

企业制定了基础价格后,在实际交易中往往还会为了鼓励消费者及早付款、大量购买、淡季购买等原因酌情降低价格。这一情形被称为折扣定价,其实质是通过直接或间接降低价格来争取消费者,扩大销量。折扣定价的形式根据折扣条件不同分为数量折扣、现金折扣、功能折扣、季节折扣及回扣和津贴等。

1.数量折扣

数量折扣是指企业为鼓励消费者集中购买或大量购买所采用的一种策略。该策略按照购买数量或金额制定不同的折扣比率。消费者购买数量(金额)越大,折扣越大。根据折扣标准不同,数量折扣又分为以下两种形式:

(1)累计折扣

指在一定时期内购买产品累计达到一定数量(金额)所给予的价格折扣。累计折扣可以鼓励消费者经常购买本企业的产品,建立与消费者的长期关系。这种策略在批发及零售业务中经常采用。

(2)非累计折扣

这种形式规定每次购买达到一定数量或一定金额给予价格折扣。采取这种策略可以鼓励消费者大量购买,扩大销售,同时又可以减少交易次数和时间,节省人力、物力成本,达到增加利润的目的。

数量折扣的促销作用非常明显,企业因单位产品利润减少而产生的损失完全可以从销量的增加中得到补偿。此外,销售速度的加快,使企业资金周转次数增加,流通费用下降,产品成本降低,从而使企业总盈利水平上升。运用数量折扣策略的难点在于如何确定合适的折扣标准和折扣比例。

2.现金折扣

现金折扣也称为付款期折扣,是企业对及时付清货款的消费者的一种减价,其目的在于鼓励购买者尽早支付货款,加速企业资金周转,减少财务风险。如房地产公司常见的折扣策略中,全额现金支付购房款可享受折扣优惠。运用现金折扣策略,可以有效地促使消费者提前付款,从而有助于盘活资金,减少企业的利息和风险。折扣大小一般根据付款期间的利率和风险成本等因素确定。

3.功能折扣

功能折扣通常是生产企业面向中间商制定的折扣策略。中间商在产品分销过程中所处的环节不同,所具有的功能、承担的责任和风险也不同,企业据此给予中间商不同的价格折扣。功能折扣的目的是对中间商在执行营销功能时所消耗的成本费用及所承担的风险进行补偿,以使中间商在经营中获得足够的利润。合理的功能折扣标准可以使企业与中间商之间建立长期良好的合作关系。

4. 季节折扣

季节折扣是指企业在产品销售淡季给予购买产品的消费者折扣优待。季节折扣有利于减轻库存,加速商品流通,迅速收回资金,促进企业均衡生产,充分发挥生产和销售潜力,避免因季节需求变化所带来的市场风险。如羽绒服的反季销售,通常会制定较大幅度的折扣。

5. 回扣和津贴

回扣是指购买者在按价格目录将货款全部付给销售者以后,销售者再按货款的一定比例返还给购买者部分货款。如网络营销中的返利网模式,就是中间商为了让消费者通过他的渠道进行购买而向消费者支付的回扣。

津贴是指企业为特殊目的,对特殊消费者以特定形式所给予的价格补贴或其他补贴。例如,生产企业与中间商为促进产品的销售进行合作,中间商帮助生产企业刊登地方性广告、设置样品陈列窗、开辟销售专柜、举行展销会等,生产企业给予中间商一定数额的资助或津贴。又如家电企业为销售提供以旧换新,也是一种津贴的形式。

10.3.4 地理定价策略

企业的产品销售通常涉及较大的地理范围。企业把产品从产地运到消费者所在地,需要一些费用,这使得企业为不同地理位置的消费者供应产品需要支付不同的成本。地理定价策略是企业对不同地区(包括当地和外地的不同地区)消费者制定统一或有差别的价格的定价策略。一般分为原产地交货定价、统一交货定价、分区定价、基点定价及运费津贴定价。

1. 原产地交货定价

原产地交货定价是企业按出厂价格交货或将货物送到买主指定的某种运输工具上交货的价格。这一价格在国际贸易中称为离岸价格(FOB)。实行原产地交货定价时,当货物一旦到达确定的运输工具后,所有权和责任就全部转移到买方手中,其后所发生的一切费用全部都由买方承担。原产地交货定价可以帮助企业制定一个统一的出厂价格,便于对上门采购的买主进行报价,不仅减少了生产企业的运输费用和运输风险,还简化了企业的定价工作。原产地交货定价对企业来说较为便利,费用最省,风险最小,但对扩大销售有一定影响。

2. 统一交货定价

这种定价是企业对不同地区消费者实行统一价格,该价格按照相同的出厂价加上平均运费计算。这一方法可减少市场较远地区消费者的价格负担,使消费者认为运送产品是一项免费的附加服务,从而乐意购买,有利于扩大市场占有率。该策略适用于体积小、重量轻、运费低或运费占成本比例较小的产品,如电子元件等。这一方法实际上是让近处的消费者承担了部分远处消费者的运费,对近处的消费者不利。

3. 分区定价

分区定价是企业把全国(或某些地区)分为若干价格区,对于卖给不同价格区的消费者的某种产品,分别制定不同的地区价格。距离企业较远的价格区,价格定得较高;距离企业较近的价格区,价格定得较低。在各个价格区范围内实行一个价。分区定价在消费者承担运费的合理性方面介于原产地交货定价和统一交货定价之间,可以部分解决这两种方法产生的一些矛盾。但若两个相邻价格区域间产品的价格相差较大,会使消费者产生价格不合理的感觉,也可能使中间商利用窜货套利,给企业的销售管理带来困难。

4. 基点定价

基点定价即企业选定某些城市作为定价基点,然后按出厂价加上从基点城市到消费者所在地的运费来定价。企业选取的定价基点一般为中心城市或是该类商品的传统集散地,因此购买者绝大部分都愿意在基点接收货物。

5. 运费津贴定价

运费津贴定价是指企业为弥补原产地交货定价策略的不足,减轻消费者的运杂费、保险费等负担,由企业补贴其部分或全部运费的定价方式。运用该策略的目的在于减轻边远地区消费者的运费负担,从而使企业保持市场占有率并不断开拓新市场。这种定价方法减少了销售净收入,但对提高市场占有率和战胜竞争对手有较大的作用。当产品具有规模效应时,该方法优势更明显。

10.3.5　心理定价策略

心理定价策略是一种针对消费者心理活动和变化所使用的定价策略。心理定价策略运用心理学的原理,依据不同类型的消费者在购买商品时的不同心理要求来制定价格,以诱导消费者增加购买,扩大企业销售量。心理定价策略常见于零售企业对最终消费者实施。根据消费者心理要求的不同,其具体策略包括如下几类:

1. 整数定价

整数定价是将产品价格采取合零凑整的办法,即利用消费者按质论价心理,通过取整价格表明产品差别。对消费者来说,产品的价格不仅仅是商品价值的表现,有时也代表着商品的质量。市场中某些商品无法明确显示其内在质量,消费者往往通过其价格高低来判断质量的好坏,这时企业可以用整数价格来给消费者造成高价高质的印象。

2. 尾数定价

尾数定价是指企业定价时以零头而不是整数结尾,故其价格又称零头价格或奇数价格。尾数定价利用了消费者求廉的心理,可以使产品价格在消费者心中产生便宜、精确、中意等特殊效果。如价格为 99 元的产品给消费者的感觉是"还不到 100 元",使消费者认为产品价格低、便宜,令其更易于接受。

带有尾数的价格还可以使消费者认为产品定价是非常认真、精确的,连几角几分都算得清清楚楚,进而产生一种信任感。

3. 声望定价

声望定价是指企业利用消费者仰慕名牌产品或名店声望所产生的某种心理来制定产品的价格。企业实施声望定价主要通过树立产品及其品牌在消费者心目中的形象,将本企业产品的价格定得高于其他同类产品。消费者往往存在"便宜无好货、价高质必优"的心理,具有一定声望、较高信誉的产品制定高价符合消费者的心理预期。声望定价还代表着产品消费者的身份和社会地位。不少高级名牌产品和稀缺产品,如豪华轿车、高档手表、名牌时装、名人字画、珠宝古董等,在消费者心目中享有极高的声望价值,购买这些产品的人,往往不在乎产品价格,而更关心产品能否显示其身份和地位。此时,企业定价越高,消费者心理满足的程度也就越大。

4.招徕定价

招徕定价是指零售商利用部分消费者的求廉心理,特意将某几种产品的价格定得较低,在吸引消费者购买低价促销产品的同时,带动其他正常价格产品的销售。这一定价策略常为综合性百货商店、超级市场甚至高档商品的专卖店所采用。还有一种招徕定价是将某几种产品价格定得极高,起到吸引消费者注意的效果,但应用相对少见。例如,珠海九洲城推出价格 3000 元的打火机,在吸引消费者注意的同时,带动其他廉价打火机的销售。

10.3.6　差别定价策略

差别定价策略是对同一产品或服务制定不同价格的策略。这一策略与产品成本往往关系不大,价格差别主要是因为购买情境的差别而产生的,如消费者身份、特定地点或时间等。差别定价要求市场细分,并且细分子市场可以通过某种手段区隔,其具体策略包括如下几类:

1.消费者身份差别定价

针对不同的消费者群体制定不同的价格。如常见的各类会员价格,还有公园、游乐场对成人和儿童的票价差别。

2.时间差别定价

根据产品购买或服务实施所发生的时间不同来制定差异化的价格。例如电影院的白天场次与夜晚场次在定价上就体现了很明显的差别,还有实施峰谷电时不同时间段的电价差异等。

3.地点差别定价

此处地点与地理定价的依据不同,不是根据运输成本来制定,而是由产品或服务的特定位置来实现差异。例如观看演唱会的不同区域,牛身上的可制作牛排的不同部位等。

4.产品式样差别定价

这一定价策略是指企业对不同花色、品种、式样的产品制定不同的价格。其不同于产品线定价,其定价往往与成本关联性较小,仅仅是企业为突显产品式样差别或其他目的而实施的差别化定价。例如不同颜色的同款手机价格差别。

📽 应用实例 10-3

高价的奢侈品

一个 LV 包售价几万元,一件 Prada 的连衣裙动辄标价五位数……奢侈品的成本到底有多少?为何其与同类普通产品价格相差那么大?

奢侈品的定价与普通商品不同。按照通行的定价方法,产品价格＝制造成本＋研发成

本(设计费)＋市场推广费用＋销售费用＋管理费用＋汇兑损益＋合理
利润＋品牌溢价。但奢侈品商家并不是这样看的,他们的看法是:如果
价格不"奢侈"就不能称之为"奢侈品"了。他们真正的销售秘诀不是
"大批量",而是在昂贵的成本之外,再以昂贵的价格有限售出。有专家
指出:奢侈品的高昂价格不是凭空制定出来的,而是建立在精致选材、精湛手工艺和丰富创
造力的基础上,件件物有所值。可以说,高昂价格是由奢侈品品牌定位、产品稀缺性和独特
性、品牌悠久历史和传奇故事共同铸就的。奢侈品高价的另一大原因则是,众多奢侈品品牌
经常利用奢侈品的这一特性,创造出一款款经典或限量版产品,从而紧紧抓住消费者对稀缺
独特产品的渴求欲望。这种让市场处于"半饥饿状态"的巧妙策略能成功地将品牌的定位拔
高,并且使产品始终供不应求。

资料来源:根据中国网 2012-03-23 新闻整理。

10.4 价格改变策略

企业处于不断变化的市场环境之中,当企业制定的价格难以满足生存和发展的需要时,
企业需要对价格进行改变。价格改变可以是企业主动降价或提价,也可以是企业对竞争者
的价格变动做出适当的反应。价格改变存在一定风险,可能会引起潜在的客户、经销商和企
业推销人员的不满,但成功的价格改变也有可能使企业更能适应市场环境,保证利润增加。
企业的价格改变策略分为主动改变策略和被动改变策略两种。

10.4.1 主动改变策略

主动改变策略就是企业主动发起价格改变的策略,按价格的走势分为主动提价和主动
降价。

1. 主动提价

在需求价格弹性低的条件下,企业通过提价能够提高销售收入并增加企业的利润。但
除了出于增加利润的目的外,企业常常在一些非利润因素的影响下被迫提高产品的价格。

(1)成本上涨

产品成本的上涨要求产品价格做相应反应,否则会妨碍企业获得合理利润,甚至会影响
企业再生产的进行。成本上涨的原因可能来自企业内部,如企业自身生产及管理水平出现
问题导致总成本增加,也可能发生在整个行业中,如行业的原材料价格、人工工资上涨。

(2)产品供不应求

当产品供不应求时,企业往往会抑制需求,通过提价平衡供需可保证其在获得高额利润
的前提下,为进一步扩大生产做好准备。但需求抑制应避免过度,否则利润反而会减少,此
外还应防范高价导致竞争者进入。

（3）竞争策略的需要

有的企业涨价，并非出于成本或需求原因，而是出于竞争策略的需要。如企业通过技术革新提高了产品质量，改进了产品性能，增加了产品功能，因此，企业以产品的高价格来显示产品的高档次，即通过价格差异体现产品差异，从而使消费者认知其产品的价值要比同类产品高。

企业提价时，消费者也会做出各种反应。有些消费者认为，产品质量提高，价格自然提高；或认为这种产品畅销，供不应求，故价格上涨，而且价格可能继续上升，不及时购买就可能买不到了；或认为该产品正在流行；等等。这些反应对企业是有利的，不利的反应是消费者认为企业是想通过提价获取更多的利润。此外还有一类消费者反应对企业无害，如认为提价是某些环境因素变化的自然结果。

从操作层面看，企业提价的策略主要有单步提价策略、分步提价策略和隐形提价策略。

（1）单步提价策略

单步提价策略是指企业一次性就把产品价格提高到企业欲达到的价格水平，具体包括推迟报价、自动调整条款和挂牌提价三种方式。实行单步提价策略能迅速抵消不利的环境对企业造成的影响，有利于企业保护自己现有的销售渠道，但也会削弱企业产品的市场竞争力。

（2）分步提价策略

分步提价策略是指企业在一段时期内有计划地按步骤分次提价，将企业的产品价格从原来的价格提高到企业所希望达到的水平。分步提价策略可以在一定程度上保持价格变动的主动性，避免企业利润的直接分享者提出增加分享利润的要求。

（3）隐形提价策略

隐形提价策略是指企业不改变产品名义价格，通过减少价格折扣、减少产品数量、取消附加服务等方式来实现提价。企业实施隐形提价策略容易为消费者所接受，对产品的市场竞争力不会有太大的影响，能避免失去过多的用户。但隐形提价有时可能被消费者认为是一种"欺骗"行为，从而降低企业的声誉和消费者的忠诚度。

2. 主动降价

降价行为一般可为企业带来提高市场份额、增加销售量的效果，但也可能带来利润下降、信誉降低的反面影响。企业进行主动降价主要有以下几种原因：

（1）产品成本下降

当产品成本下降时，企业具备了降低价格的充分条件，可通过降价扩大销售，以达到增加利润的目的。然而，成本下降导致的降价常常会使一部分消费者怀疑产品质量是否下降。

（2）市场需求减少

市场对产品的需求减少影响企业销售量与利润，企业是否通过降价来保证销售需针对不同的情况进行具体分析。若需求减少是由产品价格过高引起的，企业可主动降价；若需求减少是由于产品进入生命周期衰退期，则降价往往被用作临时应对策略，以保证企业及时转产；若需求减少是由企业内部管理不善、服务不好引起的，则不能仅指望以降价来扩大需求，关键还是需要解决管理或服务的实际问题。

（3）企业欲进攻与夺取竞争者的市场阵地

主动降价可以作为企业竞争的手段，即虽然企业的产品成本和市场需求都未发生变化，但企业欲以进攻的姿态夺取竞争者的市场阵地，则可通过降价来提高市场占有率，扩大生产和销售量,从而利用规模效应进一步降低成本费用。

(4)生产能力过剩

企业生产能力过剩而降价与市场需求减少而降价的内因相似,都是产品供过于求,在企业难以解决供过于求的情况下,降价销售可解决供应平衡的问题。

降价一般会受到消费者的欢迎,但也可能会引起一些消费者的不满或疑惑。例如,引起客户特别是已购买本产品的客户的不满,他们会以为降价是因为产品过时了或质量下降了等,感觉自己上当受骗了;或引起潜在客户的继续观望,他们会考虑会不会继续降价,这会使需求不像预期的那样因降价增加。

企业比较常用的降价策略是让利降价,即企业通过削减自己的预期利润来直接调低产品的价格。由于企业向市场提供的产品在质量和功能等方面没有任何变化,因此能够吸引消费者的大量购买。然而,直接让利降价可能引发市场中同类产品的价格战,造成与竞争对手两败俱伤的局面。

为避免竞争,企业往往更愿意应用间接的方式来降低产品的价格。间接降价的方式包括:

(1)实施或加大价格折扣

如原来购买10件产品给予5%的数量折扣,现在给予10%的折扣。

(2)心理降价

企业对新推出的产品先制定较高的价格,经过一段时间,消费者对产品和价格熟悉以后,再降价到市场可以接受的水平,从而使产品能够很快打开销路。

(3)增加产品的价值

企业提高产品的价值或增加服务的内容,在成本增加的条件下仍维持原价,给消费者更多让渡价值。如在包装物内增加产品数量、提升产品品质、提供免费送货、延长售后服务时间等。

应用实例 10-4

光明牛奶提价

2012年10月—11月,新西兰、澳大利亚奶粉先后传出禁止代购的消息,进口奶粉渠道一再收紧。针对这一形势,国内乳品行业也出现了相应的应对行为。2012年11月,光明乳业对武汉部分产品进行调价,涨幅最高接近20%。据媒体报道,武汉市场多款光明乳业生产的鲜奶和酸奶产品先后提价,其中460毫升的优倍牛奶从6.6元涨到7.8元,460毫升的光明鲜奶屋牛奶从5.8元涨到6.6元。

根据公开数据,就在一个月前,内蒙古、河北等10个奶牛厂区生鲜乳平均价格每千克3.31元,同比上涨2.8%。冬天是奶牛产奶量的淡季,奶牛产奶量只有之前的一半不到,而目前奶牛的饲养量偏少,导致原奶供应量偏少。有业内人士分析,由于原料奶涨价,乳制品的涨价变得无法避免,涨势可能持续到2013年上半年。其他如伊利、蒙牛等乳业企业,尚未有涨价计划。

资料来源:根据华西都市报 2012-11-16 新闻整理。

10.4.2　被动改变策略

除企业主动改变价格外,企业还需对市场竞争对手的价格改变进行应对。企业应对竞争对手价格变动的策略主要包括被动改变价格与保持价格不变两种策略。企业在应对竞争对手价格变动时须考虑的因素包括:①产品在其生命周期中所处的阶段以及在企业产品投资组合中的重要程度;②竞争者的意图和资源;③市场对产品价格的敏感性;④成本费用随销量和产量的变化而变化的情况。

例如,当竞争对手进行价格变动时,企业应分析竞争对手的意图是什么,要了解竞争者的价格变动的时效与幅度,分析竞争者价格变动可能带来的后果及其他竞争者的反应等问题。同时,企业还必须考虑自身产品价格随之改变可能带来的后果。在对上述问题进行分析的基础上,企业结合产品特性来选择相应对策。

如果企业产品与竞争者产品存在较大差异,则企业对竞争者调价的反应有更多选择余地。因为在市场中,消费者选择产品不仅考虑价格因素,而且还考虑质量、服务、性能、外观、可靠性等,此时对于竞争产品之间较小的价格差异可能并不在意,所以企业可采用保持价格不变的策略,或者在价格不变的条件下加强非价格竞争。例如,企业可通过广告来加强消费者对企业产品质量的认知,利用消费者偏好进行防御。

反之,产品之间差异较小,即产品同质时,企业有必要采用被动价格改变策略,但被动价格改变并不是简单的跟随定价。例如,在同质产品市场上,如果竞争者降价,企业也要随之降价,不然消费者就会购买竞争者的产品;如果竞争者提价,企业可以提价,但提价幅度应小于竞争者的提价幅度。

本章小结

价格是产品或服务的货币表现。影响产品定价的因素主要包括定价目标、成本费用、市场需求、竞争状况等。企业的定价方法主要有成本导向、需求导向和竞争导向三类。其中,成本导向定价是以成本为依据来制定价格;需求导向定价是根据市场需求状况和消费者对产品的感觉差异来制定价格;竞争导向定价主要以同类竞争对手的定价为依据。

在市场营销的实践中,企业必须实行灵活多变的定价策略来实现营销目标。价格调整策略包括以撇脂定价、渗透定价和满意定价为代表的新产品定价策略;根据现金、数量、季节、功能的不同而实行的折扣定价策略;根据消费者心理需求的不同而实行的心理定价策略;等等。企业价格改变策略是企业为适应环境变化对价格的进一步变动,价格的改变受很多因素的影响,需要相应的应对策略。

复习思考题

一、知识题

1.名词解释

(1)价格　(2)成本导向定价　(3)需求导向定价　(4)竞争导向定价

(5)撇脂定价　(6)渗透定价　(7)产品组合定价　(8)心理定价

(9)地理定价　(10)折扣定价

2.单项选择题

(1)在营销组合因素中,唯有_____是能产生收入的因素　　　　　　(　　)

  A.产品　　　　　　B.价格　　　　　　C.渠道　　　　　　D.促销

(2)博物馆对学生和老人收取较低的门票费用,这种差别定价属于　　(　　)

  A.消费者身份差别定价　　　　　　B.产品样式定价

  C.形象定价　　　　　　　　　　　D.地点定价

(3)企业要利用消费者仰慕名牌产品或名店声望所产生的某种心理最适宜用_____

  法　　　　　　　　　　　　　　　　　　　　　　　　　　　　(　　)

  A.尾数定价　　　B.招徕定价　　　C.声望定价　　　D.反向定价

(4)在_____条件下,个别企业无力影响整个市场的产品价格,因而不存在企业制定

  最优价格的问题　　　　　　　　　　　　　　　　　　　　　　(　　)

  A.完全竞争　　　B.寡头竞争　　　C.垄断竞争　　　D.不完全竞争

(5)可以简化企业定价程序,不必根据需求的变化做出调整的定价策略是　(　　)

  A.目标定价法　　　　　　　　　　B.成本加成定价法

  C.需求导向定价法　　　　　　　　D.竞争导向定价法

3.多项选择题(下列各小题中正确的答案不少于两个,请准确选出全部正确答案)

(1)竞争导向定价方法主要有　　　　　　　　　　　　　　　　　　(　　)

  A.随行就市定价法　　　　　　　　B.投标定价法

  C.成本加成定价法　　　　　　　　D.拍卖定价法

(2)价格改变策略主要包括　　　　　　　　　　　　　　　　　　　(　　)

  A.主动提价　　　B.尾数定价　　　C.折扣　　　　　D.主动降价

(3)成本加成定价法的优点是　　　　　　　　　　　　　　　　　　(　　)

  A.简化定价程序　　B.利润最大　　C.定价准确　　　D.减少价格竞争

(4)以下哪种价格形式属于差别定价　　　　　　　　　　　　　　　(　　)

  A.公交学生票　　　　　　　　　　B.周二电影半价

  C.消费满100元报销停车费　　　　D.买100送100券

(5)以下哪种产品价格弹性大　　　　　　　　　　　　　　　　　　(　　)

  A.奢侈品　　　　B.日用必需品　　C.汽油　　　　　D.手机

4.简答题

(1)企业定价主要受哪些因素影响?

(2)企业定价的决策过程是怎样的?

（3）新产品定价有哪几种策略？其适用范围有哪些条件？

（4）地理定价主要有哪些策略？哪一种方法最公平？为什么？

二、能力题

1.讨论题

马云在点评京东与苏宁的价格战时说"价格战最终吃亏的是消费者"，试讨论其观点。

讨论组

2.综合题

（1）某大学生拟为同学们提供洗鞋服务，服务内容包括运动及休闲鞋类的清洁、烘干、上光等。服务地点为校区内某学生公寓楼下的学生创业试点用房，洗鞋的器具为洗鞋机或可洗鞋的洗衣机。已知学校创业用房免租金，洗鞋机 8000 元/台，平均耗电 0.3 度，可洗 15 双鞋。

现在他遇到的问题是洗一双鞋收多少钱合适，请你尝试采用定价方法来帮他确定价格。

（2）经过几个月的筹备，洗鞋店终于开张了，洗鞋服务定价（每双）4 元，烘干 1 元，上光 1 元，然而生意并不如预想的好。店主调查发现：①分校区的同学过来需坐公交车，不划算；②有时店里零钱找不出来，引起报怨；③女生认为自己鞋子比较干净，所以嫌贵；④周末需求量大来不及，工作日却又空闲；⑤男生一次来洗的量大，但人懒且嫌总价高；⑥光洗鞋利润太薄，要拓展其他业务增加收益。

如果你是店主，想要在价格上做调整以应对这些问题，应如何处理？

3.案例分析题

高档轿车价格战

2012 年，奔驰在中国掀起价格战。2 月，奔驰旗舰车型 S 级率先在市场出现 30 万元左右的价格松动，S 级的多款车型出现数十万元的降价。最典型的 S600 和 S300 的优惠幅度从最初的 12 万元扩大至最高 30 万元，奔驰 S300 的价格一度降至 70 万元左右，一辆 S 级的降幅能买三辆捷达。与此同时，奔驰 E 级也出现了 10 万元左右的降幅。在奔驰大幅降价后，宝马 7 系在市场层面迅速出现 16% 左右的价格降幅，奥迪、雷克萨斯、英菲尼迪等豪华车纷纷跟进，大众的旗舰车型辉腾也出现 8 万元至 10 万元不等的降价。

消费者除了对降价乐见其成外，更希望奔驰的竞争对手——奥迪、宝马的新车也能大幅降价。然而，宝马新 3 系的定价，暂时打破了消费者的梦想。2012 年 7 月，新宝马 3 系上市，首次引入运动、豪华和风尚三种风格的设计套装，包括宝马 320i、宝马 328i 以及宝马 320Li、宝马 328Li 和宝马 335Li 等 9 种配置的车型，官方指导价在 31.6 万元至 59.96 万元。

尽管宝马（中国）称，新 3 系在增配的情况下，价格比老款便宜，其中宝马新 320i 豪华型较老款车型低 1.6 万元。但不认同者仍不以为然，理由很简单，按照宝马的规划及市场消费习惯，宝马标准版新 3 系比长轴距版更具价格竞争力，也是主力车型。但无论和现有老款宝马还是奥迪 A4L 相比，其价格都贵出约 10 万元：新 3 系长轴约 35 万元，老 3 系清仓优惠价最低 24 万余元；奔驰 C200 优惠后价格跌至约 25 万；奥迪 A4L 优惠价约 24 万余元。

从宝马定价的历史看，宝马一直追求高定价策略。在宝马看来，高定价是一种姿态，表示宝马汽车的高品质，也摆明了宝马的品牌地位。买豪华车的消费者们，最看重品牌尊贵度、产品竞争力和服务完善度。在具备了后两条的情况下，宝马定价通常比竞争对手高

10%～20%。此外,新车价格高于老款车优惠后的价格,已是业内常规。由于新3系上市、老款清库处理,才会导致宝马老款价格如此大幅下降。

过去,宝马的这种高定价策略令其在全球市场大有斩获。即使在中国市场上,尽管不少人埋怨宝马新3系的定价,但愿意购买新3系甚至加价购买的人也不少。此外,宝马新3系分进口和国产两类:标准轴版,2013年初将实现国产,2012年下半年仍以进口方式销售;长轴距版,则为国产车(在华晨宝马生产)。按照惯例,进口车价格通常会高于国产车,国产后价格方会考虑采取降价措施。

资料来源:根据网易新闻2012-08-07新闻、腾讯汽车2012-08-08新闻整理。

问题:

(1)高档轿车价格下降的主要原因是什么?

(2)宝马新3系采用的是什么价格策略?

(3)从营销角度看,宝马采用的策略是否合理?

第四篇

价值传递篇

第11章
分销渠道策略

学习目标

知识目标	技能目标
◆ 能根据市场环境及企业战略目标制定渠道目标 ◆ 了解分销渠道的基本结构及成员构成 ◆ 掌握分销渠道设计的基本思想、限制因素和建设方法 ◆ 熟悉渠道政策制定的基本原则和渠道成员激励方法 ◆ 了解连锁零售和特许经营等新兴渠道模式 ◆ 熟悉渠道冲突和窜货的基本含义	◆ 认识分销渠道分类及其作用 ◆ 掌握渠道结构设计的基本过程,熟悉渠道长度、宽度与广度的设计原则与技巧 ◆ 能够选择适合企业发展的渠道成员,并能进行合理布局 ◆ 能够制定合理的渠道政策 ◆ 能够准确分析渠道冲突产生的原因,制定渠道冲突预防、预警和处置的相关策略 ◆ 学会对渠道运行状态和绩效进行评估

导入案例

如果没有分销网络,可口可乐将会怎样?

可口可乐公司是全球最大的软饮料公司之一,拥有超过 500 个饮料品牌,通过全球庞大的分销系统,使 200 多个国家和地区的消费者每天饮用的可口可乐产品达到 18 亿杯。在地球的每一个角落人们都能很容易就买到可口可乐的产品,这得益于可口可乐公司覆盖全球的销售网络。这个销售网络如同城市的自来水网一样把可口可乐分送到家家户户。有人曾经做过一个有趣的比较,可口可乐失去了全球的工厂和失去全球的分销网络哪个更具灾难性。看看中国的数据吧,在中国有几十万甚至几百万个零售点在时刻销售可口可乐产品,

235

只要销售的网络还在,工厂可以很快建立起来,甚至可以请人生产并很快形成销售;但是如果没有了分销网络,却要花上很长的时间才能建立和完善起来,这个时间可能是几年、几十年甚至永远。

资料来源:根据中国质量网相关资料整理编写。

案例分析题

无论是生产什么产品,企业都必须通过一定的途径将产品传递到消费者手中,这就需要分销渠道的参与。如果把企业作为市场的心脏,那么渠道就是流遍全身的血管,把产品、价格、促销活动不断输送到消费者面前。同时,渠道还承担着神经网络的功能,企业通过渠道感知消费者市场的变动,并做出战略和战术上的调整,适应市场的变化。随着市场竞争的加剧和产品同质化趋势的日益明显,渠道被越来越多的企业看成是获取并保持市场竞争优势的主要途径之一,因此有"得渠道者得天下"的说法。

11.1 分销渠道认知

11.1.1 分销渠道的概念

关于分销渠道的定义,学者们智者见智,各有侧重。

菲利浦·科特勒:"分销渠道是指某种货物或劳务从生产者向消费者移动时取得这种货物或劳务的所有权或帮助转移其所有权的所有企业和个人。"

爱德华·肯迪夫和理查德·斯蒂尔:"分销渠道是指当产品从生产者向最终消费者或产业用户移动时,直接或间接转移所有权所经过的途径。"

路易斯·斯特恩和艾尔·安塞利:"分销渠道是促使产品(服务)顺利地经由市场交换过程转移给消费者(用户)使用或消费的一整套相互依存的组织。"

AMA:"分销渠道是指企业内部和外部代理商或经销商(批发和零售)的组织结构,通过这些组织,商品(产品或劳务)才得以上市营销。"

我们认为,分销渠道是指产品或服务从生产者向消费者转移过程中,所经过的各个中间环节联结而成的路径。电脑制造企业的分销渠道如图 11-1 所示。

对于分销渠道的定义有很多,但是对分销渠道的本质界定是基本一致的,主要包括四个方面含义。

①分销渠道主要是由参与产品流通过程的各种类型的机构组成。通过这种机构组成,产品才能上市销售,从生产者流向最终消费者,实现产品的价值。

②分销渠道的起点是生产者,终点是改变产品形态、使用价值和价值的最后消费者或用户。

③在产品从生产者流向最终消费者或用户的流通过程中,至少要经过一次产品所有权的转移。

④分销渠道不是生产者和中间商之间相互联系的简单结合,而是企业之间为达到各自或共同目标而进行交易的复杂行为体系和过程。

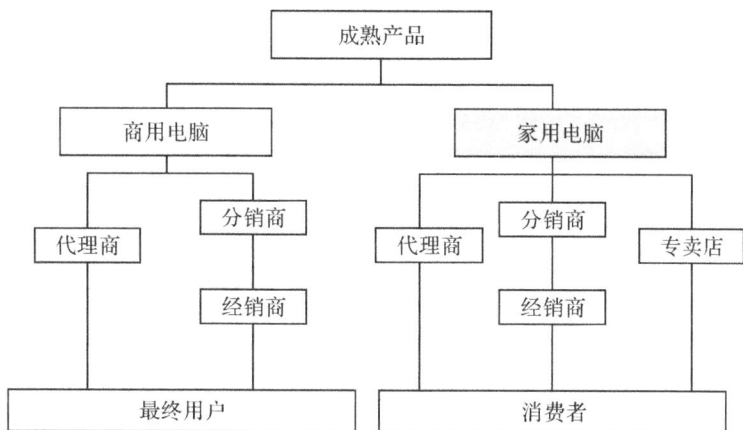

图 11-1　某电脑制造企业的分销渠道

![扩展阅读标志] **扩展阅读 11-1**

营销渠道和分销渠道

营销渠道和分销渠道严格来说是两个概念。科特勒认为营销渠道是指那些配合起来生产、分销和消费某一生产者的某些货物或劳务的所有企业和个人。这就是说，营销渠道包括某种产品的供产销过程中所有的企业和个人，如资源供应商、生产者、商人中间商、代理中间商、辅助机构（如运输企业、公共货栈、广告代理商、市场研究机构等）以及最终用户等。分销渠道是指产品或服务从生产者向消费者转移过程中，所经过的各个中间环节联结而成的路径。但现在营销渠道和分销渠道两概念多被混用。

资料来源：根据维基百科相关资料整理。

11.1.2　分销渠道的地位与作用

科特勒说过："在产品高度同质化的今天，唯有传播和渠道才能创造真正差异化的竞争优势。"渠道作为一条主线，将企业的产品、品牌、服务、价格、促销以及货物、资金、人力、信息、管理等营销要素有机地串联起来，产生协同效力。

不同于产品、价格、促销等营销要素，渠道以其特有的本地化、排他性、不可替代性以及持久性成为企业营销的亮点和竞争制胜的关键。娃哈哈、联想、TCL 等企业，以其对渠道的成功建构和运作树立了成功的典范，同时展示出分销渠道所具有的内在力量，凸显出分销渠道在现代企业竞争中所处的举足轻重的地位。随着分销渠道在营销过程中作用的增强、地位的提高，越来越多的企业开始关注渠道、经营渠道，将渠道建设作为一种战略性的营销手段，开启了一个"渠道制胜"的时代。

11.1.3 分销渠道的功能与流程

1. 分销渠道的功能

分销渠道的基本功能是实现产品从生产者向消费者或用户的转移,它弥合了产品、服务与其使用者之间存在的时间、地点和所有权的缺口。具体来说,分销渠道具有九大基本职能,包括调研、促销、寻求、编配、洽谈、物流、融资、服务、风险分担等。

(1)调研

收集、整理现实中潜在消费者、竞争者以及营销环境的相关信息,并及时地传递给渠道中的其他参与者和合作者。

(2)促销

各个环节的成员通过各种促销手段,把商品和服务的有关信息传递给消费者,刺激消费者的需求和欲望,促使其采取购买行为。

(3)寻求

通过认真分析市场机会,寻求潜在市场,针对不同细分市场目标消费者的特点,提供不同的分销渠道形式。

(4)编配

按消费者要求分类整理产品。例如,按产品相关性分类整理和组合,调整产品包装大小、分级等,以满足不同消费者的需要。

(5)洽谈

各个渠道成员之间,按照互利互惠、彼此协商的原则,就有关交易产品的价格、付款和交货条件等问题达成协议,形成销售。

(6)物流

分销渠道最终要实现把产品送到消费者或用户的手中,满足其消费的需求,所以分销渠道必然有采购供应,产品实体的运输、储存和配送服务等功能。

(7)融资

为了顺利地实现产品的交换,分销渠道的成员之间可以用赊销、信用的形式互相协作,加速产品流通和资金周转。

(8)服务

安装、维修等服务很难由生产者提供,一般都是借助渠道功能由分销商来完成。

(9)风险分担

分销渠道成员除了在产品流通中通过分工分享利益以外,还应共同承担产品销售、市场变化带来的风险。

2. 分销渠道的流程

在现代市场经济条件下,生产者与消费者之间在时间、地点、数量、品种、信息、产品价值和所有权等多方面存在着差异和矛盾。渠道是连接生产者与消费者或用户的唯一通道,实现了产品或服务、所有权、资金、信息的流动。这些就构成了渠道中的一个个流程,不同种类的流程将构成渠道的各种机构贯穿联系起来。如图 11-2 所示。

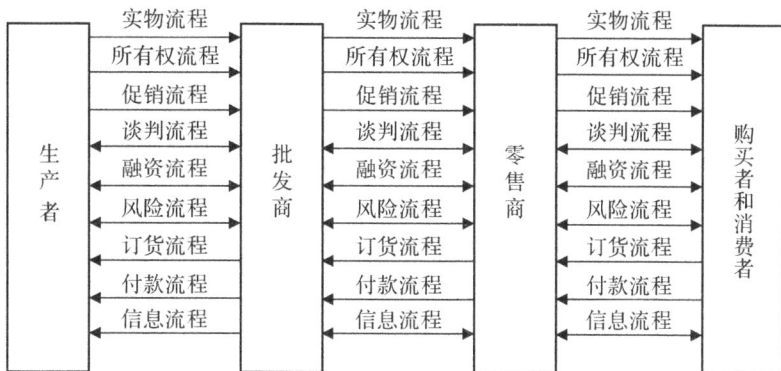

图 11-2　分销渠道的流程

图 11-2 中,实物流程是指实体原料及成品从生产者转移到最终消费者的物理过程;所有权流程是指货物所有权从一个市场营销机构到另一个市场营销机构的转移过程;付款流程是指货款在各渠道中间机构之间的流动过程;信息流程是指在市场分销渠道中,各市场营销中间机构相互传递信息的过程;促销流程是指由一单位运用广告、人员推销、公共关系、促销等活动对另一单位施加影响的过程。

11.1.4　分销渠道的参与者

分销渠道的功能,要通过渠道参与者的操作才能实现。准确把握渠道中的参与者,才能够在渠道管理时更好地分析市场各方的作用,获得更多、更好的信息,做出更好的决策。

分销渠道的参与者主要分为四类:生产者(制造商)、中间商、消费者(用户)、辅助机构。如图 11-3 所示。

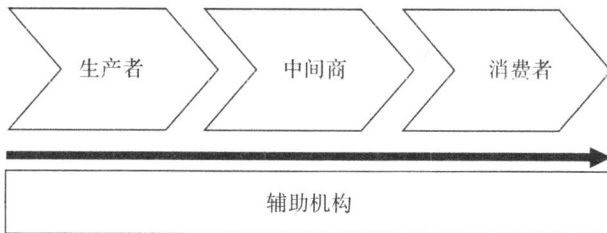

图 11-3　分销渠道的参与者

1. 生产者

生产者为渠道提供作为交换对象的产品或服务,构成分销渠道的源头和起点。没有生产者的产品,就无所谓分销。生产者推出的产品(服务)适合市场需要的程度、质量和数量,从根本上决定着分销渠道的效率和效益。生产者的素质、能力、品牌和影响力,是分销渠道的首要资源。

生产者在渠道中的作用表现在两个方面。

（1）生产者是分销渠道的主要组织者

在一条分销渠道中，生产者最关心同行产品的市场及自身产品的销售状况，因而也就会更自觉、主动地致力于分销渠道的组织与建设工作，对产品分销模式的选择和分销网络的设计、建设有极大热情和责任心，是渠道管理的中坚力量。

（2）生产者是渠道创新的主要推动者

渠道结构变迁的历史表明，创新渠道模式的出现和普及，主要是由生产者推动的。生产者根据市场环境变化的要求，在促进渠道整合、结构扁平化、战略结盟等方面起着关键作用。

2.中间商

中间商是指处于生产者和消费者之间，参与商品流通业务，促进买卖行为发生和实现的组织和个人。中间商有着生产者难以替代的、重要的作用，具体表现在以下几点：

（1）中间商是渠道功能的重要承担者

中间商可以全部或部分参与分销渠道的九大流程，参与流程的多少和程度，决定渠道的类型和管理方式。分销渠道所具有的实现产品价值功能、提高交易效率和效益、简化生产消费双方"双寻"过程和增强企业竞争优势等功能，多数都是在中间商的积极参与下完成的。在直接渠道系统中，尽管在形式上没有独立中间商参与，但中间商履行的各项职能并没有消失，而是交由其他渠道成员来行使了。

（2）中间商在提高分销渠道效率和效益中有重要作用

中间商是通过向出售者购买产品，向购买者出售产品，即购、销这两个基本业务过程来完成其职能的。在购销过程中，中间商要根据市场需要做好调研、订货、购进、储存、转运、分类、编配、包装、定价、销售和服务等各项业务。这些业务将生产者和消费者联结起来。而中间商的专门化经营又往往使这种联结变得更为简便、有效、成本更低。这也是为什么生产者在构建与管理分销渠道时，往往要特别重视发挥中间商作用的主要原因。

（3）中间商是协调渠道关系的重要力量

渠道良好运作需要有协调的渠道关系，这种关系主要表现在生产者和中间商的合作深度上。他们之间必须在目标、政策、分工及分销流程等方面达成一致意见，并有效地开展工作。在许多情况下，为了增强渠道竞争优势，生产者和中间商必须尝试采用新的方法共同履行订货、存货管理、分销和售后服务的责任。这些或者要中间商的积极参与和默契配合，或者直接由中间商为主导完成。

3.消费者

消费者是分销系统的最终服务对象，同时也是渠道系统的重要成员。表面上看，消费者不参与经营，在分销系统中似乎没有发挥重大作用，其实不然，在作为联结生产与消费的分销渠道系统中，消费者是终端，也是最具影响力的成员。任何高效的分销渠道，都必须以能满足消费者需求为基本目标，都要根据消费者的要求来设计和传递最佳服务产出。决定渠道服务产出的四类因素，即空间便利性、批量规模、等待时间和经营产品多样性，归根到底都是由消费者决定的。也就是说，高效分销渠道的模式及其行使的职能和流程，都必须按消费者的需求与购买特征来设计和实施。

4.辅助机构

辅助机构指的是帮助执行分销任务（如购买、出售及运输等）的公司。不同的辅助机构其功能有所不同。常见的辅助机构及其功能有：

（1）运输公司

提供运输服务的公司，包括所有基于公共基础提供运输服务的公司。由于能够达到巨大的规模经济，这些运输机构能够比生产者、批发商和零售商更为有效和低成本地提供运输服务。

（2）库存公司

专门从事场地出租进行货物储存的公共仓库。由于其能提供很多弹性服务且更专业，能大大提高渠道效益。

（3）广告代理商

专门向渠道成员提供销售策略、广告服务等。

（4）金融机构

包括银行、金融公司以及代理金融服务的公司。

（5）保险公司

转移渠道成员在业务进行中遇到的风险。

扩展阅读 11-2

优秀批发商的战略选择

一些学者研究了美国 97 家绩优批发商，以发现其获得竞争力的核心战略。研究显示，下面的 12 项分销战略改变着分销的结构。

（1）合并与收购

调查中，至少有 1/3 的批发商在进入新市场、加强在现有市场的地位、在多样化或垂直一体化行动时进行了新的收购活动。

（2）资产重组

至少 20 家批发商出售或调整了一些边缘业务以加强其核心业务。

（3）公司多样化

几家批发商为降低公司风险而对其业务投资组合进行了多样化。

（4）前向和后向一体化

几家批发商加强了垂直一体化以改进获利情况。

（5）自有品牌

1/3 的公司增强了其自有品牌计划。

（6）向国际市场扩展

至少 26 家批发商进行跨国经营，并打算渗透到西欧和东亚市场。

（7）附加值服务

大多数批发商都改进了其附加值服务，如快速交货、定制包装和计算机化的管理信息系统。

（8）系统销售

许多批发商向购买者提供一揽子产品计划。

（9）新游戏战略

一些批发商找到了新顾客群，并为他们开发了新的一揽子产品计划。

（10）利基市场营销

有些批发商集中于一个或几个产品种类，保有大量存货，提供高效服务和快速交货，从而满足被大竞争者忽视的特定市场的需求。

（11）复合市场营销

当公司想同时服务多个细分市场时，复合市场营销能提高成本和竞争优势。有几家批发商在其核心市场上又加上了新的细分市场，希望能达到更大的规模经济和竞争优势。因此一些仓储俱乐部除了向小规模和中等规模的用户批发以外，还向消费者销售产品。一些药品批发商除了为医院提供服务外，还向诊疗所、保健组织等提供产品。

（12）新的分销技术

绩优批发商通过计算机订单处理、存货控制和仓库自动化等技术来改进其系统。另外，他们越来越多地使用直复市场营销和电话营销的技术。

资料来源：根据《环渤海经济瞭望》2002年第2期相关资料整理。

11.1.5　分销渠道的类型与结构

1.直接渠道和间接渠道

按照商品在交易过程中有无中间商介入将产品的分销渠道分为直接渠道和间接渠道。

（1）直接渠道

直接渠道是指生产者（制造商）不通过中间商环节，采用产销一体化的经营方式，直接将产品销售给消费者（用户）。直接渠道是工业品分销的主要类型，大约有80%的生产资料是通过直接渠道销售的。例如，大型设备、专用工具及技术复杂需要提供专门服务的产品，都采用直接分销。消费品中有部分也采用直接分销的类型，如鲜活食品等。直销有利于生产者掌握和控制市场需求与发展状况，获得对分销渠道的控制权；由于去掉了产品流转的中间环节，可以降低产品在流通过程中的损耗；采用直接渠道分销，也有利于生产者开展销售活动，直接进行促销。但是，采用直接渠道会使生产者花费很多的人力、财力和物力，从而使费用增加，特别是市场相对分散时，情况就更是如此。

（2）间接渠道

间接渠道是指生产者通过中间商环节把产品传送到消费者手中。间接分销渠道是消费品分销的主要类型，大约有95%的消费品是通过间接分销渠道销售的，因为消费者的购买大多属于分散、小批量的购买。大多数的生产者缺乏直接销售的财力和经验，而采用间接渠道，能够发挥中间商在广泛提供产品和进入目标市场方面的效率，使生产者获得高于自身销售所得的利润。

2.长渠道和短渠道

按照产品经过的流通环节的多少，产品的分销渠道可分为长渠道和短渠道。显然，没有中间环节的直接渠道最短，反之，中间层次或环节越多，渠道越长。现实营销实践中按渠道长度的不同,又将分销渠道分为四种基本类型,如图 11-4 所示。

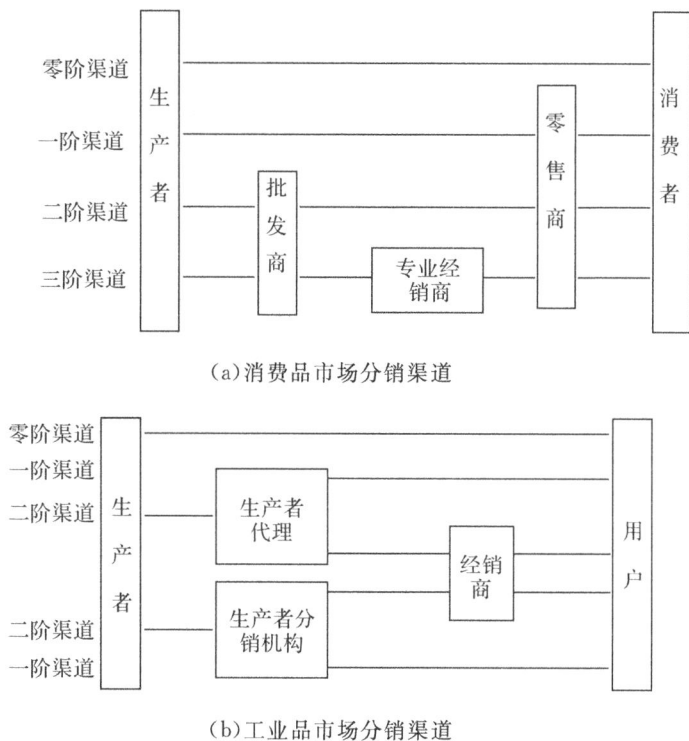

(a)消费品市场分销渠道

(b)工业品市场分销渠道

图 11-4　分销渠道的长短结构

(1)零阶渠道

是指生产者把产品直接销售给最终消费者或用户,是直接渠道模式,也是最简单和最短的分销渠道。

(2)一阶渠道

是指生产者和消费者之间,只有一个流通环节,这在消费品市场是零售商,在工业品市场通常是代理商或经纪人。在消费品市场,许多生产耐用品和选购品的企业都采用这种模式。

(3)二阶渠道

是指生产者和消费者之间有两个流通环节,这在消费品市场是批发商和零售商,在工业品市场则可能是代理商和经销商。

(4)三阶渠道

三阶渠道包含三个中间商组织。在大批发商和零售商之间,还有一个二级批发商,该批发商从大批发商处进货,再卖给无法从大批发商处进货的零售商。

可见,零阶渠道最短,三阶渠道最长。更高层次的分销渠道比较少见,渠道层数越高,渠道越长,对生产者来说,越难控制。

3.宽渠道和窄渠道

分销渠道的宽度,是指渠道的每个层次中同种类型中间商数目的多少。如果某种产品(如日用品)的生产者通过许多批发商和零售商将其产品推销到广大地区,那么这种分销渠道就较宽;相反,如果某种产品(工业设备)的生产者,只通过一个专业批发商销售其产品,那么这种分销渠道就较窄。

4.传统分销渠道和新型渠道系统

分销渠道如果按一条渠道中渠道成员相互联系的紧密程度划分,可以分为传统分销渠道和新型渠道系统。传统分销渠道是由生产企业、批发企业和零售企业构成的关系松弛的销售网络。各个成员(企业)之间彼此独立,相互间的联系通过买卖条件维持,都各自考虑自己的利益,这样不仅缺乏强有力的整体领导,而且常受到内部之间的相互牵制。新型渠道系统则是渠道成员采取一体化经营和联合经营而形成的分销渠道。现实中,大公司为控制、占领市场,实现集中与垄断,常采取一体化经营和联合经营的方式,而广大的中小批发商、零售商为了在激烈的竞争中求得生存和发展,也往往走联合发展的道路。

11.2　分销渠道设计

分销渠道设计是指企业在分析渠道环境因素的基础上,以消费者需求为导向,为实现确定的分销目标,对各种备选渠道结构进行评估和选择,从而开发出新型的分销渠道或改进现有的分销渠道的过程。

11.2.1　分销渠道设计的原则

1.消费者导向原则

在设计分销渠道时,首先要考虑的便是消费者的需求,并对其进行认真的分析,建立以消费者为导向的经营思想。通过周密细致的市场调查研究,企业不仅要提供符合消费者需求的产品,同时还必须使分销渠道满足消费者在购买时间、购买地点以及售前、售中、售后服务上的需求,从而提高消费者满意度,促进企业产品的销售。

2.发挥优势原则

企业在选择分销渠道时,应注意先选择那些能够发挥自身优势的渠道模式,以维持自身在市场中的优势地位。如今市场的竞争是整个分销网络的整体竞争,而不再是过去单纯的渠道、价格、促销或产品上的竞争。企业依据自己的特长,选择合适的渠道网络模式,能够实现最佳的经济效益并取得良好的顾客反应。

3.适度覆盖原则

随着市场环境的变化及整体市场的不断细分,原有渠道已不能达到企业对市场份额覆盖范围的要求,而且消费者购买偏好也在变化,他们要求购买更便捷、更物有所值。在这种情况下,企业应深入考察目标市场的变化,及时把握原有渠道的覆盖能力,并审时度势地对渠道结构进行相应调整,尝试新渠道。

4.稳定可控原则

分销渠道对企业来说是一项战略性资源,它一经建立,就对企业的整体运作和长远利益产生重要的影响。因此,应该从战略的眼光出发,考虑分销渠道的构建问题。渠道建立之后,要注意渠道应具有一定的稳定性。此外,渠道还要具有可以进行适度调整以适应经营环境变化的弹性。

5.协调平衡原则

各渠道成员之间的密切协调与合作对渠道的顺利畅通、高效运行起着至关重要的作用。然而渠道成员常常会产生一些利益或决策方面的分歧、冲突与摩擦,不可避免地存在着竞争。企业在设计分销渠道时,应充分考虑到这些不良因素,在鼓励渠道成员进行有益竞争的同时,创造一个良好的合作氛围,以加深各成员之间的理解与沟通,从而确保各分销渠道的高效运行。

6.利益最大化原则

企业在设计分销渠道时,应认识到不同的分销渠道结构针对同种产品分销效率的差异。企业如果选择了较为合适的渠道模式,能够提高产品的流通速度,不断降低流通过程中的费用,使分销网络的各个阶段、各个环节、各个流程的费用趋于合理化。总之,所设计出的分销渠道应该能够降低产品的分销成本,使企业能够在获得竞争优势的同时获得最大化的利益。

11.2.2　分销渠道设计的一般过程

斯特恩等学者通过对多家大型公司的长期研究,总结出"用户驱动分销系统"设计模型,将渠道设计过程划分为五个阶段。如图 11-5 所示。

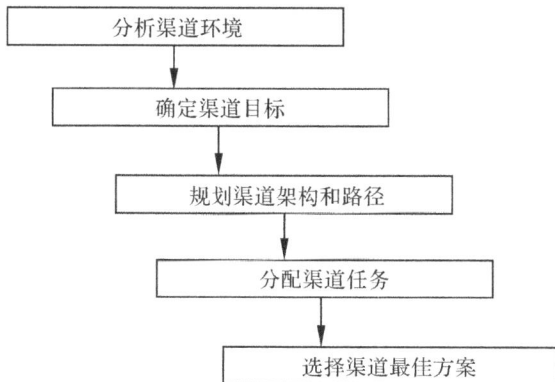

图 11-5　分销渠道设计的五个阶段

1.分析渠道环境

(1)审视企业渠道现状

通过对企业过去和现在分销渠道的分析,了解企业以往进入市场的步骤,各步骤之间的逻辑关系,后勤、销售职能,公司与外部组织之间的职能分工,现有渠道系统的经济性等。

(2)了解目前企业的营销系统

了解目前的营销系统,即了解外界环境对企业渠道决策的影响。宏观经济、技术环境和消费者行为等要素对分销渠道结构也有重要影响,渠道设计要认真分析行业集中程度、宏观经济指数、当前和未来的技术状况、经济管理体制、市场进入障碍、竞争者行为、最终用户状况(忠诚度和地理分布等)、产品所处的市场生命周期阶段、市场密度与市场秩序等。以上这些要素影响着行业发展前景以及与之相应的渠道设计方向。一般说来,渠道环境越复杂、越不稳定,客观上就越要求对渠道成员进行有效的控制,同时也要求渠道更具有弹性,以适应迅速变化的市场。

(3)分析竞争者渠道状况

分析竞争者渠道状况,即分析主要竞争者如何维持自己的市场份额,如何运用营销策略刺激需求,如何运用营销手段支持渠道成员等。具体列出这些资料,以便了解主要竞争对象并制定竞争策略。

(4)分析消费者的服务需求

渠道的设计始于消费者。市场分销渠道可以被认为是一个消费者价值的传递系统,在这个系统里,每一个渠道成员都要为消费者增加价值。

2.确定渠道目标

渠道目标是营销总目标的组成部分,它必须与营销总目标保持一致,为实现营销总目标服务,同时必须与营销组合的其他目标协调一致。

分销渠道的目标包括:

(1)分销顺畅目标

分销顺畅是分销渠道设计最基本的要求,为了达到这一目标,一般应使渠道扁平化、沟通便利化。

(2)分销流量最大化目标

通过广布网点、提高铺货率,可最大化地增加流量。

(3)分销便利目标

为了使顾客感到便利,企业应使市场分散化,节约顾客的运输成本;同时,提供完备的售后服务,及时为顾客解决问题。

(4)拓展市场目标

一般情况下,在进行市场开拓时,大部分企业更侧重于依赖中间商,等拥有一定的市场份额和自己的顾客群后,再建立自己的分销网络。

(5)提高市场占有率目标

在建立起合适的分销渠道后,应特别注重分销渠道的维护,从而逐步扩大市场份额。

(6)扩大品牌知名度目标

在维护老客户对品牌忠诚度的同时,进一步争取新客户。

(7)分销成本最低化目标

在设计与选择分销渠道时,要考虑到渠道的建设成本、维护成本、改进成本及最终收益。

(8)提高市场覆盖面积和密度目标

厂家为了实现这一目标,大多采用多家分销和密集分销形式。

(9)控制渠道目标

企业可以通过提高自身的管理能力、融资能力,掌握一定的销售经验,建立品牌优势来掌握渠道主动权。

(10)渠道服务创新目标

如延长营业时间、提供主动上门服务、开展网上分销等。

总的来讲,企业所制定的渠道目标应该明确而又具体,既可以清晰描述,又可以操作。

3.规划渠道结构与路径

(1)影响渠道设计的主要因素

①产品特性因素。

产品的自然属性。易损毁、易变质或易腐烂,储存条件要求高,有效期短的产品,应采用较短的分销渠道;过重的或体积大的产品,应尽可能选择最短的分销途径;超限(超高、超宽、超长、超重)的产品,应该直达供应;小而轻且数量大的产品,则可考虑采取间接销售。

产品技术性。技术性较强的产品,多数采取较短的分销渠道,尽量减少中间环节,保证提供及时良好的销售技术服务。

产品的标准性与专用性。产品具有一定的品质、规格、式样等标准,则分销渠道可长可短;非标准化的专用品或定制品,需要供需双方面议价格、品质、式样等,并直接签订合同。

产品种类和规格。产品规格少、销售量大,可经批发商销售;产品规格多、销售量小,可由专业商店销售或企业直接与顾客签购销合同。

产品时尚性。款式、颜色时代感很强,变化较快的流行性商品,尽量采用短渠道分销。

产品价格。一般来说,产品单价越高,越应注意减少流通环节;单价较低、市场面广的产品则通常采用多环节的间接销售渠道。

②市场因素。

市场需求。如果产品销售的市场范围大,批量也大,则宜采取宽而长的分销渠道,尤其是在全国范围内销售或出口销售,就需要更多的流通环节。

顾客集中程度。若顾客集中于某一区域,则可考虑设点直接销售;而市场范围大而分散的产品宜采取长而宽的渠道。

顾客购买习惯。对于一些价格较低、购买频繁、顾客无须仔细选择的日用产品,多采用中间商,扩大销售网点以增大销量;而一些耐用消费品,由于顾客购买少,则可少设网点。

市场潜力。如果市场规模小但发展潜力大,则分销体系应有扩展延伸的余地;相反,如果潜力不大,则应有缩小和转移的准备。

市场竞争性。对同类产品,企业可以采用与竞争者相同的分销渠道与之抗衡,也可选择开辟新渠道推销产品。企业应依据竞争需要,分析对手实力,灵活选择营销流通渠道,或针锋相对,或避其锋芒。

市场景气状况。市场繁荣时,生产者可采用长而宽的营销流通渠道以扩大市场;反之,则应以最经济的方式销售产品。

③企业自身因素。企业应从以下五方面考虑如何使渠道设计与自身特点相一致:

企业实力与声誉。信誉好、实力雄厚的企业可以加强对流通渠道的控制,将部分销售职能集中在企业手中,从而建立自营体系,不依赖中间商。

企业销售能力。如果企业自身拥有足够的销售力量,有丰富的经验,则可以少用甚至不用中间商。

企业提供的服务层次。如果企业愿意为消费者提供更多服务,则可采用直接销售渠道;如果愿意为零售商提供更多服务,则可选用一阶渠道等,以此类推。

企业管理决策。有些企业,如 IBM 等,管理决策倾向于使用直营体系,只有在企业销售体系无法到达的区域才采用中间商。

企业市场信息收集能力。如果企业市场信息能力弱，缺乏对客户的了解，就需要借助于中间商销售产品；反之，就可以采用直接渠道。

④中间商因素。一般说来，企业可从中间商的可得性、使用成本和服务质量三个方面来选择渠道长度。

可得性。是指在选定的市场区域内能否选到有效的中间商。在许多情况下，中间商可能由于先前与企业竞争对手的关系和契约而不能经销企业产品，这时企业只能建立自己的分销机构，采用直接渠道。

使用成本。中间商可能索取非常高的佣金，此时企业要选择和比较两种分销渠道的成本差异，以决定是否选择中间商和中间商的层次。

服务质量。企业还需要评估中间商向顾客提供服务的能力，如果中间商的实力不能提供有效的服务，企业就要考虑建立自己具有保障服务能力的直接渠道。

（2）分销渠道的结构设计

①确定分销渠道的长度。渠道长度指为完成企业的营销目标而需要的渠道层次的数目。分销渠道按长度可以分为零阶渠道（直接渠道）、一阶渠道、二阶渠道和三阶渠道。零阶渠道和一阶渠道称为短渠道，二阶及以上的渠道称为长渠道。长渠道与短渠道的比较如表11-1所示。

表 11-1　长渠道与短渠道的对比

渠道类型	优点及适用范围	缺点及基本要求
长渠道	市场覆盖面广；企业可以将中间商的优势转化为自己的优势；减轻企业费用压力；适用于一般消费品销售	企业对渠道的控制程度较低；增加了服务水平的差异性；加大了对中间商进行协调的工作量
短渠道	企业对渠道的控制程度较高；适用于专用品、时尚品及顾客密度大的市场区域	企业要承担大部分或者全部渠道功能；必须具备足够的资源；市场覆盖面较窄

渠道长度选择要受到市场因素、产品因素、生产企业因素和营销中介因素的影响，具体如表11-2所示。

表 11-2　渠道长度的影响因素

影响因素	短渠道选择	长渠道选择
市场因素：		
潜在顾客规模	小	大
地理分散程度	低	高
顾客集中度	高	低
交易准备期	长	短
顾客地位	高	低
平均订购数量	大	小

影响因素	短渠道选择	长渠道选择
产品因素：		
体积	大	小
易腐性	高	低
单位价值	高	低
标准化程度	低	高
技术性	高	低
毛利率	低	高
生产企业因素：		
规模	大	小
财务能力	强	弱
控制愿望	高	低
管理专长	高	低
顾客知识	高	低
营销中介因素：		
可得性	低	高
成本	高	低
服务质量	低	高

②确定渠道宽度。渠道宽度是指渠道的每一层次中间商的数目,它反映了在任一渠道层次上的竞争程度以及在市场领域中的竞争密度。决定渠道宽度有三个因素:所需的渠道投资水平、目标消费者的购买行为和市场中的商家数目。与消费品市场宽度相关的一个重要特性是分销机构的市场覆盖,如果市场覆盖太窄,企业就难以实现其销售目标。

渠道宽度又分为三个级别:独家分销、密集分销和选择性分销。三者之间的比较如表11-3 所示。

表 11-3　分销渠道的宽度比较

分销类型	优　点	缺　点
独家分销	市场竞争程度低;企业与经销商关系较为密切;适用于专用产品的分销	因缺乏竞争,顾客的满意度可能会受到影响;经销商对企业的反控制力强
密集分销	市场覆盖率高;比较适合日用消费品分销	市场竞争激烈,渠道管理成本较高;企业的营销意图不易实现
选择性分销	比密集分销更能取得经销商的支持;比独家分销更能给顾客带来方便	难以确定经销商区域重叠的程度

独家分销是指企业限制中间商的数目,也就是只让数目有限的中间商拥有在他们的市场范围内独家经销公司产品的权力,适用于生产者想对分销商提供大量服务并对服务售点进行控制的情况。一般情况下,只有当企业想要与渠道伙伴建立更紧密的关系时才会使用

独家分销。它比其他任何形式的分销都需要企业与分销商之间建立更多的联系与合作。

密集分销是指企业尽可能地通过许多负责任的、适当的批发商、零售商推销其产品。当消费者要求能在当地大量、方便地购买产品时,实行密集分销就至关重要。密集分销意味着渠道成员之间的激烈竞争和很高的产品覆盖率,它适用于日用品的分销。

选择性分销是指在市场上选择少数符合要求的中间商经营企业的产品。它一般适用于消费品中的选购品和特殊品,以及专业性强、用户比较固定、对售后服务有一定要求的工业产品。

③确定渠道布局策略。有"点、线、面"渠道布局策略和逆向重构的渠道布局策略两种。

"点、线、面"渠道布局策略。市场分销渠道布局工作的实质,就是对分销渠道中"点""线""面"这三个要素进行设计。三个要素的选择、投入与配合,是市场分销渠道布局的关键。

"点"是指市场营销力量,包括人、财、物的投入。企业通过对"点"的选择和抢占,来争取竞争的主动权或适度地回避竞争对手,进入现有竞争格局中的薄弱地带,以形成局部优势。"点"的选择作为整个渠道的支撑,是整个分销渠道布局的基础。

"线"是指渠道实际流通的线路。正是在"线"中运行了营销过程中的实物流、信息流等各种流程,实现了渠道动态的功能,保障了企业机制的健康运行。"线"也要以"点"作为出发点、终止点或者中转站,通过在"点"上的基础设施实现运行中所需要的储存、调运等功能。

线路受环境的影响是经常变化的。环境的变化,比如新道路的开通、地方经济的发展、人口的流动等,会使原来的运行线路变得不再经济或效率不高,因而需要重新评估和设置分销渠道。

"面"是"点""线"所构成框架的总体功能和综合运用,主要指区域的划分、渗透及在区域中确立企业强有力的竞争地位,建立起阻止竞争对手进入的壁垒以长期获利。

逆向重构的渠道布局策略。"逆向"是指建设渠道的顺序和传统建设渠道顺序相反。渠道的逆向重构策略,是指企业不按先向总经销商推销产品,再由总经销商向二级批发商等推销这种"顺向"的顺序,而是反方向,先向零售商推销产品,当产品销售量达到一定数量后,基层批发配送商被调动起来,主动要求经销该产品,接着是二级经销商、总经销商。因为产品销售量的扩大和价格稳定使经营产品变得有利可图,经营规模较大的经销商纷纷加入到制造商的渠道体系。这样,一层层逆向建设渠道结构的体系就完成了。如图11-6所示。

4.分配渠道任务

(1)明确渠道成员的职责

分销渠道成员的职责主要包括推销、渠道支持、物流、产品修正、售后服务以及风险承担。

①推销:新产品的市场推广,现有产品的推广,向最终消费者促销,建立零售展厅,确定价格谈判与销售形式。

②渠道支持:市场调研,地区市场信息共享,向顾客提供信息,与最终消费者洽谈,选择经销商,培训经销商的员工。

③物流:存货,处理订单,运输产品,与最终消费者进行信用交易,向顾客报单,处理单据。

④产品修正与售后服务:提供技术服务,调整产品以满足顾客需求,产品维护与修理,处

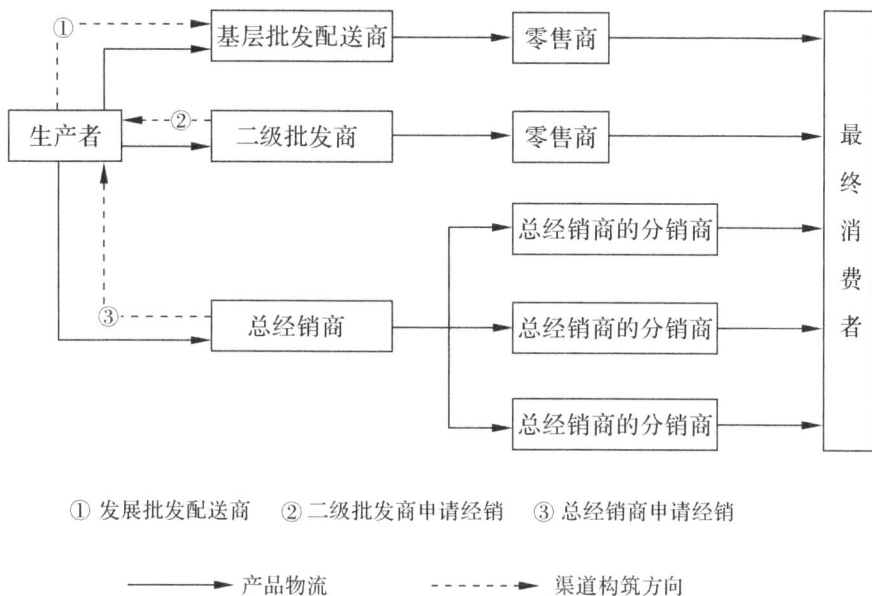

① 发展批发配送商　　② 二级批发商申请经销　　③ 总经销商申请经销

———————▶ 产品物流　　------▶ 渠道构筑方向

图 11-6　逆向重构的策略图

理退货,处理取消订货。

⑤风险承担:存货融资,向最终消费者提供信用,仓储设施投资。

(2)分配渠道任务

渠道管理者在向渠道成员分配渠道任务时,必须考虑如下几个因素:

①渠道成员是否愿意承担相关的渠道任务。批发商一般不愿意提供技术服务或处理退货;生产者一般不愿意向最终消费者提供信息服务。

②不同的渠道成员执行任务的质量。调查显示,工业企业的主要用户对于直接渠道和间接渠道的评价不同。他们认为分销商在信誉保证、紧急救助、产品分布性、服务传递质量以及顾客的关系方面做得要比直销业务员好,而直销人员在产品价格、质量、技术知识、规格改进等方面则做得更好。

③生产者与顾客的接触程度。与顾客的接触分为三个等级:推销中介、存储中介和存储服务中介。推销中介是先与顾客接触;存储中介维持库存,但几乎不提供技术支持;存储服务中介与顾客接触的级别最高。在分配渠道任务时,可将负责销售的工作分配给经销商或代理商来完成,而将处理退货的任务分配给存储服务型中间商来执行。

④特定顾客的重要性。在分配渠道任务时,可以派直销人员去处理与大客户的业务;用电话销售和邮寄手册的方式来对待中型客户;对小客户和大众则宜采用间接渠道。

5.选择渠道最佳方案

评估渠道结构最佳方案主要有三个方面的标准:经济标准、控制标准和适应性标准。

(1)经济标准

对不同的渠道方案进行评价,首先应该是经济评价,即以渠道成本、销售量和利润来衡量渠道方案的价值。

第一步,考虑公司直接销售与利用中间商销售哪一方案可以产生更多的销售量。

第二步,评估不同渠道结构在不同销售量下的渠道成本与利润。

第三步,比较不同渠道结构下的成本、销售量及利润。

(2)控制标准

除了经济标准外,企业还需要考虑渠道控制问题。如果企业倾向于控制管理渠道,评价渠道的标准可以多考虑控制因素。长而密的分销渠道很难控制,直接的分销渠道最容易控制。

(3)适应性标准

在不同的市场条件下,分销渠道环境是不同的,因而对生产者来说,存在渠道的适应性问题。如果渠道环境相对比较稳定,渠道成员之间就会针对彼此投入较大的交易专有资产,增加互信;反之,在快速变化的渠道环境下,渠道成员之间就会减少对彼此的交易专有资产的投入,以避免可能发生的风险,降低相互承诺水平。因此,在评估渠道时,企业还需要考虑由于渠道环境所引起的渠道成员之间的适应性问题。

11.2.3　分销渠道系统的组织模式

分销渠道系统的组织模式是指分销渠道成员之间相互联系的紧密程度以及成员相互合作的组织形式。现代分销渠道系统的组织模式主要有以下三种类型:

1. 垂直渠道系统模式

垂直渠道系统是渠道协调的一种形式,是由生产制造商、批发商和零售商组成的一种统一的联合体,每个渠道成员都把自己看作是系统的一部分,关注整个系统的成功。垂直渠道模式中权力高度集中化,因此垂直渠道系统具有更好的渠道协调功能,能够更好地进行渠道领导、分工、冲突管理以及控制。

垂直渠道系统模式根据系统安排的紧密程度,从弱到强依次分为管理型、契约型和公司型,如图11-7所示。这三种类型的形成方式各不相同,管理型通过信用方式,契约型通过合同方式,公司型则通过股权方式。

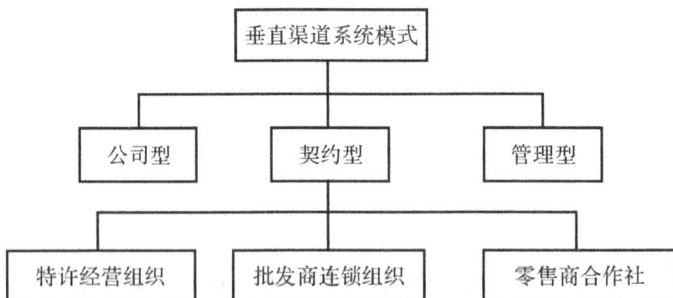

图 11-7　垂直渠道结构

(1)管理型

在管理型垂直渠道系统中,有一个被公认的渠道领袖企业,该企业具有更多的渠道权力,可以对其他成员的渠道决策实施有效的影响。管理型垂直渠道系统中的渠道领袖可以是生产制造商,也可以是中间商。充当渠道领袖的生产制造商,既可以利用"拉"的策略,也可以采取"推"的策略,领导整个渠道的运作。在现实市场活动中,大多数企业采取"推""拉"并用的战略。在管理型垂直渠道系统中,渠道领袖往往在促销、库存管理、定价、商品陈列等方面与中间商协商达到一致,或予以帮助和指导,从而建立比较稳定、目标一致的厂商协作关系。

(2)契约型

契约型垂直渠道系统是对管理型垂直渠道系统的进一步发展。在以契约为基础的垂直渠道系统中,有独立地位的几个企业以正式的合同形式联系起来,组成一个联合体。契约型垂直渠道系统常见的形式有:特许经营组织、批发商连锁组织和零售商合作社。

(3)公司型

公司型垂直渠道系统是所有垂直渠道系统中最紧密的渠道安排。在公司型渠道系统中,渠道领袖依靠股权机制来控制渠道成员,使其统一按照公司的计划目标和管理要求进行分销。公司型垂直渠道系统的建立主要通过生产制造商对中间商,或者中间商对生产制造商的控股、参股形式,加强对对方的控制。它不是由生产制造商全资投资设立的销售公司,而是两个独立公司之间的纵向联合。

2.水平渠道系统模式

水平渠道系统是分销渠道系统的又一新发展。水平渠道系统是处于同一层次而无关联的渠道成员,为了充分利用各自的优势与资源所进行横向联合的渠道系统。

水平渠道系统利用合作各方各自的优势与机会,创造 1+1>2 的协同效应。公司间的联合行动可以是暂时性的,也可以是永久性的。水平渠道系统的参与者可以是同行业或相关行业的企业,它一般包括以下三种主要形式:生产制造商水平渠道系统、中间商水平渠道系统和促销联盟。

3.复合渠道系统模式

复合渠道系统也称多渠道系统,它是企业同时利用数条分销渠道销售其产品的渠道系统。复合渠道系统能得以发展的主要原因有两点:一是市场的多样化。许多企业采取差异化营销策略,企业目标市场的多样化,使得企业需要寻求多样化的渠道系统来为顾客提供方便。二是随着商业的发展,企业的分销渠道构成面临越来越多的选择,从而促使企业采用多渠道的模式来扩大市场覆盖率。

复合渠道系统对企业而言,有如下三点优势:第一,企业可以增加市场的覆盖面。企业只使用一条分销渠道有时不能对其目标市场进行很好的覆盖,需要利用第二条甚至第三条分销渠道来弥补。第二,可以降低渠道成本。如果企业现有渠道是公司采取人员推销方式,那么对一般顾客销售采用电话营销的方式就可以大幅减少销售成本。第三,增加定制销售的程度,从而可以提高渠道效力。

应用实例 11-1

IBM 的渠道结构设计

渠道整合通常能使企业获得更大范围的客户。通过一个整合的渠道模式,大多数企业都能实现较高的利润率和市场覆盖率。尽管这种模式的构建相对复杂,但它却是企业走向市场的强有力工具。在实行多渠道营销的跨国公司中,IBM公司做得颇为成功,建立了如图11-8所示的渠道结构。

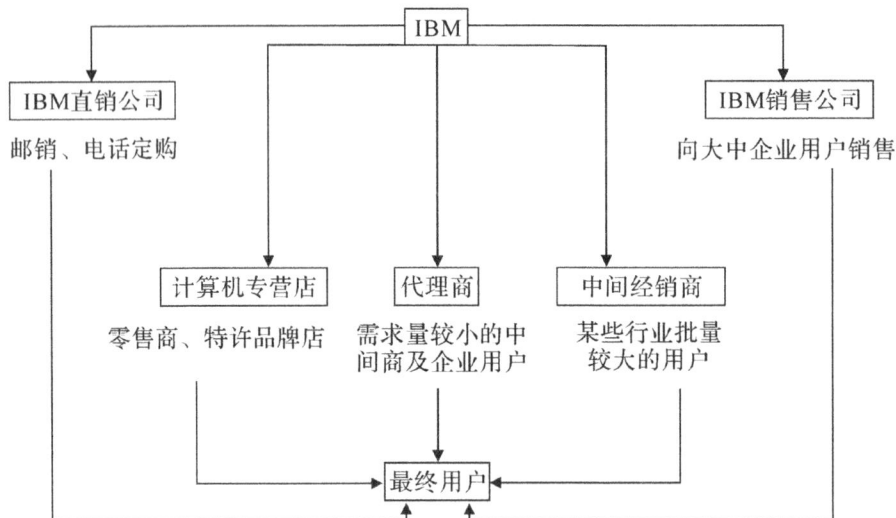

图11-8　IBM的渠道结构图

资料来源:根据MBA智库文档相关资料整理。

11.2.4　特殊渠道类型选择

1.直销

生产者不经过中间商环节,直接将产品或服务出售给消费者或最终用户,这种分销渠道模式被称为直接营销(也叫直接分销、自产自销或者直接销售),简称为直销。

直接销售能够延续到现在,是因为其具有的内在优势,是其他分销渠道方式不可替代的。这种优势主要表现在:

①免去了层层加价、多次倒手、多次搬运等环节,有利于降低营销成本和售价,提高产品竞争能力。

②生产者与使用者、消费者直接接触,既有利于改进产品和服务,也便于控制价格。

③为人们获得技术性强的销售服务提供了可能。

④回款迅速,加快了企业资金周转。

在现代分销渠道管理中,虽然生产者对分销渠道有控制权,但是通过中间商进行商品分销的过程中,会产生非常高的交易费用。企业要控制零售价就要防止层层加价,势必要极其全面、仔细地监督中间商的行为。企业要求迅速收回货款,可是经常会碰到中间商不配合的情况。而在直接销售方式下,这一切问题都没有了。企业有相当大的自主权和选择余地,来优化销售活动。

当然,这不是说任何企业在任何情况下采用直接销售方式都是最佳的选择。一般来说,企业考虑是否进行直接销售,取决于生产与消费在时间、空间、数量上矛盾的大小与企业解决上述矛盾的能力。如果产销矛盾不大,企业能够自行解决,或者自行解决上述矛盾所需的费用不太大,可考虑采用直接销售渠道来完成产品销售。

2.连锁经营

(1)连锁经营的含义

连锁经营是指授权者将自己所拥有的商标(包括服务商标)、商号、产品、专利和专有技术、经营模式等以合同的形式授予被授权者使用,被授权者按合同规定,在授权者统一的业务模式下从事经营活动,并向授权者支付相应的费用。

这种经营模式把社会化大生产高度专业化分工的原理引入商业经营领域,把若干单独店铺经营者的若干职能加以分离,产品采购、仓储、陈列、财务等业务环节都由专业部门统一负责,使各店铺可以专心致志地搞好销售和服务。这种方式既适应了各零售商店分散性和规模小的特点,又提高了各店铺的经营管理水平和经济效益。

(2)连锁经营的基本理念

连锁经营理念主要体现在以下几个方面:

①经营理念的统一性。连锁企业的经营理念是该企业的经营宗旨、经营哲学、价值观念和中长期战略,是其经营方式、经营构想等经营活动的依据。连锁企业无论拥有多少店面,都必须持有一个共同的经营理念,这一经营理念完全着眼于消费者,从消费者的立场、使用者的立场出发来发展企业。

②企业识别系统的统一性。连锁企业要在众多店中建立统一的企业形象,这是连锁企业展示给公众的直观印象,主要包括连锁企业的招牌、标志、商标、标准色、标准字、装潢、外观、卖场布局、产品陈列、员工服装等。

③产品和服务的统一性。连锁企业各门店所经营的产品都是经过精心挑选的,按消费者的消费需求作最佳的产品组合,并不断更新换代;提供的服务也经过总部的统一规划,对所有门店的服务措施进行统一规范,保证消费者到任何一家门店都可以享受到统一的产品和统一的服务。

④经营管理的统一性。连锁企业在经营战略、经营策略上实行集中管理。即由总部统一规划,指定规范化的经营管理标准,并下达给各门店认真执行。

(3)连锁经营的基本特征

连锁经营的基本特征,集中表现在规模化的经营方式、网络化的组织形式和规范化的管理方式三个方面。规模化的经营方式是连锁经营的核心内容;网络化的组织形式是连锁经营的前提条件;规范化的管理方式是获得连锁经营规模效益的基本保证。

①规模化的经营方式。连锁企业不同于传统的单店经营。单店是独立经营管理的店铺,大多具有一定的经营特色,偏向于特色经营。而连锁商店是从单店向多门店发展的,在经营方式上有了革命性的突破,实行分散经营和集中决策的管理机制,经营业务由总部集中决策,门店分散销售,因而连锁企业兼有大企业与小店铺两方面的优势。一方面,连锁商店整体作为一个大企业,有规模经营的各种优势;另一方面,由于所属的门店实行分散经营,又具有小店灵活、渗透性强和管理简单的优势。

②网络化的组织形式。连锁经营既是一种经营方式,又是一种组织形式。这种经营方式的种种统一,是组织化程度提高的结果。连锁经营把传统的流通体系中相互独立的各个

商业职能有机地组合在一个统一的经营体系中,实现了采购、配送、批发、零售的一体化,从而形成了产销一体化或者批零一体化的流通格局,提高了流通领域的组织化程度。信息是连锁经营的神经,现代化电子计算机技术为连锁经营插上了翅膀,把连锁经营带入了现代化时代。连锁系统的信息网络化使得其组织形式也随之网络化,连锁店的成功发展在很大程度上得益于电子和网络技术的广泛应用。

③规范化的管理方式。连锁经营规范化的管理方式,集中体现在管理的"三化原则"(又称"3S"原则)。

第一,简单化(simplification)。它是指尽可能地将作业流程化繁为简。连锁企业的作业流程、工作岗位上的商业活动尽可能简单,以减少经验因素对经营的影响。通常,为了实现现场作业简单化,连锁企业会根据整个作业流程中的各工作程序,制定一个简明扼要的操作手册,使所有员工均依据手册的规定来操作。

第二,专业化(specialization)。它是指将连锁经营的各个环节根据不同的经营过程分成各个业务部门,并使其固定下来。这种专业化既表现为总部与门店的专业分工,也表现为各个环节、岗位、人员的专业分工。

第三,标准化(standardization)。这是连锁企业适应市场竞争的需要而采取的形式,是为持续的销售预期品质的产品而设定的既合理又较理想的状态、条件以及能反复运作的经营系统。连锁企业的所有工作都按规定的标准去做。通常,连锁经营的管理标准化,主要表现在产品、服务的标准化和企业整体形象的标准化。

11.3　分销渠道管理

11.3.1　分销渠道成员激励

渠道成员的激励是指渠道管理者通过强化渠道成员的需要或影响渠道成员的行为提高渠道成员间的合作水平,提升其工作积极性与经营效率,最终实现企业目标的过程。

渠道激励的内容丰富,激励形式多种多样,可分为物质激励与精神激励、直接激励与间接激励等。

1. 物质激励

物质激励永远都不失为一种有效的激励形式。追求利益是渠道成员的天性。如果运用得当,物质奖励往往会起到非常好的激励效果。主要策略包括以下几种:

(1)返利

返利是指企业根据一定的评判标准,以现金或实物的形式对中间商进行的滞后奖励。其特点是滞后兑现,而不是当场兑现。

①销量返利。根据中间商销售量的多少来确定返利比率,中间商的销售量越多,返利比率越高。这种销量返利政策的目的在于较大限度地提升中间商的销售积极性,鼓励中间商尽可能多地销售本企业产品。

②过程返利。过程返利政策是依据渠道激励的全面性原则,根据企业所处的不同阶段对中间商在营销过程中的管理及投入(包括销售量、铺货率、安全库存保有量、专销程度、配

送效率和付款及时性等指标)进行综合评定来确定返利标准。与销量返利相比,过程返利既可以提高中间商的利润,又能防止中间商的不规范运作,有助于渠道的长久发展。

(2)价格折扣

企业制定各种价格折扣政策,给予中间商最优惠的价格,实质上是变相地让利给中间商,这是渠道利润分配的一种手段,体现了企业和中间商"利益共享"的渠道激励思想。

(3)放宽信用条件

通常相对于生产制造商而言,许多中间商的资金实力都非常有限,对付款条件也会较为关注。针对此类渠道成员的特定需要,通过适当地放宽对付款方式的限制,甚至可在安全范围内为其提供信用贷款,帮助其克服资金困难,也能达到较好的激励效果。

(4)各种补贴

针对中间商在市场推广过程中所付出的种种努力,企业可以带有奖励性质地对其中一些活动加以补贴,如广告费用的补贴、渠道费用的补贴、商铺陈列的补贴等,如此既拓展了产品的市场广度,又能提高渠道成员的工作积极性。

物质激励作为激励渠道成员的一种重要手段,能最大限度地满足中间商的利益保障需要,激发其工作热情,但过多地使用物质激励也可能会导致渠道出现价格失控、管理失控的混乱局面,同时还需要承担企业利益损失的风险。因此,企业应在了解中间商实际需要的前提下,以建立长远稳定的发展渠道为目标,有针对性地适度使用物质激励政策。

2.精神激励

物质激励固然非常重要,但要想对所有的中间商都能产生巨大的激励力量,还必须配合精神激励才能达到理想的效果。

(1)协商和咨询

通过协商、咨询等方式使中间商参与企业的战略制定及业务管理工作,一方面能帮助企业直接获取目标客户的信息反馈,另一方面也可满足渠道成员归属和被认可的需要,最大限度地提升其工作积极性。

(2)适当授权

企业在管理过程中适当授权给中间商,如赋予其独家经营权或者其他一些特许权,对中间商来说也是一种很好的激励方法,可以满足其地位提升的需要,使其产生较强的成就感和责任感,从而达到较好的激励效果。

(3)加强与中间商的合作范围

企业将和渠道成员间单纯的产品供销合作拓展到共同进行产品的研发与改进、市场开发与推广和售后服务活动等领域,以进一步扩大产品品牌的知名度。这种做法在全面合作的基础上,增进渠道成员间的沟通与感情,维持了较好的渠道稳定性。

应用实例 11-2

东盛的零售终端激励

"白加黑"是江苏启东盖天力制药厂(简称盖天力)于 20 世纪 90 年代中期开发的感冒药。2000 年底,盖天力被东盛科技股份公司(简称东盛)收购。东盛以强大的情感攻势,与零售终端的经理、店员们建立了紧密的客户关系,使"白加黑"成为 2002 年店员向消费者推荐的感冒药第一品牌。

感冒药已成为一种居民日常用品,大多数人购买感冒药已不再是通过医院,而转向药店。这其中存在两大类消费者:一是选定品牌购买;二是愿意接受药店店员的建议而购买。对于后一种消费者,东盛加大了对药店经理和店员的奖励。

(1)启动"春晖计划"

"春晖计划"是指由东盛出资,邀请专家对与东盛合作的药店经理进行免费的经营管理相关培训。仅 2002 年,"春晖计划"遍及全国 49 个城市,巡回培训了数千名药店经理。

(2)组建"药店经理沙龙"

东盛借助其旗下康易网和某一杂志在行业内的影响,以全国近万家药店经理为发展对象,组建了中国第一家具有专业性、实用性和权威性的医药类俱乐部——"药店经理沙龙"。沙龙会员除了能够优先参与东盛"药店经理沙龙"举办的一切活动与专业培训,还可以在康易网上进行交流。

(3)推出"东盛店员俱乐部"

与"药店经理沙龙"一并推出的还有"东盛店员俱乐部"。这一组织的目的是与药店店员进行沟通交流和信息互动。"东盛店员俱乐部"主要沟通平台是《东盛店员俱乐部》杂志,这份杂志主要刊登销售技巧等实用知识,以及店员自写的文章,也刊登一些化妆、餐饮等时尚信息为店员生活服务。

资料来源:根据新浪 2004-01-17 新闻整理。

11.3.2 渠道冲突与解决

微课 渠道
冲突与解决

渠道冲突是指渠道成员意识到另外一个成员正在从事损害、威胁其利益,或者以牺牲其利益为代价获取稀缺资源的活动,从而引发他们之间的争执、敌对和报复的行为。对于分销渠道间的冲突,应该用中立的眼光来看待,因其本质上不全是消极的,某些冲突实际上还加强和改善了渠道。

1.渠道冲突的原因

(1)制造商与中间商的目标不一致

制造商与中间商有不同的目标:制造商希望占有更大的市场,获得更多的销售增长和利润,但大多数零售商,尤其是小型零售商,希望在本地市场上维持一种舒适的地位,即当销售额与利润达到满意的水平时,就满足于现状;制造商希望中间商只销售自己的产品,但中间商只要有销路就不关心销售哪种品牌;制造商希望中间商将折扣让给买方,而中间商却宁愿将折扣留给自己;制造商希望中间商为它的品牌做广告,中间商则要求制造商负担广告费用。

(2)渠道成员的任务和权利不明确

有些企业由自己的销售队伍向大客户供货,同时其授权经销商也努力向大客户推销。地区边界、销售信贷等方面任务和权利的模糊和混乱会导致诸多冲突。

(3)中间商对制造商的依赖过高

例如,独家经销商的利益和发展前途直接受制造商产品设计和定价决策的影响,这也是产生冲突的隐患。

所有这些都可能使渠道成员之间的关系因相互缺乏沟通而趋于紧张。

2.渠道冲突的类型

（1）水平渠道冲突

指在同一渠道模式中,同一层次中间商之间的冲突。产生水平冲突的原因大多是制造商没有对目标市场的中间商数量分管区域做出合理的规划,使中间商为各自的利益互相倾轧。这是因为在制造商开拓了一定的目标市场后,中间商为了获取更多的利益必然要争取更多的市场份额,在目标市场上展开"圈地运动"。

（2）垂直渠道冲突

指在同一渠道中不同层次企业之间的冲突。一方面,越来越多的分销商从自身利益出发,采取直销与分销相结合的方式销售产品,这就不可避免要同下游经销商争夺客户,大大挫伤了下游渠道成员的积极性;另一方面,当下游经销商的实力增强以后,不甘心目前所处的地位,希望在渠道系统中有更大的权利,于是向上游渠道发起了挑战。在某些情况下,制造商为了推广自己的产品,越过一级销售商直接向二级经销商供货,使上下游渠道间产生矛盾。

（3）不同渠道间的冲突

这是指制造商建立多渠道营销系统后,不同渠道服务于同一目标市场时所产生的冲突。不同渠道间的冲突在某一渠道降低价格时,表现得尤为强烈。

3.渠道冲突的解决方法

渠道冲突的解决办法多种多样,主要包括以下几种:

（1）超级目标管理

当企业面临对手竞争时,树立超级目标是团结渠道各成员的根本。超级目标是指渠道成员共同努力,以达到单个所不能实现的目标,其内容包括渠道生存、市场份额、高品质和顾客满意。从根本上讲,超级目标是单个公司不能承担,只能通过合作实现的目标。一般只有当渠道一直受到威胁时,才有建立超级目标的必要,共同实现超级目标才有助于冲突的解决。

（2）劝说

劝说是为存在冲突的渠道成员提供沟通机制,强调通过劝说来影响其行为而非信息共享,也是为了减少有关职能分工引起的冲突。各渠道成员已通过超级目标结成利益共同体,劝说可帮助成员解决有关各自领域、功能和对顾客的不同理解的问题。劝说的重要性在于使各成员履行自己曾经做出的关于超级目标的承诺。

（3）协商谈判

谈判的目标在于停止成员间的冲突。在谈判过程中,每个成员会放弃一些东西,从而避免冲突发生。采用谈判还是劝说要看成员的沟通能力。事实上,用上述方法解决冲突时,需要每一位成员形成一个独立的战略方法以确保能解决问题。

（4）诉诸法律

诉诸法律也是借助外力来解决冲突问题的方法。对于这种方法的采用也意味着渠道中的领导力不起作用,即通过谈判、劝说等途径已没有效果。

（5）退出

解决冲突的最后一种方法就是退出该分销渠道。从现有渠道中退出可能意味着中断与某个或某些渠道成员的合同关系。

11.3.3　窜货及其防治

窜货，又叫冲货或倒货、越区销售，是由于经销网络中的各级代理商、分公司等受利益驱动，使所经销的产品跨区域销售，造成价格混乱，从而使其他经销商对产品失去信心、消费者对品牌失去信任的一种现象。

1. 窜货的类型

按窜货的动机和对市场的影响，可将窜货分为恶性窜货、自然性窜货和良性窜货三类。

（1）恶性窜货

恶性窜货是指为获取非正常利润，经销商蓄意向自己辖区以外的市场倾销产品的行为，主要是以低于企业规定的价格向非辖区销货。恶性窜货扰乱企业整个经销网络的价格体系，易引发价格战，降低渠道利润，使得经销商对产品失去信心，丧失积极性并最终放弃经销该企业的产品。混乱的价格也会导致企业的产品和品牌失去消费者的信任与支持。

（2）自然性窜货

自然性窜货是指经销商在获取正常利润的同时，无意中向自己辖区以外的市场倾销产品的行为。这种窜货在市场上是不可避免的，只要有市场的分割就会有此类窜货。它主要表现为相邻辖区的边界附近互相窜货，或是在流通型市场上，产品随物流走向而倾销到其他地区。这种形式的窜货，如果货量大，该区域的渠道价格体系就会受到影响，从而使渠道的利润下降，影响二级批发商的积极性，严重时可发展为二级批发商之间的恶性窜货。

（3）良性窜货

良性窜货是指企业在市场开发初期，有意或无意地选中了流通性较强的经销商，使产品流向非重要经营区域或空白市场的现象。在市场的开发初期，良性窜货对企业是有好处的。一方面，在空白市场上企业不用投入，就提高了其知名度；另一方面，企业不但可以增加销售量，还可以节省运输成本。只是在具体操作中，企业应注意，由此而形成的空白市场上的渠道价格体系处于自然形态，因此企业在重点经营该市场区域时应对其再进行整合。

2. 窜货的原因

（1）价差诱惑

目前，许多企业在产品定价上仍然沿用老一套的"三级批发制"，即总经销价（出厂价）、一批价、二批价、三批价，最后确定建议零售价。这种价格体系中的每一个阶梯都有一定的折扣，如果总经销商直接做终端，其中两级阶梯的价格折扣便成为相当丰厚的利润。如果经销商只看重短期利益，那么这个价格体系所产生的利润空间差异就非常大，形成了让其他经销商跨区销售的基础。

（2）销售结算便利

国内很多企业采取与客户以银行承兑汇票为主的结算方式，尤其在家电行业。从安全角度看，银行承兑汇票对企业来说是一种比较理想的结算方式。但是，使用银行承兑汇票或其他结算形式时,经销商已提前实现利润或成本压力较小,为了加速资金周转或侵占市场份额,经销商就会以利润贴补价格向周边市场低价冲货。

（3）销售目标过高

当企业盲目向经销商增加销售指标时,也很容易诱导或逼迫经销商走上窜货的道路。很多企业对某个产品在某个区域的市场消费总量未进行科学预测和理性判断,单凭感觉和过去的经验,盲目确定指标。这导致经销商在完不成指标的情况下,只能向周边地区开展销售行为,其结果引起周边地区的经销商也降价窜货,导致市场价格体系的混乱。

（4）对经销商激励不当

为激励经销商的销售热情,提高销售量,很多企业都对经销商实行年终奖励等返利措施。通常,企业与经销商在签订年度目标时,往往以完成多少销量奖励多少百分比来激励经销商,超额越多,年终返利就越高。于是,原先制定好的价格体系被年终返利或奖励拉开空间,导致那些为了获得年终奖励的经销商开始不择手段地提高销量。

3. 窜货的防治

（1）严格设计价格体系

必须严格设计和执行分销层次与价格层次相匹配的级差价格体系,保证分销过程中每一个环节的利润空间,并且制定强力措施保证每个环节按计划规定执行价格,这是治标又治本的办法。从横向来讲,生产企业承担运费,以保证各分销机构进价统一;从纵向来讲,率先设定分销层次,设定各级合理价差以及对应价格。

（2）严格控制促销

必须控制渠道促销的力度、频度以及执行程度,并且考虑区域连动因素。事实上,很多窜货是由促销引起的。比如,促销奖励力度太大,分销商往往将促销奖励的一部分预期打入价格,降低价格出货,以促进销量。返利太高也会造成同样的结果。另外,促销不宜过度频繁。促销过于频繁,原有压货未消而又有新促销,分销商只能低价抛售,势必引起窜货,而且价格再也反弹不上去,只能持续走低,这是非常危险的。由于渠道促销在力度和频度上具有微妙性,会对周边市场造成影响,所以促销时必须考虑周边连动,以减少价格波动和冲击。

（3）制定合理的销量目标

销量目标应尽可能客观合理,不强行压货压销量。销量目标的制定不但要具有挑战性,还要具有可实现性,要遵循适度原则,最好由企业本着求实的精神协商确定。

（4）建立综合渠道考核制度

建立综合渠道考核制度,并将不冲货、不乱价作为年终返利的必要条件,鼓励分销商遵守规则,共同维护价格体系和市场秩序。很多企业对分销商只进行销量考核,只重结果不重过程,特别在返利计算上只依据销量指标,是鼓励窜货的制度根源所在。如果将返利的条件设定为综合指标,比如销量目标完成、价格体系保持、分销网络维护、品牌推广支持等,将返利总额分解到各个指标考核发放,情况将大为改观。

（5）对产品进行区域标码识别

对公司产品进行区域标码识别以实现区隔,并结合处罚制度执行,这是治标的一种手段。区域货物标码可分明标、暗标、外箱标码和内箱标码,可用文字、颜色、符号和批号相区隔,只要能够识别区域货主即可。标码可以作为查处的凭证,对各区域分销商也是一种管理上的威慑。

（6）建立严格的窜货处罚制度并坚决执行

实行"窜货处罚、不窜货奖励"的市场维护条例，并需写入合同，双方签字认可，以增强反窜货的有效性。有的企业设立专门机构，配备专职人员检查，如娃哈哈和金龙鱼等，收到较好的效果。在这个问题上，处罚条例要清楚严厉，奖励条例也要明确，及时兑现，绝不能心慈手软，也不能讲人情。例如，第一次发现窜货，除了罚款外，减去窜货者相应销售额的同时增加被窜货分销商相应的销售额，外加整改报告；第二次发现，则在第一款上外加"取消年终评优评奖资格"；第三次发现则在第二款上外加"取消相应年终返利"的严厉处罚条款，严重者甚至"取消经销资格"。而对遵守条例不冲货、不乱价者给予一定比例返利。

本章小结

分销渠道的研究内容主要可概括为三个方面，即渠道的认知、渠道的设计与渠道的管理。渠道的认知重点学习分销渠道的定义及其本质、渠道的基本结构和基本功能。分销渠道是产品或服务从生产者向消费者转移的路径总称。渠道设计主要学习渠道设计的一般过程，渠道设计主要维度及影响因素。渠道设计中主要涉及的维度有渠道的长度、宽度和广度的问题，这些维度受到了产品、市场、企业及消费者特征等因素的影响，具有很强的情景性。渠道管理是保证渠道有效运行的活动，主要包括渠道冲突的类型、原因和防治。窜货是渠道冲突的一种常见类型，是由于价差吸引及渠道目标过高等原因造成的经销商进行跨界销售的行为。如何有效管理窜货对渠道的运行具有重要意义。

复习思考题

一、知识题

1. 名词解释

（1）分销渠道　（2）水平渠道系统　（3）渠道长度　（4）渠道宽度

（5）渠道冲突　（6）独家分销　（7）密集性分销

习题测试
参考答案

2. 单项选择题

（1）生产消费品中的便利品的企业通常采取＿＿＿＿＿＿＿的策略　　　　　　（　　）

　　A. 密集分销　　　B. 独家分销　　　C. 选择分销　　　D. 直销

（2）标准化产品或单位价值高的产品一般采取　　　　　　　　　　　　　　（　　）

　　A. 直销　　　　　B. 广泛分配路线　C. 密集分销　　　D. 自动售货

（3）选择渠道最佳方案时，最重要的标准是　　　　　　　　　　　　　　　（　　）

　　A. 控制性　　　　B. 经济性　　　　C. 适应性　　　　D. 可行性

（4）分销渠道的每个层次使用同种类型中间商数目的多少，被称为分销渠道的（　　）

　　A. 宽度　　　　　B. 长度　　　　　C. 深度　　　　　D. 关联度

（5）对最终消费者直接销售产品和服务，用于个人及非商业性用途的活动属于（　　）

　　A. 零售　　　　　B. 批发　　　　　C. 代理　　　　　D. 直销

二、能力题

1.讨论题

(1)渠道扁平化的趋势下,批发还有没有存在必要?

(2)"点""线""面"的渠道布局更适用于什么样的渠道中?

2.综合题

(1)青海省的西宁市有一家酿酒企业以枸杞为原料生产了一种新的保健酒,现在需要你为其做一个渠道的规划。具体包括对现有市场的分析(包括对竞争产品的渠道分析),根据企业实际设计产品的渠道结构(包括渠道结构、布局和成员选择等),并提出渠道建设的初步方案。

(2)现有一家生产"巨能"品牌铅酸蓄电池的企业。该企业的产品动力蓄电池主要有两种类型,一种是用于家庭电动自行车用的蓄电池,有 36v 和 48v 两种型号的电池组;另一种是用于电动三轮车的蓄电池。根据企业将重点向长三角地区建设分销渠道的战略,请你对动力蓄电池行业进行分析,根据渠道设计的一般步骤为该企业做一个渠道规划。具体包括渠道的结构、布局及建设方案等。

3.案例分析题

联想新零售

2018 年 1 月 28 日,联想全球首家新零售店——联想智生活直营店在北京高端购物广场金源燕莎隆重揭幕,这标志着联想正式开启了史上第四次零售变革风潮。开业当日,联想智生活店当即掀起特惠"智能风暴"活动,全场智能设备售价低至 1 折起,无数顾客驻足停留,排起长龙进店体验,并哄抢爆款新品。

联想智生活店的设计充满智能感和现代感,展区专设私人定制专区、Smarthome 区、互动课堂区和智选生活区等。店内目前展陈的商品品类高达 400 多个,其中售价近 16 万元一台的顶级电竞主机联想拯救者 WINBOT 概念机被誉为"镇店神兽",摆放在店面入场处最显眼的位置。这款顶级产品采用了别致的球形透明机箱设计,整机搭配分体式水冷散热技术,在发光球体的渲染下,整个产品充满神秘的炫酷感,开业当天吸引了无数消费者驻足观看。

据了解,联想智生活直营店的新品,囊括联想自有品牌产品、联想赋能品牌产品和联想智选产品,覆盖智能家居、智能穿戴出行、全场景娱乐等领域,其店内商品线上线下全渠道同款同价,未来线上线下商品品类总数将超过 1000 个。另外,直营店还会提供维修、培训、咨询、体验、全品私人定制等一体智能服务。

随着首家智生活直营店开业,联想正式掀开了 IT 新零售变革的新篇章。过去 30 多年,从创建代理分销制,到建立 1＋1 特许专卖店体系,再到电商营销,联想一直在引领全球 IT 零售新变革。

资料来源:根据太平洋电脑网 2018-01-29 新闻整理改编。

问题:

(1)联想公司的渠道经历了怎么样的变化?为何会产生这一变化?

(2)结合渠道理论谈谈你对新零售的理解。

促销组合策略

知识目标	技能目标
◆ 了解促销的概念	◆ 熟悉促销组合考虑的因素
◆ 了解促销组合内涵	◆ 熟悉广告决策
◆ 了解人员推销内涵	◆ 能够进行人员推销
◆ 了解广告概念及功能	◆ 熟悉公共关系的工具及流程
◆ 了解公共关系内涵	◆ 熟悉营业推广的决策过程
◆ 了解营业推广内涵及作用	

导入案例

广本锋范上市的促销策略：以攻为上

作为广州本田在 2009 年度的年度车型，CITY 锋范的上市造势已经被广州本田发挥到了极致，使得锋范在上市之前已经赢得了无数的眼球和注意力。

广州车展半露真容，吊足胃口

早在广州车展之前，广州本田就对 NEW CITY 锋范的上市做足了造势宣传，其中对 NEW CITY 的中文名称的猜想更是引起了行业人士的兴趣。也许是源于广州本田的品牌影响力和广州本田的公关有效，在部分媒体的宣传下，关于 NEW CITY 的中文名称的猜想已经成为大家关注的话题了。而广州本田表面上是秉持"沉默是金"的箴言，其实是暗喜在心里，让几个媒体在那里热炒，从而在 NEW CITY 连影子都没有见到的时候，就使广大消费者对广州本田即将上市的车型熟悉无比。广州本田的第一步目的很轻易地就达到了。

在广州车展时,细心的参观者就会发现,在广州地铁新港东路站,沿着电梯,双目所及,到处都是广本锋范尾巴像利剑所指、以红色为主色调的广告,给人一种若即若离的感觉,当然,上面少不了"欢迎光临广州本田展位"的字句,但这种隐藏式的广告引起了广大参观者的浓厚兴趣,大家都对 NEW CITY 这款车型产生了一睹其芳容的冲动。而在车展的布展期间,有些媒体记者前去探馆,希望能够挖到广州本田展位的一些猛料,尤其是关于 NEW CITY 的相关信息,但都遭到了广州本田的拒绝。

在广州车展开始时,广州本田终于为其年度车型——NEW CITY 揭开了神秘的面纱,确定其中文名称为"锋范",但拒绝透露锋范的市场价格,并说将把锋范的市场价格保留到最后才公布,具体价格的公布日期另行通知,吊足了大家的胃口。其实这也是广州本田的一贯做法,就是牵着你的鼻子,步步为营,表面上是保守,其实是以攻为上。同时,在广州车展上,广本对锋范的市场定位给出了出人意料的解释。"锋",代表锋芒毕露,锐意前行的挑战精神,"范",代表锋范包括造型、动力、装备在内的科技领先,其目标消费群体定位于"新奋青",也就是新一代奋斗青年。所谓"新奋青",就是"有型、有品、有志、有为"的新一代奋斗青年,是现代都市中最具活力、最具创造力的一群年轻人。他们年轻有为,正处于事业的上升期;他们锋芒毕露,锐意前行,敢于挑战一切权威,从不轻易放弃自己的目标。车展结束后,在易车网提供的一份关于车展期间最受关注的车型的调查问卷中,广本锋范在所有参选车型中遥遥领先,占据了绝对优势,成为本届广州车展中最受广大网友和参观者关注的车型。

携手"同一首歌",赚足眼球

广本锋范上市的高潮部分,是于 12 月 12 日在广州天河体育中心举办的"广本辉煌 10 周年暨 NEW CITY 锋范上市发布仪式——同一首歌,走进广本"大型演唱会。当天晚上,整个天河体育中心成了广州本田的海洋,也将锋范上市活动的造势推到了极致。当天晚上,广本的 6000 名员工,整个的经销商渠道体系,甚至很多消费者都被邀请参加了"同一首歌,走进广本"大型演唱晚会,还有全国的主流媒体也同时见证了广本锋范上市的盛况。在明星邀请方面,广本也是花费了血本,不仅请来了在热播电影《梅兰芳》中扮演主人公梅兰芳的黎明,而且还请了陈慧琳、刘若英、羽・泉、张敬轩、吴佩慈等当红明星,就连平时很少参加商业演出的重量级歌手——宋祖英也前来助阵。广东省和广州市的主要领导也应邀参加了该次晚会,可见广州本田在广东省、广州市的地位。

广本把公布锋范上市价格的时机选在其 10 周年庆典之时,这看似巧合,实则是广本精心筹划的结果。在这个时候公布价格,是万众瞩目,广本邀请"同一首歌"走进广本,早已通过媒体的宣传成为天下人皆知的事情了,在对"同一首歌"关注的同时,也关注了广本,关注了广本的年度车型——锋范。这种连锁效应,使得锋范的上市价格公布成为晚会当天最值得期待的事件。全国众多媒体参加"同一首歌,走进广本"晚会,就是广本锋范发布价格的见证人。到这个时候,广本锋范上市的宣传造势已经使得锋范这款车型,在价格公布之时就成为年度明星车型。

在晚会现场,广本的执行副总经理——姚一鸣公布了锋范的上市价格,其中 1.5L 舒适版(MT)9.68 万元,1.5L 精英版(MT)10.68 万元,1.5L 精英版(AT)11.68 万元,1.8L 舒适版(MT)12.98 万元,1.8L 豪华版(AT)14.98 万元。尽管价格公布后引来了一片唏嘘之声,但广本锋范的上市宣传活动,不能不说是画上了一个完整的句号。

锋范能够如此吸引眼球和注意力,能够引起如此的关注度,在产品还没有上市前,就已经占据了主动优势。

资料来源:根据中国营销传播网 2009-01-23 新闻整理。

案例分析题

- + -

促销是市场营销组合的一个重要因素。现代市场营销不仅要求企业开发适销对路的产品,制定吸引人的价格,设计使消费者容易取得其所需产品的渠道,还要通过促销活动,传播企业产品的特色、性能、购买条件及产品能给消费者带来的利益等方面的信息,树立企业和产品在市场上的形象,以此扩大企业及其产品的影响,促进产品的销售。促销方式主要包括人员推销、广告、公共关系和营业推广四个方面。由于它们具有不同的特点,需要在实际促销活动中组合运用。各种不同的促销方式组合形成不同的促销策略,作用各不相同。明确促销组合各种促销形式的意义和特点,掌握运用各种促销手段和技巧,对于优化营销效果具有重要意义。

12.1 促销与促销组合策略

12.1.1 促销概述

微课 促销与促销组合策略

1. 促销的概念

促销是指企业把产品或服务向目标消费者及对目标消费者的消费行为具有影响的群体进行宣传、说服、诱导、唤起需求并最终促使其采取购买行为的活动。

现代企业的促销活动具有很强的针对性和计划性,它不是面对一般的消费者泛泛宣传推广,而是要针对一定的目标受众进行有效的促销活动。这些目标受众是产品或服务的购买者,是促销活动产生影响的群体。

促销的目的是引起消费者的注意与兴趣,激发其购买的欲望,促成其购买行为。企业促销的目的要服从于市场营销的目的,为了获得较好的利润必须争取更多的买主,因此要通过促销活动促成大量购买行为的实现,以完成企业的销售任务。

促销的手段是宣传与说服,即宣传产品或服务知识,说服消费者购买。随着商品经济的发展,市场上供应的产品日益丰富多彩,消费者对产品的选择余地日趋广阔。现代企业经营者若不重视产品宣传,不重视对消费者的说服工作,消费者将对有关产品缺乏认知和购买兴趣,即使再好的产品也难以在市场上谋得立足之地。"酒香不怕巷子深"的时代已经一去不返了,宣传与说服是现代促销的重要内容。

2. 沟通过程

促销的主要任务是传递企业的行为、理念、形象以及企业提供的产品和服务的信息。现代信息沟通(或称传播)根据信息流动的方向可分为两种类型:一类是单向传递,一方发出信息,另一方接受信息;另一类是双向沟通,双方都既是信息的发出者,又是信息的接收者。企业的产品或服务要顺利地进入市场,被目标消费者接受,必须主动及时地向消费者提供有关信息,在产品或服务投向市场时,广泛开展宣传活动,使更多的消费者能认知产品或服务。同时,企业要倾听消费者声音,与消费者进行双向沟通,以利更好地满足和实现消费者的需要。

沟通是通过与他人共享概念、信息或感受来影响他人态度和行为的一种过程。促销的过程首先是企业与中间商、企业与消费者之间的信息传播与交流过程,即沟通过程。为有效地与消费者沟通,向他们传递有关产品、价格及销售方式等方面的信息,企业必须知道如图 12-1 所示的沟通过程。沟通过程是沟通者将信息发送给接收者的途径,它包括沟通者(也称信息发送者)、编码、信息、媒介、解码、接收者、反应、干扰等要素。

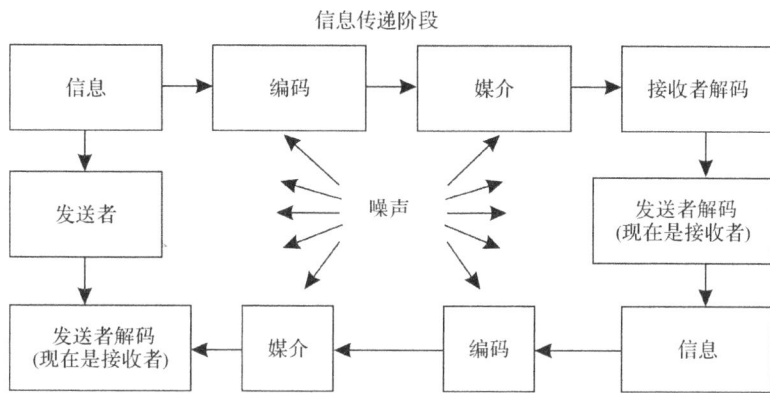

图 12-1　信息沟通过程

①沟通者:是指发出信息的一方,也称信息发送者。

②编码:是指将思想变成接收者所能接受的符号形式的过程。

③信息:是指沟通者所传达的一组符号。

④媒介:是指信息从沟通者移向接收者所通过的渠道(或载体)。

⑤解码:是指接收者将沟通者传来的符号赋予一定意义的过程。

⑥接收者:是指(主动或被动地)接收由另一方送来信息者。也称被影响者,视、听众。

⑦反应:是指接收者回传给沟通者其接收反应中的某部分。

⑧干扰:是指在沟通过程中因未料到的障碍或扭曲造成的接收者收到的信息有别于沟通者所传送出的意思。

这个模式指出了有效沟通的因素,即沟通者必须明确想要接触哪些视、听众以及想得到什么反应;熟悉如何编码以及考虑目标接收者将如何解码;通过有效的目标接收者能接触到的媒体来传输信息;发展反馈通道,不断了解接收者对传出信息的反应。

沟通者的目的是将信息传达给接收者,但营销环境的内外部分充满了"噪声"。就外部环境讲来,人们平均每天要接触到上千条商业信息,此外,周围环境破坏性干扰等也使接收者不能取得有关信息。这种干扰也可能来自接收者自身的内部状态,如个人的忧虑、身体不适等原因,它可能会妨碍信息的适当接收甚至会改变或否定沟通者所要传达的信息。因此,干扰是不可避免的,但沟通者应通过努力将干扰降到最低程度。

3.促销的作用与方式

促销作为市场营销组合的一个重要组成部分,在整个市场营销活动中发挥着如下的作用:

(1)唤起需求

促销可以激发潜在需求。

(2)促进销售

需求的唤起、购买行为的增加,可以促进产品销售。

(3)树立形象

通过传播企业理念等信息,可以形成和强化公众对企业的积极的信念,从而建立良好的公众形象。

促销的方式分为人员推销和非人员推销两大类。其中非人员推销又包括广告、公共关系和营业推广等非人际沟通方式;而人员推销是通过销售人员与消费者(顾客)直接交流,说服消费者采取购买行为的人际沟通方式。

12.1.2 促销组合

促销组合是指有计划、有目的地对人员销售、广告、公共关系、营业推广、口碑、赞助等促销工具的综合运用。在促销组合中,各种沟通工具具有自身的特点和优势。促销组合的设计就是针对不同产品、不同目标受众、不同竞争环境、不同传播媒体对具有不同特点的促销组合工具加以整合应用,达到在一定的成本下促销效率最大化,或者是在一定的促销目标下达到成本最小化的目的。

12.1.3 设计促销组合

1.促销组合基本策略

企业在开展促销活动时采用的促销策略,按其作用方向分类,可归纳为推进策略和拉引策略。

(1)推进策略

是指用人员推销手段,把产品推进到目标市场的一种策略。即生产者采取积极措施把产品推销给批发商,批发商采取积极措施把产品推销给零售商,零售商再采取积极措施把产品推销给消费者。推进策略是以中间商为主要促销对象,通常通过销售队伍促销、对中间商的营业推广等形式,说服中间商购买企业产品,再层层渗透给消费者。

(2)拉引策略

是指企业用非人员促销方式,特别是用广告宣传的方式,刺激消费者的需求和购买欲望的策略。即企业通过刺激最终消费者对产品的兴趣和需求,使得他们向零售商要求购买这一产品,零售商就会向批发商要求购买该产品,批发商又会向生产者要求购买该产品。拉引策略以最终消费者为主要促销对象,通常采用大规模广告轰炸和消费者营业推广的方式使消费者产生需求,层层拉动购买。

一般情况下,单位价值高、分销环节少的产品,性能复杂、要对使用方法做示范的产品,根据用户特定要求设计的产品,以及市场比较集中的产品等,以推进策略进行促销。而对于那些市场范围大、分销渠道长的产品,或需要及时将信息传递给广大消费者的产品,则应以拉引策略进行促销活动。推进策略的主要方法有:举办产品技术应用讲座与实物展销;通过售前、售中、售后服务来促进销售;带样品或产品目录走访顾客。拉引策略的主要方式有:通过广告进行宣传,同时向目标市场的中间商发函联系,介绍产品的性能、特点、价格和征订办法,为产品打开销路;组织产品展销会、订货会,邀请目标市场客户前来订货;通过代销、试销促进销售;创名牌、树信誉、实行三包,增强消费者对产品和企业的信任,从而促进销售。

2.制定促销策略需要考虑的因素

促销策略的制定和运用,必须综合考虑以下因素:

(1)产品性质

不同性质的产品,市场需求特点不同,因此所采用的促销策略也应不同。一般而言,生活资料比生产资料更多地采用广告促销,而生产资料则比生活资料更多地采用人员推销的方式。生活资料消费面广、量大,促销以广告宣传为主,营业推广为辅,并以结合人员推销与公共关系的组合策略为宜;而生产资料主要用于企业再生产,用户购买行为理智,促销以人员推销为主,营业推广为辅,广告与公共关系相互配合的组合策略为佳。具体策略应用时需注意具体产品的分析,切不可一概而论。

(2)产品生命周期

在产品导入期,企业的促销目标是使顾客认知和了解产品,广告和人员推销都很重要。此阶段应主要采用广告宣传广泛介绍产品,让推销人员深入特定的顾客群体详细说明和介绍产品,鼓励他们试用,还可以采用一些特殊的促销方法,如免费赠送、展销、示范等去刺激顾客试用产品,形成对产品的体验。

在产品成长期,企业的促销目标是吸引顾客购买并促其形成产品偏好。此阶段促销策略仍应以广告宣传为主,但广告宣传的内容应突出介绍产品的竞争性特色,以建立顾客对产品的偏好。同时,辅之以人员推销和其他方法,扩大分销渠道,争夺市场占有率。

在产品成熟期,企业的促销目标是巩固市场。促销策略以提示性广告宣传为主,强调产品的附加利益或者产品新的用途。

在产品衰退期,企业的促销目标是尽快甩出存货、减少损失。促销策略是对企业的老顾客进行提示性广告宣传,并配合以营业推广,如采用降低产品价格、优惠出售等手段,尽快销出存货,减少库存。此阶段应减少促销费用,采取收缩战略,以便顺利退出市场。

(3)市场性质

不同的市场,其规模、类型、顾客数量不同,采取的促销策略有差别。

从市场规模来看,在规模大、地域广阔的市场,应多采用广告宣传和公共关系促销策略;在规模小、地域狭窄的市场,应以人员推销为主,从而同顾客建立长期固定的产销关系,争取稳定的订单。

从市场类型看,消费者市场购买者众多且零星分散,人员推销效率较低,应主要采用广告宣传、商品陈列、展销、产品介绍等方法去吸引顾客;生产者市场购买者较少且相对集中,购买批量大、技术性较强,宜以人员推销为主,向用户详细介绍产品,建立关系,促成购买。

从市场上不同类型潜在顾客的数量看,若潜在顾客数量少,可采用人员推销;若潜在顾客数量多,则宜采用广告宣传。

(4)促销费用

企业能用于促销的费用预算,也是决定促销策略的重要依据。各种促销方法所需费用不同,为提高促销效益,应力求以促销费用尽可能少而促销效果尽可能好的方式去促销。这就要求企业在制订促销策略时,应根据促销目标,对企业的财力状况、各种促销方式的费用、可能提供的经济效益以及竞争者的促销预算等多方面因素进行全面权衡,选择出适宜的促销方案。

促销的策略选择和应用除了考虑上述因素外,还要考虑消费行为和消费习惯、经济状况、分销成本和分销效率、技术条件等因素。

12.2　人员推销

微课 人员
推销

人员推销是指企业让推销人员直接向目标市场推销产品或服务的一种营销传播和促销活动。这里的推销人员包括推销员、市场代表、商店售货员以及其他直接同客户接触的销售人员。人员推销是一种典型的以销售为目的,以人际沟通为主要途径,以语言沟通为主要手段的销售沟通方式。在人员推销活动中,推销人员、推销对象和推销品是三个基本要素。前两者是推销活动的主体,后者是推销活动的客体。通过推销人员与推销对象之间的接触、洽谈,将推销品推销给推销对象,从而达成交易,实现既销售产品,又满足顾客需求的目的。

应用实例 12-1

雅芳公司与"访问推销法"

在美国有一家高级化妆品公司雅芳公司,创办于 1886 年,到 1996 年,它的营业额已达到 4.08 亿美元,相当于当时日本全国化妆品的销售总额,一跃成为美国最大的化妆品公司。雅芳公司成长发展如此之快,得益于其运用了一种行之有效的推销法——访问推销法。

雅芳的 30 万人推销队伍按照一定的组织形式构成一座"金字塔"。一个推销员负责该地区 300 户人家的访问推销;每 100～200 名推销员之上有一位代理经理,负责对这些推销员进行训练和监督;代理经理由雅芳公司的正式职员担任,直接由董事长管理。雅芳公司就是通过这种组织形式,到各家各户访问推销,锻炼出成千上万的推销能手。

有一条原则使主妇们愿意充当雅芳公司的推销员,并尽其所能去做好各自的推销工作,那就是:把利润的 40% 分给主妇推销员,作为给她们的报酬,使她们与公司共存共荣。雅芳发展得越来越好,是与这条原则的贯彻执行密切相关的。

每个季度,雅芳公司把货物按推销员报来的订货单送到她们家中,货物销出后,只需把 60% 的货款交给总公司。如果某个推销员想要多拿钱,就要通过自己的努力,扩大推销量。公司还规定,对那些成绩卓著的推销员给予奖励,或是提供到欧洲、夏威夷旅游一次的机会,或是奖励实物,等等。这些措施使推销员的积极性得到最大的发挥,她们经常主动加班加点和延长工作日,安排好家务挤出时间去搞推销。

访问推销是一种很平常的方法,但雅芳公司却将其运用得炉火纯青。

资料来源:根据 MBA 智库文档相关资料整理。

12.2.1 人员推销的特点

1.人员推销的优点

人员推销不仅是一种全效性的传播工具,具有商品信息的及时传播和反馈等优点,同时还是一种了解客户动态的最重要和最可靠的途径。优秀推销员的传播作用是任何其他营销传播形式所无法比拟的。

(1)信息传递的双向性

作为一种营销传播和促销方式,只有人员推销这种形式能够实现双向信息沟通。一方面,它可以把企业的有关信息传递给最终用户和中间商,也就是推销对象;另一方面,推销人员通过和推销对象面对面的接触,可以把推销对象有关企业、产品、品牌、竞争对手方面的信息传递或反馈回来。通过这种双向信息沟通,企业可以及时、准确地了解到市场的有关情况和信息,人员推销起到了重要的信息源的作用,为企业营销决策的调整提供依据。

(2)推销目的的双重性

企业派推销人员向推销对象推荐各种产品与服务,其目的不仅是尽可能多地实现产品销售,同时还可以在这一过程中了解相关市场信息。因此,人员推销的目的有两种:一是推销产品,二是市场调研。企业在派推销人员进行推销和信息沟通时,应要求推销人员定期或不定期地提交市场调查报告,这是企业建立市场营销信息系统,建立客户档案的一项重要的基础性工作。推销人员源源不断地从推销对象那里获取的大量信息,有利于建立、修改或完善企业的市场营销信息系统。

(3)推销过程的灵活性

通过人与人之间面对面的接触,推销人员可以及时地回答推销对象对企业和产品各个方面的质疑,消除推销对象的疑惑。同时,在面对面接触的过程中,双方还可以针对产品价格、付款时间、交货地点等问题进行灵活机动的洽商,这对交易的达成是非常有利的。这种有针对性的灵活的推销方式,可以提高人员推销的效果。

(4)友好协作的长期性

由于推销人员和推销对象经常接触,相互之间容易结成深厚的友谊。这种友谊的形成,可以为进一步建立贸易伙伴关系奠定深厚的基础。除推销产品外,推销人员还可以为顾客提供售前、售中和售后服务,解决顾客各种疑问,提高顾客满意度,这是其他促销形式所不具备的。所以,人员推销这种形式要求推销人员注重关系营销,注重友好关系的建立、维系与发展。

2.人员推销的缺点

(1)推销成本较高

由于每个推销人员直接接触的顾客有限,销售面窄,特别是在市场范围较大的情况下,人员推销的开支较多,这就增大了产品的销售成本,一定程度上减弱了产品的竞争力。

(2)对推销人员的素质要求较高

人员推销的效果直接取决于推销人员的素质高低,且随着科学技术的发展,新产品层出不穷,对推销人员的素质要求越来越高,要求推销人员必须熟悉新产品的特点、功能、使用和保养、维修等知识。因此,选择和培养理想的、能胜任其职位的推销人员比较困难,花费也大。

12.2.2　人员推销的形式及策略

1.人员推销的基本形式

(1)上门推销

这是最常见的人员推销形式。一般由推销人员携带样品、说明书和订单走访顾客,推销产品。这是一种推销人员积极主动接触顾客的推销形式,可以针对顾客的需要提供有效服务,方便顾客。

(2)柜台推销

由推销人员接待进入商店的顾客,推销产品。商店的营业员是广义的推销人员。柜台推销与上门推销正好相反,它是等客上门式的推销方式。

(3)会议推销

它指的是利用各种会议向与会人员宣传和介绍产品、开展推销活动,如各种订货会、展销会、新闻发布会等。这种形式具有群体推销、接触面广、集中成交、交易额大的特点。

2.人员推销的基本策略

(1)试探性策略

又称"刺激—反应"策略,即推销人员运用刺激性手段引发顾客产生购买行为的策略。推销人员事先设计好能引起顾客兴趣、能刺激顾客购买欲望的宣传介绍语言,在交谈中观察顾客反应,并根据顾客反应改变相应策略,然后再观察顾客反应,如此反复,诱发顾客购买动机。

(2)针对性策略

又称"配方—成交"策略,即推销人员在了解顾客某些资料的情况下,有针对性地进行宣传介绍,使顾客产生购买行为的推销策略。利用这一策略应注意说服要讲到点子上,让顾客感到推销人员是真心为自己服务,从而产生强烈的信任感,愉快成交。

(3)诱导性策略

又称"诱发—满足"策略,即运用能激起顾客某种需求的说服方法,诱发引导顾客产生购买行为。这是一种创造性推销策略,要求推销人员具有较高的推销艺术,因势利导,唤起顾客需求,并不失时机地宣传介绍产品,诱导顾客购买。

12.2.3　人员推销的技巧

1.上门推销技巧

(1)找好上门对象

推销人员可以通过商业资料手册或公共广告媒体寻找重要线索,也可以到商场、门市部等商业网点寻找客户名称、地址、电话等信息。

（2）做好上门推销前的准备工作

推销人员要对产品、服务的内容材料十分熟悉，充分了解并牢记，以便推销时有问必答，同时对客户的基本情况和要求应有一定的了解。

（3）掌握"开门"的方法

推销人员要选好上门时间，以免吃"闭门羹"，可以采用电话、传真、电子邮件等手段实现交谈或传送文字资料给对方，并预约面谈的时间、地点；也可以采用请人引见、名片开道、与对方有关人员交朋友等策略，赢得客户的信任。

（4）把握适当的成交时机

推销人员应善于体察顾客的情绪，在给客户留下好感和信任时，抓住时机发起"进攻"，争取签约成交。

2.洽谈艺术

推销人员应注意自己的仪表和打扮，给客户留下一个良好的印象。同时，言行举止要文明、懂礼貌、有修养，做到稳重而不呆板、活泼而不轻浮、谦逊而不自卑、直率而不鲁莽、敏捷而不冒失。

（1）洽谈前

在开始洽谈时，推销人员应巧妙地把谈话转入正题，做到自然、轻松、适时。可以采取以关心、赞誉、请教、探讨等方式入题，顺利地提出洽谈的内容，以引起客户的注意和兴趣。

（2）洽谈中

在洽谈过程中，推销人员应谦虚谨言，注意让客户多说话，认真倾听，表示关注与兴趣，并做出积极的反应。遇到障碍时，要细心分析，耐心说服，排除疑虑，争取推销成功。在交谈中，语言要客观、全面，既要说明优点所在，也要如实反映缺点，切忌高谈阔论、"王婆卖瓜"，让客户产生不信任感。

（3）洽谈后

洽谈成功后，推销人员切忌匆忙离去，这样做会让对方误以为上当受骗了，从而使客户反悔违约。应该用友好的态度和巧妙的方法祝贺客户做了笔好生意，并指导对方做好合约中的重要细节和其他一些注意事项。

3.排除推销障碍的技巧

（1）排除客户异议障碍

若发现客户欲言又止，推销人员应少说话，直截了当地请对方充分发表意见，以自由问答的方式真诚地与客户交换意见。对于一时难以纠正的偏见，可将话题转移；对恶意的反对意见，可以"装聋扮哑"。

（2）排除价格障碍

当客户认为价格偏高时，推销人员应充分介绍和展示产品或服务的特色和价值，使客户感到"一分钱一分货"；当客户因低价产生怀疑时，应介绍定价低的原因，让客户感到物美价廉。

（3）排除习惯势力障碍

推销人员应实事求是地介绍客户不熟悉的产品或服务，并将其与他们已熟悉的产品或服务相比较，让客户乐于接受新的消费观念。

12.2.5 人员推销的流程

1.寻找潜在顾客

人员推销的第一步是识别和鉴定潜在顾客。潜在顾客指有需求并有能力购买的个人或组织。推销人员可以通过以下方法寻找潜在顾客:请现有顾客推荐或介绍;在贸易展览会上展出,吸引顾客访问;加入潜在顾客所在的组织或协会,以接触他们;通过电话、邮件或因特网寻找;阅读报纸、杂志等各种资料或向有关信息服务公司购买名单。

2.准备工作

推销人员首先应尽可能多地了解潜在客户的情况,掌握其对产品的需求、个人性格特征、兴趣爱好,以确定相应的推销策略;其次要确定选择哪种拜访方法(面对面拜访、电话拜访、信函拜访等)以及相应的拜访时机;最后还要准备如何应对顾客可能提出的疑问。

3.接近顾客

推销人员应该知道初次与顾客见面该如何会见和向顾客问候,使双方关系有一个良好的开端,这包括推销人员的仪表、开场白和随后谈论的内容。推销人员要建立和谐的洽谈气氛,做到轻松自然,应该在开场白之后巧妙地把谈话引入正题,适时地提出洽谈内容,引起顾客的注意和兴趣。

(1)讲解和示范

推销讲解有三种方式。

①固定法。即将各个要点背熟,到时直接讲给顾客听的讲解方式。这种方法使顾客处于被动地位。

②公式化方法。先了解顾客的需求和购买风格,然后再运用一套公式化的方法向该顾客推销介绍。

③需求满足法。它是通过鼓励顾客多发言以了解顾客的真正需求为起点,然后有针对性地进行推销介绍。

在运用以上三种方法时,推销人员可以借助样品、宣传资料、音频、视频、图片等更好地示范和介绍产品,增加可信度和影响力。

(2)应对异议

在与顾客交谈过程中,难免会遇到顾客表现出心里抵触或逻辑抵触。面对这些抵触情绪,推销人员应采取积极的方法,仔细聆听,请顾客说明他们反对的理由,巧妙地将对方的异议转变成购买的理由。

4.达成交易

有些推销人员不能达到这一阶段,或者在这一阶段做得不好,往往是由于他们缺少信心,或对要求顾客订购感到心中有愧,或不知道什么时候是达成交易的最佳心理时机。推销人员需要学会如何从顾客那里发现可以达成交易的信号,包括顾客的动作、语言、评论和提出的问题等。

5.跟进和维持

在交易达成之后,推销人员就应着手进行各项工作,确定交货时间、购买条件、回收款项及其他事项等。推销人员要给予顾客一定的指导和服务,保证顾客能够使用产品,提高顾客满意度,以建立良好的客户关系。

12.3 广 告

广告有着悠久的历史,它是商品经济发展的产物,在现代企业营销活动中占有越来越重要的作用。随着市场经济的高度发展,广告作为面向企业外部社会大众的非直接接触的信息传播手段之一,在促进产品销售方面发挥着极其重要的作用。可以说,每一个强势品牌的背后都离不开广告的支撑,尤其是在消费者市场,广告无疑是应用最为广泛的营销传播工具之一。

12.3.1 广告概述

1.广告的概念

广告,顾名思义就是广而告之的意思。广告是为了某种特定的需要,通过一定形式的媒体并消耗一定的费用,公开而广泛地向公众传递信息的营销传播手段。

广告有广义和狭义之分。广义的广告包括非经济广告和经济广告。非经济广告指不以盈利为目的的广告,如政府行政部门、社会事业单位乃至个人的各种公告、启事、声明等。狭义的广告仅指经济广告,又称商业广告,是指以盈利为目的的广告,通常是生产者、经营者和消费者之间沟通信息的重要手段,或企业占领市场、推销产品、提供劳务的重要形式。这里我们主要介绍狭义的广告,它是广告主以支付费用的方式,采用一定的媒体向目标市场传播产品信息,并说服目标市场购买的经济活动。

广告的传播对象是企业的目标市场消费者;广告的传播内容是产品和服务信息;广告的传播途径需通过特定媒体来实现并支付相关费用;广告的传播目的是为了促进产品销售。

2.广告的种类

(1)按内容分类

广告可分为产品广告、企业广告、公益广告。其中,产品广告是针对产品销售开展的广告宣传,它能够扩大产品的销售量,吸引潜在的消费者购买;企业广告是通过介绍企业宗旨和文化等,向消费者提供信息,目的在于增强企业在行业、社会和消费者中的形象;公益广告是以为公众谋利益和提高福利待遇为目的而设计的广告。

(2)按传播媒体分类

广告可分为视听广告、印刷广告及其他形式的广告。其中,视听广告的形式有电视、广播、电影等;印刷广告的主要形式有报纸、杂志、招贴、产品说明等;其他形式的广告主要包括橱窗广告、标语广告、邮寄广告和路牌广告等。

(3)按传播的区域分类

广告可分为全国性广告和地区性广告。全国性广告是指采用信息传播能覆盖全国的媒体所做的广告,以此激发全国消费者对所做广告的产品需求。这种广告要求产品是适合全国通用的产品。地区性广告指的是采用信息传播只能覆盖一定区域的媒体所做的广告,借以刺激某些特定地区消费者对产品的需求。此类广告传播范围小,多适用于通用性差的企业和产品。

3. 广告的功能

广告功能指广告的基本作用与效能。广告对消费者所产生的作用与影响可以分为以下几个方面:

(1)认知功能

即消费者通过广告了解产品的质量、特点、用途、价格、购买地点和购买方式等信息。

(2)心理功能

广告作为一种说服型沟通活动,能够激发消费者的购买欲望,影响购买者的购买行为。

(3)引导功能

主要表现在它可以引导消费时尚和消费选择,给消费者更多考虑的余地,又可以引导消费者健康文明的消费方式。

(4)艺术教育功能

广告本身就是一种艺术作品,好的广告可以给人以美的享受。如好的室外广告可兼具美化环境的作用。另外,一些广告可以培养人们的道德文明观念、增长其知识等。

-+-

应用实例 12-2

辉煌的陷阱:秦池启示录

秦池备忘录:

1940 年,由几位抗日战士建立;

1951 年,迁至五井镇;

1963 年,开始独立核算,基本是作坊式生产;

1967 年,开始进入机械化液态法连续作业;

1983 年,白酒产量达 10224.3 吨;

1992 年,销售收入 2421 万元,固定资产 1048 万元,利税总数为负,当时职工为 500 人;

1993 年,王卓胜当厂长,姬长孔当经营副厂长,收入 4626 万元,利税 800 万元,净利润 4 万元;

1994 年,销售收入 5335 万元,利税 1027 万元;

1995 年,销售收入 2.08 亿元,利税 3021 万元,当年年底中标中央电视台第一块标版广告;

1996 年,销售收入 9.5028 亿元,利税 2.2016 亿元,净利润 5672 万元,正式职工 2800 人,年底再次中标中央电视台广告标王;

1997 年,销售收入 6.5179 亿元,利税 1516 万元;

1998 年 6 月,新华社播发其经营出现困难的新闻,姬长孔调离秦池。

秦池作为临朐县的一个小酒厂,发家靠的是有针对性的广告促销,辉煌靠的是中央电视台标版广告的中标。如果时间停留在 1996 年 10 月,或者当时临朐县将该酒厂以高价卖掉(当时一家资产评估机构曾将秦池估值 10 亿元以上),那么秦池便是中国商战史上成功的经典。因此许多人往往以为秦池的问题出在第二次中央电视台标版广告投标上。实际上,这只是事物的表象。1996 年秦池中标中央电视台广告标王并在市场上获得前所未有的辉煌成绩本身就使秦池处于一个两难境地。如果秦池不第二次中标,那么其销售量肯定会直线下降(孔府宴已是前车之鉴)。对于一个富有挑战精神的企业家来说,这不仅意味着企业的死亡,实际上也意味着企业家生命的终结,这是绝对不可接受的。而秦池再次中标的结局也就是我们今天所看见的。因此 1996 年的中标创造了表面上的辉煌,实际上设下了隐蔽的陷阱。

资料来源:根据《企业管理》1999 年第 8 期相关资料整理。

12.3.2　广告决策

广告决策是企业在广告活动中进行的系列策划和控制,包括确定广告目标、制定广告预算、明确广告信息、选择广告媒体和衡量广告效果等。

1. 确定广告目标

广告目标是企业通过广告活动所要达到的目标。它是制定广告决策的首要步骤,将直接影响广告的效果。广告目标可根据通知、说服和提醒的作用分为以下三类:

(1)通知性广告

它主要向目标市场介绍产品,提高消费者的认知程度,以唤起消费者需求,一般用在产品的开拓性阶段,即用于新产品的广告。

(2)说服性广告

在产品生命周期中的成长期,企业为增强产品的竞争力,建立消费者需求偏好, 一般采用说服性广告。

(3)提醒性广告

在产品生命周期中的成熟期,企业市场地位相对稳定,为保持消费者对产品的记忆以及稳定市场需求,提醒性广告十分重要。

2. 制定广告预算

广告预算是广告主从事广告活动而投入的预算。在制订广告预算时,企业应考虑产品生命周期、市场份额和消费者基础、竞争与干扰、广告频率、产品替代性等关键因素。制定广告预算的方法主要有比例预算法、竞争对等法、量力而行法以及目标任务法等。

(1)比例预算法

比例预算法是按销售额的一定百分比来确定广告预算的方法,其中销售额可以是上一年的实际销售额、本年的计划销售额或平均销售额等。

(2)竞争对等法

竞争对等法是指企业根据竞争者的广告支出决定自己广告预算的方法,其目的通常是为保持企业竞争地位。

（3）量力而行法

量力而行法是指企业按照自己的财务状况进行广告费用安排的方法。财务状况好则可能有较高的广告预算；反之，广告预算会降低。

（4）目标任务法

目标任务法是指企业根据预定广告目标达成所需的广告活动来确定广告费用的方法。一般有如下步骤：一是明确广告目标；二是确定达成广告目标所要采取的广告活动；三是计算这些活动所需要的费用。

3.明确广告信息

一个高质量的广告必须具有真实性、针对性，同时还必须具有艺术性。欺骗性广告不仅违反商业道德，同时也会令企业丧失信誉。广告信息主要包括广告主题和广告内容。

（1）广告主题

广告主题也称广告诉求主题，是指企业要了解对消费者说些什么其才能产生预期的认知、情感和行为反应，主要包括理性诉求、情感诉求和道德诉求。理性诉求是广告直接向消费者诉求理性利益，显示产品能带给消费者的功能利益，促使人们做出理智的购买选择；情感诉求是广告试图向目标顾客传播某种情感因素，如快乐、喜爱、自豪等，以激起消费者对产品的兴趣和购买欲望；道德诉求是广告从道德的角度传播是非标准，用以规范人们的行为，一般运用于公益广告。

（2）广告内容

一般包括以下内容中的一条或几条：企业经营观念，如企业宗旨、经营方针、文化思想等；产品特性，如产品性能、效用、品牌、市场地位等；产品价格和支付方式；销售地点，包括企业地址、销售网络或企业电话及网址等；售后服务等其他事项。

4.选择广告媒体

广告媒体是传递广告信息的载体。随着科学技术的进步，媒体的种类也在不断增加，表12-1 中描述了一些主要广告媒体的特性。

表 12-1　主要媒体特性

媒体	优　点	缺　点
报纸	灵活、及时，本地市场覆盖面大，已被接受，可信度高	保存性差、传阅者少，广告版面太少，易被忽视
电视	综合视觉听觉，有感染力，能引起高度注意，触及面广	成本高、干扰大、瞬间即逝，选择性和针对性较差
杂志	地理、人口可选择性强，可信并具有一定的权威性，复制率高，保存期长，传阅者多	广告购买前置时间长，有些发行浪费导致广告无效
广播	大众化宣传，地理和人口方面选择性强，成本低	仅有声音，信息转瞬即逝，表现手法不如电视吸引人
户外广告	灵活，广告展露时间长，费用低，竞争少	观众没有选择，缺乏创新
互联网	非常高的选择性，交互机会多，相对成本低	作为新媒体，用户具有一定的局限性

在选择媒体时，应考虑以下因素：

（1）目标市场的媒体习惯

例如，对于青少年，广播和电视是最有效的广告媒体。

（2）产品

企业应根据所销售产品或服务的性质与特征而定。例如，女性服装广告等在彩色印刷的杂志上最吸引人，而照相机广告则最好通过电视来做一些示范表演。

（3）广告内容

广告信息量大、内容多时，应选择报纸、杂志等印刷媒体；广告中需展示产品外观、结构时应选择电视媒体；广告需及时传播时，则选择广播、电视、日报等媒体。

（4）媒体收费

不同媒体影响力不同、传播范围不同、可信度不同，收费也不同。通常电视收费高于广播，全国性报纸高于地方性报纸。

（5）媒体传播范围

选择广告媒体必须使媒体传播范围与企业目标市场范围相一致。

5.衡量广告效果

广告效果是广告传播之后所产生的影响。这种影响可以分为两种：对消费者的影响，即广告沟通效果；对企业经营的影响，即广告销售效果。

（1）广告沟通效果

广告沟通效果的研究目的在于分析和判断广告活动是否达成了预期的沟通目的。测定广告沟通效果的方法主要有广告事前测定与广告事后测定两种。广告事前测定即在广告作品尚未正式制作完成之前进行的各种测验，包括直接评分法、组合测试法和实验方法等；广告事后测定则主要用来评估媒体播出广告信息之后实际产生的沟通效果，常用方法有回忆测定法和识别测试法。

（2）广告销售效果

广告销售效果是在广告传播出之后，测定销售额和利润率的变化状况。对广告销售效果的测定主要有历史分析法和实验设计分析法两种方法。现实中，导致产品销售额增加的因素很多，广告仅为其中因素之一，所以要准确测定广告销售效果比较困难。但在其他影响因素较少或可控程度较高的情况下，广告对销售影响的测定会相对容易。

经典人物

大卫·奥格威

大卫·奥格威出身英国，是现代广告业的大师级传奇人物，他一手创立了奥美广告公司，确立了奥美这个品牌，启蒙了对消费者研究的运用，同时创造出一种崭新的广告文化。

1949年奥格威在纽约的麦迪逊大道创办了奥美广告公司。1963年，奥格威著书《一个广告人的自白》。自此，他的事业攀至顶峰。后来，他又发表《血，思想与啤酒》与《奥格威谈广告》，两本书对现代广告业的影响同样深远。

品牌形象论是奥格威在20世纪60年代中期提出的创意观念，是广告创意理论中的一个重要流派。他认为品牌形象不是产品固有的，而是消费者联系产品的质量、价格、历史等而形成的。此观念认为每一则广告都应是对构成整个品牌的长期投资，因此每一品牌、每一产品都应发展和投射一个形象，形象再经由各种不同推广技术、特别是广告传达给顾客及潜在顾客。消费者购买的不只是产品,还购买承诺的物质和心理的利益。在广告中诉说的产品的有关事项,对购买决策的影响常比产品实际拥有的物质上的属性更为重要。在此策略理论影响下,出现了大量优秀的、成功的广告。

奥格威被《时代》周刊称为"当今广告业最抢手的广告奇才",被《纽约时报》称为"现代广告最具创造力的推动者"。

资料来源:根据维基百科相关资料整理。

12.4 公共关系

公共关系是指企业在从事市场营销活动中正确处理企业与社会公众的关系,以便树立企业自身的良好形象,促进企业营销目标的实现。当今竞争是一种注意力的竞争、传播的竞争和关系的竞争。公共关系通过综合运用消费者沟通、新闻媒体沟通、语言和非语言沟通等多种商务沟通策略和手段,来协调企业与各种利益相关者之间的关系,并在顾客、政府组织等社会公众中创立和维护良好的企业形象。

应用实例 12-3

小米手机的热销

美国市场调查机构 SA(Strategy Analytics)2 日公布的一份数据显示,2014 年第四季度三星电子智能手机在中国的销量为 1210 万部,市场份额屈居第三(9.8%)。同期,中国企业小米销量为 1570 万部,市场份额达 12.8%,连续两个季度稳居冠军。苹果销量为 1340 万部,市场份额达 10.9%,排名第二。

小米仅用五年时间,便从无人知晓变得家喻户晓。2014 年,小米智能手机销量位居榜首,并在近三年的世界销量排行榜中跃居第四名。小米公司发展之所以如此迅速,有以下几个原因:

打口碑营销战,性价比高。在用户越来越关心智能手机性价比的背景下,小米手机以其优良的配置和低廉的价格不断地制造话题,吸引人们的注意力,同时以"发烧友"小众由点及面逐渐扩大其在人们心中的影响力。

制造事件,引起轰动。利用网络,制造炒作各种话题,为新机上市预热,打开知名度。

名人效应。塑造小米科技创始人雷军的个人形象,将雷军的影响力成功嫁接到小米系列产品上。雷军在 IT 业以及投资领域的光环被成功移接到小米上,雷军也被称为"雷布斯"。

借助新媒体——微博。小米以微博为载体,将微博作为新的信息传播工具,拉近和用户的距离,提高用户的黏性。

资料来源:根据人民网 2015-03-10 新闻、和讯网 2015-02-03 新闻整理。

12.4.1 公共关系的特征及作用

1. 公共关系的特征

与其他促销手段比较,公共关系的特征表现为以下几点:

(1)强调较大范围的有效沟通

公共关系活动的对象主要是一个企业或组织面临的涉及组织内部和外部的公共的、社会的关系,包括企业与消费者、中间商、竞争者、政府机构、金融机构、企业股东和员工等。公共关系活动应强调在如此大的范围内和复杂的关系网络中进行有效的沟通。

(2)对促销产生间接性作用

公共关系的促销功能更多地表现为它能提高企业的知名度,塑造企业的良好形象,从而直接促进企业产品的销售。通过企业公共关系达成促销目的,需要经历树立企业形象的环节。企业首先推销自身,在公众中树立良好的信誉,继而促进产品的销售。

(3)长期性活动

公共关系着手于平时努力,着眼于长远打算。公共关系的效果不是急功近利的短期行为所能达到的,需要连续的、有计划的努力。企业要树立良好的社会形象和信誉,不能拘泥于一时的得失,而要追求长期的稳定的战略关系。

(4)信息沟通:创造"人和"艺术

公共关系是企业与其相关的社会公众之间的一种信息交流活动。企业从事公关活动,能沟通企业上下、内外的信息,建立相互间的理解、信任与支持,协调和改善企业社会关系的环境。公共关系追求的是企业内部和企业外部人际关系的和谐统一。

(5)以创造良好的企业形象和社会声誉为目标

良好的形象和声誉是企业富有生命力的体现,也是公关的真正目的所在。企业以公共关系为促销手段,利用一切可以利用的方式和途径,让社会公众熟悉企业的经营宗旨,了解企业的产品种类、规格以及服务方式和内容等有关情况,使企业在社会上享有较高的声誉和较好的形象,促进产品销售的顺利进行。

2. 公共关系的作用

(1)收集信息,监测环境

信息是企业生存和发展必不可少的资源。运用各种公关手段可以采集各种信息,监测企业所处的环境。企业公关可采集到的信息有产品信息、企业形象信息、企业内部公众信息、其他方面(如国内外政治、经济、科技等)的变化等。

(2)咨询建议,决策参谋

公共关系的职能是利用所搜集到的各种信息进行综合分析,考察企业的决策和行为在公众中产生的效应及影响程度,预测企业决策和行为与公众可能意向之间的吻合程度,并及时准确地向企业决策者进行咨询,提出合理可行的建议。

(3)舆论宣传,创造气氛

企业可通过公共关系将有关信息及时、准确、有效地传送给特定的公众对象,为企业树立良好形象创造良好的舆论气氛。例如,公关活动能提高企业的知名度、美誉度等,能够控制和改变对企业不利的舆论。

（4）交际沟通，协调关系

企业作为一个开放系统，不仅内部各种要素需要相互联系、相互作用，也需要与外部环境进行各种交往沟通，使企业内部的信息有效地输向外部，使外部信息及时地输入企业内部，使企业内外相互协调。协调关系，不仅需要协调企业外部的关系，还要协调企业内部关系，如企业与员工之间的关系、各部门之间的关系等。

（5）教育引导，社会服务

公共关系教育和服务的职能指通过广泛、细致、耐心的劝服性教育和优惠性、赞助性服务，来诱导公众对企业产生好感。对企业内部，公关部门代表社会公众，向企业内部成员输入公关意识，使内部各部门及全体成员都重视企业整体形象和声誉；对企业外部各界，公关部门代表企业，通过劝服性教育和实惠性社会服务，使社会公众对企业的行为、产品产生认同。

12.4.2　公共关系的主要工具

1.事件

企业可通过安排一些特殊事件来引起对其新产品和公司其他事件的注意。这些事件包括记者招待会、讨论会、郊游、展览会、竞赛和周年庆祝活动以及运动会和文化赞助等。

2.新闻

这里指的是编写或创造对企业和其产品或人员有利的新闻。新闻的编写要求善于构想出故事的概念，广泛开展调研活动后撰写新闻稿。公关人员应争取宣传媒体录用新闻稿和参加记者招待会，这往往需要营销技巧和人际交往技巧。

3.公益和赞助活动

企业可通过向某些公益事业或具有重大影响的社会活动捐赠一定的金钱，以提高企业声誉和影响力，并获取社会公众对企业的好感。

4.形象识别媒体

在一个高度交往的社会中，企业需要努力获得高的关注度。因此企业应创造一个公众能够迅速辨认的视觉形象。视觉形象可通过公司的标志、文件、小册子、招牌、名片、建筑物、制服标记等来传播。

12.4.3　公共关系的流程

开展公共关系活动，其基本程序主要包括调查、计划、实施、检测四个步骤。

1.公共关系调查

它是公共关系工作的一个重要内容，是开展公共关系工作的基础和起点。通过调查，能了解和掌握社会公众对企业决策与行为的意见，可以基本确定企业的形象和地位，可以为企业检测环境提供判断条件，为企业制定合理决策意见。

2.公共关系计划

公共关系是一项长期性工作,合理的计划是公关工作持续高效的重要保证。制定公关计划,要以公关调查为前提,依据一定的原则来确定公关工作的目标,并制定科学、合理而可行的工作方案,如具体的公关项目和公关策略等。

3.公共关系实施

公关关系的实施是整个公关活动的重点。为确保公共关系实施的效果最佳,正确地选择公共关系媒介和确定公共关系的活动方式是十分必要的。公关媒介应根据公共关系工作的目标、要求、对象和传播内容以及经济条件来选择;公关的活动方式宜根据企业的自身特点、不同发展阶段、不同公众对象和不同公关任务来选择。

4.公共关系检测

公关计划实施效果的检测,主要依据社会公众的评价,通过检测,能衡量和评估公关活动的效果,在肯定成绩的同时,发现新问题,为制定和不断调整企业公关目标、公关策略提供重要依据,也为使企业的公共关系成为有计划的持续性工作提供必要的保证。

12.5 营业推广

营业推广,又称销售促进,是指企业运用各种短期诱因,鼓励消费者和中间商购买、经销或代理企业产品或服务的促销活动。营业推广的对象包括企业和个人,营业推广运用语言和非语言的沟通方式,在一个较短的时期内,通过大量信息的迅速传递来激发沟通对象的购买欲望。

12.5.1 营业推广的特征和作用

1.营业推广的基本特征

(1)非规则性和非周期性

典型的营业推广不像广告、人员推销、公共关系那样作为一种常规性的促销活动出现,它往往用于短期的额外的促销工作,重点在于解决一些更为具体的促销问题,因而是非规则性、非周期性地出现。

(2)灵活多样性

营业推广的方式很多,除上面所提到的以外,还有贸易促销、特价促销、互惠、价格保证、经销津贴、义卖、优惠券促销等方式,这些方式各有其长处和特点,可以根据企业经营的不同产品的特点、面临的不同市场营销环境灵活地加以选择和运用。

(3)短期效益比较明显

一般来说,只要营业推广的方式选择运用得当,效果往往可以很快地在其经营活动中显示出来,而不像广告、公共关系那样需要一个较长的周期。因此,营业推广最适宜完成短期的具体目标。

2.营业推广的作用

(1)可有效加速新产品进入市场的过程

当消费者对刚投放市场的新产品还未能有足够的了解并积极反应时,通过一些必要的促销措施可以在短期内迅速地为新产品开辟道路。如采取欲取先予的方法,先让消费者免费试用新产品样品,引起消费者对新产品的兴趣;采用搭配出售的方法,把新产品与其他产品一起以较低的价格搭配出售,利用原有顾客网络来扩大新产品的市场。实践证明,这些营业推广方式对在短期内把新产品打入现有市场是十分有效的。

(2)可有效抵御和击败竞争者的促销活动

营业推广是在市场竞争中抵御和反击竞争者的有效武器。在这方面,也有许多营业推广工具可供选择,如采用减价赠券或减价包装的方式来增强企业经营的同类产品对顾客的吸引力,以稳定和扩大自己的顾客队伍,抵御竞争者的侵蚀;采用购货累计折扣优待的方式促使顾客增加购物数量和提高购物频率,然后按其在本企业购买产品的累计金额来按一定比率给予价格折扣或退款优待。

(3)可有效地刺激消费者购买和向消费者灌输对本企业有利的信息

当消费者在众多同类商品中进行选择,尚未做出购买决策时,及时的营业推广手段往往可以产生出人意料的效果。我们常可在百货商店看到企业代表在宣传、展示自己的产品,这些都是有效的促销方法,能促使顾客做出购买决策或引起顾客的冲动性购买,并形成连锁反应。有的企业采取赠送印有本企业的名称、地址、电话号码的日历、台历、开瓶器、温度计等精美的小物品,来向消费者传递企业的有关信息,建立消费者对企业的好感,促进本企业产品的销售。

(4)可有效影响中间商的交易行为

企业常常采用多种营业推广方式来促使中间商,特别是零售商,做出有利于自身的经营决策。例如,向中间商提供购买馈赠、陈列馈赠来鼓励订货;向零售商提供交易补贴来弥补零售商制作产品广告、张贴商业通知或布置产品陈列时所支出的费用;通过批量折扣、类别顾客折扣、经销竞赛等方式来促使中间商更多地购买产品和同企业保持稳定的购销关系;帮助中间商培训销售人员、服务人员,改善促销工作;等等。

12.5.2 营业推广的方法

营业推广由用来刺激和强化市场需求的花样繁多的各种促销工具组成。根据营业推广的对象不同,可将其分为面向消费者、面向中间商和面向推销人员三大类别。

1.面向消费者的营业推广方式

(1)赠送样品

赠送样品是指免费提供给消费者使用的产品。企业可以采取挨家挨户送、邮寄发送、在酒店内提供、和其他产品一块附送等形式送到消费者手中。这一营业推广方式适用于处于产品生命周期投入期的新产品的推广和介绍,推广对象应是企业目标市场的最终消费者,赠送样品通常为非耐用品。

（2）有奖销售

企业在销售某种产品时，对于购买产品的消费者设立若干奖励，并对中奖者发奖，从而吸引大量消费者购买。例如，消费者可凭商品中的某种标志（瓶盖等）免费或以很低的价格获取一定的好处；消费者购买产品达到一定数量可以获赠礼品；企业以抽奖或摇奖的方式抽取幸运消费者；等等。有奖销售的刺激性很强，常用于推销品牌成熟的日用消费品。

（3）发放优惠券

企业向目标市场的部分消费者发放一种优惠券，消费者可以凭券按实际销售价格折扣购买某种产品。优惠券可以采取直接赠送或广告附送的方式发放。发放优惠券的方式可以直接吸引消费者购买指定产品，适用于刺激优惠品牌产品的销量，也可鼓励消费者试用新品牌。

（4）特价包装和赠品销售

特价包装是向消费者以低于常规价格的优惠价销售产品的一种方法，主要是对产品包装进行改装，将多个同种或不同产品组合在一起进行销售。赠品销售则通过赠送附赠品来吸引消费者大批购买。例如，向购买者赠送交易印花，印花积累到一定程度就可向企业领取奖品或奖金。有的包装物本身就是能重新使用的容器，这也是一种赠品。

（5）产品展销

在展销会期间，产品花色品种比较齐全、名优产品较多、价格优惠、服务周到。因此，产品展销可以集中消费者的注意力和购买力，是难得的营业推广的机会和方式。

（6）减价销售

减价销售是一种最直接的消费者让利行为，即在约定的时间里，为鼓励消费者购买而对产品采取的一种价格优惠措施，如节日减价、季节减价、最后销售减价、每日特定商品减价等。减价销售虽然在短时间内能够强有力地推进产品销售，但同时也会对企业及产品带来一定危害，如造成消费者对价格变动反应疲软，不利于企业及产品形象等，因此应谨慎采用。

应用实例 12-4

家居卖场提前"过节促销"

随着"六一"和端午节将至，两个节日的重合为家居市场带来促销热点。主流家居卖场已经提前进入节日促销"节奏"。相比以往的节日营销，"'六一'+端午"更注重将文化元素添加到营销活动中，北京家居市场再迎热销季。

由于今年端午节与"六一"儿童节重叠，家居卖场对此尤为重视，一些大型卖场已经陆续推出活动方案，提前预热市场。

5月24日至6月8日，消费者在居然之家可以免费办理会员卡，明码实价基础上最低至8.5折，家具、建材以旧换新再补贴5%，消费满10000元返100元靓屋专用券、满2000元可参与抽奖。5月31日至6月2日，城外诚家居广场将推出"'六一'端午浓情特卖惠"活动，消费者签单购物首付20%以上，且实付金额满3000元可参与抽奖；首付20%以上，且实付金额满3000元的前1000名消费者可获赠粽子；购买儿童家具实付满额可获赠成长礼包；另有多款产品超低价销售，特惠力度堪比'五一'。红星美凯龙北京五大卖场也推出了多个主题活动，比如"满5000元使用500元抵现金券"、"1言为'定'1元＝1000"、实价基础上再降 15％等多重优惠活动。

集美家居副总裁沈耀俊介绍说,今年 6 月,集美家居将打造"实木家具文化节"专题营销。沈耀俊表示:"与今年 3 月举行的'地板文化节'理念类似,想通过这种方式加强商家与消费者的联系,让商家更了解市场需求,同时向消费者传授文化知识,以讲座等方式增添营销活动的文化内涵。此次营销活动恰逢集美创业 30 周年纪念,活动力度很大。"他表示:"'专题营销'通过某个品类以点带面,整体上提升卖场人气和客流量。"

增加消费者的参与感,以互动的形式传播企业的品牌价值,将成为卖场促销活动的新动向。居然之家经营管理部经理王宁宁表示:"北京各大卖场发展至今已经各具特色,营销活动是在卖场自身发展特色、做好服务的基础上吸引客流。价格促销不再是营销主题,各大卖场的特色与优势也在竞争中愈加明显。"

资料来源:根据凤凰网 2014-05-22 新闻整理。

+-+

2.面向中间商的营业推广方式

(1)价格折扣和折让

价格折扣是在某段指定的时期内,中间商每次购货都可获得低于价目单定价的直接折扣。这一优惠待遇鼓励中间商去购买一般情况下不愿购买的数量或新产品。中间商可将购货补贴用作广告费用、零售价减价或作为直接利润。

企业提供折让作为中间商以某种方式突出宣传产品的补偿。广告折让用以补偿为企业产品做广告宣传的中间商,陈列折让则用以补偿对产品进行特殊陈列的中间商。

(2)免费商品

企业可提供免费产品给购买达到一定数量或有规模的中间商,如额外赠送几箱产品。企业也可以为中间商提供免费的附有公司名称的特别广告赠品。

(3)交易会或博览会

企业可以通过举办或参加交易会或博览会的方式来向中间商推销自己的产品。由于交易会或博览会能集中大量的优质产品,并能形成对促销有利的现场环境效应,对中间商有很大的吸引力,是一种难得的营业推广机会和有效促销方式。

(4)销售竞赛

企业在同一个市场上通过多家中间商来销售本企业的产品,并定期在中间商之间开展销售竞赛,在事先控制好的促销预算约束下,对销售业绩优胜的中间商给予一定的奖励,如现金奖励、实物奖励或较大的数量折扣。开展销售竞争有利于鼓励中间商加倍努力完成规定的推销任务。

3.面向推销人员的营业推广方式

(1)销售会议

主要是向推销人员介绍公司及产品的营销计划,详细解释公司有关广告运作的一些基本策略,以达到统一认识、密切配合、促进销售的目的。

(2)人员培训

对推销人员进行培训,是提高其素质、保证销售成功的一项关键工作。培训内容不仅仅是有关产品的知识和推销技巧,还包括敬业奉献精神培养、推销意识强化等精神层面的内容。

（3）宣传资料

为推销人员提供产品手册、广告招贴、价目资讯等，可以让推销人员进一步熟悉、掌握产品、企业和营销方面的知识，并对推销对象进行推介和宣传。

12.5.3　营业推广的决策过程

1.确立营业推广目标

营业推广在总体上是受企业市场营销总目标制约的，表现为这一总目标在促销策略方面的具体化。在不同类型的目标市场上，营业推广的目标各不相同。如针对消费者，营业推广目标为鼓励经常和重复购买，吸引新购买者试用，建立品牌知晓和兴趣，改进和树立品牌形象等；针对中间商，营业推广目标为促使零售商购买新的产品项目和提高购买水平，鼓励非季节性购买、对抗竞争者的促销活动，建立零售商的品牌忠诚，打进新的零售行业等；针对推销人员，营业推广目标为鼓励对新的产品或型号的支持，刺激非季节性销售，鼓励更高的销售水平等。企业促销部门要通过多因素分析，确定一定时期内营业推广的具体目标并尽可能使其量化。

2.选择营业推广工具

各种营业推广工具有其特点和适用范围，在选择时要考虑以下主要因素：

（1）市场类型

不同的市场类型需要不同的促销工具，如生产者市场和消费者市场的需求特点和购买行为就有很大差异。

（2）营业推广目标

特定的营业推广目标往往对促销工具的选择有着较为明确的条件要求和制约，从而规定着这种选择的可能范围。

（3）竞争条件和环境

包括企业本身在竞争中所具有的实力、条件、优势与劣势，及企业外部环境中竞争者的数量、实力、竞争策略等。

（4）预算分配

市场营销费用中有多少用于促销费用，其中又有多大份额用于营业推广，往往也会对营业推广工具的选择形成一种硬约束。

此外，同一营业推广目标可以采用多种营业推广工具来实现，这就是一个营业推广工具的比较选择和优化组合问题。

3.制定营业推广方案

在确定营业推广的目标和工具后，应制定具体的营业推广方案，在这过程中以下几点是需要注意的：

（1）比较和确定刺激程度

要使营业推广取得成功，一定程度的刺激是必要的。刺激程度越高，引起的销售反应也会越大，但这种效应也存在递减的规律。因此，要对促销实践进行分析和总结，并结合新的环境条件确定适当的刺激程度和相应的开支水平。

（2）选择营业推广对象

如决定销售促销范围的大小,哪类人是主要目标等。选择的正确与否直接影响促销的最终效果。

（3）选择营业推广媒介

如选定赠送优惠券这种推广方式,那么要确定有多少用来放在包装中,多少用来邮寄,多少放在杂志、报纸等广告媒介中,而这些又涉及不同的接收率和开支水平。

（4）选择营业推广时机

在何时开始营业推广,持续多长时间效果最好等,也值得研究。营业推广的持续时间过短,很多应获取的利益不能实现;持续时间过长,又会造成开支过大,刺激购买的力量下降,并容易使企业产品在顾客心目中降低身价。

（5）分配营业推广预算

营业推广预算的分配即营业推广预算在各种促销工具和各个产品间的进一步分配。

4. 实验、实施和控制营业推广方案

营业推广方案需要进行必要的实验,来判断促销工具选择是否适当,刺激程度是否理想,现有途径是否有效。实验可采取询问消费者、填调查表、在有限的地区内试行等方式进行。当实验结果同预期相近时,便可进入实施阶段。在实施中要关注市场反应,并及时进行必要的营业推广范围、强度、频度等的调整,以保持良好控制并顺利实现预期效果。

5. 评估营业推广效果

评估营业推广效果是一项重要而困难的工作,最普遍的方式是比较促销前、促销期间和促销后的销售变化。如一个企业在营业推广之前享有6％的市场份额,在营业推广期间激增至10％,在营业推广刚刚结束之后落到5％,过了一段时间又上升到7％。这就表明这次营业推广活动吸引了新的购买者并刺激原有购买者增加了他们的购买数量,促销结束后销售的回落是消费者消费他们的存货引起的。如果市场份额只是达到原有水平,没有上升,那么它表明这次促销仅是改变了需求的时间模式而没有改变总需求。

促销人员也可以采用消费者调查的方法来了解事后有多少人能回忆起这项营业推广活动,他们如何看待这次活动,有多少人从中获益,它如何影响他们后来的品牌选择行为等。营业推广效果的评估还可以通过变更刺激程度、促销时间和促销媒介来获得必要的经验数据,经比较分析后得出结论。

本章小结

现代市场营销不仅要求企业开发适销对路的产品,制定吸引人的价格,使顾客有容易取得所需产品的渠道,还要求企业通过促销活动,传播企业产品的特色、性能、购买条件及产品能给消费者带来的利益等方面的信息,树立企业和产品在市场上的形象,以此扩大企业及其产品的影响,促进企业产品的销售。

促销方式主要包括人员推销、广告、公共关系和营业推广四个方面。由于它们具有不同的特点,需要在实际促销活动中组合运用。各种不同的促销方式组合形成不同的促销策略,作用各不相同。明确促销组合各种促销形式的意义和特点,掌握运用各种促销手段和技巧,对于优化营销效果具有重要意义。

复习思考题

一、知识题

1.名词解释

(1)促销　(2)人员促销　(3)促销组合　(4)公共关系　(5)营业推广

习题测试
参考答案

2.单项选择题

(1)促销工作的核心是　　　　　　　　　　　　　　　　　　　　(　　)

    A.出售商品　　　　B.沟通信息　　　　C.建立良好关系　　　D.寻找顾客

(2)促销的主要任务是传递　　　　　　　　　　　　　　　　　　(　　)

    A.企业品牌　　　　B.企业形象　　　　C.企业产品信息　　　D.企业合作信息

(3)下列各因素中,不属于人员推销基本要素的是　　　　　　　　(　　)

    A.推销员　　　　　B.推销品　　　　　C.推销条件　　　　　D.推销对象

(4)对于单位价值高、性能复杂、需要做示范的产品,通常采用_____策略　(　　)

    A.广告　　　　　　B.公共关系　　　　C.推进　　　　　　　D.拉引

(5)公共关系是一项_____的促销方式　　　　　　　　　　　(　　)

    A.一次性　　　　　B.偶然　　　　　　C.短期　　　　　　　D.长期

(6)营业推广是一种_____的促销方式　　　　　　　　　　　(　　)

    A.常规性　　　　　B.辅助性　　　　　C.经常性　　　　　　D.连续性

(7)人员推销的缺点主要表现为　　　　　　　　　　　　　　　　(　　)

    A.成本低,顾客量大　　　　　　　B.成本高,顾客量大

    C.成本低,顾客有限　　　　　　　D.成本高,顾客有限

(8)在产品生命周期的投入期,消费品的促销目标主要是宣传介绍产品,刺激购买欲望
的产生,因而主要应采用_____促销方式　　　　　　　　(　　)

    A.广告　　　　　　B.人员推销　　　　C.价格折扣　　　　　D.营业推广

(9)一般日常生活用品适宜选择_____媒介做广告　　　　　(　　)

    A.人员　　　　　　B.专业杂志　　　　C.电视　　　　　　　D.公共关系

(10)_____虽然在短时间内能够强有力地推进商品销售,但同时也会对企业及产品
带来一定危害　　　　　　　　　　　　　　　　　　　　　(　　)

    A.减价销售　　　　B.有奖销售　　　　C.商品展销　　　　　D.赠送样品

3.多项选择题(下列各小题中正确的答案不少于两个,请准确选出全部正确答案)

(1)促销的具体方式包括　　　　　　　　　　　　　　　　　　　(　　)

    A.市场细分　　B.人员推销　　C.广告　　　D.公共关系　　E.营业推广

(2)促销策略从总的指导思想上可分为　　　　　　　　　　　　　(　　)

    A.组合策略　　B.单一策略　　C.推进策略　　D.拉引策略　　E.综合策略

(3)开展公共关系活动的步骤包括　　　　　　　　　　　　　　　(　　)

    A.调查　　　　B.计划　　　　C.实施　　　　D.检测　　　　E.反馈

(4)人员推销的基本形式包括　　　　　　　　　　　　　　　　　(　　)

    A.上门推销　　B.柜台推销　　C.会议推销　　D.洽谈推销　　E.约见推销

(5)广告最常用的媒体包括 （ ）

    A.报纸   B.杂志   C.广播   D.电影   E.电视

4.简答题

(1)促销包含哪几方面的含义？有哪些作用？

(2)人员推销与非人员推销相比,其优点表现在哪些方面？

(3)企业公共关系有哪些作用？

(4)如何认识广告效果的好坏？

二、能力题

讨论组

1.讨论题

试述怎样选择广告媒体。

2.综合题

联系实际,说明促销手段在诱导消费方面发挥的作用及其与"过分推销"的区别。

3.案例分析题

"双 12",酒类电商如何玩出新花样？

2015 年"双 11"刚刚落下帷幕,商家就开始备战"双 12"。与各种硬件商品过亿的销售额相比,酒类商品零售在电商市场上的份额还很少,即便是在酒行业中,电商所占的市场份额也不超过 3%。但是作为人们日常的消费品,酒类电商正在快速崛起,并将颠覆酒类行业的商业逻辑。

"双 11"不得不说的事情

在历年的"双 11"活动中,酒仙网、1919、也买酒、购酒网、网酒网等是主力军,特别是酒仙网和 1919 在争夺交易冠军方面不遗余力。2014 年"双 11",23 时以前 1919 一直遥遥领先,可最后一小时,酒仙网祭出撒手锏,以超低价抛售茅台、五粮液、红花郎等单价较高的产品,并解除限购,以亏损换份额,最终酒仙网和 1919 分别录得 8000 万元和 7200 万元的销售额。在此次争夺中,超低价的名牌产品成为酒仙网的"救生衣",并且赢得了消费者对酒仙网新的认知。

而在 2015 年"双 11"活动中,酒仙网、1919 这对"冤家"自然也不会放松,只是市场环境已经发生了重要改变。1919 在 2014 年登陆新三板,酒仙网也在"双 11"前正式挂牌新三板。2015 年 11 月 6 日,1919 发布停牌公告,并在"双 11"最后一个小时宣布收购排名第三位的购酒网,这样 1919 就凭借"合体"的方式超越了酒仙网。根据天猫生意参谋的数据,"双 11"当天 1919、酒仙网、购酒网的交易指数分别达到 3412867、2506338、1893760,虽然交易指数不完全以销售额为依据,但是销售依然是主导因素。依此来看,1919 加购酒网已经远超过了酒仙网。除了三者之外,酒类电商的另一匹黑马非赵薇莫属。很多人都知道她在法国花费约 400 万欧元购买了梦洛酒庄,但是酒庄的产品在国内的知名度不高。2015 年"双 11"赵薇的产品登陆天猫,在整个"双 11"期间,梦洛酒庄旗舰店交易指数达到 80 万,行业排名 12。

与酒仙网、1919 等平台相比,梦陇(梦洛酒庄推出的红酒品牌)的异军突起差异明显。酒仙网、1919、也买酒、网酒网等主打低价,梦陇则充分发挥了明星效应。在单品的销售排名中,各家店铺都有自己的明星产品,酒仙网的飞天茅台、1919 的 52 度五粮液加茅台、也买酒的年度爆款 8+6 组合、网酒网的拉菲传奇成箱购的价格分别为 699 元、1111 元、298 元、199

元，几乎都是低于成本价在销售。而天猫的梦陇旗舰店，仅凭借 4 款产品就位列酒类店铺第 12 名，一方面是因为其有一个"好妈妈"——赵薇，明星效应在这次活动中充分发挥了作用，在"双 11"的发布会上，赵薇也不遗余力地为自己的店铺和天猫站台，好过任何一种形式的网络营销手段；另一方面则在于天猫，众所周知，流量是天猫最核心的资源，各种资源位、活动位、排名等都对产品的销售有着最直接的效果，梦陇在这一方面获得了天猫的大力支持，在酒类的活动页面有很好的位置，大大增加了产品的曝光率和转化率。由此可见，价格、营销是"双 11"促销非常有效的利器。

寻找"双 12"的着力点

既然价格、营销是"双 11"成功的利器，那么在"双 12"，这些手段是否能发挥同样的作用呢？这要从两次活动不同的背景考量。首先"双 11"的主战场是天猫，目前酒类电商都将精力放在了天猫的旗舰店上，虽然很多商家也有淘宝 C 店，但是规模上不能和旗舰店相提并论；其次，"双 11"这样的大促活动有很强的透支能力，酒类产品的消费有一定的消化周期，"双 11"的大量消费可能要经过 1—2 个月才能消化完；最后，虽然"双 12"也是阿里系重要的活动，但是规模和重要性远不及"双 11"，加之临近圣诞、元旦等年末节日，其促销形式和内容都会受到多方的分流。所以，酒类商家在"双 12"促销期间对活动形式还是要做一些改变的。

首先，价格依然是重要的手段，但不用降到和"双 11"一样的低价水平，特别是低于成本的销售模式要尽量避免，否则连"赔本赚吆喝"的效果都无法实现。其次，要充分利用临近节假日的效应，抓住个人节日消费和企业的年终福利消费，大宗消费将是这一阶段的主题。再次，要充分利用多平台、多形式的促销活动，12 月是全年当中所有电商网站活动最为集中、力度也较大的月份，酒类消费与节假日有着天然的匹配度，在这样的背景下消费能力是能够快速提升的。最后，在产品配置上要和"双 11"有所差异，以淘宝、天猫平台为主体的促销活动，明星单品都是最有效的促销形式，由于两次活动间隔周期仅一个月，所以即便同样低价，产品的销售也会受到极大的影响，商家需要培育新的明星单品，满足消费者购物新鲜度的要求。

"双 12"和"双 11"虽同样都是大促活动，但由于背景不同，采取的策略也要有差异，这样才能淡化消费者消费透支对销售额造成的影响。

与线上不同，线下在"双 11"大促期间明显被冷落，线上的超低价优惠可以说"砸了很多人的饭碗"，很多经销商、店家苦不堪言。由于成本和覆盖群体无法和线上商家相抗衡，所以线下商家在大促期间也不能使用同样的力度来换取巨额的销售，此消彼长，线上的增长必然使线下销售有所降低，原本的销售旺季也因此大打折扣。但这并不意味着线下要完全让位于线上，酒类产品目前在线上的交易额不足 5％，线下依然占据着绝对的优势。有效的策略应该是避免和线上的直接冲突，充分利用自身区域化、客户固定化、网点化的优势，利用节日促销的契机，在自身店面所覆盖的区域或者分销的渠道内，开展差异化的营销活动，并推动团购、大宗购等形式的购买。线下渠道有着自身相对固定的用户群体和客户，这是天然资源，年底回馈的形式将带来销售额较大的提升。无论线上还是线下，12 月都是一年中最重要的月份之一，很多商家 30％以上的交易额都来源于这个时间段，在经历了"双 11"的洗礼后，"双 12"必须要采取差异化的运营策略，来抵消跨期消费对当期的影响。酒类产品和节假日的关联度极高，这也为 12 月的销售增长提供了坚实的基础。

资料来源:根据《销售与市场》2016年第12期相关资料整理。

问题:

(1)在"双11"中,酒类电商的促销活动主要是什么形式?有何优缺点?

(2)比较酒类电商在"双11"和"双12"促销的异同。

(3)试述酒类电商还可以采用哪些营业推广策略。

第五篇

价值监控篇

第13章

市场营销计划和组织

学习目标

知识目标	技能目标
◆ 了解市场营销计划的内容	◆ 能够阅读理解市场营销计划
◆ 了解市场营销计划的常见类型	◆ 熟悉计划编制前的前期准备工作
◆ 了解市场营销组织的类型	◆ 熟悉市场营销计划的编制
◆ 了解市场营销组织的演进过程	◆ 熟悉市场营销组织的架构设置
◆ 了解市场营销组织的设计原则	◆ 能够独立设计市场营销组织的架构

导入案例

"动感地带"带动潮流

中国移动推出的"动感地带"在全国发起的时间是 2003 年 3 月。15 个月后,动感地带就"俘获"了 2000 万目标人群。

中国移动在品牌演绎、构筑价格竞争优势、选择有针对性的营销渠道等方面做了大量的准备,同时制定了严格的促销传播计划并坚持按步骤不折不扣地加以实施。在计划启动后的短短 15 个月中,根据目标消费者接受程度的阶段性,动感地带的品牌推广经过了四个大的阶段。

第一阶段是 2003 年 3 月 15 日—4 月 15 日,主要是集合各种大众传播工具对市场进行广泛告知,推广主题:动感地带全面上市。这个阶段是品牌名称和概念的告知阶段,产品和业务的推介是其次。

第二阶段是 2003 年 4 月 15 日—9 月 15 日,动感地带在这个阶段推出了品牌代言人,推广主题:玩转年轻人通信自治区。主要是由周杰伦示范动感地带业务的种种利益点,深度细致的产品推介是其次。

第三阶段是 2003 年 9 月 15 日—2004 年 7 月,动感地带推广主题是:亮出特权身份,就在动感地带。这一阶段是业务(四大特权)深度推介阶段和品牌文化纵深传播阶段,目的是要让动感地带目标对象产生一种品牌的自我认同和身份识别,明显地感觉到"哦,原来我就是 M-ZONE 人"。这一时期的"寻找 M-ZONE 人"系列活动也是按照这个目的来设计的。

第四阶段是 2004 年 7 月以后,推广主题:扩张我的地盘。在经历了之前"我的地盘,我做主"的利益认知识别之后,为了配合市场推广的进一步深入,动感地带在第四阶段将市场推广目标直接作为了品牌推广的主题。并且,这个阶段的动感地带品牌文化宣导在原有的基础上也开始有了细微的调整和转移,将原来单纯的"玩"细化到了"有积极追求的创业理想"上,因为这部分人群不会因为玩物丧志而丢失成长为高价值客户的可能。

资料来源:《市场营销学案例》(盛敏、元明顺、刘艳玲),清华大学出版社 (2005)。

案例分析题

中国移动"动感地带"这一案例说明,一个好的营销计划,如果能够按步骤很好的实施,就会有很大的成效。因此,必须把营销计划转化为任务,并保证这种任务的完成,来实现营销计划制定的目标。

13.1　市场营销计划

任何组织的任何工作都始于计划,企业的市场营销工作也不例外。著名的营销专家菲利普·科特勒就说过,"战略的正确性比它是否能立即赢利更重要,而战略始于企业的计划工作"。市场营销计划为企业如何利用其特有优势提供了一个分析框架。

13.1.1　市场营销计划的重要性

市场营销计划是有关某一具体产品、品牌或市场如何进行市场营销活动的总体安排和要求,通常以正式文件形式出现。市场营销计划是企业从事营销活动的指导,其重要性表现在以下四个方面:

1.避免经营上的盲目性

企业管理者在市场营销计划中制定了计划期内的经营目标,明确了经营方向,从而可以减少或避免经营上的盲目性,使企业的市场营销活动能够更加顺利地开展。

2.有助于取得较好的经济效益

市场营销计划规定了计划期间经营所需资源,企业可以预先测算成本和费用开支,从而有利于节约资源和取得较好的经济效益。

3.有利于协调企业内部各部门之间的关系

市场营销计划明确规定了计划期内的目标和策略,各个部门都按照计划要求安排自己的工作,从而有利于协调和沟通企业内部各部门、各环节之间的关系。例如,销售部门与生产、财务、人事等部门的关系;销售部门内部广告、推销、运输、储存等环节的关系。

4.有利于分工明确,各司其职

市场营销计划规定了具体经营策略,可以使各级工作人员心中有数,明确自己的目标、责任和工作方法;主管人员可以摆脱日常业务指挥,致力于长期战略计划研究。

13.1.2 市场营销计划的类型

根据涵盖时间和范围的不同,市场营销计划可分为长期计划、中期计划和短期计划。长期计划和中期计划通常被称为"战略"计划,短期计划被定义为"综合"计划或"商业"计划。

(1)长期计划

长期计划的主要目的在于提前数年评估经济和商业趋势,它可以使公司采取一种在较长时间段内满足企业增长目标的经营战略。长期计划在国防、航空以及制药等领域有着十分重要的作用。因为在这些行业中,新产品的开发周期往往较长,因此,一项长期计划有可能长达 10 年或者更长的时间。事实上,大多数公司并不需要如此长的产品开发周期,在这些公司中,长期计划一般不会超过 3~5 年。

(2)中期计划

中期计划是一项比较实用的计划,它涵盖的时间范围一般为 3 年。由于制定计划者更接近现实,而较少运用假设,计划更多地反映了将要发生的实际情况。因此,较长期计划而言,中期计划更具现实意义。中期计划一方面反映长期计划所体现的战略规划,另一方面也包括在较短时间内做出的决定。

(3)短期计划

短期计划(制定预算)一般只涵盖 1 年的时间,通常是伴随预算而制定出的公司的综合计划或商业计划。这种计划包括在未来 12 个月内要做的工作的细节问题(与公司的财政年度相联系)。短期计划较其他计划而言更为详细,同时,如果需要可以在年度内进行修订。

从所涉及的范围或内容看,市场营销计划可分为战略性营销计划和战术性营销计划。

(1)战略性营销计划

战略性营销计划是指确定一个组织的主要营销目标,并制定最终实现这些目标的行动方案,其中包含着对必要营销资源的安排和配置。战略性营销计划为组织的营销者指明了组织营销的长期方向。因此,战略性营销计划对企业的前途有着重大的影响。战略性营销计划因其目标和导向的不同,可分为市场导向的市场营销战略计划和竞争导向的市场营销战略计划。

①市场导向的营销战略计划,即在组织营销目标、营销技能、营销资源和各种变化的市场机会之间建立与保持一种可行的适应性管理过程。它的目标就是塑造和不断调整公司业务与产品,以期获得目标利润与发展。

②竞争导向的营销战略计划,即在深刻明确和了解竞争对手的优势与劣势以及行为意图的基础上,合理安排公司的资源,以达到克敌制胜、实现自身营销目标的战略性安排。

(2)战术性营销计划

战术性营销计划是指企业在实施特定的营销战略时所明确的短期行动和实施细则,它使得战略性营销计划得以展开并变得可操作化。这些战术性的决策不同于战略决策,其主要区别在于:复杂性较低,但结构性更强;允许的时间范围通常较短;所要求的资源投入较少;营销活动的实施和调整更加频繁。

13.1.3　市场营销计划的内容

一份完整的市场营销计划主要包括以下八个要素:

1. 目标提要

目标提要是市场营销计划的开端,在目的提要里要对主要的市场营销目标和有关建议简短地给出概述。目标提要是整个市场营销计划的精神所在。

通常一个组织的营销计划是要经过上级主管或有关人员审核的。由于他们不一定有时间能把全部的营销计划详细地阅读完,目标提要可以使他们了解营销计划的中心所在,便于他们迅速了解和掌握计划的要求和主要内容。如果上级主管需要仔细推敲计划,可查阅计划书中的有关部分。

2. 背景或现状

这是计划正文中的第一个主要部分,主要内容是收集并提供与宏观环境及微观环境相关的数据资料,也就是企业所处环境的分析。在这部分内容中,应详细分析与市场、产品、竞争、分销以及宏观环境状况有关的背景资料,为营销计划的后续阶段制定营销目标及为市场营销战略与策略的制定提供科学的依据。

(1)宏观环境

阐述可能影响企业营销的宏观环境(政治、经济、社会文化和科技)的有关因素,它们的现状与未来的发展趋势,尤其是对关键因素要有清楚的了解和把握。

(2)市场形势

描述市场的基本情况,包括市场现有规模与增长速度,分析过去几年的销售总量、销售总额以及不同地区或细分市场的销售状况,提供消费者或用户目前的需求现状、消费观念和购买行为分析以及未来的发展趋势。

(3)竞争状况

主要是针对竞争对手调查的有关结果,了解它们的市场规模、目标、市场占有率、产品质量、成本费用、营销战略与营销组合以及任何有利于了解竞争者意图和行为的资料数据,判断竞争者在市场中所处的地位和变化趋势等。

(4)产品情况

主要包括过去及现在企业产品的销售、价格、利润方面的情况。如果企业同时营销多个产品或品牌,还要对每个产品或品牌的现状和发展趋势做出比较分析,以便展开更有针对性和策略性的营销计划。

(5)分销状况

描述企业产品所选择的分销渠道的类型,各条分销渠道的销售情况,各条分销渠道的相对重要性及其变化;主要经销商及他们经营能力的变化,对经销商进行激励所需的投入、费用和交易条件等。例如,某产品在百货商店、超市、专业商店等各种不同渠道上的销售比例。

3. SWOT 分析

这部分主要是通过分析企业现状,找出企业目前的主要机会与威胁、优势与劣势以及面对的主要问题。

通过对企业所面对的机会和威胁的分析,找出目前或未来能够左右企业发展的主要因素,并对这些因素按轻重缓急分析优先顺序,以便企业能将有限的资源放在那些更重要、更紧迫的事情上。

通过对优势与劣势的分析,说明企业内部资源与能力的主要特征。对企业优劣势的分析是企业配置资源应对挑战的前提。所谓的优势就是企业用于开发机会、对付威胁所具备的内部因素,劣势是企业因此必须改进、完善的内部条件等。

通过对以上问题的分析,将企业的资源与能力的优劣势与企业所面对的机会与威胁进行匹配,用来确定计划中必须强调和突出的主要方面,帮助企业形成有关市场营销的目标、战略和策略等。

4. 营销目标

明确问题以后,需要做出与目标有关的选择,为后面战略的制定提供指导。

目标包括两大方面,即财务目标和市场营销目标。主要的财务目标有销售收入、销售利润、净利润等。而市场营销目标一般有市场占有率、产品及企业形象、品牌知名度或忠诚度、销售网点的多少等。必须强调的是,在设置目标时要注意以下两点:目标不能只是概念化的,要尽可能量化成可以衡量的指标,以便日后进行考核;要将近期目标与长远目标结合起来,不能为了追求眼前的增长,而进行涸泽而渔似的投资。

5. 营销战略与策略

一般来讲,企业的市场营销战略主要包括三个方面。

(1)目标市场战略

主要是说明企业及产品或品牌准备进入的细分市场。不同的细分市场在顾客偏好、对企业市场营销行为的反应、盈利潜力等方面是各有特点的,所以企业需要在精心选择的目标市场上,慎重地分配其市场营销资源和能力。

(2)市场营销组合策略

在选定目标市场以后,企业要从产品、价格、渠道以及促销等方面制定营销组合策略,以实现企业的市场营销目标。

(3)市场营销预算

任何一种营销计划都是在一定的预算约束范围内展开的,市场营销预算要求营销人员在制订和选择营销计划时,要注意计划的经济性。

在制订营销战略的过程中,营销部门要与企业其他部门(如生产部门、采购部门和研发部门)沟通、协商,以取得他们的信任和对市场营销战略的支持。否则,会由于缺乏沟通,使得部门之间、计划人员与操作人员之间产生矛盾,导致计划难以实行。

6. 行动方案

各种营销策略制定后,还要将它们转化为具体的行动方案,这是实现营销策略和目标的根本保证。具体包括企业要完成什么任务、什么时候开始做、什么时候完成、由谁来负责、需要支付多少费用等。整个行动过程还可以用列表加以说明,标明每项市场营销活动的执行日期、费用和责任人等,使整个行动方案一目了然,便于执行与控制。

7.预算

为确保企业的市场营销目标、营销策略与行动方案的顺利完成,企业应制定预算,也就是编制一份损益预算表。预算表中包含收入和支出,收入栏列出预计的单位销售数量、平均价格,支出栏列出生产费用、储运费用以及其他各种市场营销费用,收入和支出的差额就是预计利润。企业的高层管理者对各业务单位编制的营销预算进行审批,预算经过批准后,即成为材料采购、生产调度、人事安排和各项营销活动的依据。

8.控制

营销计划的最后一步是控制,主要说明如何对计划的执行过程、进度进行管理。常用的做法是将目标按月份或季度以及组织或人分解开,并在执行过程中进行监督和控制,掌握各个环节的完成情况,分析未完成任务的原因,以便修正计划的执行情况。

需要强调的是,市场营销计划的控制部分还要有应对意外事件的应急计划,以增强企业或组织应对突发事件的能力。

13.1.4 市场营销计划的执行

市场营销计划的制定仅是一个开始,更为重要的是市场营销计划的执行。所谓的市场营销计划执行,是将市场营销计划转变为具体行动的过程,即调动企业全部资源、有效地投入到营销活动中,并保证完成计划规定的任务,实现既定目标。在营销计划执行过程中,环境变化、计划脱离实际、缺乏具体明确的执行方案等各种问题的存在,可能导致市场营销计划不能有效地执行而失败。

1.市场营销计划执行中的障碍

(1)计划脱离实际

由于市场营销计划通常是由上层的专业计划人员制定,而执行计划主要依靠企业管理人员和市场营销人员,这两类人员之间如果缺乏必要的沟通和协调,就很容易导致市场营销计划脱离实际。因此,企业在制订市场营销计划时,应该加强两者的沟通与协调,或者让计划执行者直接参与到市场营销计划的制订过程,这样才能使得营销计划更符合实际情况,也会有利于市场营销计划的执行。

(2)缺乏具体执行方案

专业计划人员制定的市场营销计划,往往只考虑总体战略而忽视执行中的细节,致使计划过于笼统而难以执行。

(3)营销人员追求短期利益

市场营销战略和计划通常着眼于企业长期目标,涉及今后3～5年的经营活动。而对市场营销战略和计划的执行者——市场营销人员的考核和评估标准则主要依据短期工作绩效,如销售量、市场占有率和利润率等指标,因此,市场营销人员往往选择短期行为。

(4)企业因循守旧的惰性

企业新的战略如果不符合企业传统和习惯,往往就会遭到抵制。新旧战略差异越大,执行新战略遇到的阻力就越大。因此,要想执行与旧战略截然不同的新战略,常常需要打破企业传统的组织机构和供销关系。

2.市场营销计划的有效执行

为了确保市场营销计划的有效执行,管理者应该注意以下问题:

(1)制定行动方案

为了有效实施市场营销战略和计划,必须制定详细的行动方案。这个方案应该明确市场营销战略实施的关键性决策和任务,并将执行这些决策和任务的责任落实到个人或小组。另外,还应包含具体的时间表,定出行动的确切时间。

(2)建立组织结构

具有不同战略的企业需要建立不同的组织结构,也就是说,组织结构必须同企业战略相一致,必须同企业本身的特点和环境相适应。

(3)设计评估和报酬制度

为了实施市场营销战略和计划,必须设计相应的评估和报酬制度,这些制度直接关系到战略实施的成败。就企业对管理人员工作的评估和报酬制度而言,如果以短期的经营利润为标准,则管理人员的行为必然趋于短期化,不会有为实现长期战略目标而努力的积极性。

(4)开发人力资源

市场营销战略最终是由企业内部工作人员来执行的,因此人力资源开发至关重要,这涉及人员考核、选拔、安置、培训和激励等问题。

(5)建设企业文化

企业文化对企业经营思想和领导风格、职工工作态度和作风等均起着决定性作用。与企业文化相连的是企业管理风格。企业文化和管理风格一旦形成,就具有相对稳定性和连续性,不易改变。因此,企业战略通常是适应企业文化和管理风格要求来制定的,而不宜轻易改变企业原有的文化和风格。

应用实例

野马车轰动上市

野马汽车是福特汽车公司在1964年推出的新产品。不到一年的时间,野马汽车就风靡整个美国,取得了轰动一时的成功。野马汽车受到市场的青睐是与其周密独到的营销策划密不可分的。

第一步:

在汽车正式投放市场的前四天,公司邀请各大报纸的编辑到迪尔伯恩,并借给每人一辆野马车,组织他们参加从纽约到迪尔伯恩的野马车大赛,同时邀请100名新闻记者亲临现场采访。此项活动一经展开,便引起了许多新闻媒体的广泛关注,纷纷报道野马车大赛的情况,制造了轰动效应。

第二步:

野马车上市的第一天,公司让全美2600家报纸用整版篇幅刊登了野马车奔驰的图片,还让新车照片同时出现在《时代周刊》和《新闻周刊》的封面上。此举大大地提高了该产品的知名度,进而为提高市场占有率打下了基础。

第三步：

自野马车上市开始,公司让各大电视台每天不断播放野马车广告,利用电视图文并茂的特点,进一步刺激消费者需求。选择电视做宣传,旨在扩大广告宣传的覆盖面,进一步提高产品的知名度。

第四步：

公司在最显眼的停车场竖起巨幅路牌广告,上面写着"野马栏",以引起消费者的注意,扩大野马的曝光率。

第五步：

公司在美国各地最繁忙的 15 个机场和 200 家度假酒店展览野马车,以实物广告形式,激发人们的购买欲。

第六步：

公司向全国的小汽车用户直接寄发几百万封的广告宣传品,既达到了促销的目的,又表示了公司为顾客服务的态度和决心。

上述分六步实施的营销宣传活动,可称得上具有铺天盖地、排山倒海之势。仅在一周内,野马车就轰动整个美国,风行一时。

资料来源:上海财经大学市场营销学国家级精品课程网站。

13.2 市场营销组织

企业营销计划的实施与营销目标的实现,是借助于一定的组织来实施的,这些组织构成市场营销的组织机构。它是企业为了实现营销目标,对企业的全部经营活动从整体上进行平衡协调的有机结合体。

13.2.1 市场营销组织的演进

在企业的组织内部,承担市场营销职能的部门由最初的比较简单的销售部门发展到今天复杂的综合性部门,其组织形态、职能任务、内部结构及与其他职能部门的关系都经历了一个发展演化的过程。

1.单纯的销售部门

每个企业几乎都是从财务、生产、会计和销售四个职能部门开始发展的。财务部门主要负责资金的筹措,生产部门主要负责产品制造,会计部门主要负责来往账目、成本核算的管理,销售部门通常由主管销售的副总经理领导和管理,其主要任务是负责销售产品。当企业需要进行市场调研或广告活动时,则由主管销售的副总经理安排其他人员来完成,销售人员对产品设计、产品生产、库存管理等问题,几乎没有任何的发言权。20 世纪 30 年代以前,西方国家的企业基本上以早期的生产观念为导向,市场营销组织大都属于这种形态,如图13-1所示。

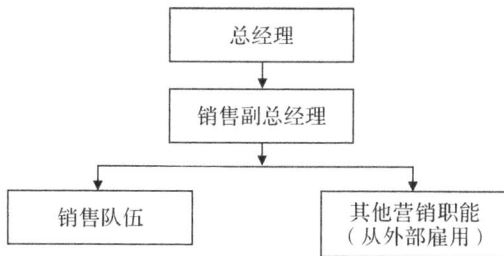

图 13-1　单纯的销售部门

2.具有辅助性职能的销售部门

随着企业的扩大,销售市场也会随之扩大,销售的任务在增加。另外,外部的市场竞争环境也在改变,企业需要强化和拓展销售部门的职能。20 世纪 60 年代以后,西方大多数企业开始以销售观念为指导思想,需要一些经常性的市场营销调研、广告和其他促销活动辅助产品的销售。这些工作逐渐演变为销售部门的专门职能。当这些工作量达到一定程度时,许多企业开始设立市场营销经理的职位,全盘负责这些职能的规划与管理,如图 13-2 所示。

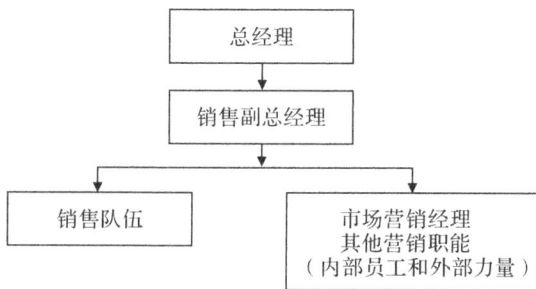

图 13-2　具有辅助性职能的销售部门

3.独立的市场营销部门

随着企业规模和业务范围进一步扩大,原来作为辅助性职能的市场营销工作,如市场调研、新产品开发、广告促销和顾客服务等,重要性日益增强,市场营销部门作为一个相对独立的职能部门在企业中被广泛设立。负责主管市场营销的副总经理,同负责销售工作的副总经理一样,改由总经理直接领导,销售和市场营销成了平行的职能,如图 13-3 所示。当然,在具体的工作上,两个职能部门之间需要密切的配合。

4.现代市场营销部门

销售和市场营销两个部门需要互相协调和默契配合,但是在实际工作中,它们之间却容易形成一种彼此敌对和互不信任的关系:主管销售的副总经理更关心企业的销售业绩,难免趋向于短期行为;主管市场营销的副总经理更加关注长期效果,注重运用市场营销战略手段去实现企业的长期计划目标,满足市场的长期需要。为解决销售部门和市场营销部门之间的矛盾冲突,企业开始把销售部门融入市场营销部门,由主管市场营销的副总经理全面负责管理,下辖所有的市场营销职能部门和销售部门,形成现代市场营销部门的基础,如图 13-4 所示。

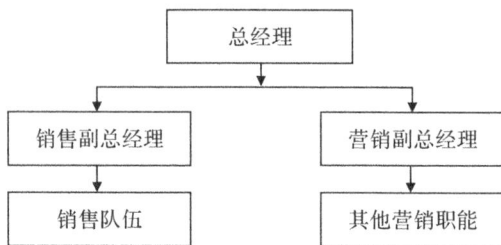

图 13-3　独立的市场营销部门

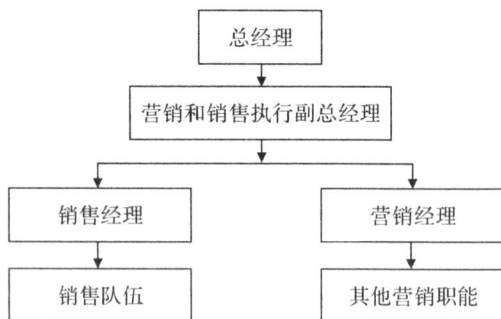

图 13-4　现代市场营销部门

5.现代市场营销企业

市场营销不仅是一个部门的职能,而且是整个企业的经营哲学。企业所有管理人员,乃至每一位员工,都要行动起来,一切以顾客为中心展开工作。市场营销部门不是一个企业的全部,而当整个企业都是市场营销部门时,这样的企业才能真正算是一个以市场为导向的现代营销企业。

6.以小组制、团队制为基础的企业

现在有许多企业将他们的组织结构重新集中于关键过程而非部门管理,部门组织被看成是执行职能性业务过程中的障碍。例如,在新产品的研发、顾客的获得与维持、订单的履行和顾客服务、品牌的管理与运行、特定区域市场的开拓等工作方面,企业以小组制或团队制为基础对企业的组织结构实施重新构造。企业以小组制等形式成立团队,团队的负责人管理着由跨职能部门人员构成的小组,营销人员和销售人员作为小组的成员参与进来。这时,营销人员是该小组的实际构成成员,而营销部门对于该成员则是虚线联系,如图 13-5 所示。营销部门的责任是训练成员、安排他们参与新的小组、评估他们的总成绩等。

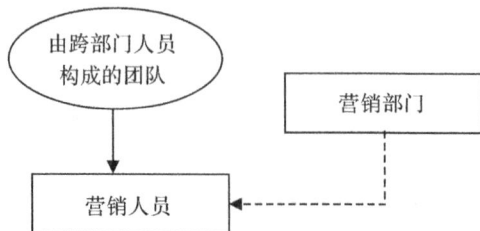

图 13-5　以小组制、团体制为基础的企业

13.2.2　市场营销组织的类型

现代企业由于有着各自不同的目标、战略、竞争环境和资源条件,其市场营销组织的形式也是多种多样的。常见的市场营销组织的类型有以下五种:

1. 职能型营销组织

职能型营销组织是最常见的形式。它是在主管市场营销的副总经理的领导下,由各种市场营销专业人员,包括市场营销调研人员、新产品研发人员、售后服务人员、营销策划人员、销售人员、储运管理人员等构成。市场营销副总经理负责协调各个市场营销职能科室、人员之间的关系,如图13-6所示。

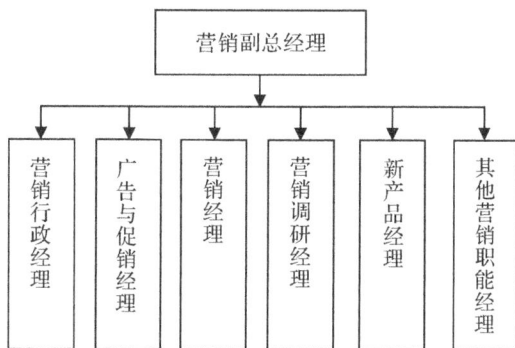

图 13-6　职能型营销组织

职能型营销组织的主要优点是结构简单,行政管理方便。其主要缺点是:随着产品的增多和市场的扩大,这种组织形式就逐渐暴露出发展不平衡或者难以协调的问题;各个职能部门为强调各自的重要性、争取更多的预算和决策权力,相互之间进行竞争,使得市场营销副总经理常常难以协调职能部门之间的关系。这种市场营销组织类型主要适用于产品种类少、对相关专门知识要求不高或经营地区情况差别不大的企业。

2. 地区型营销组织

业务涉及全国甚至更大范围的企业,其营销组织就可以按照地理区域来安排和管理销售人员。例如在销售部门设有全国市场经理,下面再设有东北、华北、西北、华东、华南、西南等大区市场经理,每个大区市场经理的下面按省、市、自治区设置区域市场经理,再往下可以设置若干地区市场经理和销售代表,如图13-7所示。

地区型营销组织的主要优点是,每个地区的销售人员比较了解当地的市场特点,可以充分发挥优势,做好地区市场的营销工作。其不足之处是,当产品种类较多时,很难按照不同产品的使用对象来综合考虑,各地区的活动也难于协调。为了使整个市场营销活动更有成效,地区型营销组织通常都与其他类型的营销组织结合起来使用。

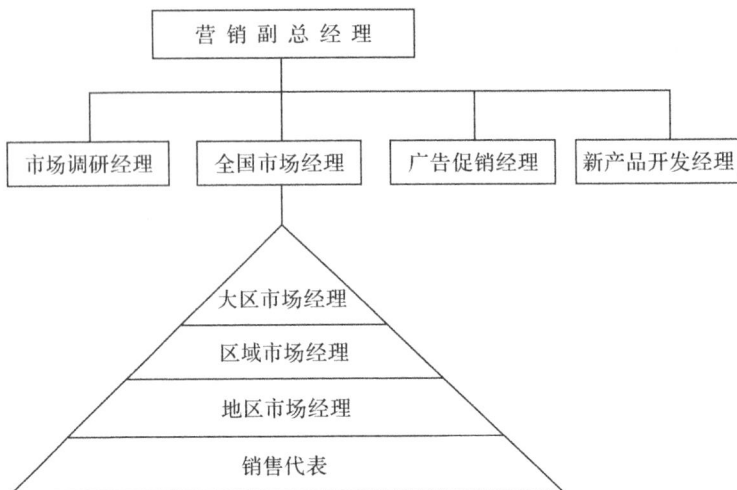

图 13-7　地区型营销组织

3. 产品管理型营销组织

许多生产多种产品或拥有多个品牌的企业,往往会按产品建立市场营销组织。具体做法是:在总产品经理的领导下,按每类产品(品牌)分设经理,再按每种具体品种设一名经理,分层管理,如图 13-8 所示。如果企业经营的各种产品差别很大,产品的数量又很多,超过了职能型营销组织所能控制的范围,就适合建立产品管理型营销组织。

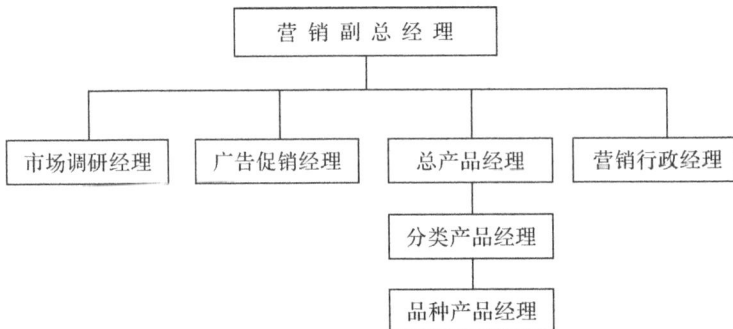

图 13-8　产品管理型营销组织

产品管理型营销组织的主要优点是:产品经理能够将营销组合的各要素协调一致地加以运用;与职能型营销组织相比,产品经理能够以更快的速度及时反应特定产品在市场上发生的问题;产品经理负责专管特定的产品,可以保证任何产品都不会受到忽视;能够多方面地锻炼年轻的管理人员,使他们有机会涉足企业经营活动的各个领域。

产品管理型营销组织的主要缺点是:产品经理在履行职责的过程中要与企业的各个职能部门发生联系,要依赖于广告部门、销售部门、生产部门等的合作,但是他们没有足够的权威要求各部门配合,只能依靠协调与说服的方式,如果其他职能部门不配合,就会造成一些矛盾冲突;产品经理对产品营销的全过程进行管理,但他们不可能在各项营销职能方面都是专家,从而影响营销活动的效率和综合协调能力;随着企业产品种类的增加,产品经理、销售代表以及其他职能的专业人员也会随着增加,导致经营成本增加。

4. 市场管理型营销组织

企业可以按照顾客特有的购买习惯和偏好进行细分,建立市场管理型营销组织。这种形式同产品管理型营销组织相似,由一个总市场经理管辖若干子市场经理,子市场经理负责自己所辖市场的年度销售利润计划和长期销售利润计划,如图 13-9 所示。

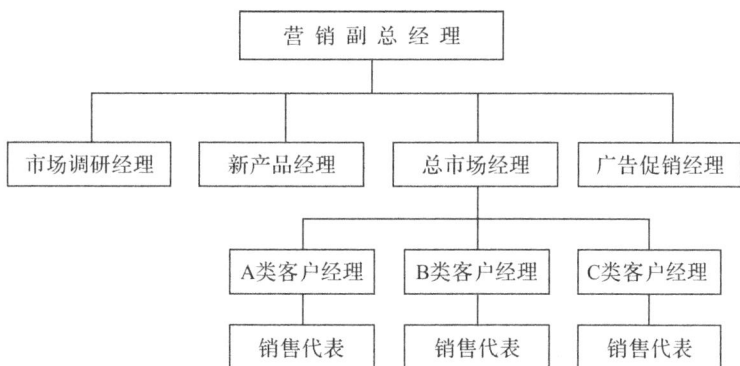

图 13-9　市场管理型营销组织

市场管理型营销组织的主要优点是,企业可以围绕特定消费者或用户的需要,开展一体化的市场营销活动,而不是把重点放在彼此隔离的产品或地区上。其主要缺点与产品管理型营销组织类似,也存在权责不清、多头领导与营销成本相对较高等问题,同时对营销人员的要求也较高,产品线较宽时要求营销人员要熟悉所有产品的特性。

5. 产品—市场管理型营销组织

当有些企业面向不同市场生产多种产品时,在确定市场营销组织结构时经常会面临两难抉择:是采用产品管理型,还是市场管理型? 能否吸收两种组织形式的优点,摒弃其不足之处? 有的企业试图建立起一种既有产品经理、又有市场经理的矩阵组织,以求解决这个难题。例如,美国杜邦公司就按矩阵制建立了营销组织机构,如图 13-10 所示。但是,矩阵组织内部冲突多,管理费用又高,因此又产生了新的两难抉择:如何组织销售力量,是按每种产品组织销售队伍,还是按各个市场组织销售队伍? 由谁负责定价,是产品经理还是市场经理?

一些企业认为,只有相当重要的产品和市场,才需要同时设置产品经理和市场经理;也有的企业认为,管理费用高和内部冲突矛盾并不可怕,这种组织形式能够带来的效益远远超过需要为它付出的代价。20 世纪 80 年代初,许多公司放弃了矩阵组织形式,但现在随着企业组织结构的再造,矩阵组织以小组制、团队制等形式再次流行起来。

市场经理

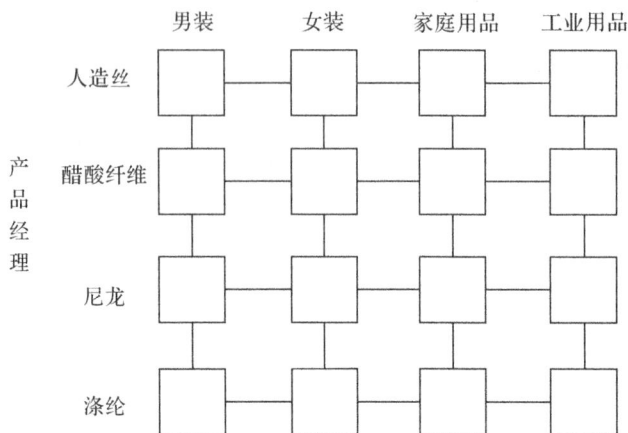

图 13-10　美国杜邦公司纺织纤维部的产品—市场管理型营销组织

扩展阅读

矩阵组织结构

1. 什么是矩阵组织结构

在一个机构的机能式组织形态下，为某种特别任务，另外成立专案小组负责，这个专案小组与原组织配合，在形态上有行列交叉之式，即为矩阵组织。在组织结构上，它是把按职能划分的部门和按产品（项目）划分的小组结合起来组成一个矩阵，一名管理人员既同原职能部门保持组织与业务上的联系，又参加项目小组的工作。职能部门是固定的组织，项目小组是临时性组织，完成任务以后就自动解散，其成员回原部门工作。

2. 矩阵结构的优点

①将企业的横向与纵向关系相结合，有利于协作生产。

②针对特定的任务进行人员配置有利于发挥个体优势，集众家之长，提高项目完成的质量，提高劳动生产率。

③各部门人员的不定期的组合有利于信息交流，增加互相学习机会，提高专业管理水平。

3. 矩阵结构的缺点

①项目负责人的责任大于权力。因为参加项目的人员都来自不同部门，隶属关系仍在原部门，所以项目负责人对他们进行管理较为困难，没有足够的激励手段与惩治手段。这种人员上的双重管理是矩阵结构的先天缺陷。

②项目组成人员来自各个职能部门，当任务完成以后，他们仍要回原部门，因而容易产生临时观念，对工作有一定影响。

4.矩阵结构的适用范围

矩阵结构适用于一些重大攻关项目,企业可用来完成涉及面广的、临时性的、复杂的重大工程项目或管理改革任务。矩阵结构特别适用于以开发与实验为主的单位,如科学研究,尤其是应用性研究单位。

资料来源:MBA智库百科。

13.2.3 市场营销组织的设计

设计高效率的市场营销组织,是企业营销活动有效运行的基础和保证,它是整个营销活动的协调中心和指挥部,对企业营销的成败起重要作用。

1.市场营销组织设计的原则

(1)目标可实现原则

建立市场营销组织,就是要保证营销目标的实现。市场营销组织的建立必须和企业的发展相适应,要适当超前,在未来的两三年能支撑企业发展目标的实现。同时要让组织人员明白,企业最终需要在两个方面来平衡,以达到高效的组织形式:一个是效率问题,另一个是成本问题。

(2)因事设岗原则

市场营销组织的目标是通过对营销人员的活动进行安排来实现企业的目标,并实现整体效果大于局部效果之和。企业营销需要某个岗位,不要因为现有人员达不到要求而降低标准,而是按照岗位要求进行招聘、选拔、培训,这是基本原则。

(3)以消费者需求为导向原则

在设计市场营销组织时,管理者必须首先关注市场,考虑满足市场需求,服务消费者,以此为基础,建立起一支面向市场的销售队伍。其实这也是营销的本质,组织也只有围绕这个本质,才能体现其价值。

(4)精简、高效原则

精简与高效是手段和目的的关系,提高效率是组织设计的目的,而要提高组织的运行效率,又必须精简机构。具体地说,精简、高效包含三层含义:一是组织应具备较高素质的人员和合理的人才结构,使人力资源得到合理而又充分地利用;二是要因职设人而不是因人设职,组织中不能有游手好闲之人;三是组织结构应有利于形成群体的合力,减少内耗。

(5)有效的管理幅度原则

管理幅度是直接向一个经理汇报的下属人数。管理幅度是否合理,取决于下属人员工作的性质,以及经理和下属人员的工作能力。正常情况下,管理幅度应尽量小一些,一般为6~8人。但随着企业组织结构的变革,出现了组织结构扁平化的趋势,即要求管理层次少而管理幅度大。

(6)既相对稳定又有弹性原则

组织应当保持员工队伍的相对稳定,这对增强组织的凝聚力、提高员工的士气是必要的,这就像每一棵树都有牢固的根系。同时,组织又要有一定的弹性,以保证不会被强风折断。组织的弹性,就短期而言,是指因经济的波动性或业务的季节性而保持员工队伍的流动性。

2.市场营销组织设计应考虑的因素

企业选择什么样的市场营销组织要受多种因素制约,一般来说主要有以下四种因素:

(1)企业规模

企业规模大,营销组织就复杂;规模小,营销组织就简单。

(2)市场区位

市场的地理位置是决定营销人员分工和负责区域的依据。如果市场是由几个较大的细分市场组成,则每一细分市场应任命一位市场经理。销售量大的市场,应设置大的营销组织,配齐部门和人员,保证正常运转。

(3)经营的产品

产品结构和规模也影响企业营销组织形式的选择。面向产业市场的企业,产品通常由销售人员直接销售,如果公司产品类型多,就要设置产品经理;而面对消费者(个人)市场的企业,常采用广告推销,营销部门较简单。

(4)企业类型

不同行业的企业,市场营销组织形式也不同。如服务业、银行业、商业等,它们的营销重点之一是市场调研;而原材料行业,如木材和农产品加工企业,营销重点则在储存和运输。

本章小结

> 企业在开展市场营销工作时需要一个好的营销计划来为企业的品牌、产品或营销工作提供一个指导意见。市场营销计划的内容包含八个要素,即目标提要、背景或现状、SWOT 分析、营销目标、营销战略与策略、行动方案、预算和控制。
>
> 市场营销组织随着市场营销观念的发展经过长期演变大致经历了六个阶段,每个阶段都有不同的组织形态。常见市场营销组织主要有五种形式,即职能型营销组织、地区型营销组织、产品管理型营销组织、市场管理型营销组织和产品—市场管理型营销组织,各组织形式都有其优点和缺点。

复习思考题

一、知识题

1.单项选择题

(1)市场营销组织随着市场营销管理哲学的不断发展演化,经历了_____
阶段　　　　　　　　　　　　　　　　　　　　　　　　　( )

习题测试
参考答案

  A.3 个   B.4 个   C.5 个   D.6 个

(2)_____是最常见的市场营销组织形式　　　　　　　　　　　( )

  A.职能型组织 B.产品型组织 C.地区型组织 D.矩阵型组织

(3)市场营销组织管理跨度及管理层次的设置,不是一成不变的,机构本身应当具有一定的　　　　　　　　　　　　　　　　　　　　　　　　　( )

  A.弹性   B.灵活性   C.随机性   D.选择性

(4)通常市场营销计划需要提交_____或有关人员审核　　　　　　　　　(　)

　　A.营销机构　　　　　B.营销组织　　　　　C.上级主管　　　　　D.单位领导

2.简答题

(1)简述市场营销计划的内容。

(2)市场营销计划执行过程中的障碍有哪些?

(3)企业市场营销组织形式的演变经历了哪些阶段?

(4)企业市场营销组织形式主要有哪些类型?

二、能力题

1.讨论题

试述五种基本的市场营销组织形式的利弊。

讨论组

2.综合题

请查阅相关资料,分析 2009 年中石油为何要重构其销售管理体系。

3.案例分析题

营销组织结构的改革

　　李伟是××制药企业的老总。1998 年公司的产品刚投放市场时,采取快速渗透战略。为此,公司组建了地区型的销售组织。但从 2000 年开始,公司转变营销体制,采用底价承包制。该体制取消了区域经理,各办事处经理直接与公司发生关系,以底价从公司拿货,全权负责当地的销售。

　　这种销售体制体现了能者多得、优胜劣汰,最终实现公司和销售人员的双赢。截至 2005 年年底,公司销售总额达 4 亿元,利润 5000 万元。李伟在 2006 年年初的股东大会上提出的下一个五年计划是销售额突破 10 亿元,成为国内销售额排名前 30 位的制药企业。为此,李伟专门主持召开了营销会议。

　　市场部总监张宁认为,随着底价承包制的实施,市场部费用骤减,市场部职能日益缩小,基本退缩成医学部的功能。"这几年我们实行底价承包制,在公司原始积累阶段这种体制无疑是有效的。但是从长远来看,不利于公司创建和维护品牌形象。""我同意张总监的说法。"营销管理部陈经理说,"底价承包制导致销售人员相对分散,各自为政,只注重自身利益,给企业落实营销政策和各项规章制度带来极大的困难和阻力,不利于企业整体营销运作。"市场部产品经理张丽最后发言:"我们目前在全国主要城市共设有 34 个办事处,销售人员共 160 人,如此人力远不足以覆盖全国。因此,有待开发的市场空白点很多,这也是销量增长的来源。"

　　李伟仔细考虑着这些经理们的意见,每个人说得似乎都有道理,看来最为关键的问题是要确定,从整个公司角度来看,底价承包制是否是一个很好的体制。底价承包制的一些弊端他早就清楚,而且无论怎样加强管理,仍然无法克服所有的弊端。那么,今后公司是继续沿用这一方式,还是重新回到学术推广的老路上?事实上,在中国目前这样一个医药环境中,单一体制已无法适应公司发展的需求,应该是"多种体制并存,相互补充,扬长避短"。李伟的思路明晰起来。首先要做的就是构建新的营销组织结构。他的基本想法如下:把原销售总公司分为两个公司,即药品公司和新药公司。药品公司经营公司现有品种以及陆续上市的一些普药,仍以底价承包方式给办事处;同时,对于办事处无法覆盖的区域,由药品公司总部派人去设联络处或招商,弥补公司经营空白点。新药公司经营公司将来上市的新药,以学术推广方式为主,招商为辅,在各主要城市设办事处,高薪招聘优秀销售人员,承担树立企业形象和创建产品品牌的任务。待产品较为成熟后,转给药品公司,利用其网络迅速向全国范围渗透。

李伟兴奋地拿起电话,看来今天晚上又要开通宵会议了。

资料来源:MBA 智库百科。

问题:

(1)结合本案例讨论企业营销组织结构是否是一成不变的。

(2)如果你是××制药企业的老总,你将如何解决公司的问题?

第14章

市场营销控制

学习目标

知识目标	技能目标
◆ 理解市场营销控制的必要性 ◆ 掌握市场营销控制的过程 ◆ 理解年度营销计划控制的方法与特点 ◆ 掌握营销效率控制的方法与特点 ◆ 掌握营销审计控制的内容与特点	◆ 能够利用年度营销计划控制法检查销售、利润和其他目标的实现与完成情况 ◆ 学会分析不同产品、不同区域、不同顾客群体、不同渠道以及不同订货规模的盈利能力 ◆ 能够通过营销效率控制法管理销售人员、广告、销售与分销活动 ◆ 学会营销审计的方法

导入案例

神龙收紧营销控制权

2018年1月10日,神龙汽车召开内部会议,宣布对旗下品牌做出重大调整:从今年1月15日起,东风雪铁龙、东风标致两个品牌部统一迁至武汉总部集中办公,其中双品牌市场部的主要职能集中在上海办公。

神龙方面称,做出这一调整的原因,是为了进一步提升公司营销领域的沟通和决策效率。

武汉是神龙公司的总部所在地,也是神龙公司股东双方(东风汽车集团有限公司和标致雪铁龙集团中国及东南亚区)总部所在地。而调整之前,东风雪铁龙品牌总部设在上海,东风标致品牌总部位于北京。

此次神龙将两个品牌的品牌部统一迁回武汉集中统一办公,一方面是为了有助于快速做出市场反应和决策,提高运营效率;另一方面也意味着,两个品牌将从之前相对独立的营销模式,转而集中到神龙总部进行营销管理决策。

作为经济增长最快的城市之一,武汉交通便利、科教实力强,而且正日益成为国际化大都市。同时,上海作为全国乃至亚洲的经济中心,在市场营销资源和营销人才聚集等方面占据很强的优势,双品牌市场部在上海集中办公,有利于神龙公司持续引进高素质人才,进一步发挥协同效应。

资料来源:根据汽车产经网 2018-01-10 新闻整理。

案例分析题

企业的营销计划与方案能否实现的关键在于执行,但在执行的过程中,由于企业内外部环境等不确定性因素的存在,执行难免会出现偏差。因此,需要对营销计划的执行情况进行监测、检查,即进行有效的营销控制。

14.1 营销控制概述

14.1.1 营销控制的含义

市场营销控制是指市场营销管理人员采取控制步骤检查实际绩效与计划之间是否存在偏差,并采取改进措施,以确保市场营销计划的实现与完成。市场营销控制可分为正式控制与非正式控制两种。

1.正式控制

正式控制主要是用计划、预算、规章制度及量化的工作任务等来约束营销部门的成员。按干预时间的先后,正式控制可分为事前控制、过程控制、结果控制三种形式。其中,事前控制是在企业营销活动开展之前进行的控制,一般包括战略计划制定、标准定制、人员规划与培训、销售预算等;过程控制是指企业营销活动实施过程中,对活动中的人和事进行指导与监督;结果控制是指营销活动结束以后,对本期的资源利用状况及结果进行总结。

2.非正式控制

非正式控制是指使用不那么成型的规范来约束人们的控制方式。在企业中,营销部门常常运用道德、信任、群体压力、愿景、企业文化等一类看不见、摸不着却感觉得到的手段来约束其成员。总体上讲,非正式控制常常不是基于契约,而是基于人们的共同意识和认同感。

14.1.2 营销控制的必要性

1.适应环境变化的需要

控制总是针对动态过程而言的。从营销管理者制定目标到目标的实现通常需要一段时间,在这段时间里,企业内外部的情况可能会发生变化,尤其是面对复杂而动荡的市场环境,每个企业都面临着严峻的挑战。各种变化都可能会影响到企业设定的目标,甚至有可能需要重新修改目标以符合新情况。高效的营销控制系统，能帮助营销管理者根据环境变化情况，及时对目标和计划做出必要的修正。

2. 及时纠正执行过程中偏差的需要

营销控制不仅要对企业营销过程的结果进行控制，还必须对企业营销过程进行控制，而对过程本身的控制更是对结果控制的重要保证。因此，营销管理者必须依靠控制系统及时发现并纠正小的偏差，以免给企业造成不可挽回的损失。

14.1.3 营销控制的过程

企业市场营销管理者通过一定的营销控制手段来检测实际营销绩效与计划目标之间的偏差，并分析产生偏差的原因。当实际结果低于计划水平时，纠正偏差是必要的。

企业市场营销控制的流程是，首先对实际营销计划执行的结果进行测量，然后将实际执行结果与营销目标进行比较，找出偏差，再通过分析与调研识别产生偏差的原因，进而解决问题，纠正偏差，并开发新的市场机会，形成新的营销计划和行动方案，如图 14-1 所示。

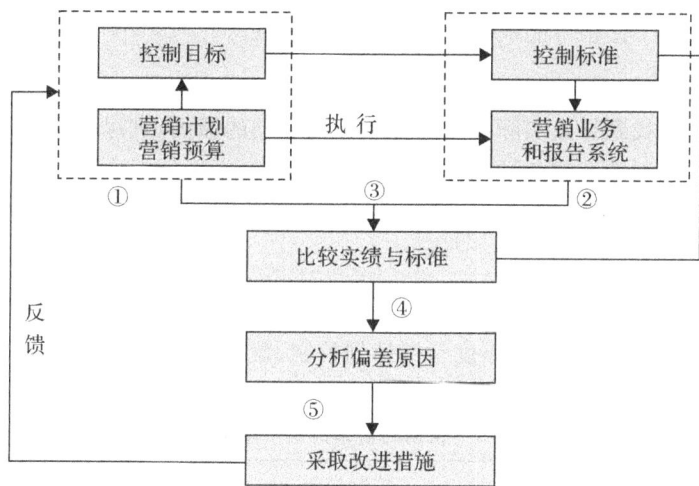

图 14-1 营销控制过程

市场营销控制的核心内容是目标管理，具体控制过程包括以下五个步骤：

1. 设置控制目标

营销控制目标的设置首先应与计划连接起来，才能确定对哪些市场营销活动进行控制。虽然市场营销活动的内容多、范围广，且较容易获得相关评价信息，但任何控制活动本身会产生费用支出，在确定控制内容、范围和额度时，营销管理者应当注意使控制活动成本小于控制活动所能带来的效益。最常见的控制目标是销售收入、销售成本和销售利润，但对市场调查、人员推销工作、消费服务、新产品开发、广告等营销活动，也应作为非定量的营销目标加以控制。

2.确立控制标准

控制标准是指以某种衡量尺度来表示控制对象的预期活动范围或可接受的活动范围，即对衡量标准加以定量化。

设置控制标准时，企业可参考其他企业的标准，并尽可能吸收企业内部多方、多层次人员的意见，以便使得控制标准切合实际，获得各方认可。为使控制标准具有激励作用，可采用两种标准：一种是按照现在可接受的水平设置，另一种是用更高标准以激励营销活动达到更高水平。同时，还应根据产品、地区、竞争情况的不同而设置具有差异性的营销控制标准。

3.比较实绩与标准

在将控制标准与实际结果进行比较时，还需要确定比较的频率，即多长时间进行一次比较，这又取决于控制对象是否经常变动。如果比较的结果是实绩与控制标准一致，则控制过程到此结束；如果比较的结果是未达到预期标准，则需要分析产生偏差的原因，并采取相应的措施。

4.分析偏差原因

产生偏差可能有两种情况：一是实施过程中的问题，这种偏差比较容易分析，且能够被及时纠正；二是计划本身的问题，确认这种偏差通常易出差错。这两种情况往往交织在一起，致使分析偏差的工作很可能成为控制过程中的难点。

5.采取改进措施

若发现偏差，并找到导致实际绩效与控制标准偏差的原因，宜尽快采取改进措施。如果制定营销目标时，还制定了应急计划，改进将能够更快。

14.2 营销控制手段

常用的营销控制手段主要有年度营销计划控制、盈利能力控制、营销效率控制和战略控制四种，如表 14-1 所示。

表 14-1 常用的营销控制手段比较表

控制类型	主要负责人	控制目的	方 法
年度营销计划控制	高层管理部门	检查计划目标是否实现	销售分析、市场份额分析、费用—销售额比率分析、财务分析等
盈利能力控制	营销审计人员	评价营销活动的盈利情况	盈利：各区域、产品、品牌、目标市场等
营销效率控制	直线和职能管理层营销审计人员	评价和提高经费的使用效率	效率：人员推销、广告、促销、分销等活动
战略控制	高层管理部门营销审计人员	检查企业是否在市场、产品和渠道等方面找到最佳机会	营销审计、营销效益等级评价、营销道德与社会责任等

14.2.1　年度营销计划控制

1.年度营销计划控制的定义

年度营销计划控制是指企业在本年度内采取控制步骤,检查实际绩效与计划之间是否有偏差,并采取改进措施,以确保年度营销计划规定的销售、利润和其他目标的实现与完成。

2.年度营销计划控制的目的

年度营销计划控制是为了确保计划中所确定的销售、利润和其他目标的实现,其核心是目标管理。主要目的有以下几个:

①促使年度计划产生连续不断的推动力。

②控制的结果可以作为年终绩效评价的依据。

③发现企业潜在的问题并给予解决。

④控制工作是企业高层管理人员监督部门工作的有效手段。

3.年度营销计划控制的步骤

年度营销计划控制过程分为五个步骤:

①确定年度营销计划中的月(或季)的销售目标,这是控制的基点。

②建立反馈系统,监督年度营销计划的实施情况。

③衡量实际绩效与目标之间的偏差。

④若发现较大的偏差,找出其中的原因。

⑤采取纠偏措施,缩小计划与实际之间的差距。

年度营销计划控制过程如图 14-2 所示。

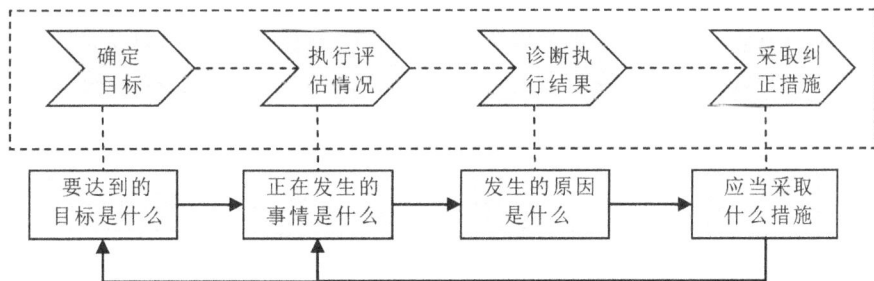

图 14-2　年度营销计划控制过程

4.年度营销计划控制的方法

年度营销计划控制可以运用以下几种方法来衡量计划的执行绩效:

(1)销售分析

销售分析是指运用企业的销售记录情况,将实际执行结果与销售目标进行对比,从而识别出企业优势与劣势的分析过程。衡量并评估实际销售额与计划销售额之间差距的方法,主要有销售差距分析与地区销售差异分析。

①销售差距分析。销售差距分析是用来衡量不同的因素对销售差距的影响。例如,假

设某企业年度计划要求第一季度销售4000件产品，每件售价1.0元，即销售额4000元，但在第一季度结束时，只销售了3000件，每件0.8元，即实际销售额2400元。那么，销售绩效差距为1600元，或者说完成了计划销售额的60％。显然，导致销售额差距的，有售价下降的原因，也有销售量下降的原因。问题是，销售绩效的降低有多少归因于售价下降，有多少归因于销售量下降？可做如下分析：

因售价下降导致销售额的差距为$(1.0-0.8)\times3000=600$(元)

因销售量下降导致销售额的差距为$1.0\times(4000-3000)=1000$(元)

由此可见，没有完成计划销售量是造成销售额差异的主要原因，企业需进一步分析销售量下降的原因。销售差距分析可按以下公式来计算：

$$售价下降的差距=(S_p-A_p)A_q$$

$$销售量减少的差距=(S_q-A_q)S_p$$

式中S_p为计划售价，A_p为实际售价，S_q为计划销售量，A_q为实际销售量。

②地区销售差异分析。地区销售差异分析，就是具体分析和确定未能达到计划销售额的特定地区等。假设某企业在三个地区销售，计划销售额分别为1500万元、500万元和2000万元，计划销售总额4000万元，而实际销售额分别是1400万元、425万元、1075万元。就计划销售额而言，第一个地区有6.67％的未完成额，第二个地区有15％的未完成额，第三个地区有46.25％的未完成额。主要问题显然在第三个地区，要查明原因，加强对该地区销售工作的管理。

（2）市场占有率分析

销售分析不能反映出企业市场竞争能力，只有市场占有率分析才能揭示出企业同其竞争者在市场竞争中的相互关系。

市场占有率分析主要有以下几个指标：

①整体市场占有率。

整体市场占有率＝本企业销售量（销售额）/行业总销售量（总销售额）×100％

使用这种测量方法必须做两项决策：第一是要以销售量还是以销售额来表示市场占有率；第二是要正确认定行业的范围，即明确本行业所应包括的产品、市场等。

②目标市场占有率。

目标市场占有率＝本企业销售额/目标市场总销售额×100％

企业可能有近100％的目标市场占有率，却只有相对较小百分比的整体市场占有率。企业只有在目标市场上占有利地位后，才能谋求更大的整体市场占有率。

③相对市场占有率Ⅰ（相对于三个最大竞争者）。

相对市场占有率Ⅰ＝本企业市场占有率/三个最大竞争者市场占有率之和×100％

如某企业有30％的市场占有率，其最大的三个竞争者的市场占有率分别为25％、15％、10％，则该企业的相对市场占有率为30％/50％×100％＝60％。一般情况下，相对市场占有率Ⅰ高于33％即被认为是强势的，低于33％则是弱势。

④相对市场占有率Ⅱ（相对于市场领导竞争者）。

相对市场占有率Ⅱ＝本企业销售额（销售量）/市场领导竞争者销售额（销售量）×100％

（3）营销费用率分析

营销费用包括销售员费用、广告费、促销费、市场调查费、营销管理费等。在销售额一定

的情况下,营销费用越低,企业的效益越好。营销费用率是市场营销费用占销售额的比例,可按以下公式来计算:

$$营销费用率＝营销费用/销售额×100\%$$

营销费用率反映了取得一定的销售收入所需付出的营销成本,其高低可作为反映企业营销效率的重要指标。该比率受各种随机因素的影响而上下波动,一般允许有适当的偏差;但如果波动超出正常范围,就应引起注意,及时采取措施,控制费用的上升趋势。

(4)顾客满意度跟踪分析

为了尽早察觉市场销售可能发生的变化,具有远见和高度警惕性的企业建立了跟踪顾客、中间商及与市场营销有关人员态度的系统。这个系统包括以下几个方面:

①顾客意见和建议系统。通过这个系统,企业对来自顾客的书面或口头意见进行记录、分析和答复,并做出适当的反应。

②固定顾客样本。有些企业建立具有一定代表性、同意定期与企业沟通并保证能够真实反映意见的顾客样本,这些固定顾客反映的意见比较系统、全面、连贯,具有典型性。

③顾客调查。企业定期采取随机抽样调查的方法,由被抽取的顾客回答一组标准化的调查问卷,其中问题包括员工态度和服务质量等。通过对这些问卷的分析,企业可及时发现问题并尽早解决。

通过上述分析,如果发现实际营销与年度营销计划指标差距太大,则必须采取调整措施:或是调整营销计划指标,使之更切合实际;或是调整营销策略,以利于实现计划指标。

扩展阅读

控制杠杆

罗伯特·西蒙斯在他 1995 年出版的畅销书《控制》中,提出了控制杠杆的概念,从更为广义的角度诠释了控制的作用,为大型企业里的管理人员提供了一个有效平衡价值创造与管理控制之间压力的架构体系。

控制杠杆即为一种以规范信息为基础的日常工作流程,为管理者(市场营销人员)所用,对组织行为模式进行维护和调整。

1. 内部控制

公司用以保护其资产和可靠记录的常规安全措施。内部控制是一种结构化、人员化的系统检测和平衡机制,以防止信息复制、失准、不足以及其他危害和故障。

2. 信念体系

信念体系在任何组织中都一定要有其位置,组织通过控制承诺来确保员工共享组织的愿景、核心价值、使命、信条及宗旨等。

3. 边界系统

边界系统也是每一个组织所必须明确的,并要为每一位组织成员所知晓,如组织的行动规范、事先定义的战略规划方法、资产收购规则,以及运营指南等。

4. 诊断性控制系统

诊断性控制系统在公司内的地位非常重要,能够对公司产出进行优化。它包括输出测度、评价标准、激励系统以及回报系统。

5.交互式控制系统

组织用它来跟踪蕴藏于组织内部的新创意,触发新的学习活动,做出面向未来的准确定位。它包括将企业的流程数据融入交互管理系统,与员工面对面的交流沟通,对来自下属的数据、假设或行动方案提出挑战。

资料来源:MBA管理百科。

14.2.2 盈利能力控制

1.盈利能力控制概述

盈利能力控制一般由企业内部负责监控营销支出和活动的营销审计人员负责,旨在测定企业不同产品、不同销售地区、不同顾客群、不同销售渠道以及不同规模订单的盈利情况。它包括各营销渠道的营销成本控制,各营销渠道的营销净损益和营销活动贡献毛收益的分析,以及反映企业盈利水平的指标考察等内容。

2.盈利能力控制的内容

取得利润是企业最重要的目标之一。企业盈利能力历来为市场营销管理人员所高度重视,因而盈利能力控制在市场营销管理中占有十分重要的地位。盈利能力考察指标主要有以下四个:

(1)销售利润率

销售利润率是指利润与销售额之间的比率,计算公式为:

$$销售利润率=本期利润/销售额×100\%$$

同一行业各个企业间的负债比率往往大不相同,而评价销售利润率又常需与同行业的平均水平进行对比,所以在评估企业获利能力时,最好能将利息支出加上税后利润,这样能大体消除由于举债经营而支付的利息对利润水平产生的不同影响。因此,销售利润率的计算公式为:

$$销售利润率=税后息前利润/产品销售收入净额×100\%$$

用这样的计算方法,在同行业间进行分析比较,才能比较正确地评价市场营销效率。

(2)资产收益率

资产收益率是指企业所创造的总利润与企业全部资产的比率,计算公式为:

$$资产收益率=本期利润/资产平均总额×100\%$$

与销售利润率一样,为了在同行业间有可比性,资产收益率可以用如下公式计算:

$$资产收益率=税后息前利润/资产平均总额×100\%$$

分母之所以用资产平均总额,是因为年初和年末余额相差很大,如果用总额显然不合理。

(3)净资产收益率

净资产收益率是指税后利润与净资产所得的比率。净资产是指总资产减去负债总额后的净值。这是衡量企业偿债后的剩余资产的收益率。其计算公式为:

$$净资产收益率=税后利润/净资产平均总额×100\%$$

分子之所以不包含利息支出,是因为净资产已不包括负债在内。

(4)资产管理效率

可通过资产周转率与存货周转率进行分析。

①资产周转率。该指标是指一个企业以产品销售收入净额除以资产平均总额而得出的全部资产周转率,计算公式为:

$$资产周转率＝产品销售收入净额/资产平均总额×100\%$$

该指标可以衡量企业全部投资的利用率,资产周转率高,说明投资的利用率高。

②存货周转率。该指标是指产品销售成本与存货(指产品)平均余额之比,计算公式为:

$$存货周转率＝产品销售成本/存货平均余额×100\%$$

这项指标说明某一时期内存货周转的次数,从而考核存货的流动性。存货平均余额一般取年初和年末余额的平均数。一般说来,存货周转率越高越好,说明存货水平较低,周转快,资金使用效率较高。

资产管理效率与获利能力密切相关。资产管理效率高,获利能力相应也较高。这可以从资产收益率与资产周转率及销售利润率的关系中表现出来。资产收益率实际上是资产周转率和销售利润率的乘积,计算公式为:

$$资产收益率＝资产周转率×销售利润率＝(产品销售收入净额/资产平均总额)×$$
$$(税后息前利润/产品销售收入净额)$$

14.2.3 营销效率控制

营销效率控制是指企业不断寻求更有效的方法来管理销售人员、广告、促销和分销等绩效不佳的营销实体活动。

营销效率控制包括销售人员效率控制、广告效率控制、促销效率控制和分销效率控制。

1. 销售人员效率控制

企业应对销售人员效率进行控制,各地区的销售经理要记录本地区销售人员效率的几项主要指标:

①每个销售人员每天平均的销售访问次数。

②每次销售访问的平均时间。

③每次销售访问的平均收益。

④每次销售访问的平均成本。

⑤每次销售访问的招待成本。

⑥每百次销售访问所订购的百分比。

⑦每个期间新增的顾客数。

⑧每个期间丧失的顾客数。

⑨销售成本占总销售额的百分比。

企业可以从以上指标中发现一些非常重要的问题。例如,销售代表每天的访问次数是否太少,每次访问所花的时间是否太多,在招待上是否花费太多,每百次访问中是否签订了足够的订单,是否增加了足够的新顾客并留住了原有的顾客等。

2. 广告效率控制

企业进行广告效率控制,应至少做好如下统计:

①每一媒体类型、每一媒体工具接触每千名购买者所花费的广告成本。

②顾客对每一媒体工具注意和阅读的百分比。

③顾客对广告内容和效果的意见。

④广告前后顾客对产品态度的变化。

⑤受广告刺激而引起的询问次数。

企业高层管理者可以采取若干步骤来改进广告效率,包括进行更加有效的产品定位、确定广告目标,利用计算机来指导广告媒体的选择以寻找较佳的媒体,以及进行广告后的效果测定等。

3.促销效率控制

为了改善促销效率,企业还需记录促销效率控制的成本和对销售的影响,包括:

①由于优惠而增加的销售百分比。

②每一销售额的陈列成本。

③赠券收回的百分比。

④因示范而引起的询问次数。

企业还应观察不同销售促进手段的效果,并使用最有效的促销手段。

4.分销效率控制

分销效率主要是参考企业存货水平、仓库位置及运输方式,进行分析和改进,以达到最佳配置,并寻找最佳运输方式和途径。

营销效率控制的目的在于提高人员推销、广告、促销和分销等市场营销活动的效率。市场营销经理必须关注若干关键比率,这些比率表明上述市场营销职能执行的有效性,显示出应该如何采取措施以改进执行情况。

14.2.4　战略控制

1.营销审计

(1)营销审计概述

营销审计,是对一个企业的营销环境、目标、战略和活动所进行的全面的、系统的、独立的和定期的检查。其目的在于发现营销机会,找出营销问题,提出正确的短期和长期行动方案,以保证营销计划的实施或不合理的营销计划的修正,提高企业的总体营销绩效。在现代营销中,广泛开展营销审计,全面、有效地实施营销控制,对保证企业高效率和高效益运转,有着重要的意义。

(2)营销审计的内容

营销审计按内容可划分为营销环境审计、营销战略审计、营销组织审计、营销系统审计、营销效率审计和营销职能审计六大部分。

①营销环境审计。企业通过对其所处的营销环境进行审计,分析营销战略是否与营销环境相适应,以及是否要对原有的营销计划进行修订。营销环境审计的具体内容包括宏观环境和微观环境两方面。

②营销战略审计。主要检查企业制定的目标和任务是否体现了市场导向,选择的竞争地位是否正确。具体包括选择的目标市场是否科学、关键策略是否可靠、完成资源预算是否充分等。

③营销组织审计。主要审查营销领导机构选择决策和控制决策的能力,职能部门对营

销进行分析、规划和执行的能力,营销部门对市场环境的应变能力,以及与其他部门的联络工作是否存在问题等。

④营销系统审计。主要评估企业营销的控制系统、信息系统是否完善和有效,新产品开发系统是否健全。控制系统审计包括市场占有率审查、比率分析运用审查、营销成本审查、边际贡献分析审查等;信息系统审计包括营销信息系统的构成、设计、使用等方面的审查;新产品开发系统审计包括新产品开发观念是否正确、新产品开发方针是否体现用户导向、新产品开发计划是否科学等。

⑤营销效率审计。主要进行利润分析和成本效益分析。内容包括销售收入绩效审查、销售费用绩效审查、货款回收与存货绩效分析、成本支出是否过高及降低成本的措施等。

⑥营销职能审计。是指对营销组合诸因素,如产品、价格、分销、人员推销、营销组织的业绩考核以及广告管理、公共关系效果等的审计。内容包括营销管理的总体审计、销售管理审计、市场调研管理审计、广告管理审计等。

(3)营销审计的流程

营销审计是一项复杂而细致的评估活动。其具体实施过程是:

①由公司管理层和营销审计人员一起拟定一份有关审计目标、涉及面、深度、资料来源、报告形式以及时间安排的协议。

②根据协议要求准备一份详细的计划,包括会见何人、询问何问题、接触地点和时间等。在进行营销审计时,尤其应该注意的是,审计人员不能仅仅向公司经理征询意见,还必须访问顾客、经销商以及外界其他有关人士。

③对收集到的资料进行分析评估,提出主要的审计结果和建议。

2.营销效益等级评价

企业的营销效益可以通过营销导向的五种主要属性的不同程度反映出来,即顾客观念、整合营销组织、充分的营销信息、战略导向和工作效率。大多数企业可以参考"营销备忘——营销效益等级评核表"进行等级评价,如表 14-2 所示。

表 14-2　营销效益等级评核表

(每个问题选一答案)

顾客观念

A. 企业管理层是否认识到根据其所选市场的需要和欲望设计企业业务的重要性?

0□企业管理层主要考虑如何把现有产品或新产品出售给所有愿意购买的人。

1□企业管理层考虑为范围广泛的市场提供同等效率的服务。

2□企业管理层考虑为其所选市场的需要和欲望服务,这些市场都是在慎重分析市场长期成长率以及企业的潜在利润后选定的。

B. 企业管理层是否为不同的细分市场开发不同的产品和制定不同的营销计划?

0□没有。

1□做了一些工作。

2□做得相当好。

C. 企业管理层在规划其业务活动时是不是着眼于整合营销系统观点(供应商、渠道、竞争者、顾客、环境)?

0□不是。企业管理层只是致力于向其当前的顾客出售和提供服务。

1□有一点。企业管理层尽管将大量的精力集中在向当前的顾客出售产品和提供服务方面,但是也从长远观点考虑了它的渠道。

2□是的。企业管理层从整合营销系统观点出发,了解由于系统中某个部分的变化可能给企业带来的各种风险和机会。

续表

整合营销组织

D. 对于各项重要的营销功能是否有高层次的营销整合和控制?

0□没有。销售和其他营销功能没有高层次的整合协调,并有一些非生产性的摩擦。

1□有一点。各个重要的营销职能部门有形式上的整合和控制,但是缺乏令人满意的合作和协调。

2□是的。各重要营销职能部门被高度有效地整合在一起。

E. 企业营销部门的管理层是否有效地和市场研究、制造、采购、实体分配以及财务等其他部门的管理层进行合作?

0□否。人们抱怨说营销部门向其他部门提出的要求和需要的费用是不合理的。

1□还可以。尽管各部门一般都倾向于维护本部门利益,但它们之间的关系还是融洽的。

2□是。各部门能有效地进行合作,并且能从全局考虑,从企业的最高利益出发解决问题。

F. 新产品制作过程是如何组织的?

0□这一制度未明确规定,管理不善。

1□这一制度形式上是存在的,但是缺乏有经验的人员。

2□这一制度结构完善,配备了专业人员。

充分的营销信息

G. 最近一次研究顾客、采购影响、营销渠道和竞争者的营销调研是何时进行的?

0□若干年以前。

1□一两年前。

2□最近。

H. 企业管理层对于不同的细分市场、顾客、地区、产品、渠道和订单及潜在销售量和利润的了解程度如何?

0□一无所知。

1□略有所知。

2□了如指掌。

I. 企业在衡量不同营销支出的成本效益方面采取了什么措施?

0□很少或者没有措施。

1□有一些措施。

2□有大量措施。

战略导向

J. 正规营销计划工作的程度如何?

0□企业管理层很少或者没有正规的营销计划工作。

1□企业管理层制定了一个年度营销计划。

2□企业管理层制定了一个详细的年度营销计划和一个每年更新的长期计划。

K. 现有营销战略的质量如何?

0□现有战略不明确。

1□现有战略明确,但只是代表传统战略的延续。

2□现有战略明确,富有创新性,根据充足、合情合理。

L. 有关意外事件的考虑和计划做得如何?

0□企业管理层很少或者不考虑意外事件。

1□企业管理层尽管没有正式的意外事件应对计划,但是对于意外事件有一定的考虑。

2□企业管理层正式辨认最重要的意外事件,制定了应对意外事件的计划。

工作效率

M.在传播和贯彻最高管理层的营销思想方面做得如何?

0□很差。

1□一般。

2□很成功。

N.企业管理层是否有效地利用了各种营销资源?

0□否。相对于所要完成的工作来讲,营销资源是不足的。

1□做了一些。营销资源足够,但是它们没有得到最充分的利用。

2□是。营销资源充足,并且对它们进行了有效的部署。

O.企业管理层在对眼前变化做出迅速有效的反应方面是否显示出良好的能力?

0□否。销售和市场信息不及时,企业管理层的反应比较迟钝。

1□有一点。企业管理层一般可以获得及时的销售和市场信息,但其反应快慢不一。

2□是。企业管理层建立了若干专门制度,用以收集最新信息,并能及时反应。

总得分

　　这一量表可按下述方式运用:对每一个问题选定一个适当的答案,然后把问题的分数加起来,总分应该在 0~30 分。下列分数分别表示不同水平的营销效益:

　　0~5=无;6~10=差;11~15=普通;16~20=良;21~25=很好;26~30=优秀。

3.营销道德与社会责任

　　市场营销道德是指消费者对企业营销决策的价值判断,即判断企业营销活动是否符合广大消费者及社会的利益,能否给广大消费者及社会带来最大的幸福。这势必涉及企业经营活动的价值取向,要求企业以道德标准来规范其经营行为及履行社会责任。

　　企业社会责任是指企业经营者在经营过程中应考虑决策和企业行为对社会公共利益影响所具有的责任。而"企业的社会活动"一词则描述了企业的社会责任所涉及的重大活动。

　　由此可以说,市场营销道德与个人哲学观(或价值观)相联系,而社会责任是企业进行市场营销决策时所考虑的对社会的整体影响。

　　企业发展与社会环境密切相关。社会是企业利益的来源,企业作为社会的一员,必须融入社会群体之中,与各种组织产生互动。一方面,企业在享受社会赋予的自由及机会时,应以符合伦理、道德的行动回报社会;另一方面,企业大量参与社会活动可以让企业以更好的形象面对潜在的消费者、投资者、财务分析师以及同行,增加出现在年度报告、新闻上的频率,帮助企业拥有更好的营销机会。研究表明,参与社会活动的企业获得了一系列的实际利益,包括:销售额以及市场份额获得增长;品牌定位得到巩固;企业形象和影响力得到提升;吸引、激励和保留员工的能力得到提高;运营成本降低;对风险投资者和财务分析师的吸引力增大。

　　从全球视角来看,企业承担社会责任已经成为大的趋势。1997 年 8 月,美国制定了企业社会责任的国际标准。1999 年 1 月,在瑞士达沃斯世界经济论坛上,时任联合国秘书长安南提出了"全球契约",并于 2000 年 7 月在联合国总部正式启动。"全球契约"号召企业遵守在人权、劳工标准、环境及反贪污方面的十项基本原则。SA8000 体系认证(社会责任标准)、"全球契约"均已在全球范围内推进,对企业发展、全球贸易将会产生越来越大的影响。

目前,国内已有学者提出了责任型战略,认为企业应以承担社会责任为愿景,将诚信经营、节约能源、爱护环境、善待员工、热心社会公益的经营理念贯穿在企业采购、研发、生产、销售以及市场服务等价值链的各个环节,塑造具有高度亲和力和感召力的企业文化和品牌形象,更加有效地整合社会资源,创造有利于企业经营和发展的内外部环境,从而打造企业的社会责任竞争力,获取竞争优势,保证企业可持续发展。

如今,越来越多的企业已经意识到,要实现可持续发展,应当将社会、环境以及利益相关者的责任成功融入企业发展当中。一定程度上可以说,企业营销道德与社会责任已经成为企业未来的战略竞争工具和方法。

本章小结

企业的营销战略与计划能否实现的关键在于执行,但执行过程中由于企业内外部环境等不确定性因素的存在,执行难免会出现偏差。为了保证营销战略与计划的实施,应该对营销战略与计划的执行情况进行监测与检查,即进行合理控制。企业的营销控制可以分为正式控制与非正式控制两种,其中常用的正式营销控制手段主要有年度营销计划控制、盈利能力控制、营销效率控制和战略控制四种。

年度计划控制主要是检查市场营销活动的结果是否达到年度计划的要求和目的,且在必要时采取纠正和调整措施;盈利能力控制是为了确定企业在各类产品、地区、顾客群和分销渠道等方面的实际获利能力;效率控制是为了提高人员推销、广告、促销、分销等相关工作的效率;战略控制则是审查企业的营销战略是否有效地抓住了市场机会,以及是否适应不断变化的营销环境。

复习思考题

一、知识题

1.名词解释

(1)市场营销控制　(2)营销审计

2.单项选择题

习题测试
参考答案

(1)营销控制的目标包括销售收入、_____和销售利润三个方面　　(　　)

　　A.销售量　　　　B.市场占有率　　　　C.销售成本　　　　D.销售增长率

(2)战略控制的目的,是确保企业的目标、政策、战略和措施与_____相适应　(　　)

　　A.市场营销环境　B.市场营销计划　　　C.推销计划　　　　D.管理人员任期

(3)营销审计具有全面性、系统性、_____和定期性等特征　　　　　　　(　　)

　　A.及时性　　　　B.权威性　　　　　　C.独立性　　　　　D.预见性

3.多项选择题(下列各小题中正确的答案不少于两个,请准确选出全部正确答案)

(1)市场营销控制的内容通常有　　　　　　　　　　　　　　　　　(　　)

　　A.年度计划控制　B.总体控制　　　　C.效率控制　　　　D.盈利水平控制

　　E.战略控制

(2)下列属于市场营销控制步骤的有　　　　　　　　　　　　　　　(　　)

　　A.确定控制对象　B.确定衡量标准　　C.确定控制标准　　D.分析偏差原因

　　E.采取改进措施

(3)年度计划控制的方法有　　　　　　　　　　　　　　　　　　　(　　)

　　A.销售情况分析　B.市场占有率分析　C.营销费用分析　　D.财务分析

　　E.顾客满意度分析

4.简答题

(1)营销审计的内容有哪些?

(2)市场营销的控制步骤包括哪些内容?

二、能力题

1.讨论题

企业为什么要进行市场营销控制? 持不同市场营销观念的企业在营销控制上有何区别?

讨论组

2.案例分析题

科诺公司的营销控制

　　武汉科诺公司是由武汉东湖高新集团、武汉东湖高新农业生物工程有限公司和湖北省植保总站于 1999 年 5 月共同组建的一家高科技企业,注册资本 8000 万元人民币,主要从事生物农药及其他高效、低毒、无公害农药的研发、生产、销售和推广。

　　科诺公司的营销管理工作主要有以下几个特点:①公司正处于生命周期的引入期,开拓市场、销售额最大化是公司的首要目标;②公司的主要产品是生物农药,属于有形产品,销售业绩目标的可量化程度较高;③销售区域分布广,销售过程透明度不高;④生物农药产品直接面对的是农村市场,大多数销售人员是在当地市场直接招募的,综合素质不高。

　　因此,公司在市场部设置了督办部,设计了一种"双回路"的营销控制模式。"双回路"营销控制模式主要强调工作计划与督办落实两条腿走路:一方面要求销售人员做出详细的工作计划,包括具体的销售业绩目标;另一方面派出督办人员不定期地到市场一线去检查工作计划的完成情况,并及时反馈检查的结果。督办人员的工作目的不是为了"挑刺",找出销售人员工作中的不规范行为,而是帮助销售人员解决工作中的困难,及时"纠偏",从而顺利完成销售目标。

　　科诺公司的这种营销控制模式实际上是将结果控制、过程控制以及他人控制等几种类型的营销控制有机地结合起来了,而且在每种类型的营销控制中设计和运用的具体方法和流程之间也是相互联系、相互支撑的,如图 14-3 所示。因此该种整合的营销控制模式较好地弥补了单个控制模式的不足之处,并使其发挥了"1+1>2"的作用。

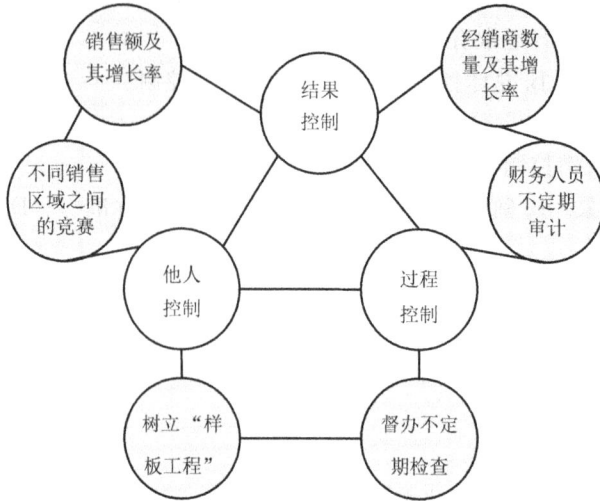

图 14-3　科诺公司营销控制模式图

资料来源:根据《商业研究》2006 年第 8 期相关资料整理。

问题:

科诺公司是如何进行营销控制的?